Strukturanalyse der „Elfes-Konstruktion“

Europäische Hochschulschriften

European University Studies

Publications Universitaires Européennes

Reihe II **Rechtswissenschaft**

Series II Law

Série II Droit

Band/ Volume **6039**

Martin Russell Varga

Strukturanalyse der „Elfes-Konstruktion“

PETER LANG

Bibliografische Information der Deutschen Nationalbibliothek
Die Deutsche Nationalbibliothek verzeichnet diese Publikation in der Deutschen Nationalbibliografie; detaillierte bibliografische Daten sind im Internet über http://dnb.d-nb.de abrufbar.

Zugl.: Tübingen, Univ., Diss., 2018

D 21
ISSN 0531-7312
ISBN 978-3-631-76922-5 (Print)
E-ISBN 978-3-631-76923-2 (E-PDF)
E-ISBN 978-3-631-76924-9 (EPUB)
E-ISBN 978-3-631-76925-6 (MOBI)
DOI 10.3726/b14729

Peter Lang – Berlin · Bern · Bruxelles · New York · Oxford · Warszawa · Wien

Diese Publikation wurde begutachtet.

www.peterlang.com

Vorwort und Danksagung

Diese Arbeit wurde von der Juristischen Fakultät der Eberhard-Karls-Universität Tübingen im Jahr 2017 als Dissertation angenommen. Die mündliche Prüfung in Form einer Disputation fand am 8. Februar 2018 statt.

Mein Dank gilt meinem Dissertationsbetreuer, Herrn Prof. Dr. Christian Seiler, für das gute persönliche Miteinander, für seine detaillierte, kritische Auseinandersetzung mit meiner Arbeit sowie für seine Fairness dort, wo wir unterschiedlicher Auffassung waren. Daran ist die Arbeit in methodischer wie inhaltlicher Hinsicht gewachsen. Ihm und Herrn Prof. Dr. Jochen von Bernstorff gilt auch mein Dank auch für die zügige Erstellung der Gutachten.

Dank möchte ich auch der Studienstiftung des deutschen Volkes für die Promotionsförderung aussprechen sowie meiner Vertrauensdozentin, Frau Prof. Dr. Anja Müller-Wood, für anregende und ermutigende Gespräche.

Ferner möchte ich allen in meinem Freundes- und Bekanntenkreis danken, die durch wertvolle Diskussionen und Fragen die Arbeit bereichert oder mich in schwierigeren Phasen durch aufmunternde Worte unterstützt haben. Mein ganz besonderer Dank gebührt jedoch insoweit meiner Frau, Sarah Varga, die während der gesamten Entstehungsphase der Arbeit stets für mich da war und mich auch beim Korrekturlesen der Arbeit unterstützt hat.

Berlin, im Juni 2018 *Martin Russell Varga*

Inhaltsübersicht

Inhaltsverzeichnis

1. Methodische Grundlagen

Abstract: The "Elfes construction" is a legal concept developed by the German federal constitutional court in its Elfes decision, named after the complainant in this case. The Elfes construction allows for various violations of the Basic Law to be brought before the court in a constitutional complaint as violations of the general freedom of action under Art. 2 Sect. 1 of the Basic Law. In academic jurisprudence, various attempts have been made to deduce this concept from the text of the Basic Law using interpretative methods. This study does not directly contribute to this academic discussion because, rather than using interpretative methods, it addresses the problem using descriptive methods alone. This somewhat unorthodox approach is rooted in the theory of law.
The interpretation of code law, especially with regard to solving legal cases, is the predominant and nearly unchallenged method of German academic jurisprudence. The manifold variations of this method have proven to be of great practical use for jurisprudence due to their capacity of structuring arguments. However, for both linguistic and philosophical reasons, interpretative reasoning consists of successive judgements. In this chain of judgements, the function of cognition remains auxiliary. Descriptive methods, in contrast, generate knowledge. This can be said with two limitations: First, knowledge can never be free from judgemental elements and second, it is strictly limited by the nature of its object (and medium) – natural language. Nevertheless, this study prefers descriptive methods to interpretative methods for their capacity of generating knowledge. Of these descriptive methods, two are applied in this study: The first is a structural analysis of the semantic and logical structures of law, the second a description of a spectrum of meanings of the legal text. Both methods are interlinked since the logical structures of different sets of meaning of the same text can strongly differ. Structural analysis as applied here is based on the later work of Hans Kelsen, but also takes into account modern theory of language.

1.1. Ausgangspunkt

1.1.1. Begründung der Elfes-Konstruktion

Mit seinem Urteil vom 16. Januar 1957 (1 BvR 253/56, BVerfGE 6, 32), das als Elfes-Entscheidung bekannt wurde, setzte das Bundesverfassungsgericht einen der drei Meilensteile in der Grundrechtsjudikatur der 50er Jahre.[1] Die Entscheidung sorgte in erster Linie mit ihrer Auslegung des Art. 2 I GG als allgemeine

1 Der zweite war das Lüth-Urteil (BVerfGE 7, 198) zur Meinungsfreiheit und der Bedeutung der Grundrechte im Zivilrecht, der dritte das Apothekenurteil (BVerfGE 7, 377) zur Berufsfreiheit.

Handlungsfreiheit für Diskussionen.[2] Ein zweiter Aspekt der Entscheidung betraf die nur knapp begründete Feststellung, die „verfassungsmäßige Ordnung" in Art. 2 I GG sei als „verfassungsgemäße Ordnung" zu verstehen,[3] sodass nur eine verfassungsmäßige Rechtsnorm die allgemeine Handlungsfreiheit des Grundrechtsträgers wirksam beschränke.[4] Die *hierüber* bewirkte Rügefähigkeit auch anderer Verfassungsnormen wird in der Literatur treffend und griffig als „Elfes-Konstruktion"[5] bezeichnet. Die dogmatische Begründung oder Widerlegung dieser Aussage des Elfes-Urteils blieb weitgehend im Unklaren, auch deshalb, weil das Bundesverfassungsgericht in späteren Entscheidungen ohne neue Argumentation an das Elfes-Urteil anknüpfte.[6]

Obwohl die Elfes-Konstruktion es potenziell ermöglicht, mit der Verfassungsbeschwerde jegliche belastende Maßnahme auf ihre Vereinbarkeit mit dem gesamten Grundgesetz überprüfen zu lassen,[7] fand dieser Aspekt der Elfes-Entscheidung nicht so starken Widerhall in der juristischen Literatur der folgenden Jahre, wie zu erwarten gewesen wäre. Häufig konzentrieren sich die Stellungnahmen darauf, die Rechtsprechung des Bundesverfassungsgerichts anzugreifen oder zu verteidigen.

Ausführlichere Stellungnahmen speziell zur Elfes-Konstruktion sind demgegenüber seltener. Die Menge an Aufsätzen und Monografien zu dem Thema ist überschaubar, und selbst von diesen beschränken sich manche auf Teilaspekte des Problems. Die weite Auslegung des Art. 2 I GG im Sinne des Bundesverfassungsgerichts hat sich als faktischer Konsens weitgehend, wenngleich bis in die Gegenwart nicht ohne Widerspruch, durchgesetzt. Mit ihr ist auch das Ergebnis der Elfes-Konstruktion auf breite Zustimmung gestoßen. Zumindest aber wird es weithin als Status quo akzeptiert. Die Begründung dieses Ergebnisses hingegen bleibt, sofern sie thematisiert wird, umstritten. Alternativen und Ergänzungen zur Elfes-Konstruktion werden diskutiert. Diese Diskrepanz zwischen der weithin akzeptierten Anerkennung der Folgen der Elfes-Konstruktion und der Uneinigkeit hinsichtlich der Begründung ist auffällig.

---

2 Dazu BVerfGE 6, 32 (36 f.).

3 Ebenda (38).

4 Ebenda (41).

5 *Kube*, JuS 2003, 111 (111).

6 BVerfGE 80, 137 (Reiten im Walde) setzt sich zwar mit der Kritik zur allgemeinen Handlungsfreiheit auseinander, nicht aber mit der Frage, ob der Eingriff auf seine Verfassungsmäßigkeit zu prüfen ist.

7 *Frotz*, Die Reichweite des grundrechtlichen Abwehranspruchs, 44, 83.

1.1.2. Wissenschaftliche Optionen im Umgang mit der Elfes-Konstruktion

Dieser Diskussionsstand eröffnet zwei rechtswissenschaftliche Optionen: Die erste besteht darin, dem Spektrum der Interpretationsansätze zur Begründung oder Widerlegung der Elfes-Konstruktion einen weiteren Ansatz hinzuzufügen oder eine weitere Alternative zur Elfes-Konstruktion zu entwickeln. Die andere Möglichkeit besteht darin, sich dem Phänomen deskriptiv zu nähern und dadurch mittelbar auch Ursachen und Probleme des interpretativen Diskussionsstandes aufzuzeigen.

Für diese zweite Option spricht der erwähnte Befund, dass im Ergebnis eine recht große Übereinstimmung besteht, die aber mit vielfältigeren Lösungsansätzen hinsichtlich der Begründung zusammentrifft. Von einem neuen interpretativen Begründungsansatz wäre deshalb weder ein großer Nutzen für die Rechtspraxis zu erwarten noch wäre er wissenschaftlich ergiebig.

Eine deskriptive Untersuchung hingegen eröffnet die Chance, zu erfassen, worum genau es sich bei dem mittels der Elfes-Konstruktion begründeten „normativen Gebilde" handelt und ob diesbezüglich Unterschiede zwischen den Begründungsansätzen bestehen. Sie macht den Blick frei für die Wertungsfragen, die hinter den unterschiedlichen Interpretationsmöglichkeiten stehen. Sie erlaubt es ferner, Interpretationsmöglichkeiten vorzustellen, ohne mit Blick auf ein bestimmtes Ergebnis den Interpretationspfad vorzuzeichnen. Von einem beschreibenden Ansatz wäre also eine größere wissenschaftliche Ergiebigkeit nebst höherem praktischem Nutzen zu erwarten, zumindest soweit sich die Rechtspraxis keine ergebnisbezogene Anleitung ihrer Argumentation, sondern ein Spektrum von Entscheidungsmöglichkeiten als Arbeitsgrundlage erhofft.

Umgekehrt eignet sich die Elfes-Konstruktion besonders als Anwendungsgegenstand für deskriptive Methoden. Ihr Ergebnis ist hinreichend gefestigt und anerkannt, um auf seine Strukturen untersucht zu werden. Zugleich aber ist die interpretative Herleitung des Ergebnisses hinreichend umstritten, um verschiedene Begründungsansätze miteinander daraufhin vergleichen zu können, ob sie im Ergebnis wirklich vollständig deckungsgleich sind. Mit deskriptiven Methoden lässt sich auch ermitteln, ob sich normative Strukturen, die der Elfes-Konstruktion ähneln, in anderen Teilen der Rechtsordnung finden, wenngleich mit anderer Begründung. Deskriptive Methoden erlauben es schließlich, das Ergebnis der Elfes-Konstruktion unabhängig von seiner interpretativen Herleitung einzuordnen. Dies trägt dazu bei, zu verstehen, wie die Elfes-Konstruktion funktioniert und um welche Art normativer Figur es sich dabei handelt. Angesichts der enormen Auswirkungen der Elfes-Konstruktion auf die Rechtspraxis, insbesondere auf das Verfassungsbeschwerdeverfahren, ist es dabei von besonderem Interesse, das Zusammenspiel zwischen der Elfes-Konstruktion und den Rechtsfolgen der Grundrechte besser zu verstehen.

1.1.3. Methode, Methodenbegriff und Erkenntnisziel

Diese Arbeit nutzt deshalb deskriptive Methoden (dazu Abschnitte 1.2. bis 1.4.). Der Begriff „Methode" bezeichnet in diesem Zusammenhang nicht eine Auslegungsmethode im Sinne der traditionellen juristischen Methodenlehre, sondern allgemeiner eine wissenschaftliche Erkenntnismethode. Dieser weiter gefasste Methodenbegriff schließt nicht-interpretative Methoden ein. Er bezieht den Begriff der Methode zudem auf das Erkenntnisziel.[8] Im Sinne dieses Methodenbegriffs lässt sich deshalb die Gesamtheit der traditionellen Auslegungsmethoden zu *einer* Methode, nämlich der interpretativen Methode der Rechtswissenschaft, zusammenfassen. Auch andere, alternative Auslegungslehren gehören in diesem Sinne zur interpretativen Methode der Rechtswissenschaft.[9]

Diese Untersuchung verwendet nebeneinander zwei unterschiedliche methodische Zugänge, um mit Blick auf die Elfes-Konstruktion zwei Erkenntnisziele zu verfolgen (zu diesen Erkenntniszielen näher Abschnitt 1.7.). Das erste Erkenntnisziel ist die semantische Struktur von Normen, das zweite Erkenntnisziel sind die Bedeutungsmöglichkeiten normativer Texte. Beiden ist gemeinsam, dass sie deskriptive Methoden erfordern. Die im ersten Zugang verwendete Methode wird im Folgenden als *strukturanalytisch* bezeichnet (Definition im Abschnitt 1.2.3.1.). Das zweite Erkenntnisziel lässt sich weiter danach differenzieren, welcher Bezugspunkt der Bedeutungsmöglichkeiten gewählt wird. Je nach Bezugspunkt können unterschiedliche deskriptive Methoden erforderlich sein. Die beiden Erkenntnisziele und die jeweils zu verwendenden Methoden gilt es näher zu begründen (Abschnitte 1.2. bis 1.4.).

---

8 Vgl. dazu *Jestaedt*, in: ders., Hans Kelsen: Reine Rechtslehre. Einleitung in die rechtswissenschaftliche Problematik, XXXIV f.

9 Zu alternativen Auslegungslehren siehe Abschnitt 1.3.4.

1.2. Strukturanalyse und analytische Rechtslehre

Die erste der beiden Methoden ist die Strukturanalyse.

1.2.1. Definition und Abgrenzung der analytischen Rechtslehre

Das rechtstheoretische Konzept, das der Strukturanalyse und ihren rechtstheoretischen Kategorien zugrunde liegt, wird hier als *analytische Rechtslehre* bezeichnet.[10] Die analytische Rechtslehre unterscheidet sich von der traditionellen Rechtslehre durch ihre deskriptive Methodik und – insbesondere bei *Kelsen* – weitergehend durch den vollständigen Verzicht auf interpretative Methoden. Auf rechtstheoretischer Ebene sind bestimmte Kategorien kennzeichnend, mittels derer die analytische Rechtslehre Normstrukturen beschreibt.[11] Diejenigen dieser Kategorien, die für die vorliegende Untersuchung relevant sind, werden im Abschnitt 2 vorgestellt.

Der Begriff der analytischen Rechtslehre lässt sich ferner wissenschaftsgeschichtlich abgrenzen. Er meint die Rechtstheorie *Kelsens* und damit verwandte oder darauf aufbauende Positionen. Üblicher dürfte es sein, dieses Konzept als „Reine Rechtslehre" oder „Rechtspositivismus" zu bezeichnen. Der Begriff „Reine Rechtslehre" bezeichnet aber neben einer rechtswissenschaftlichen Methode auch die gleichnamige Publikation *Kelsens* und ferner die von ihm begründete Forschungsgemeinschaft[12] und ist daher missverständlich. Ähnlich ambig ist auch der Begriff „Rechtspositivismus". Zudem ist das Spektrum der Positionen, die nach ihrer Selbst- oder Fremdverortung dem Rechtspositivismus angehören, sehr groß und kann unter anderem auch Vertreterinnen und Vertreter einer interpretativen Rechtswissenschaft umfassen.

Der Begriff „analytische Rechtslehre" steht dem Umfang nach zwischen „Reiner Rechtslehre" und „Rechtspositivismus" und schließt auch Veröffentlichungen ein, die nicht von *Kelsen* oder seinen Schülerinnen und Schülern stammen, aber mit *Kelsen* in ihrem deskriptiven Zugang zum Recht im Wesentlichen übereinstimmen.[13]

---

10 Vgl. zum Begriff *Weinberger*, Normentheorie als Grundlage der Jurisprudenz und Ethik, 177.

11 Dazu näher Abschnitt 1.2.3.

12 *Jestaedt*, in: ders., Hans Kelsen: Reine Rechtslehre. Einleitung in die rechtswissenschaftliche Problematik, XVIII.

13 Ähnlich, jedoch wohl eher synonym mit „Rechtspositivismus", verwendet den Begriff *Weinberger*, Normentheorie als Grundlage der Jurisprudenz und Ethik, 177.

Abzugrenzen ist die analytische Rechtslehre von anderen, ähnlichen rechtswissenschaftlichen Begriffen. Zu ihnen gehören die „analytische Theorie“ und die „Strukturtheorie“ *Alexys* sowie die „analytical jurisprudence“ *Harts*. Trotz einiger Gemeinsamkeiten sind sie mit der analytischen Rechtslehre nicht deckungsgleich.[14] Im Gegenteil: Gerade den rationalen Interpretationslehren, wie sie etwa *Dworkin*, *Alexy*[15] und zurückhaltender *Weinberger*[16] vertreten, steht die analytische Rechtslehre diametral gegenüber, was ihr Verständnis der juristischen Interpretation angeht.[17]

1.2.2. Die „Allgemeine Theorie der Normen“ als theoretischer Ausgangspunkt

Die Rechtstheorie *Kelsens* ist Grundlage dieser Untersuchung. Grundlage ist insbesondere die „Allgemeine Theorie der Normen“ (1979). Zwar dienen auch die erste (1934) und zweite (1960) Auflage der „Reinen Rechtslehre“ als wichtige Bezugspunkte. Jedoch entwickelt *Kelsen* in der „Allgemeine Theorie der Normen“ seine früheren rechtstheoretischen Überlegungen in einigen entscheidenden Punkten fort. Dies gilt insbesondere im Hinblick auf *Kelsens* frühe Ablehnung der traditionellen juristischen Interpretationslehre, in welcher die spätere Entwicklung bereits angelegt ist. Der rechtstheoretische Entwicklungsstand der „Allgemeinen Theorie der Normen“ ist, zumindest mit einigen Modifikationen, wesentlich besser mit neueren erkenntnistheoretischen und sprachtheoretischen Konzepten vereinbar als die „Reine Rechtslehre“. Aus diesem Grund orientiert sich diese Untersuchung – entgegen der auch in Teilen der analytischen Rechtslehre geäußerten Kritik[18] – überwiegend an dem letzten Entwicklungsstadium der *Kelsen*schen Rechtstheorie.

---

14 *Alexy*, Theorie der Grundrechte, 23, 32. Insbesondere strebt die analytische Rechtslehre anders als *Alexys* integrativ ausgerichtete Strukturtheorie eine Trennung deskriptiver und hermeneutischer Prozesse an.

15 Zu *Dworkin* und *Alexy* siehe Abschnitt 1.3.4.

16 Vgl. *Weinberger*, Rechtslogik, 7.

17 Dazu näher Abschnitt 1.3., dort insbesondere 1.3.4.

18 Kritisch etwa *Yoshino*, Keio Law Journal 1992, 472 (485 f. – umgekehrte Paginierung); *Weinberger*, Normentheorie als Grundlage der Jurisprudenz und Ethik, 177.

1.2.3. Strukturanalyse: Analyse der Normstruktur

1.2.3.1. Definition der Strukturanalyse

Der Begriff Strukturanalyse kann auf zwei Ebenen bezogen werden, auf die Ebene der Rechtstheorie und auf die Anwendungsebene der deskriptiven Rechtswissenschaft.

Auf rechtstheoretischer Ebene entwickelt die Strukturanalyse allgemeine Kategorien, mit denen sich Normen beschreiben lassen. Sie steht insoweit in engem Zusammenhang mit der philosophischen Logik, ist aber mit ihr nicht deckungsgleich.[19]

Auf der Anwendungsebene beschreibt Strukturanalyse ganz konkret bestimmte Normen einer bestimmten Rechtsordnung. Dazu nutzt sie die Kategorien, die sie auf rechtstheoretischer Ebene entwickelt hat. Dabei setzt die Strukturanalyse voraus, dass jeweils eine Bedeutungsvariante[20] eines Satzes oder Textes auf ihre semantische Struktur untersucht werden kann. Eine Analyse der Sätze des positiven Rechts auf ihre semantische Struktur hin setzt also voraus, dass zuvor eine bestimmte Bedeutungsmöglichkeit ausgewählt wurde.[21] Anders als in der interpretativen Rechtswissenschaft geht diese Auswahl aber nicht mit einer Parteinahme für diese Bedeutungsmöglichkeit einher. Strukturanalyse kann beispielsweise auch die normativen Strukturen verschiedener Bedeutungsmöglichkeiten desselben Satzes miteinander vergleichen.

Kategorien der Rechtstheorie und der formalen Logik bei der Analyse von Normen zu nutzen bedeutet nicht, Rechtstexte in deterministischer, mechanisch-mathematischer Weise zu interpretieren. Die Strukturanalyse ist nicht eine vermeintlich exaktere Interpretationslehre. Im Gegenteil schließt *Kelsens* Normbegriff, der der Strukturanalyse zugrunde liegt, jeden Interpretations-Determinismus aus.

---

19 Insbesondere gibt es Überschneidungen mit der klassischen Aussagenlogik. Daneben kann auch die deontische Logik für die Strukturanalyse fruchtbar gemacht werden, allerdings nur mit Einschränkungen. Die deontische Logik ist vor allem ein Zweig der philosophischen Logik. Ihre Grundlagen liegen im Werk *von Wrights*, auf dem die „Standard Deontic Logic“ basiert. Für diese Untersuchung von besonderer Bedeutung sind Überlegungen *Makinsons* zu subjektiven Rechten (dazu Abschnitt 2.3.2.2.). Mit Elementen der Aussagenlogik und der deontischen Logik wird in der Rechtswissenschaft vielfach gearbeitet, etwa von *Weinberger*, *Yoshino*, *Alexy* und *Schulev-Steindl*. Jedoch gibt es insoweit einige Diskrepanzen zur analytischen Rechtslehre.

20 Die Begriffe „Sinn“ und „Bedeutung“ werden hier synonym verwendet; anders (der Terminologie *Freges* folgend) *Kelsen*, Allgemeine Theorie der Normen, 242 (En. 33).

21 Vgl. *Yoshino*, Keio Law Journal 1992, 472 (484 f., 482 ff. – umgekehrte Paginierung).

Eine Norm kann demnach nur gelten, wenn sie Sinn eines (gegebenenfalls vorgestellten) Willensaktes ist.[22] Sie kann deshalb nicht aus einer anderen Norm logisch gefolgert werden.[23] Erst nachdem ein möglicher Sinn eines Normsatzes bestimmt worden ist, ist es möglich, die logische Struktur der Norm zu analysieren und ihr logisches Verhältnis zu anderen Normen zu beschreiben.

1.2.3.2. Herkunft des Begriffs „strukturanalytisch" in der Rechtswissenschaft

Der Begriff „strukturanalytisch" ist der „Reinen Rechtslehre" *Kelsens* entlehnt, der es als Aufgabe der Rechtswissenschaft ansieht, „das positive Recht seinem Wesen nach zu begreifen und durch eine Analyse seiner Struktur zu verstehen". Er entwirft das Konzept einer „möglichst exakten Strukturanalyse des positiven Rechts".[24] Kennzeichnend sind das Anliegen einer klaren Trennung von deskriptiver Analyse und Interpretation, eine deskriptive Ausrichtung der Analyse von Normensystemen und damit verbunden das Bemühen um eine realistische Auffassung von der Funktionsweise des Rechts.[25] Weiteres Merkmal ist das Verständnis der Rechtsanwendung als Akt der verbindlichen Interpretation, mithin als Rechtsumsetzung und zugleich Rechtsschöpfung.[26] Die Bezeichnung „strukturanalytisch" hat sich für die dadurch gekennzeichnete rechtswissenschaftliche Methode zwar nicht allgemein durchgesetzt, ist aber durchaus üblich.[27]

1.3. Analyse der Interpretationsmöglichkeiten statt Interpretation

Neben der Analyse semantischer Strukturen kann eine deskriptive Rechtswissenschaft sich auch mit der Bedeutung normativer Texte auseinandersetzen. Während die Strukturanalyse jeweils ein Interpretationsergebnis voraussetzen muss, zeigt eine Analyse der Interpretationsmöglichkeiten – wenngleich niemals abschließend – auf, welche Bandbreite denkbarer Bedeutungen ein normativer Text aufweisen kann. Sie eröffnet damit Raum für interpretative Entscheidungen.

---

22 *Kelsen*, Allgemeine Theorie der Normen, 5 f.

23 *Weinberger*, Normentheorie als Grundlage der Jurisprudenz und Ethik, 94 ff., spricht insoweit kritisch von „Normenirrationalismus".

24 *Kelsen*, Reine Rechtslehre (1. Aufl.), 17, 61.

25 Vgl. ebenda, 17.

26 Vgl. ebenda, 82 f. Näheres im Abschnitt 2.2.3.

27 *Weinberger*, in: Winkler, Rechtstheorie und Rechtsinformatik, 110 (132, 110 ff.): „Strukturanalyse" und „Strukturtheorie".

Insoweit teilt sie zumindest partiell die Mittel der traditionellen Rechtslehre, aber nicht ihr Erkenntnisziel. Insofern unterscheidet sich eine deskriptive Rechtswissenschaft von der traditionellen Rechtswissenschaft.

Dass vorliegend Bedeutungs*möglichkeiten* als Erkenntnisziel gewählt werden, nicht die Interpretation selbst, ist aber nicht durch eine subjektive Präferenz für ein bestimmtes Erkenntnisziel begründet. Grund ist vielmehr, dass am Maßstab der analytischen Rechtslehre gemessen allein ein deskriptiver Zugang zur Bedeutung eines Textes wissenschaftlich adäquat erscheint. Dies gilt es im Folgenden näher zu erläutern.

1.3.1. Stellenwert der juristischen Interpretation

Der juristischen Arbeitsweise in Praxis und angewandter Rechtswissenschaft liegt die Vorstellung zugrunde, dass die juristische Interpretation ein zwar wertender, aber doch rationaler, also erkenntnishafter Prozess sei, mittels dessen eine Annäherung an Erkenntnis möglich sei. Aus traditionell-rechtswissenschaftlicher Sicht unterscheidet sich der Erkenntniswert von Aussagen der Rechtswissenschaft und von Aussagen der deskriptiven Wissenschaften nur graduell,[28] nicht kategorisch. Der wertende und schöpferische Charakter juristischen Interpretierens wird zu Recht kaum noch bestritten. Doch Wertung, Spielraum, Subjektivität und Richterrecht erscheinen in der Rechtspraxis und teils auch in der Rechtswissenschaft eher als Ausnahmen, nicht als das Prinzip der Rechtsanwendung.[29] Auch der von manchen rechtstheoretischen Strömungen erhobene Anspruch, dass Wertungen zwar nicht mit Wahrheitsanspruch, aber doch (relativ) rational begründet werden könnten,[30] dürfte teils anschlussfähig sein. Die facettenreiche Kritik an einem solchen Wissenschaftsverständnis hat zwar die Rechtstheorie deutlich beeinflusst, die rechtswissenschaftliche Praxis aber nur unwesentlich. Diese hält im Kern an den traditionellen Auslegungsmethoden der Methodenlehre des 19. Jahrhunderts und an der juristischen

28 So etwa *Rüthers*, Rechtsdogmatik und Rechtspolitik unter dem Einfluß des Richterrechts, 17.

29 Vgl. dazu *Busse*, Juristische Semantik, 226; *Rottleuthner*, Richterliches Handeln, 63.

30 *Dworkin*, Bürgerrechte ernstgenommen, 144 f.; *Alexy*, Theorie der juristischen Argumentation, insb. 24, 45 ff., 221 ff., 264, 356 ff. *Alexy* und *Dworkin* nehmen sogar an, dass es wertungsfreie Bereiche der Rechtsanwendung gebe: *Alexy*, Theorie der juristischen Argumentation, 17; *Dworkin*, Bürgerrechte ernstgenommen, 538. Dazu kritisch *Busse*, Juristische Semantik, 137.

Dogmatik[31] fest. Damit verbunden ist das Anliegen traditioneller Rechtswissenschaft, eine konkrete Entscheidungshilfe für Rechtsfälle in der gerichtlichen Praxis zu bieten.

Die analytische Rechtslehre gehört zu den rechtswissenschaftlichen Strömungen, die den tradierten interpretativen Methoden in der Rechts*wissenschaft* kritisch gegenüberstehen. Diese Position ist Kern der Rechtstheorie *Kelsens*.[32] Überschneidungen gibt es insoweit mit den Critical Legal Studies[33] und der Strukturierenden Rechtslehre, aber auch mit der Hermeneutik im Sinne einer deskriptiv-ontologischen Verstehenslehre.[34] Obgleich *Kelsen* seine Ablehnung der rechtswissenschaftlichen Interpretation in Anbetracht ihrer Bedeutung eher knapp begründet,[35] bleibt sein Standpunkt auch vor dem Hintergrund der jüngeren sprach- und erkenntnistheoretischen wissenschaftlichen Entwicklung plausibel.

Vorliegend wird die Ablehnung der interpretativen Rechtswissenschaft nicht mit der Vorstellung begründet, dass Interpretation wertend sei, aber Wissenschaft rein objektiv zu sein habe. Im Gegenteil gilt es zu betonen, dass Erkenntnis stets zugleich auch einen wertenden Charakter hat. Aber umgekehrt hat eine Wertung keinen Erkenntnischarakter. Die Kritik der interpretativen Rechtswissenschaft fußt auf der Hypothese, Interpretation sei ein Wertungsverfahren, wenngleich sie auf Erkenntnissen aufbaue. Eine derart weitreichende Hypothese bedarf etwas eingehenderer Begründung. Sie lässt sich im Wesentlichen auf zwei Argumente stützen, nämlich die irreduzible Vagheit natürlicher Sprache und die fehlende Motivfähigkeit der tradierten argumentativen Topoi, aber auch der juristischen Hermeneutik und anderer Wertungslehren.

---

31 Der Begriff der juristischen Dogmatik soll hier mit der systematisierenden Interpretation und interpretierenden Systematisierung des Rechts gleichgesetzt werden. Ebenso etwa *Rüthers*, Rechtsdogmatik und Rechtspolitik unter dem Einfluß des Richterrechts, 10 und *Alexy*, Theorie der juristischen Argumentation, 308, der noch die „Beschreibung des geltenden Rechts" ergänzt, die in der traditionellen Rechtswissenschaft in der interpretierenden Systematisierung aufgeht.

32 *Römer*, in: ders., Hans Kelsen, 87 (94).

33 Zum Verhältnis zwischen analytischer Rechtslehre und Critical Legal Studies (mit Blick auf Vagheit und Interpretation) aus Sicht der Critical Legal Studies: *Kennedy*, in: ders., Legal Reasoning: Collected Essays, 154 (154, 160, 164).

34 Zu Hermeneutik und Strukturierender Rechtslehre siehe sogleich.

35 *Kelsen*, Reine Rechtslehre (1. Aufl.), 90–106, davon fast ein Drittel zum „Lückenproblem"; knapp auch *Kelsen*, Reine Rechtslehre (2. Aufl.), 346–354. Etwas detaillierter, wenngleich mit dem Fokus auf dem Verhältnis von Rechtsanwendung und Rechtssetzung, *Kelsen*, Allgemeine Theorie der Normen, hier insbesondere 179–202.

1.3.2. Irreduzible Vagheit der Sprache

1.3.2.1. Bedeutung als Gebrauch der Sprache

Das Recht bedient sich des Mediums der Sprache. Sprache besteht aus Zeichen. Deren soziale Verwendung weist ihnen Bedeutungen zu. Daher gilt mit *Wittgenstein*: „Die Bedeutung eines Wortes ist sein Gebrauch in der Sprache."[36] Im diesem Sinne ist die Bedeutung eines Wortes nicht ein Gegenstand oder eine Handlung, sondern seine Bedeutung ist die Gesamtheit der Verwendungssituationen dieses Wortes im Sprachgebrauch.[37] Dieser Begriff der Bedeutung erkennt an, dass Sprache keine reine Bezeichnungsfunktion, sondern eine kommunikative, situative Funktion hat. Sprache dient zwar auch dazu, Gegenstände oder Handlungen zu bezeichnen. Aber was eine Bezeichnung ist und wie sie erfolgt, was ein Gegenstand und was eine Handlung ist, steht nicht a priori fest, sondern muss im Sprachgebrauch, beruhend auf der gemeinsamen Lebensform, nachgewiesen werden.[38] Wenn im Folgenden dennoch der Begriff „Bedeutung" gelegentlich im Sinne des Bezeichneten verwendet wird, dann nur deshalb, weil die Bezeichnungsfunktion einen wichtigen Aspekt von Bedeutung ausmacht.

Wer Sprache gebraucht, richtet sich mehr oder minder nach dem Sprachgebrauch anderer. Er verallgemeinert seine Beobachtung des Sprachgebrauchs zu einer Regel oder zu einer Gesamtheit von Regeln.[39] Doch die Verallgemeinerbarkeit ist begrenzt. Bedeutung ist durch Vagheit charakterisiert, die der Vielfalt der Verwendungssituationen und der Unterschiedlichkeit von Menschen entspricht. Sprache ist eine heterogene soziale Praxis.[40] Sie ist deshalb nicht nur manchmal vage, sondern regelmäßig. Die Vagheit der Sprache beruht darauf, dass Bedeutung ein unabtrennbarer Teil von Lebensvorgängen ist. Schriftliche Sprachäußerungen haben im Vergleich mit mündlichen Sprachäußerungen einen sehr reduzierten Kontext. Dadurch erweitert sich das Feld der Bedeutungsmöglichkeiten.

Es mag unterschiedliche Grade der Vagheit geben, weil der Sprachgebrauch mehr oder minder homogen sein kann, aber es ist nicht möglich, eindeutige

---

36 *Wittgenstein*, Philosophische Untersuchungen, V, 43 (771).

37 *Wittgenstein*, Philosophische Untersuchungen, V, 38 f. (769 f.), V, 43 f. (771 f.),

38 Vgl. *Wittgenstein*, Philosophische Untersuchungen, V, 50 (778), V, 52 (779). Die gemeinsame Lebensform im Sinne gemeinsamer Praktiken kann beispielsweise auf gemeinsamer Sozialisation und Kultur beruhen.

39 Vgl. *Wittgenstein*, Philosophische Untersuchungen, V, 340 (901).

40 *Müller/Christensen/Sokolowski*, Rechtstext und Textarbeit, 106, 118.

und nicht eindeutige Äußerungen zu unterscheiden.[41] Als eindeutig kann eine sprachliche Äußerung nur aus einem Vorverständnis heraus erscheinen, das andere Verständnismöglichkeiten bereits ausschließt.[42] Der Verstehensprozess, wie ihn die philosophische Hermeneutik als eine ontologische Verstehenslehre beschreibt,[43] ist zwar im subjektiven Selbstverständnis des Verstehenden oft auf die Ermittlung des *einen* Sinns einer sprachlichen Äußerung gerichtet. Tatsächlich ermittelt der Verstehende aber eine Bedeutungs*möglichkeit*, also etwa eine Art von Gegenständen oder Handlungen, die ein Wort in bestimmten Verwendungssituationen bezeichnet. Er nutzt dazu seine Kenntnis der Situationen, in denen das Wort bisher verwendet wurde, des kulturellen Kontexts und der äußernden Person. Dieses Wissen ermöglicht es, die Sinnzuschreibung des kommunikativen Gegenübers mit einer gewissen Wahrscheinlichkeit zu einzugrenzen, was eine erste Voraussetzung gelungener Kommunikation ist. Voraussetzung einer gemeinsamen Sinnzuschreibung ist ferner nicht nur die Beobachtungsgabe des Rezipienten, sondern auch eine gewisse Übereinstimmung in den Annahmen über die Beschaffenheit der Welt und über moralische Fragen.[44]

1.3.2.2. Irreduzibilität der Vagheit

Die juristische Interpretation dient dazu, die Bedeutung normativer Äußerungen und Texte einzugrenzen. Wenn die juristische Interpretation als wissenschaftliche Tätigkeit darauf gerichtet wäre, *die* Bedeutung schlechthin zu ermitteln, müsste sie notwendig scheitern. Denn sie findet einen heterogenen Sprachgebrauch vor.

---

41 *Rottleuthner*, Richterliches Handeln, 25, 93 f.

42 Vgl. ebenda, 93 f.

43 Zu der Unterscheidung von ontologischer Hermeneutik und Hermeneutik als Methode ebenda, 41 ff., 45 ff.

44 Ebenda, 77 (Fn. 21), vgl. ferner ebenda 25 f., 93 f., 95 f.; *Kennedy*, in: ders., Legal Reasoning: Collected Essays, 154 (167). *Wittgenstein*, Philosophische Untersuchungen, V, 142 (825 f.), 241 f. (871) betont als Voraussetzung nicht die Gleichförmigkeit des Denkens („keine Übereinstimmung der Meinungen"), sondern die Gleichförmigkeit des Geschehens, zu der er Naturgesetzlichkeiten ebenso wie das menschliche (Sprech-)Verhalten zählt. Für ihn hängt das gleichförmige Sprechverhalten in Bezug auf Begriffe wie „richtig" und „falsch" mit einer gemeinsamen Lebensform zusammen. Die gemeinsame Lebensform bedingt die Selbstverständlichkeit, mit der die Teilnehmenden eines Sprachspiels den Regeln des Sprachgebrauchs folgen. Wie die gemeinsame Lebensform konstituiert wird, darüber sagt diese Beobachtung aber nichts aus. Die Lebensform ist nicht einfach gegeben, sondern sie ist, auch wenn *Wittgenstein* diesen Aspekt kaum betont, veränderlich und erklärbar. Bewusste Meinungen oder Werthaltungen können einerseits Ausdruck dieser gemeinsamen Lebensform sein und andererseits auf sie einwirken.

Bei der Interpretation geht es also nicht darum, den einen Sinn sprachlicher Äußerungen zu erkennen, sondern darum, das Bedeutungsspektrum gegenüber der Vielfalt des Sprachgebrauchs einzugrenzen. Es geht darum festzulegen, was der Text bedeuten *soll*.[45] Aufgrund der Vagheit natürlicher Sprache gilt das für Normsätze und Aussagesätze gleichermaßen.[46]

Auch die traditionelle Rechtslehre setzt als selbstverständlich voraus, dass natürliche Sprache vage ist. Doch der analytischen Rechtslehre geht es mit der Kritik an interpretativen Methoden um mehr, nämlich darum, dass diese Vagheit rational nicht überwunden werden kann. Und *dies* ist für die Vertreterinnen und Vertreter der interpretativen rechtswissenschaftlichen Methode nicht selbstverständlich. Im Gegenteil begreifen sie die Spielarten ihrer Methode als rationalen Prozess, mittels dessen sich die Vagheit eingrenzen lasse, aus Sicht mancher Stimmen sogar bis hin zu einer bestimmten, vernünftigen Entscheidung.[47] Deshalb kann es hier nicht bei dem schlichten Hinweis verbleiben, dass die Vagheit natürlicher Sprache in der Rechtswissenschaft hinreichend bekannt ist. Vielmehr gilt es die Position, diese Vagheit lasse sich rational eingrenzen, kritisch zu prüfen, und zwar auf zwei Stufen: Erstens stellt sich die Frage, ob die Interpretationskriterien interpretativer Methoden erkenntnishaft begründbar sind. Zweitens stellt sich die – davon unabhängige – Frage, ob die Anwendung dieser Kriterien ihrerseits ein Erkenntnisprozess ist.

1.3.2.3. Rationale Begründbarkeit interpretativer Methoden

Wenn Interpretation ein Spektrum von Bedeutungsmöglichkeiten auf eine bestimmte Bedeutung eingrenzen will, dann stellt sich die Anschlussfrage: *Welche* Bedeutung soll maßgeblich sein? Vielerlei Bezugspunkte sind dafür denkbar.

So könnte man die Bedeutung maßgeblich sein lassen, die dem Sprachgebrauch bestimmter Personengruppen entspricht. Beispielsweise ließe sich wertend, aber doch erkenntnishaft ermitteln, welche Vorstellungen der Normsetzer bei der Normsetzung verfolgte. Es ließe sich ermitteln, wie Juristinnen und Juristen allgemein oder die Gerichte im Besonderen einen bestimmten Normsatz üblicherweise verstehen. Für die juristische Interpretation sind diese Erkenntnisse aber Mittel und nicht Ziel des wissenschaftlichen Prozesses. Sie nutzt zwar Entstehungsgeschichte, Konvention und Autorität als Argumente. Sie macht

45 *Dworkin*, Critical Inquiry 1982, 179 (179).

46 Ebenda, 179 (180).

47 Vgl. *Alexy*, Theorie der juristischen Argumentation, 223 ff., 234; *Dworkin*, Bürgerrechte ernstgenommen, 144, 180.

sich aber in der Regel gerade nicht in der Weise davon abhängig, dass sie einen dieser Gesichtspunkte allein maßgeblich sein lassen will. Vielmehr fließen diese Gesichtspunkte nur in die Überzeugungsbildung und deren interpretative Begründung ein.

Auf die Frage, welche Bedeutung eines Normtextes maßgeblich sein soll, gibt es noch andere denkbare Antworten als diejenigen der traditionellen Rechtswissenschaft. So könnte eine Interpretin offen die Bedeutung zugrunde legen, die ihrem eigenen Sprachgebrauch entspricht. Sie könnte ebenso offen die Bedeutung favorisieren, die sie – unabhängig von ihrem eigenen Sprachgebrauch – für rechtspolitisch wünschenswert hält. Beide Vorgehensweisen entsprächen aber nicht der „juristischen Argumentationskultur“[48]. Denn diese lässt es als Begründung nicht genügen, dass die Interpretin eine bestimmte Bedeutungsmöglichkeit subjektiv bevorzugt.

Die juristische Argumentationskultur verlangt vielmehr nach Argumenten, die im Einklang mit bestimmten Kriterien stehen. Solche Kriterien sind die juristische Angemessenheit, Vertretbarkeit und Überzeugungskraft einer Interpretationsmöglichkeit und der zu ihren Gunsten angeführten Argumente, aber auch die Einhaltung formalisierter Regeln.

Dieser Maßstab ist seinerseits rechtfertigungsbedürftig. Er kann nur durch eine axiomatische, frei wertende Setzung gerechtfertigt werden. Denn der Versuch, ein „Sollen an sich“ zu begründen, eröffnet ein Letztbegründungsproblem nach Art des so genannten Münchhausen-Trilemmas. Dessen Bezeichnung beruht darauf, dass der Letztbegründungsversuch notwendig in eine von drei Sackgassen mündet: den Zirkelschluss, die willkürliche Setzung oder den infiniten Regress.[49] Das gilt auch für den Maßstab der Interpretation. Zwar muss bei der Interpretation ungeachtet dieses Trilemmas eine Entscheidung getroffen werden, entweder für eine bestimmte Interpretation oder zumindest für einen bestimmten Maßstab des Interpretationsprozesses. Dennoch ist diese Entscheidung nicht rational begründbar, sondern nur mittels einer freien Wertung.

Eine solche Wertung findet immer dann statt, wenn eine Gesamtheit von Argumentationsregeln für verbindlich erklärt wird. Sie antwortet auf die Frage „Was soll der Text bedeuten?“: „Der Text soll bedeuten, was die Anwendung eines bestimmten Sets von Argumentationsregeln an Bedeutung generiert.“ Zumindest ohne diese eine Wertung – die Akzeptanz der Argumentationsregeln – gelingt die

---

48 Der Begriff stammt von *Busse*, Juristische Semantik, 248.

49 Diese drei Endpunkte des Letztbegründungsversuchs beschreibt das so genannte Münchhausen-Trilemma für Aussagesätze (dazu *Albert*, Traktat über kritische Vernunft, 15 ff.).

Reduktion der Vagheit nicht, sodass man die Vagheit von Sprache als *erkenntnishaft* irreduzibel bezeichnen kann. Dass die Akzeptanz von Argumentationsregeln eine Wertung bedeutet, erkennen auch die rationalen Interpretationslehren an.[50]

1.3.2.4. Rationale Anwendbarkeit interpretativer Methoden

Offen bleibt die Frage, ob sich die freie Wertung auf die *Wahl* des Entscheidungsmaßstabes beschränkt oder ob auch die *Anwendung* der Argumentationsregeln ein reines Wertungsverfahren darstellt. Entscheidend dafür ist, ob präskriptive Argumentationsregeln, wenn man sich für ihre Anwendung entscheidet, das Interpretationsergebnis beeinflussen können. Dies gilt es nachfolgend für die klassische Methodenlehre (1.3.3.) und für neuere, alternative Auslegungslehren (1.3.4.) zu prüfen.

1.3.3. Fehlende Motivfähigkeit der juristischen Methodenlehre und Dogmatik

1.3.3.1. Maßstäbe der Motivfähigkeit

Um das Interpretationsergebnis zu beeinflussen, müssen Argumentationsregeln die Entscheidung für eine bestimmte Interpretation nicht determinieren (Determinationsfähigkeit), aber zumindest mitbestimmen, also in eine bestimmte Richtung lenken können („Motivfähigkeit“[51]). Motivfähig ist eine Argumentationsregel, wenn ihre Anwendung Einfluss auf das Ergebnis des Interpretationsprozesses haben kann.

Bei der Frage, ob ein solcher Einfluss besteht, gilt es zwischen der subjektiven Rechtfertigung des eigenen Handelns und den tatsächlich wirksamen handlungsanleitenden Faktoren zu unterscheiden. Allein die Vorstellung des Rechtsanwenders, seine Entscheidung sei maßgeblich durch Argumentationsregeln mitbestimmt, begründet noch nicht die Motivfähigkeit. Zu prüfen ist, ob präskriptive Argumentationsregeln unabhängig von den Vorstellungen der Rechtsanwender motivfähig sein können.

---

50 *Dworkin*, Bürgerrechte ernstgenommen, 181 f., 199, *Alexy*, Theorie der juristischen Argumentation, 223.

51 *Rottleuthner*, Richterliches Handeln, 4.

1.3.3.2. Motivfähigkeit einzelner Auslegungsmethoden und dogmatischer Figuren

Die klassischen Auslegungsmethoden der juristischen Methodenlehre und einzelne dogmatische Figuren *jeweils für sich genommen* sind nicht determinationsfähig. Teils können sie motivfähig sein, teils nicht.

Der „Wortsinn" könnte sich durch Beschreibung des Sprachgebrauchs gewinnen lassen. Sprachgebrauch ist aber, wie erwähnt, heterogen. Ihn zu beschreiben grenzt die Vielfalt der Bedeutungsmöglichkeiten nicht ein. Die Vorstellung eines einzigen, bestimmbaren Wortsinns blendet aus, dass das eigene Sprachgefühl und die eigenen Kenntnisse der Interpretin nicht den allgemeinen, heterogenen und stets im Wandel begriffenen Sprachgebrauch in all seinen Facetten wiedergeben können.[52] Im Gegenteil: Eine Interpretin, die nach dem *einen* Wortsinn sucht, erschöpft nicht einmal den Rahmen ihres eigenen Sprachhorizonts, weil sie nicht versucht, sich der ihr bekannten Bedeutungsvarianten bewusst zu werden. Ein klarer Wortsinn kann also nicht Ausgangspunkt eines Interpretationsvorgangs sein, sondern nur dessen Ergebnis. Den Wortsinn zur Eingrenzung der Bedeutung heranzuziehen hieße lediglich, den Vorgang der Bedeutungseingrenzung ganz im Bereich des Unbewussten zu belassen.[53]

Zwar gibt es durchaus Formulierungen, bei denen dem Interpreten deshalb nur eine Verständnismöglichkeit bewusst ist, weil die Formulierung im Sprachgebrauch tatsächlich nur in einer Weise verwendet wird. In solchen Fällen wäre der Sprachgebrauch – nicht der Wortsinn, den der Interpret erst kreiert – motivfähig. Aber dazu müsste man einen idealen Interpreten voraussetzen, der den Sprachgebrauch umfassend kennt oder empirisch ermittelt. Tatsächlich ist also meist der eigene Sprachhorizont entscheidend, der sich partiell mit dem Spektrum des allgemeinen Sprachgebrauchs decken kann, aber nicht decken muss.

Die Gesetzessystematik kann man als Erweiterung des Wortsinns auf den gesamten Text begreifen, die einem holistischen Sprachverständnis Rechnung trägt. Sie trägt somit eher zu einem Mehr als zu einem Weniger an Vagheit bei.

Die Entstehungsgeschichte einer Norm kann geschichtswissenschaftlich – wenngleich notwendig wertend – beschrieben werden. Sie kann im Einzelfall motivfähig sein. Aber die Kenntnis der Entstehungsgeschichte lässt nicht immer den Schluss zu, dass eine bestimmte Interpretationsvariante oder Gruppe solcher Varianten im Prozess der Normentstehung favorisiert wurde. Das gilt

52 *Müller/Christensen/Sokolowski*, Rechtstext und Textarbeit, 24, 106.

53 Vgl. ebenda, 106; *Busse*, in: Müller, Untersuchungen zur Rechtslinguistik, 93 (114).

vor allem dann, wenn das in Frage stehende Rechtsproblem nicht Gegenstand expliziter Diskussion gewesen ist.

Das teleologische Argument schließlich hat keine empirische Basis und ist aufgrund seines zirkulären Charakters auch nicht motivfähig, weil der vermeintliche Normzweck schon dem Normsatz selbst entnommen werden müsste, der gerade ausgelegt werden soll.[54] Dasselbe gilt auch für Analogie und Umkehrschluss, die schon für sich genommen vage bleiben, in ihrem Zusammenspiel aber nicht einmal ansatzweise motivfähig sind, weil ein handhabbares Kriterium dafür fehlt, wann welche der beiden Möglichkeiten zu wählen ist.[55]

Bei dogmatischen Figuren ist die Motivfähigkeit differenzierter zu beurteilen. Manche Figuren sind inhaltlich so vage, dass dieselbe Figur zur Begründung vielfältigster Interpretationsergebnisse genutzt werden kann. Ihre Motivfähigkeit ist dementsprechend schwach ausgeprägt. Andere, bereichsspezifische Figuren hingegen haben durchaus eine inhaltliche Tendenz und sind insoweit motivfähig.[56] Differenzierung ist auch deshalb nötig, weil nicht jeder Einsatz einer dogmatischen Figur auf allgemeine Zustimmung stößt. Aber allein dass die Zustimmung in der juristischen Diskussion ausbleibt, lässt noch nicht den Schluss zu, der Einsatz der Figur habe gegen eine Argumentationsregel verstoßen. Der Einsatz dogmatischer Figuren bewegt sich daher in einem Bereich, in dem explizierte Argumentationsregeln und unausgesprochene soziale Erwartungen ineinander übergehen.

1.3.3.3. Motivfähigkeit der juristischen Argumentationskultur insgesamt

Vielfach scheitert die Motivfähigkeit von Auslegungsmethoden und dogmatischen Figuren also daran, dass die Methoden oder Figuren je für sich genommen die Interpretationsmöglichkeiten nicht beschränken können. Obgleich aber die Anwendung einzelner Auslegungsmethoden oder dogmatischer Figuren im Einzelfall durchaus geeignet sein kann, die Interpretationsmöglichkeiten einzugrenzen, steht der Motivfähigkeit des gesamten Auslegungsprozesses das Problem des Maßstabprimats entgegen. Denn ein Zwischenergebnis, das mittels einer einzelnen Auslegungsmethode oder dogmatischen Figur begründet wurde, wird oftmals unter Berufung auf eine andere Auslegungsmethode oder Figur wieder verworfen. Das gilt insbesondere für den Wortsinn.[57] Damit stellt sich aber die Frage, wann welche Auslegungsmethode oder dogmatische Figur den Vorrang genießt.

54 *Hesse*, Grundzüge des Verfassungsrechts der Bundesrepublik Deutschland, Rn. 56 f.
55 *Kelsen*, Reine Rechtslehre (1. Aufl.), 96 f.
56 Vgl. auch mit anderer Bewertung *Alexy*, Theorie der juristischen Argumentation, 332.
57 *Rottleuthner*, Richterliches Handeln, 94.

Die juristische Argumentationskultur kennt keine formalisierte, einzelfallunabhängige Antwort auf diese Frage.[58] Überzeugen soll teils die Vielheit von Argumenten zugunsten einer bestimmten Auslegung, teils das Gewicht eines einzigen Arguments. Es lässt sich jedoch nicht bestimmen, wann die Vielheit groß genug, wann ein Argument „kraftvoll" oder „überzeugend" genug, kurz: wann eine bestimmte Interpretation begründet ist.[59]

Die Anwendung der Auslegungsmethoden und der dogmatischen Figuren ist daher zwar geeignet, eine Interpretation zu rechtfertigen,[60] aber nicht, inhaltlich auf sie Einfluss zu nehmen. Auslegungsmethoden und dogmatische Figuren haben primär die Funktion, die Argumentation zu gliedern. Sie sind Argumentationsschemata[61] beziehungsweise Topoi.[62]

1.3.4. Lösungsansatz der Hermeneutik und der rationalen Interpretationslehren

Aus diesem Befund lassen sich unterschiedliche Schlüsse ziehen. So bestimmt etwa aus Sicht einer ontologischen, deskriptiven Hermeneutik[63] das Vorverständnis den Verstehensprozess mit, der seinerseits als schöpferisch zu begreifen sei.[64] Sie setzt daher nicht ein eigenes präskriptives Methodenprogramm an die Stelle des tradierten, sondern akzeptiert schlicht den Befund, dass die Verwendung tradierter Argumentationsfiguren Begründungszusammenhänge innerhalb der juristischen Argumentationskultur plausibel macht,[65] und erkennt in Argumentationsregeln ein Element der Willkürkontrolle.[66] Zu einem vergleichbaren Ergebnis kommt auch die Strukturierende Rechtslehre, die den schöpferischen Charakter des Interpretierens betont, aber den juristischen Auslegungsmethoden ebenfalls den Wert

58 Bzgl. der Auslegungsmethoden ebenda, 106; *Busse*, in: Müller, Untersuchungen zur Rechtslinguistik, 93 (97).

59 *Rottleuthner*, Richterliches Handeln, 10, 106, 183.

60 Ebenda, 2, 30 f., 62 f., 188.

61 So zu Recht *Alexy*, Theorie der juristischen Argumentation, 301.

62 *Viehweg*, Topik und Jurisprudenz, 1 f., 15 ff., 30 ff. *Viehweg* wollte allerdings die traditionellen Auslegungslehren nicht prinzipiell infrage stellen, indem er sie in die Nähe der Topik rückte. Dazu *Horn*, Einführung in die Rechtswissenschaft und Rechtsphilosophie Rn. 384.

63 Zur Unterscheidung ontologischer und präskriptiver Hermeneutik *Rottleuthner*, Richterliches Handeln, 41 ff., 45 ff.

64 *Hesse*, Grundzüge des Verfassungsrechts der Bundesrepublik Deutschland, Rn. 55 ff., 60.

65 *Esser*, in: Häberle/Leser, Josef Esser. Wege der Rechtsgewinnung, 420 (420).

66 Ebenda, 420 (426).

zuschreibt, die Argumentation zu strukturieren und dadurch Willkür vorzubeugen.[67] Beide behaupten keine Motivfähigkeit der tradierten Argumentationsregeln.

Sobald hingegen der Versuch unternommen wird, an die Stelle der tradierten Methodenlehre alternative präskriptive Argumentationsregeln zu setzen, entstehen dieselben Probleme, die sich bei der traditionellen Methodenlehre zeigen.

1.3.4.1. Präskriptiv gewendete Hermeneutik

Eine solche Tendenz ist mit Blick auf die juristische Hermeneutik zu beobachten. Wie *Esser* einräumt, lässt sich die ontologische Hermeneutik, wenn sie für die Rechtswissenschaft fruchtbar gemacht werden soll, leicht als präskriptive Verstehenslehre missverstehen.[68] Dieses Missverständnis ist aber insofern provoziert, als ein bloßer Austausch des „Vorzeichens" (Sein/Sollen) die deskriptive in eine präskriptive Hermeneutik verwandeln kann. Dieser Übergang lässt sich in manchen hermeneutischen Texten beobachten.[69] Wenn etwa die traditionellen Auslegungsmethoden das „Normprogramm" bestimmen und Anhaltspunkte dafür liefern sollen, „was als ‚richtiges' Normverständnis anerkannt ist",[70] dann wird nicht nur eine Argumentationsstruktur beschrieben, sondern ein Anspruch auf Motivfähigkeit erhoben. Zugleich wird die Grenze zu einer präskriptiven Argumentationslehre zumindest berührt.

Ähnliches gilt auch für die philosophische Hermeneutik *Gadamers*, die eng mit der juristischen Hermeneutik verknüpft ist. Die für ihn maßgebliche „Autorität der Tradition"[71] ist hinsichtlich ihres ontologischen oder präskriptiven Charakters ambivalent. Präskriptiv verstanden lässt sich ihr eine begrenzte Motivfähigkeit zumessen, insofern sie auf die – ihrerseits interpretationsbedürftigen – Entscheidungen der Gerichte und Stellungnahmen der Literatur verweist. Den Fall des Autoritätskonflikts vermag das argumentum ad auctoritatem aber nicht aufzulösen, sofern nicht eine Autorität maßgeblich sein soll, etwa die des Interpreten. Dass – nicht aus *Gadamers* Binnensicht,[72] aber von außen betrachtet – letztlich der Interpret entscheidet, wird mittelbar deutlich, wenn die

---

67 *Müller/Christensen/Sokolowski*, Rechtstext und Textarbeit, 137, 167 f.

68 *Esser*, in: Häberle/Leser, Josef Esser. Wege der Rechtsgewinnung, 420 (420).

69 Vgl. dazu *Rottleuthner*, Richterliches Handeln, 41 ff., 45 ff.

70 *Hesse*, Grundzüge des Verfassungsrechts der Bundesrepublik Deutschland, Rn. 68.

71 *Gadamer*, Gesammelte Werke. Band 1. Hermeneutik I. Wahrheit und Methode. Grundzüge einer philosophischen Hermeneutik, 284 f.

72 Aus Sicht *Gadamers* kann eine Entscheidungsautorität des Interpreten nicht pointiert in Erscheinung treten, weil *Gadamer* eine große Homogenität im Entscheidungsverhalten aller „vernünftigen" Interpreten unterstellt.

Konkretisierung und „Applikation“ des Gesetzes nicht „unvorhersehbarer Willkür“, sondern „der gerechten Erwägung des Ganzen“ entspringen soll, zu der jeder befähigt sei, „der sich in die volle Konkretion der Sachlage vertieft hat“.[73]

1.3.4.2. Deskriptiver Ausgangspunkt rationaler Interpretationslehren

Die diskurstheoretischen beziehungsweise rationalen Interpretationslehren *Alexys* und *Dworkins*[74] erheben einen recht expliziten Anspruch auf Motivfähigkeit[75] der von ihnen für maßgeblich erklärten Auslegungsgesichtspunkte.[76]

Dieser Anspruch erscheint plausibel angesichts des empirischen Befundes, dass sich in der juristischen Argumentationskultur eine gewisse Gleichförmigkeit der Rechtsauslegung beobachten lässt. Demnach müsste diese Argumentationskultur geeignet sein, Entscheidungen zu motivieren, wenngleich nicht notwendigerweise zu determinieren.

In der juristischen Argumentationskultur müssen Entscheidungen unter Berufung auf Auslegungsregeln, dogmatische Figuren und Präjudizien gerechtfertigt werden. Weil die rationalen Interpretationslehren einen idealen Rechtsdiskurs auf Basis des realen, empirisch vorgefundenen Rechtsdiskurses entwickeln, erkennen sie darüber hinaus auch bestimmte Autoritäten und den Konsens der Interpretations- oder Diskursgemeinschaft als Argumentationsgesichtspunkte an.[77]

Die rationalen Argumentationslehren verstehen sich aber nicht (nur) als Beschreibung der juristischen Argumentationskultur, sondern versuchen, die juristische Argumentationskultur als soziale Praxis durch ein Set präskriptiver Regeln[78] zu rekonstruieren. In diesem Ansatz unterscheiden sie sich von der traditionellen juristischen Methodenlehre. Doch ein präskriptives Regelset kann schon mit Blick auf die Unbewusstheit konventionalen Verhaltens die soziale Praxis nicht adäquat abbilden.[79] Es ist zudem selektiv, weil es nur die innerhalb der juristischen Argumentationskultur akzeptierten Interpretationsgesichtspunkte

---

73 *Gadamer*, Gesammelte Werke. Band 1. Hermeneutik I. Wahrheit und Methode. Grundzüge einer philosophischen Hermeneutik, 335.

74 *Alexy*, Theorie der juristischen Argumentation, 17 f., 223 ff., 234; *Dworkin*, Bürgerrechte ernstgenommen, 179 f., 180 ff.

75 Nicht Determinationsfähigkeit: *Alexy*, Theorie der juristischen Argumentation, 356.

76 Ebenda, 17 f., 223 ff., 234; *Dworkin*, Bürgerrechte ernstgenommen, 179 f., 180 ff.

77 Dazu sogleich.

78 Auch Prinzipien sind Regeln, nämlich Regeln, die Berücksichtigung eines Gesichtspunkts und im Kollisionsfall die Abwägung gebieten.

79 *Busse*, in: Müller, Untersuchungen zur Rechtslinguistik, 93 (110 f., 135 ff., 138).

als entscheidungsleitend anerkennt und damit andere, gleichfalls wirksame Beweggründe ausblendet. Vor allem aber müsste ein präskriptives Regelset motivfähig sein. Angesichts der fehlenden Motivfähigkeit der traditionellen Methodenlehre gibt es Grund, daran auch für alternative Auslegungslehren zu zweifeln.

1.3.4.3. Fehlende Motivfähigkeit der einzelnen Argumentationsbausteine

Eine nähere Betrachtung bestätigt diese Zweifel. Dass die *einzelnen* Kriterien der rationalen Interpretationslehren ihren Anspruch auf Motivfähigkeit nicht einlösen können,[80] lässt sich an einem Beispiel illustrieren, nämlich dem „Abwägungsgesetz“ aus der Grundrechtstheorie *Alexys*. Das Abwägungsgesetz ist repräsentativ für die Anwendung der rationalen Interpretationslehren *Alexys* und *Dworkins*. Es setzt ein diskurstheoretisches Methodenverständnis an einem konkreten Problem der angewandten Rechtswissenschaft um. *Alexy*, dessen „Theorie der Grundrechte“ sich zentral dem Problem des Grundsatzes der Verhältnismäßigkeit widmet, befürwortet eine weite Auslegung des Tatbestands der Grundrechte. Sein tragendes Argument ist, dass Grundrechte als Optimierungsgebote (Prinzipien)[81] im Kollisionsfall ohnehin eine Abwägung erfordern. Diese würde im Fall eines engen Tatbestandsverständnisses verdeckt, im Fall eines weiten Tatbestandsverständnisses offen erfolgen.[82] Die Abwägung soll sich nach einem Abwägungsgesetz richten. Diesem zufolge muss eine Grundrechtsbeeinträchtigung, je höher ihre Intensität ist, durch eine umso höhere Bedeutung des mit dem Eingriff verwirklichten Zwecks kompensiert werden.[83] Die von *Alexy* verwendeten grafischen Darstellungen suggerieren ein mathematisch berechenbares Entscheidungsprogramm. Doch was eine intensive Beeinträchtigung und was ein hochrangiges Ziel ist, was ein starker und ein schwacher Gesichtspunkt ist, bleibt ungeachtet des Argumentationsmusters Gegenstand von Wertungen, wie *Alexy* offen einräumt.[84] Dem Abwägungsgesetz für sich genommen fehlt nicht nur die Determinationsfähigkeit. Auch die Motivfähigkeit ist gering, sofern sie überhaupt vorhanden ist. Denn wenn wertend bestimmt werden muss, was intensive Beeinträchtigungen und hochrangige Ziele sind, dann bestimmen diese Wertungen über das Abwägungsergebnis – und nicht das Abwägungsgesetz.

---

80 Dazu näher *Busse*, Juristische Semantik, 173 f., 183 f.

81 *Alexy*, Theorie der Grundrechte, 100 f.

82 Ebenda, 285, 289, 290.

83 Ebenda, 146; a. A. hierzu *Patzig*, in: ders., Tatsachen, Normen, Sätze, 98 (100).

84 *Alexy*, Theorie der Grundrechte, 149 f.

1.3.4.4. Fehlende Motivfähigkeit des gesamten Regelsets

Nach dem Selbstverständnis der rationalen Interpretationslehren, insbesondere bei *Dworkin*, dürfte es den Motivfähigkeitsanspruch einer rationalen Interpretationslehre nicht entkräften, die fehlende Motivfähigkeit ihrer Einzelkriterien nachzuweisen. Doch lenkt man den Blick weg vom beispielhaften Einzelkriterium auf das gesamte Entscheidungsprogramm, überzeugt der Motivfähigkeitsanspruch gleichfalls nicht. Zum Programm der Rechtsauslegung gehören bei *Dworkin* beispielsweise Präjudizien und rechtswissenschaftliche Stellungnahmen, ausbalanciert durch ihre jeweilige Überzeugungskraft und durch Prinzipien der Moral.[85] Solche Kriterien mögen auch in die Anwendung des von *Alexy* entwickelten Abwägungsgesetzes einfließen. Doch wie die Kollision ohnehin vager Prinzipien aufzulösen ist, lässt sich schwerlich mittels noch vagerer Prinzipien bestimmen. Das Problem wird also nur verlagert. *Dworkin* und *Alexy* rekurrieren schließlich auf den Konsens der Interpretationsgemeinschaft[86] und auf Autoritäten[87] einschließlich des Interpreten selbst.[88] Sie betonen aber zugleich, dass weder eine bestimmte Autorität (auch nicht die des Konsenses) den Ausschlag geben solle noch dem Interpreten selbst die freie Entscheidung obliege, welcher Autorität er den Vorzug gebe.[89]

Wie aber ist dann zu entscheiden? Nach *Dworkin* sollen die Gesetze und Institutionen darüber bestimmen, wann welcher Gesichtspunkt maßgeblich sei.[90] Diese Vorstellung ist zirkulär, weil gerade die Gesetze und Institutionen Gegenstand der Interpretation sind. Zumindest implizit macht *Dworkin* deutlich, dass letztlich doch die Entscheidung des Rechtsanwenders den Ausschlag geben

85 *Dworkin*, Bürgerrechte ernstgenommen, 548.

86 Insbesondere die gemeinsamen Überzeugungen der Richterschaft, *Dworkin*, Bürgerrechte ernstgenommen, 192 f., 209, 548. Vgl. ferner *Dworkin*, Bürgerrechte ernstgenommen, 209: „Gefühl der Rechtsgemeinschaft", ebenda, 209: „Praxis anderer Richter", vgl. auch ebenda 211 ff; *Alexy*, Theorie der juristischen Argumentation, 177, für die Diskursregeln selbst: ebenda, 233.

87 Vgl. *Dworkin*, Bürgerrechte ernstgenommen, 193: „Anziehungskraft [der Metaphern, mit denen Juristen ihre Gebundenheit durch das Recht beschreiben] auf die besten Juristen"; „gute Richter" (ebenda, 193).

88 Dies ist schon in der Konstruktion von Hercules als Richter mit „übermenschlicher Fertigkeit, Ausbildung, Geduld und Scharfsinn" (*Dworkin*, Bürgerrechte ernstgenommen, 182) angelegt und setzt sich in der Fehlertheorie (ebenda, 203) fort.

89 *Alexy*, Theorie der juristischen Argumentation, 177, 233; *Dworkin*, Bürgerrechte ernstgenommen, 211 f., 215.

90 *Dworkin*, Bürgerrechte ernstgenommen, 211 f., 215.

soll.[91] Eine ähnliche Stoßrichtung hat auch der Gesichtspunkt der Vernunft, auf den *Alexy* in der theoretischen Begründung seiner Argumentationslehre zurückgreift, um die Entscheidung zwischen verschiedenen Auslegungsmethoden und Autoritäten zu entschärfen.[92] Die Vernunft ihrerseits bezieht sich im Sinne *Alexys* nicht auf Inhalte, sondern auf die *Struktur* des Diskurses.[93] Aber ein Diskurs ist geeignet, verschiedene Standpunkte und Argumente hervorzubringen. Demnach müsste jedes Argument, das konform mit den Regeln des Diskurses vorgebracht wird, vernünftig sein. Doch ein so verstandener Vernunftbegriff eignet sich nicht, zwischen verschiedenen Interpretationsmöglichkeiten zu entscheiden. Letztlich laufen *Alexys* Überlegungen darauf hinaus, dass die Diskursteilnehmenden[94] (Konsens) oder die Tradition[95] (Autorität), jeweils ohne alleinigen Verbindlichkeitsanspruch, darüber entscheiden sollen, welches Argument vernünftig ist und welches nicht. Strukturell betrachtet ist dies eine Form des argumentum ad auctoritatem. Der Bezugspunkt des Autoritätsarguments wird zwar flexibel und einzelfallabhängig gehandhabt. Dennoch muss im Konfliktfall zwischen den Autoritäten entschieden werden. Wie das geschehen soll, bleibt offen; „zwischen den Zeilen" zeigt sich aber bei den rationalen Interpretationslehren wie bei der juristischen Hermeneutik die Tendenz, das Urteil eines für vernünftig erachteten Interpreten oder einer Gemeinschaft solcher Interpreten für maßgeblich zu erachten.[96]

1.3.5. Konsequenzen

1.3.5.1. Kritik der interpretativen Rechtswissenschaft

Gemeinsam ist den unterschiedlichen Ansätzen der interpretativen Rechtswissenschaft, dass sie vergeblich versuchen, den Interpretationsprozess durch ein System von Regeln und Prinzipien der Interpretation einzuhegen. Es zeigt sich, dass die Vorstellung regelgeleiteter Norminterpretation nicht, wie sie es beansprucht, das Letztbegründungsproblem umgehen kann. Das gilt für die traditionelle Methodenlehre genauso wie für die neueren rationalen Interpretationslehren. Grund dafür ist, dass sich regelbasierte Interpretationslehren vom

---

91 *Dworkin*, Bürgerrechte ernstgenommen, 220 f.

92 *Alexy*, Theorie der juristischen Argumentation, 305, 357.

93 Ebenda, 357.

94 Ebenda, 305, 317 f.

95 Ebenda, 327.

96 Dazu *Haba* zitiert bei *Römer*, in: ders., Hans Kelsen, 87, 116.

Gesetz[97] in Verbindung mit präskriptiven Argumentationsregeln Steuerungswirkung und Entscheidungshilfe versprechen, also eine Art „Gesetzbuch" der „Regeln und Formen des rationalen praktischen Argumentierens"[98]. Sie wollen weder jede beliebige Interpretation der Interpretationsregeln noch jedes beliebige Interpretationsergebnis anerkennen, sondern behalten sich vor, beide als besser oder schlechter, vernünftiger oder unvernünftiger zu beurteilen.

Damit erhalten sie sich die Möglichkeit, eine Entscheidung ihres Inhalts und nicht nur ihres Zustandekommens wegen zu kritisieren, um den Preis, in einem Trilemma[99] gefangen zu bleiben. Die drei Endpunkte dieses Trilemmas sind der Zirkelschluss, der infinite Regress und die willkürliche Setzung. Ein Spezialfall der willkürlichen Setzung ist das Autoritätsargument: Weil es auf die Setzung Dritter verweist, ist es seinerseits eine präskriptive Argumentationsregel und daher interpretationsbedürftig, erst recht wenn die maßgebliche, entscheidende Autorität nicht definiert wurde. Letztlich mündet die Vorstellung einer

97 Zum Fiktionscharakter dieser Vorstellung *Busse*, in: Müller, Untersuchungen zur Rechtslinguistik, 93 (95).

98 *Alexy*, Theorie der juristischen Argumentation, 234.

99 Diese drei Endpunkte des Letztbegründungsversuchs beschreibt für Aussagesätze das im Abschnitt 1.3.2.3. erwähnte Münchhausen-Trilemma (dazu *Albert*, Traktat über kritische Vernunft, 15 ff.). Für Normsätze stellt sich das Trilemma wie folgt dar (wobei im Folgenden *nicht* wissenschaftliche Stellungnahmen der traditionellen Rechtslehre wiedergegeben werden, sondern die rechtstheoretisch denkbaren drei Endpunkte des Letztbegründungsproblems der Normsatzinterpretation):

Zirkulär wäre der Verweis darauf, dass die richtige Bedeutung eines Normsatzes in dem Normsatz selbst angelegt sei – zu zeigen ist gerade, dass von mehreren Sinnmöglichkeiten nur eine die richtige ist.

Ein infiniter Regress wäre beispielsweise der Verweis auf einen anderen, seinerseits mehrdeutigen Normsatz, dessen vorausgesetzter Sinn wiederum mittels eines dritten, ebenfalls mehrdeutigen Normsatzes zu begründen wäre. Ein infiniter Regress entstünde aber auch, wenn auf Wertungen außerhalb des betrachteten Normensystems verwiesen würde. Beispielsweise könnte die richtige Rechtsauslegung mit Verweis auf außerrechtliche Prinzipien begründet werden. Solche Wertungen wären im analytischen Sinne Normen, aber Normen eines anderen Systems als desjenigen, dem die zu untersuchenden Normen angehören. Die Geltung außersystematischer Normen könnte nur mittels einer höheren außersystematischen Norm begründet werden, deren Geltung ihrerseits begründungsbedürftig ist.

Eine willkürliche Setzung läge vor, wenn der infinite Regress an einem beliebigen Punkt mit einer unbegründeten Behauptung abgebrochen würde, also etwa mit der Behauptung, dass ein mehrdeutiger Satz einen bestimmten Sinn habe oder dass eine bestimmte, übergeordnete Norm außerhalb des Systems gelte.

regelgeleiteten Norminterpretation daher theoretisch in den infiniten Regress,[100] praktisch in den Abbruch durch eine Entscheidung des Interpreten (willkürliche Setzung). Der Grund dafür liegt darin, dass Regeln ihrerseits Gegenstand der Interpretation sind. Sie sind vage und müssen es sein, weil sie von der zu beantwortenden Interpretationsfrage weit abstrahieren müssen.

Weil es nicht präskriptive Regeln sind, die über das Interpretationsergebnis bestimmen, bezeichnet *Kelsen* die Interpretation als Willensakt.[101] Diese Bezeichnung ist insofern treffend, als dass die Interpretation eines Textes dessen Bedeutung festlegt.[102] Der Begriff „Willensakt" ruft aber die Konnotation einer bewussten und freien Entscheidung hervor und ist deshalb in doppelter Hinsicht irreführend. Der Interpretationsprozess verläuft in weiten Teilen unbewusst.[103] Weil er unbewusst verläuft, sind Wertung und Erkenntnis verwoben. Zudem ist jeder Interpret innerhalb der juristischen Interpretationskultur frei und gebunden zugleich; er schreibt also gleichsam an der Bedeutung des Textes mit.[104] In diesem deskriptiven Sinne sind sowohl ein deterministisches als auch ein dezisionistisches Verständnis der Interpretation zurückzuweisen.[105] Die juristische Argumentationskultur als soziale Praxis grenzt durchaus die innerhalb

100 Zum infiniten Regress der Vorstellung regelgeleiteter Regelanwendung *Rottleuthner*, Richterliches Handeln, 25.

101 *Kelsen*, Reine Rechtslehre (1. Aufl.), 97 ff. *Kelsen* bezeichnet auch das Aufzeigen von Bedeutungsmöglichkeiten als (dann erkenntnishafte) Interpretation. Die hier gewählte Terminologie folgt ihm darin nicht.

102 *Busse*, in: Müller, Untersuchungen zur Rechtslinguistik, 93 (146).

103 Vgl. *Müller/Christensen/Sokolowski*, Rechtstext und Textarbeit, 125; *Busse*, in: Müller, Untersuchungen zur Rechtslinguistik, 93 (145). *Wittgenstein*, Philosophische Untersuchungen, V, 217 (866 f.), 238 (871) zufolge ist das Befolgen einer sozialen Regel, also auch einer Regel des Sprachgebrauchs oder einer Erwartung der juristischen Argumentationskultur, prinzipiell durch Unbewusstheit gekennzeichnet.

104 *Fish*, Critical Inquiry 1982, 201 (211). Die Bindungen sind der juristischen Argumentationskultur immanent. Eine Interpretation oder Entscheidung, die den Regeln der juristischen Argumentationskultur zuwiderläuft, wird nicht als juristisch fundiert anerkannt werden (ebenda 208). Frei ist die Interpretation insofern, als die Interpretationsgeschichte als Ansammlung von Informationen die Interpretationsmöglichkeiten weder erweitern noch beschränken kann, weil sie nicht selbsterklärend, sondern ihrerseits interpretationsbedürftig ist: (ebenda 204); a. A. *Dworkin*, Bürgerrechte ernstgenommen, 178 f. Auch soziale Regeln einschließlich der Regeln des Sprachgebrauchs sind in ihrer Steuerungsfähigkeit begrenzt und eliminieren nicht jede subjektive Entscheidungsmacht, vgl. *Busse*, in: Müller, Untersuchungen zur Rechtslinguistik, 93 (145).

105 *Fish*, Critical Inquiry 1982, 201 (202 ff.).

dieser Kultur akzeptierten Interpretationen ein.[106] Die Funktionsweise dieser sozialen Praxis lässt sich aber nicht durch präskriptive Argumentationsregeln, sondern nur deskriptiv-sozialwissenschaftlich rekonstruieren und auch dies nur, wenn man alle, auch die unausgesprochenen sozialen Mechanismen analysiert, die innerhalb der juristischen Argumentationskultur wirksam sind.

Die Kritik der analytischen Rechtswissenschaft an interpretativen Methoden setzt aber nicht bei der Frage an, ob und wie die juristische Argumentationskultur als sozialer Prozess tatsächlich funktioniert. Sie stellt vielmehr die Frage, ob der Interpretationsprozess, so wie er tatsächlich abläuft, als eine wissenschaftliche Erkenntnismethode bezeichnet werden kann. Dafür kommt es darauf an, ob der Interpretationsprozess nur wie alle Erkenntnismethoden auch wertende Elemente beinhaltet oder ob er ausschließlich Wertungen strukturiert.

Nach dem bisher Erörterten ist die zweite Antwort zutreffend. Eine interpretative Methode kann sich ihrem Ziel, *eine* Bedeutung des Textes zu bestimmen, nur durch Wertungen annähern. In diesen Prozess fließt zwar Wissen ein – einschließlich des Wissens um die Wertungen anderer. Bestimmend ist aber der Einsatz des eigenen Willens – einschließlich der unbewussten, internalisierten Wertungsmuster, die den Willen prägen. Das gilt für die Anwendung anderer wissenschaftlicher Methoden nicht in gleicher Weise.[107]

Zudem unterscheidet sich die Interpretation von anderen wissenschaftlichen Methoden durch ihren besonderen Erkenntnisgegenstand. Fester Bezugspunkt der Interpretation ist allein der Text. Dieser ist als Erkenntnisgegenstand untauglich. Denn als Medium der Kommunikation ist er nur eine Zeichengesamtheit. Der Sinn[108] wird ihm erst durch soziale Prozesse zugeschrieben. Nur als soziales Phänomen lässt sich der Sinn beschreiben. Soziale Phänomene sind etwa der Sprachgebrauch oder die Entstehungsgeschichte. Solche potenziell tauglichen Erkenntnisgegenstände bleiben aber in der Interpretation bloße Argumentationsgesichtspunkte, die in die interpretative Argumentation einfließen. Die Auseinandersetzung um den Sprachgebrauch oder das Verständnis der Entstehungsgeschichte ist nur Baustein einer Auseinandersetzung um das richtige Interpretationsergebnis – denn um das Ergebnis geht es bei der Interpretation.

---

106 Ebenda (208, 211 f.); vgl. auch *Müller/Christensen/Sokolowski*, Rechtstext und Textarbeit, 58, 136 f., 168.

107 Selbst die wissenschaftliche Modellbildung, soweit sie darauf ausgelegt ist, ein bestimmtes Modell ihres Erkenntnisgegenstandes zu rechtfertigen, ist kein reines Wertungsverfahren. Denn Modelle können beispielsweise mit Blick auf ihre Vorhersagekraft geprüft werden.

108 Dazu gehört auch schon der Zeichencharakter selbst.

Erkenntnisse werden auf dem Weg zu diesem Ergebnis eher beiläufig und bruchstückhaft gewonnen. Darunter kann die Qualität dieser Erkenntnisse leiden.

Legt man den Wissenschaftsbegriff des Bundesverfassungsgerichts zugrunde, ist Wissenschaft als Oberbegriff für Forschung und Lehre zu verstehen. Forschung meint eine „geistige Tätigkeit mit dem Ziel, in methodischer, systematischer und nachprüfbarer Weise neue Erkenntnisse zu gewinnen".[109] Gemessen an diesen Kriterien kann die Textinterpretation, einschließlich der rechtswissenschaftlichen, mangels klarer Identifikation und Trennung geeigneter Erkenntnisgegenstände ihren Wissenschaftlichkeitsanspruch nur unzureichend einlösen. Es sind eben diese methodischen Schwächen, die gemeinsam mit der fehlenden Motivfähigkeit präskriptiver Interpretationsregeln im Zentrum jener Kritik stehen, die die analytische Rechtslehre an der interpretativen Rechtswissenschaft übt.[110]

1.3.5.2. Gründe für eine deskriptive Rechtswissenschaft

Aus der mangelnden Motivfähigkeit interpretativer Wertungsverfahren lassen sich für Rechtstheorie und wissenschaftliche Praxis verschiedene Schlüsse ziehen.

Ein möglicher Schluss ist die Forderung, die notwendig vorzunehmenden Wertungen müssten dennoch als rational akzeptiert werden, weil andernfalls das juristische Interpretieren, also ein Großteil traditioneller juristischer Tätigkeit, insgesamt als irrational einzuordnen wäre.[111] Dieses argumentum ad absurdum ließe sich aber dadurch entkräften, dass man die beanstandete Konsequenz akzeptiert[112] und es befürwortet, juristische Forschung stattdessen deskriptiv auszurichten, wenngleich um den Preis, dass die Rechtswissenschaft ihr Selbstverständnis aufgeben müsste, der Rechtspraxis eine inhaltliche Entscheidungshilfe zu bieten.

Einen etwas anderen Schluss zieht die Strukturierende Rechtslehre. Sie rekonstruiert, wie Juristen unter Bezugnahme auf den Normtext und in Auseinandersetzung mit der sozialen Realität, also im Zusammenspiel von empirischem und semantischem Wissen, Rechtsnormen generieren und Fälle lösen.[113] Der dafür

---

109 BVerfGE 35, 79 (112).

110 Zur Methodenfrage *Kelsen*, Allgemeine Staatslehre, VII; zur Interpretation *Kelsen*, Reine Rechtslehre (1. Aufl.), 90 ff.; *Kelsen*, Reine Rechtslehre (2. Aufl.), 346 ff. Zu *Kelsens* Methodenverständnis ferner *Jestaedt*, in: ders., Hans Kelsen: Reine Rechtslehre. Einleitung in die rechtswissenschaftliche Problematik, XXXVI.

111 *Alexy*, Theorie der Grundrechte, 151.

112 Vgl. *Kelsen*, Reine Rechtslehre (1. Aufl.), 95 f.

113 *Müller/Christensen*, Juristische Methodik Rn. 225 f., 233, 235 f.

gewählte Begriff der „Textarbeit“[114] fordert vom Interpreten auch ein Bewusstsein dieser Zusammenhänge ein. Die Argumentationsregeln der juristischen Argumentationskultur betrachtet die Strukturierende Rechtslehre, wie bereits erwähnt, als nützliches Kontrollinstrument. Die schöpferische Entscheidung des Rechtsanwenders stehe unter Rechtfertigungszwang und diese Rechtfertigung sei anhand anerkannter Topoi für andere nachvollziehbar zu strukturieren. In diesem Sinne beugten die Argumentationsregeln Willkür vor.[115] In der Tat sind juristische Argumentationsregeln, gleich ob sie der traditionellen Methodenlehre, der Hermeneutik oder der Diskurstheorie des Rechts entstammen, zwar nicht geeignet, Wissen zu generieren, aber geeignet, Wissen und Wertungen zu strukturieren. Sie werfen Fragen auf, die im Interpretationsprozess zu klären sind.[116] Die Überlegungen der Strukturierenden Rechtslehre sind deshalb aus der Perspektive eines Teilnehmers am Interpretationsprozess plausibel. Einer kritischen, selbstreflektierenden Rechtspraxis bliebe als Alternative nur der bewusste Bruch mit der juristischen Argumentationskultur.

Was für die juristische Praxis gilt, ist auf die Rechtswissenschaft aber nicht ohne weiteres übertragbar. Man kann gewiss darüber streiten, ob Wissenschaft und damit auch die Rechtswissenschaft eine Teilnehmerperspektive oder eine Beobachterperspektive einzunehmen hat.[117] Man kann möglicherweise sogar darüber streiten, ob es dem Wissenschaftlichkeitsanspruch einer Wissenschaft aus der Teilnehmerperspektive genügen kann, Willkür begrenzende Argumentationsregeln zu formulieren. Dem Wissenschaftlichkeitsanspruch einer Wissenschaft aus der Beobachterperspektive genügt eine reine Ordnungsfunktion jedenfalls nicht. Nach hier vertretener Auffassung muss Wissenschaft Wissen generieren können, das über die Perspektive eines teilnehmenden Subjekts hinausreicht, namentlich über die Vorbedingungen und den Ablauf des

---

114 Ebenda, 31.

115 Ebenda, 137, 167 f.

116 Vgl. *Müller/Christensen*, Juristische Methodik Rn. 375.

117 Für das hier befürwortete beobachtende, aber die Teilnehmerperspektiven berücksichtigende Wissenschaftsverständnis, gerade auch am Beispiel der Sprachanalyse *Bourdieu*, Sozialer Sinn, 52 f., 59 ff.; für eine Teilnehmerperspektive des Rechtswissenschaftlers auf das Recht hingegen *Alexy*, Begriff und Geltung des Rechts, 47, 201; skeptisch hinsichtlich der Möglichkeiten einer rein deskriptiven Rechtswissenschaft mit Blick auf ihre eigene Abhängigkeit von Vorverständnissen *Busse*, in: Müller, Untersuchungen zur Rechtslinguistik, 93 (123 f.). *Busse* wäre zu entgegnen, dass sich deskriptive Rechtswissenschaft zwar nicht von Vorverständnissen schlechthin, aber immerhin teilweise von den Vorverständnissen der juristischen Argumentationskultur freimachen kann.

schöpferischen Interpretationsprozesses. Damit befasst sich die Strukturierende Rechtslehre zwar auf einer Metaebene in großer Tiefe. Sie stellt aber nicht grundlegend die Tätigkeit der praktischen Rechtswissenschaft in Frage – nämlich eine bestimmte Interpretation eines Texts argumentativ zu rechtfertigen – sondern ordnet diese Tätigkeit erkenntnistheoretisch ein, wobei diese Einordnung wiederum auf die Rechtspraxis zurückwirken soll.

Demgegenüber tritt die analytische Rechtslehre dafür ein, deskriptive Methoden nicht nur in der Rechtstheorie, sondern in der gesamten Rechtswissenschaft einzusetzen. Für eine deskriptive Rechtswissenschaft sind verschiedene Erkenntnisgegenstände denkbar, die verschiedene Methoden erfordern: Beispielsweise kann sozialwissenschaftlich beschrieben werden, wie juristische Entscheidungen zustande kommen, insbesondere welche sozialen Kräfteverhältnisse in der juristischen Argumentationskultur wirksam sind. Aufgrund ihres methodischen Fokus kann diese Untersuchung sozialwissenschaftliche Fragen nur abschließend im Ausblick (Abschnitt 8) anreißen, ohne sie vertieft zu beantworten. Sie böten genug Forschungsmaterial für eigenständige Untersuchungen.

Deskriptiv kann aber auch – wie oben vorgeschlagen – die semantische Struktur der Bedeutungen normativer Sprachäußerungen analysiert werden, worin der Schwerpunkt dieser Untersuchung der Elfes-Konstruktion liegt. Schließlich ist es möglich, die Bedeutung sprachlicher Äußerungen deskriptiv zu erschließen, das heißt den Sprachgebrauch zu beschreiben, ohne zu versuchen, seine Vagheit zu reduzieren. Letztgenanntes Ziel verfolgt diese Arbeit, soweit sie Bedeutungsmöglichkeiten normativer Texte mit Blick auf die Elfes-Konstruktion beschreibt.

1.4. Potenzial und Grenzen einer analytischen Rechtswissenschaft

Allein die deskriptive Rechtswissenschaft entspricht also dem Wissenschaftsverständnis der analytischen Rechtslehre, und dies ist der Grund dafür, dass im Abschnitt 6 dieser Untersuchung lediglich Bedeutungsmöglichkeiten aufgezeigt, aber nicht bestimmte Interpretationsergebnisse begründet werden. Die Analyse von Bedeutungsmöglichkeiten stößt aber auch an spezifische methodische und faktische Grenzen.

Eine deskriptive Analyse normativer Sätze und Texte beschränkt sich darauf, Bedeutungs*möglichkeiten* aufzuzeigen, was den Hinweis darauf einschließt, wie verschiedene mögliche Bedeutungen mit den möglichen Bedeutungen anderer Sätze desselben Textes zusammenwirken können. Analyse der Bedeutungsmöglichkeiten und Strukturanalyse können und müssen deshalb regelmäßig verzahnt werden. Denn nur wenn zuvor festgelegt wurde, welche Bedeutungsmöglichkeit analysiert wird, ist Strukturanalyse sinnvoll möglich. Und nur wer die Struktur einer Bedeutungsmöglichkeit kennt, kann erfassen, wie sich diese als Teil einer Rechtsnorm operativ verhält.

Zunächst stellt sich aber die Frage, wie „Bedeutungsmöglichkeiten" zu definieren sind.

1.4.1. Kein fester Rahmen der Bedeutungsmöglichkeiten

Die Rede von *möglichen* Bedeutungen suggeriert, dass mögliche und nicht mögliche Bedeutungen unterschieden werden können. Das ist jedoch nicht der Fall. Eine wie auch immer geartete Grenze, und sei es die Wortlautgrenze, existiert nicht a priori, sondern erst als Produkt und Ergebnis des Interpretationsprozesses.[118] Hypothetisch kann ein Wort mit jeder beliebigen Bedeutung belegt werden. Zwischen der Zeichenkette, dem Signifikant, und der Bedeutung, dem Signifikat, besteht ganz allgemein kein notwendiger Zusammenhang.[119] Deshalb ist der Gebrauch von Sprache potenziell unbegrenzt frei. In den Worten *Carrolls*: „When *I* use a word, (…) it means just what I choose it to mean. (…) The question is (…) which is to be master – that is all."[120] Die Beliebigkeit der Verwendung von Zeichen meint aber nicht ihre tatsächliche Verwendung, sondern nur die Tatsache, dass dem Zeichen selbst keine Verwendungsanweisung eingeschrieben ist.

In der sozialen Realität bestimmen Regeln des Sprachgebrauchs darüber, wie die Bedeutung der Zeichen erzeugt wird.[121] Speziell im juristischen Kontext entscheidet die juristische Argumentationskultur auf Basis gemeinsamer Praktiken und Überzeugungen oder, wie es *Wittgenstein* formuliert, einer gemeinsamen „Lebensform".[122] Die intersubjektive Vermittlung gemeinsamer Bedeutungszuschreibungen hat indes Grenzen. Das Vorstellungsbild des „Senders" muss also

---

118 *Müller/Christensen/Sokolowski*, Rechtstext und Textarbeit, 129, 133.

119 *De Saussure*, Grundfragen der allgemeinen Sprachwissenschaft, 79 ff.; *Müller/Christensen/Sokolowski*, Rechtstext und Textarbeit, 31.

120 Unterredung von Alice mit Humpty Dumpty in *Carroll/Gardner*, The Annotated Alice. The Definitive Edition, Through the Looking-Glass, VI, 213. Vgl. ferner die Erläuterungen *Gardners* ebenda, 213 ff., Fn. 10 f. und die Verwendung des *Carroll*-Zitats im Hinblick auf die Volksdefinition des Völkerrechts bei *Elsner*, Die Bedeutung des Volkes im Völkerrecht, 5.

121 *Müller/Christensen/Sokolowski*, Rechtstext und Textarbeit, 31, 133.

122 *Wittgenstein*, Philosophische Untersuchungen, V, 142 (825 f.), 241 f. (871). Gemeint ist die Selbstverständlichkeit der Anwendung sozialer Regeln, insbesondere der Regeln des Sprachgebrauchs.

mit dem des „Empfängers“ nicht immer übereinstimmen. Übermittelt werden können letztlich nur Zeichen.[123]

Wissenschaftlich beschreiben lassen sich solche Bedeutungen eines Zeichens, die sich aus seiner tatsächlichen Verwendung ergeben, einerseits durch Beobachtung von aktivem Sprachgebrauch, andererseits durch Beobachtung von Sprachrezeption. Diese wissenschaftlich erforschbaren Bedeutungen stimmen mit der oben erwähnten Definition der Bedeutung eines Wortes als dessen Gebrauch in der Sprache überein.

Mit einer solchen Analyse des Sprachgebrauchs deckt sich auch das *Kelsen* und *Hart* gemeinsame Konzept des Interpretationsrahmens.[124] Der Begriff ist dennoch problematisch, denn er suggeriert eine feste Grenze zulässiger und unzulässiger Interpretationen, wie sie *Kelsen* unterstellt haben dürfte.[125] Eine solche Grenze ließe sich aber nicht ziehen.[126] Grund dafür ist die Heterogenität von Sprache als soziale Praxis: Es gibt keinen einheitlichen allgemeinen Sprachgebrauch.[127] Es ist deshalb insbesondere nicht möglich, zwischen einem Begriffskern und einem Begriffshof[128] zu unterscheiden, jedenfalls nicht trennscharf. Begriffskern wären solche Bedeutungen, die als Teil des Sprachgebrauchs eindeutig identifizierbar sind, und Begriffshof Bedeutungen, die dem Sprachgebrauch nach als Bedeutungen eines Ausdrucks angesehen werden können, aber nicht angesehen werden müssen. Diese voneinander abzugrenzen gelingt weder intensional noch extensional,[129] weil sich die Bedeutung ihrerseits wiederum

---

123 Vgl. *Müller/Christensen/Sokolowski*, Rechtstext und Textarbeit, 119.

124 Vgl. *Kelsen*, Reine Rechtslehre (1. Aufl.), 94 f.; *Hart*, in: Hoerster, H. L. A. Hart: Recht und Moral, 14 (57).

125 *Somek*, in: Paulson/Stolleis, Hans Kelsen, 58 (66); kritisch auch *Kennedy*, in: ders., Legal Reasoning: Collected Essays, 154 (155).

126 Vgl. *Busse*, Juristische Semantik, 226.

127 *Müller/Christensen/Sokolowski*, Rechtstext und Textarbeit, 106; *Hegenbarth*, Juristische Hermeneutik und linguistische Pragmatik, 149.

128 So etwa unterschieden bei *Klaner*, Basiswissen Logik für Jurastudenten, 103.

129 Die Begriffe werden – wenngleich selten – auch in der traditionellen Rechtswissenschaft verwendet, vgl. für die Intension *Rüthers*, Rechtsdogmatik und Rechtspolitik unter dem Einfluß des Richterrechts, 5, 11. Der Unterschied zwischen Intension und Extension lässt sich am Beispiel des Begriffs „Tiger“ illustrieren. Die Extension dieses Wortes ist die Gesamtheit aller Individuen dieser Tierart. Intension ist die Gesamtheit der Merkmale, welche das Individuum der Art zuweisen, also etwa die die Fellfarbe, der Körperbau, das Verhaltensrepertoire etc.

Die Bedeutung (oder auch nur den Begriffskern) intensional abzugrenzen gelingt nicht, weil die Intension eines Begriffs ihrerseits nur durch natürliche Sprache

nur sprachlich beschreiben ließe. Das Bild von Kern und Hof passt daher nicht. Eher lässt sich die Bedeutung eines Begriffs mit einer Teilchenwolke vergleichen, die im Zentrum am dichtesten ist und sich nach außen ausdünnt. Weder lässt sich der Kernbereich vom Randbereich abgrenzen noch der Randbereich nach außen. Zudem sind die Teilchen auch noch ständig in Bewegung. Denn mit der Veränderung der Umwelt verändert sich auch der Gebrauch der Sprache in ihrer Bezeichnungsfunktion. Selbst eine hypothetisch vollständige Kenntnis der Sprachkonventionen würde es daher nicht erlauben, die Bedeutung eines Begriffs eindeutig und abschließend zu beschreiben.[130]

1.4.2. Möglichkeiten und Grenzen der semantischen Analyse

Damit sind einer Beschreibung des Sprachgebrauchs unüberwindbare Grenzen gesetzt. Sie resultieren aus den Eigenschaften des Erkenntnisgegenstandes, denen eine Analyse nicht abhelfen kann und als deskriptive Forschung auch nicht abhelfen darf. Je umfangreicher die sprachliche Äußerung ist, deren Bedeutung es zu beschreiben gilt, desto schwieriger wird es, empirische Erkenntnisse über ihren Gebrauch in der Sprache zu gewinnen.

Die Erforschung des Sprachgebrauchs ist ferner nicht nur notwendig lückenhaft, sondern wie jede Beschreibung auch notwendig wertend. Sie ist schon deshalb wertend, weil sie lückenhaft bleiben muss. Die Auswahl der beschriebenen Bedeutungsmöglichkeiten ist notwendig willkürlich. Insbesondere darf eine solche Auswahl nicht Vollständigkeit im Sinne eines trennscharfen Rahmens suggerieren, da andernfalls die Gefahr bestünde, dass subjektiv missliebige Bedeutungsmöglichkeiten ausgespart blieben.

---

wiedergegeben werden kann und an deren Vagheit teilhat. Sie kann nicht durch präskriptive Regeln rekonstruiert werden. Vgl. *Busse*, in: Müller, Untersuchungen zur Rechtslinguistik, 93 (99 f., 102, 113); *Müller/Christensen/Sokolowski*, Rechtstext und Textarbeit, 129; ebenso der Sache nach *Rottleuthner*, Richterliches Handeln, 93. Extensional ließe sich der Sinn eines Begriffs mit Bezeichnungsfunktion zwar abgrenzen, indem man alle Objekte angibt, die damit jemals bezeichnet wurden. Aber Bedeutung bestimmt sich im Sprachgebrauch nicht auf diese Weise. Begriffe werden auch zur Bezeichnung von Individuen verwendet, die noch niemals zuvor bezeichnet worden sind. Die intensionale Zuordnung nach einer unbewussten Verallgemeinerung bisheriger Verwendungen des Begriffs ist entscheidend. Vgl. dazu für die Begriffe in generellen Normsätzen *Weinberger*, in: Winkler, Rechtstheorie und Rechtsinformatik, 110 (119).

130 *Busse*, Juristische Semantik, 183.

Schließlich darf selbstverständlich keine empirische Fundierung suggeriert werden, wo keine empirische Forschung stattfindet. Den Sprachgebrauch auch nur einzelner Worte empirisch zu erforschen wäre mit großem Aufwand verbunden. Das Ergebnis[131] wäre wegen dieses Aufwandes schwer überprüfbar.[132] Zudem stünde der Aufwand, der für die Analyse ganzer Gesetzestexte anfallen würde, oft in keinem Verhältnis zum Erkenntnisgewinn.[133] Denn eine empirische Analyse müsste dem Kontext der Sprech- oder Schreibsituationen sowie der Rezeptionssituationen Rechnung tragen, weil sich die Bedeutung größerer Zeichengesamtheiten nicht als Summe der Bedeutungen ihrer Teile erfassen lässt.[134]

Es bedarf daher im Regelfall eines anderen, praktikableren Weges, um Bedeutung zu erforschen. Ein möglicher Ausgangspunkt ist die eigene Sprachkompetenz des Rechtswissenschaftlers. Dies erinnert auf den ersten Blick an die interpretative Rechtswissenschaft, doch die Vorgehensweise ist bei näherer Betrachtung eine grundlegend andere. Der Rechtswissenschaftler müsste sich daraufhin befragen, welche Bedeutungsmöglichkeiten er zu erkennen vermag, indem er – teilweise unbewusst – die sprachliche Äußerung anhand seiner Erfahrung als Sprecher und Sprachrezipient in verschiedene hypothetische Kontexte stellt. Diese Art der Beschreibung von normativer Sprache dürfte zumindest im Grundsatz mit der Introspektion im linguistischen Sinne[135] übereinstimmen und könnte sich langfristig in Richtung ihrer methodischen Standards entwickeln. Introspektion ist zunächst eine unüberprüfte Hypothese einer einzelnen Person über Möglichkeiten des Sprachgebrauchs. Dabei bleibt abweichender Sprachgebrauch, der dieser Person nicht bekannt ist, notwendigerweise unberücksichtigt.[136] Hierin wirken die Determinanten seiner Sozialisation und damit auch der juristischen Argumentationskultur fort. Die Bestimmung von Bedeutungsmöglichkeiten bleibt subjektiv, bruchstückhaft und wertend.[137] Auch

---

131 Ergebnis ist hier das ermittelte Spektrum des Sprachgebrauchs, nicht ein Interpretationsergebnis.

132 *Busse*, Juristische Semantik, 183.

133 Ein weiteres Problem liegt darin, diese Erkenntnis sprachlich auszudrücken. Denn letztlich müsste die gewonnene Erkenntnis sprachlich als deskriptive Regel, also in notwendig abstrakter und vager Form, formuliert werden, vgl. *Busse*, in: Müller, Untersuchungen zur Rechtslinguistik, 93 (113).

134 Dazu *Busse*, Juristische Semantik, 183.

135 Vgl. dazu: *Talmy*, in: Gonzalez-Marquez/Mittelberg/Coulson u.a., Methods in Cognitive Linguistics, XI (XI ff.); *Schwarz/Chur*, Semantik, 32 f.; *Schlobinski*, in: Cruse/Hundsnurscher/Job u.a., Lexikologie. Lexikology, 943 (943).

136 *Müller/Christensen/Sokolowski*, Rechtstext und Textarbeit, 106.

137 Ebenda, 106.

der Abgleich mit den Einschätzungen anderer kann nur graduell Abhilfe schaffen, insofern deren Erkenntnismöglichkeiten in gleicher Weise begrenzt sind.

Die Unvollständigkeit und Begrenztheit introspektiv gewonnener Erkenntnisse trägt indes den Eigenheiten ihres Erkenntnisgegenstandes Rechnung. Eine introspektive – auch lexikalische – Semantik ist nur, aber auch immerhin von einer Erfahrung des Sprachgebrauchs getragen. Sie erfordert es, das Wissen um die Heterogenität des Sprachgebrauchs und die Begrenztheit der eigenen Sprachkompetenz stets zu berücksichtigen, was aber nicht bedeutet, dass mit lexikalischer Semantik keine Erkenntnisse zu gewinnen wären.[138] Und der Aufwand, um diese Erkenntnisse zu gewinnen, hält sich – anders als bei empirischer Forschung – in handhabbaren Grenzen.

Außerdem erzielt eine introspektive Sprachanalyse Objektivitätsgewinne gegenüber der tradierten, interpretativen Auseinandersetzung mit dem „Gesetzeswortlaut". Sie sucht Vagheit darzustellen, nicht zu reduzieren. Sie erhebt nicht den Sprachgebrauch der Rechtswissenschaftlerin zur Norm, wie es meist der Fall wäre, wenn man von einem fest stehenden Wortlaut ausginge.[139] Sie grenzt auch nicht zwischen zulässigen, weil mit den Regeln des Sprachgebrauchs konformen, und nicht zulässigen Interpretationsmöglichkeiten ab, wie es *Kelsens* Konzept des „Interpretationsrahmens" suggerieren könnte. Sie steht schließlich nicht im Widerspruch zu ihren eigenen rechtstheoretischen Prämissen. Der Einwand, dass *Kelsen* die Regeln des Sprachgebrauchs nicht als einen Teil des positiven Rechts ansehen könne, sie andererseits aber doch heranziehe, um den Rahmen der Interpretation zu bestimmen,[140] greift nicht. *Kelsens* Präferenz für eine der Sache nach introspektive Semantik mag sprachtheoretisch unzureichend fundiert sein, zeigt aber einen gangbaren Weg deskriptiver Rechtswissenschaft auf und erhebt insbesondere nicht den Anspruch, die „richtige" Bedeutung eines Textes zu ermitteln.[141]

Eine weitere Grenze ist der Analyse der Bedeutungsmöglichkeiten durch den Umfang des zu analysierenden Materials gesetzt. Das rechtswissenschaftliche Erkenntnisinteresse ist nicht nur auf allgemeine Strukturen der Grammatik oder auf die Verwendung einzelner Worte gerichtet. Es kommt auch auf die Bedeutung von Sätzen und ganzen Textabschnitten an. Somit müsste eine

---

138 So *Hegenbarth*, Juristische Hermeneutik und linguistische Pragmatik, 158; dagegen *Busse*, in: Müller, Untersuchungen zur Rechtslinguistik, 93 (119).

139 Dazu *Müller/Christensen/Sokolowski*, Rechtstext und Textarbeit, 106; *Busse*, in: Müller, Untersuchungen zur Rechtslinguistik, 93 (114).

140 *Bydlinski*, Juristische Methodenlehre und Rechtsbegriff, 229 f.

141 Vgl. zu letztgenanntem Aspekt *Kelsen*, Reine Rechtslehre (1. Aufl.), 95.

Beschreibung normativer Sprache in Form einer Textlinguistik, die insbesondere auch dem sozialen Kontext Rechnung trägt, erfolgen.[142] Eine semantische Analyse einzelner Worte oder Sätze ist deshalb stets unvollständig und ausschnitthaft. Dennoch ist sie sinnvoll und notwendig. Denn ein situatives Verständnis von Bedeutung als Gebrauch von Zeichen in der Sprache erkennt zwar an, dass die Bedeutung eines Gesamtausdrucks nicht die Summe seiner Teile ist. Doch sind die möglichen Bedeutungen seiner einzelnen Teile, obwohl sie von der Verwendungssituation des Gesamtausdrucks abstrahieren, für die Bedeutung des Gesamtausdrucks nicht irrelevant,[143] sondern im Gegenteil wesentlicher Teil des semantischen Wissens.[144] Wort- und Satzsemantik sind Voraussetzungen um herauszuarbeiten, dass und warum bestimmte Bedeutungsmöglichkeiten in manchen Verwendungssituationen auftreten, in anderen nicht. Ein Anspruch, den gesamten Normkonkretisierungsprozess deskriptiv rekonstruieren zu können, ist mit einer Wort- und Satzsemantik nicht verbunden.

1.4.3. Analyse der Entstehungsgeschichte von Rechtsnormen

Die Analyse der Entstehungsgeschichte, die auch im Kanon traditioneller Auslegungsmethoden ihren Platz hat, ist als besondere Form der Analyse des Sprachgebrauchs einschließlich seines sozialen Kontextes zu verstehen. Als eigenständiges Erkenntnisziel einer deskriptiven Rechtswissenschaft ist sie dadurch gerechtfertigt, dass sie innerhalb der juristischen Argumentationskultur in doppelter Weise auf Textverständnisse einwirkt, nämlich in ihrem mittelbaren Einfluss auf das tradierte Sprachverständnis und in Form bewusster Bezugnahme auf die Gesetzesentstehung.

Eine deskriptive Analyse der Entstehungsgeschichte kann zweierlei ermitteln: Erstens kann sie – naturgemäß wertend, also nicht mit Wahrheitsanspruch[145] – ermitteln, welchen Sinn die Normsetzerinnen und Normsetzer ihren Äußerungen beigemessen haben könnten. Zweitens kann sie ermitteln, welchen Sinn die Rezipientinnen und Rezipienten zur Zeit der Normentstehung der Norm zugeordnet haben könnten. Die rechtswissenschaftliche Untersuchung der

142 *Müller/Christensen*, Juristische Methodik Rn. 236, Fn. 219.

143 *Busse*, in: Müller, Untersuchungen zur Rechtslinguistik, 93 (119) betont, dass lexikalische und situative Bedeutung gleichermaßen abstrahierende Konstrukte sind, nur mit unterschiedlichen Zwecken und auf unterschiedlichen Analyseebenen.

144 Dieses semantische Wissen fließt im Zusammenspiel mit empirischem Wissen in das Textverstehen ein: *Müller/Christensen*, Juristische Methodik Rn. 236, Fn. 219.

145 *Busse*, in: Müller, Untersuchungen zur Rechtslinguistik, 93 (125).

Entstehungsgeschichte bedient sich (etwa mit der Quellenexegese) der Sache nach geschichtswissenschaftlicher Methoden. Erkenntnisziel ist hier der Verständnishorizont der Norm bei den Normsetzerinnen und Normsetzern sowie den Rezipientinnen und Rezipienten.

Die mit diesen Mitteln gewonnene Erkenntnis kann das Spektrum der Bedeutungsmöglichkeiten ergänzen, das durch Analyse der Gegenwartssprache gewonnen wird.

1.5. Methodenpluralismus einer deskriptiven Rechtswissenschaft

Dass eine deskriptive Rechtswissenschaft somit von mehreren Methoden nebeneinander Gebrauch machen muss,[146] von denen der formalen Logik (Strukturanalyse), der Linguistik (semantische Analyse) und der Geschichtswissenschaft (Entstehungsgeschichte), steht vordergründig in Konflikt mit *Kelsens* Postulat der Methodenreinheit.[147]

Dieses Postulat verbietet jedoch in erster Linie den Methodensynkretismus,[148] nicht aber ein klar abgegrenztes, unabhängiges Nebeneinander mehrerer Methoden. Eine deskriptive Rechtswissenschaft ist eine Querschnittswissenschaft, die verschiedene, nach lebenspraktischen Gesichtspunkten zusammengehörige Erkenntnisgegenstände unter verschiedenen Gesichtspunkten erforscht. Wichtigster, wenngleich nicht einziger gemeinsamer Bezugspunkt sind normative Sprachäußerungen. Je nachdem, was eine deskriptive Rechtswissenschaft über diese Äußerungen herausfinden will – Bedeutung im Sprachgebrauch, Entstehungsgeschichte, Umsetzung in der Rechtspraxis – hat sie die Methode zu verwenden, die für den jeweiligen Erkenntnisgegenstand adäquat ist. Die unterschiedlichen Erkenntnisgegenstände und die jeweiligen Methoden sind zu trennen. In dieser Verbindung von Methodenreinheit und Methodenpluralismus ist es folgerichtig, dass eine deskriptive Rechtswissenschaft Linguistik ist, soweit sie den Sinn eines Normsatzes im Sprachgebrauch zu ermitteln sucht, Geschichtswissenschaft, soweit sie den historischen Sinn eines Normsatzes zu bestimmen sucht, und Philosophie, soweit sie sich mit den (logischen) Strukturen von Normen und mit rechtstheoretischen Grundlagen auseinandersetzt.

Dass die analytische Rechtswissenschaft sich mithin konsequenterweise mehrerer Methoden bedient, die nicht der rechtswissenschaftlichen Tradition

---

146 Zur Verzahnung dieser Methoden siehe die Einleitung des Abschnitts 1.4.

147 Vgl. etwa *Kelsen*, Allgemeine Staatslehre, VII.

148 *Jestaedt*, in: ders., Hans Kelsen: Reine Rechtslehre. Einleitung in die rechtswissenschaftliche Problematik, XXXVI.

selbst entspringen, steht zum Postulat der Methodenreinheit gleichfalls nicht im Widerspruch. Soweit *Kelsen* zwar nicht explizit, aber der Sache nach eine „Eigengesetzlichkeit" der Rechts*wissenschaft* einfordert, indem er sie strikt gegenüber Rechtssoziologie und Rechtsgeschichte abgrenzt,[149] ist sein Standpunkt abzulehnen. Die Vorstellung einer einheitlichen und zugleich genuin rechtswissenschaftlichen Methode ist aus den erläuterten Gründen nicht zu verwirklichen.

Mit dem Methodenreinheitspostulat für sich genommen steht auch die Anwendung fachtraditionsfremder Methoden nicht in Konflikt. Methodenreinheit meint die konsequente Anwendung *einer* Methode, welche in engem Zusammenhang mit ihrem Erkenntnisgegenstand steht.[150] Das lässt sich am Beispiel sprachwissenschaftlicher Methoden zeigen: Bezugspunkt der rechtswissenschaftlichen Erkenntnis sind unter anderem normative Texte. Solche Texte sind sprachliche Zeichengesamtheiten. Die wissenschaftliche Methode für den Erkenntnisgegenstand der Bedeutung von Zeichen im Sprachgebrauch ist die linguistische. Mithin ist die linguistische Methode[151] eine Methode der Rechtswissenschaft, soweit Rechtswissenschaft das Erkenntnisziel verfolgt, die Bedeutung normativer Sätze im Sprachgebrauch zu ermitteln. Mit *Savigny*: „Die Jurisprudenz ist eine philologische Wissenschaft."[152] Entsprechendes gilt auch für die Analyse der Entstehungsgeschichte und die Strukturanalyse. Dass die deskriptive Rechtswissenschaft diese Methoden vorerst noch nicht auf dem Niveau ihrer Herkunftswissenschaften anwenden kann, gibt Anlass zu weiterer Anstrengung, stellt aber die deskriptive Rechtswissenschaft nicht dem Grunde nach infrage.

1.6. Anspruch einer deskriptiven Rechtswissenschaft

Eine deskriptive Rechtswissenschaft kann nicht blind dafür sein, dass Rechtssetzung Produkt gesellschaftlicher Kräfteverhältnisse ist. Wenn jeder Interpretationsakt auch Rechtssetzungsakt ist – dazu Abschnitt 2.2.3.2. –, dann gilt es, die sozialen Verhältnisse zu analysieren, die das Zustandekommen der jeweiligen

149 Dazu ebenda, XXVII f.

150 Ebenda, XXXIV f. Ob die Methode den Gegenstand konstituiert oder umgekehrt, mag hier dahinstehen.

151 Gemeint ist nicht die Vorstellung einer einheitlichen Methode, sondern die Bezugnahme auf die Methodenvielfalt der Disziplin, soweit die jeweiligen Methoden mit dem hier vertretenen Wissenschaftsverständnis vereinbar sind. Die hier im Abschnitt 6 gewählte Vorgehensweise steht einer introspektiven Wortsemantik nahe, ohne den Anspruch zu erheben, den wissenschaftlichen Standards der Linguistik zu genügen.

152 *Von Savigny*, Vorlesungen über juristische Methodologie, 140.

Entscheidung bedingen. Dies kann rechtssoziologische Forschung leisten, Strukturanalyse und semantische Analyse können es nicht.

Die deskriptive Rechtswissenschaft kann aber den Möglichkeitsraum der Bedeutungen aufspannen, der es der Rechtssoziologie erlaubt zu analysieren, warum sich bestimmte Deutungsvarianten durchsetzen und andere nicht – dazu hier nur überblicksartig Abschnitt 8. Insofern haben deskriptive Methoden rein faktisch das Potenzial, den Selbstverständlichkeitsanspruch des Tradierten aufzubrechen und mittelbar alternativen Interpretationsvorschlägen Gehör zu verschaffen.

Damit ist die deskriptive Rechtswissenschaft dem Vorwurf ausgesetzt, sie könne ihre eigenen methodischen Ansprüche nicht einlösen und sei trotz ihres Neutralitätsanspruchs selbst politisch geprägt.[153] In der Tat geht jede Erkenntnis mit Wertungen einher. Schon deshalb kann deskriptive Rechtswissenschaft nicht apolitisch sein. Vor allem aber ist die Auswahl des Gegenstandes der Analyse ein Wertungsakt. Auch darin kann ein politischer Impetus zum Ausdruck kommen.[154] Einen objektivistischen Neutralitätsanspruch kann deskriptive Rechtswissenschaft daher nach ihrem methodischen Selbstverständnis nicht erheben. Doch wenn die deskriptive Rechtswissenschaft, wie hier vorgeschlagen, auf eine sprach- und erkenntnistheoretisch belastbare Grundlage gestellt wird, bringt sie dennoch einen Rationalitätsgewinn mit sich. Denn daraus, dass jedes Erkenntnisverfahren stets auch Wertungen beinhaltet und dass wissenschaftliche Erkenntnisse politisch gezielt eingesetzt werden können, folgt nicht, dass umgekehrt Wertungsverfahren Erkenntnisverfahren sind – auch dann nicht, wenn in ihrem Verlauf inzident Erkenntnisfragen beantwortet werden.

1.7. Ziele der Untersuchung

Deshalb nutzt diese Untersuchung ausschließlich deskriptive Methoden. Unter Einsatz dieser Methoden verfolgt diese Untersuchung bezüglich ihres Gegenstandes, der Elfes-Konstruktion, zwei Erkenntnisziele.

---

153 Zu diesem Vorwurf *Kelsen*, Reine Rechtslehre (1. Aufl.), VI f.

154 Dass etwa *Kelsen* seine analytische Methode der Rechtswissenschaft gezielt einsetzte, um diejenigen Auffassungen zu widerlegen, die seinen politischen Zielen entgegenstanden, weist *von Bernstorff* für *Kelsens* Völkerrechtslehre nach. Er sieht deshalb *Kelsens* Neutralitätsanspruch kritisch, betont aber auch, dass *Kelsens* politischer Impetus seine wissenschaftlichen Erkenntnisse nicht in Frage stelle: *von Bernstorff*, Der Glaube an das universale Recht, 202, 205.

1.7.1. Erkenntnisziele

Das erste, bedeutendere der beiden Erkenntnisziele ist die Frage, wie die semantische Struktur des Ergebnisses der Elfes-Konstruktion erfasst und beschrieben werden kann (Abschnitte 3 bis 5). Dabei gilt es nicht nur die innere Struktur, sondern auch die „äußeren Strukturen" zu beschreiben, also die semantischen Strukturen der Verfassungsnormen, in die die Elfes-Konstruktion eingebettet ist. Im Rahmen der Strukturanalyse sind jeweils dort, wo es notwendig ist, unterschiedliche Bedeutungsmöglichkeiten des Verfassungstextes darzulegen. Denn eine semantische Struktur kann nur dann analysiert werden, wenn zuvor festgelegt wurde, welche Bedeutungsmöglichkeit der Analyse zugrunde liegt. Sodann lassen sich die Strukturen unterschiedlicher Interpretationsvarianten miteinander vergleichen. Strukturanalyse ist somit notwendig bereits mit semantischer Analyse verzahnt.

Mit Blick auf ihr zweites Erkenntnisziel sucht die Untersuchung anschließend durch semantische und historische Analyse zusammenhängend Bedeutungsmöglichkeiten jener Normsätze zu bestimmen, die in Rechtsprechung und rechtswissenschaftlicher Literatur zur Begründung der Elfes-Konstruktion herangezogen werden (Abschnitt 6).

Gemeinsam ist beiden Erkenntniszielen, dass keine Zuspitzbarkeit auf eine These oder eine einheitliche Gesamtaussage, sondern im Gegenteil eine breite Auffächerung zu erwarten ist – ein Charakteristikum der eingesetzten deskriptiven Methoden.

Vorangehen wird den beiden erwähnten Schritten, der Strukturanalyse und der Darstellung von Bedeutungsmöglichkeiten, ein Überblick über die rechtstheoretischen Kategorien und Begrifflichkeiten, die der weiteren Analyse zugrunde liegen (Abschnitt 2). Denn der eigenständige Begriffs- und Kategorienapparat ist für eine deskriptive Untersuchung entscheidend, weil sie ohne ihn Gefahr liefe, Konnotationen aus dem Bereich interpretativer Methoden unhinterfragt zu übernehmen. Diese Kategorien werden aufgrund ihrer wechselseitigen Abhängigkeit zusammenhängend vorab dargestellt.

1.7.2. Zum Fokus deskriptiver Methoden

Die deskriptive Methodik dieser Untersuchung erfordert im Detail häufig einen anderen Fokus, als ihn die traditionelle Rechtswissenschaft wählen würde. Dieser Fokus ist bewusst gesetzt und gibt Anlass zu einer Klarstellung, die für alle Abschnitte der Untersuchung bedeutsam ist: Beobachtungsgegenstand der deskriptiven Rechtswissenschaft ist *nicht* die traditionelle Rechtswissenschaft.[155]

155 Etwas anderes mag für sozialwissenschaftliche Fragestellungen gelten, die in dieser Arbeit aber nicht aufgeworfen werden.

1.7.2.1. Keine Wiedergabe des interpretativen Diskurses

Beobachtungsgegenstände der deskriptiven Rechtswissenschaft sind erstens semantische Strukturen des Rechts als *Ergebnis* einer Interpretation normativer Texte. Dabei sind naturgemäß die Strukturen unterschiedlicher Interpretationsergebnisse zu unterscheiden. Dazu gehören auch, aber nicht nur die Interpretationsergebnisse der Rechtsprechung und der interpretativen Rechtswissenschaft.[156]

Weder die Strukturanalyse noch die Beschreibung von Interpretationsmöglichkeiten verfolgt das Ziel, den Diskussionsstand der traditionellen Rechtslehre zu der jeweiligen Frage *insgesamt* authentisch wiederzugeben. Denn die Regeln der juristischen Argumentationskultur würden es nicht erlauben, ein Interpretationsergebnis von seiner Herleitung und dogmatischen Einbettung abzuspalten. Jedoch erfordert der deskriptive Ansatz der analytischen Rechtslehre genau diese Abspaltung. Wenn Interpretationsmöglichkeiten beschrieben werden, die in der traditionellen Rechtswissenschaft diskutiert werden, mag diese Beschreibung deshalb aus deren Sicht verzerrend wirken. Dies ist jedoch methodisch unvermeidbar. Eine inhaltliche Stellungnahme zu Fragestellungen der traditionellen Rechtswissenschaft ist mit diesem Vorgehen jedenfalls nicht verbunden. Vielmehr werden deren Ergebnisse aus einer anderen Perspektive oder mit einer anderen „Brille" betrachtet.

1.7.2.2. Keine Beschränkung auf aktuell vertretene Interpretationsvarianten

Beobachtungsgegenstand der deskriptiven Rechtswissenschaft sind zweitens mögliche Bedeutungen normativer Texte. Dazu gehören auch, aber nicht nur diejenigen Bedeutungen, die aktuell in der interpretativen Rechtswissenschaft diskutiert werden. Eine solche Verengung wäre mit dem deskriptiven Anliegen, ein möglichst breites Spektrum von Bedeutungsmöglichkeiten zu beschreiben, nicht zu vereinbaren. Ganz im Gegenteil muss eine deskriptive Untersuchung gerade den Interpretationsvarianten, die in der aktuellen Rechtsprechung und Literatur außen vor bleiben, Aufmerksamkeit widmen, um das Spektrum der Interpretationsmöglichkeiten zu vervollständigen und so neue Erkenntnisse zu gewinnen.

---

156 Aufgrund der rechtsprägenden Wirkung gerichtlicher Entscheidungen, gerade des Bundesverfassungsgerichts, liegt der Fokus deutlich auf den Ergebnissen der gerichtlichen Interpretationspraxis.

1.8. Sprachkonventionen

1.8.1. Terminologie der analytischen Rechtswissenschaft

Die analytische Rechtslehre bringt eine eigene Terminologie mit sich. Teils handelt es sich um Fachtermini aus anderen wissenschaftlichen Disziplinen, mit denen eine analytische Rechtswissenschaft methodisch übereinstimmt. Teils müssen juristische Termini in Abweichung von der traditionellen Terminologie kreiert oder aus der eigenen Begriffstradition der analytischen Rechtslehre übernommen werden, weil andernfalls der Eindruck entstünde, mit der Verwendung eines traditionellen Begriffs sei dessen Sinn in der traditionellen Rechtslehre impliziert. Termini, die vor allem im analytischen und rechtstheoretischen Sprachgebrauch üblich sind, sowie sonstige Termini, die in der vorliegenden Untersuchung in einer festgelegten Bedeutung verwendet werden, werden entweder im Abschnitt 2 oder später an geeigneter Stelle eingeführt.

1.8.2. Geschlechtergerechte Sprache

Diese Untersuchung bemüht sich um eine geschlechtergerechte Sprache. Sie begreift dieses Bemühen nicht als mehr oder minder politisch als den hergebrachten Sprachgebrauch unter Verwendung des generischen Maskulinums. Die Entscheidung für eine geschlechtergerechte Sprache setzt voraus, dass der traditionelle Sprachgebrauch gesellschaftlich trotz formaler Freiheit und Gleichheit zu Freiheitsbeschränkungen und Ungleichheit beiträgt.[157] Sie setzt ferner voraus, dass die Vorteile geschlechtergerechter Sprache gegenüber den Vorteilen überwiegen, die das Bewahren der Sprachtradition mit sich bringt. Wenngleich eine Änderung des Sprachgebrauchs für sich genommen wenig bewirkt, so kann eine geschlechtergerechte Sprache doch Teil einer emanzipatorischen sozialen Praxis sein.

Zum generischen Maskulinum stehen verschiedene Alternativen zur Verfügung, etwa die Binnenmajuskel, der Schrägstrich, der Asterisk oder die durchgängige Verwendung von Femininum und Maskulinum nebeneinander. Hier wurde aus Gründen der Verständlichkeit und Lesbarkeit folgende Vorgehensweise gewählt: Immer dann, wenn das Geschlecht einer Person ohne Belang ist und daher sowohl männliche als auch weibliche Personen gemeint sind, werden zwecks kürzeren Ausdrucks frei abwechselnd die grammatikalisch männliche und die grammatikalisch weibliche Form gebraucht, wobei in einem Sinnabschnitt

157 Dazu näher *Podlech*, Gehalt und Funktionen des allgemeinen verfassungsrechtlichen Gleichheitssatzes, 187, Fn. 46.

stets dieselbe Form verwendet wird. Wenn es zum Verständnis beiträgt, werden gelegentlich auch beide Formen nebeneinander verwendet.

1.8.3. Aussagenlogik, logische Zeichen und Ausdrücke

Im Haupttext dieser Untersuchung werden logische Zusammenhänge in natürlicher Sprache umschrieben. Das geht allerdings mit einem Verlust an Genauigkeit und Übersichtlichkeit einher. Um die nötige Präzision zu gewährleisten, findet sich die Darstellung in formaler Sprache (insbesondere in der Aussagenlogik) jeweils in den Fußnoten. Die verwendeten Zeichen aus formalen Sprachsystemen werden bei Bedarf eingeführt. Sie finden sich aber hier bereits im Überblick:

Wenn in dieser Untersuchung Zeichen und Ausdrücke verwendet werden, um die logische Struktur von Norm-Tatbeständen darzustellen, so folgt sie den Konventionen der Aussagenlogik, was die Junktoren angeht: Konjunktor $\wedge$, Disjunktor $\vee$, Äquivalenz $\Leftrightarrow$. Die verwendeten Satzvariablen weichen zugunsten der besseren Darstellbarkeit des Öfteren vom üblichen Schema „p, q, …“ ab, sind aber durchweg Kleinbuchstaben, gegebenenfalls ergänzt durch hoch- oder tiefgestellte Zahlen oder Buchstaben.

Die wenigen auf logische Klassen bezogenen Überlegungen folgen im Wesentlichen den Zeichenkonventionen der mathematischen (naiven) Mengenlehre: Äquivalenz $\Leftrightarrow$, Implikation $\Rightarrow$, „ist Teilmenge von“ $\subseteq$, Schnitt zweier Mengen $\cap$, Vereinigung zweier Mengen $\cup$. Großbuchstaben repräsentieren Klassen oder Mengen.

2. Grundlegende Kategorien für die Strukturanalyse

Abstract: Structural analysis operates with categories and concepts unique to this method of academic jurisprudence. The concepts used for describing legal structures in the further course of the study are introduced in this chapter.
Among them is the sanctioning connection between two norms, the first of which is called the sanctioned norm, the second the sanctioning norm. The sanctioning norm is to be applied under the condition (on the proviso) that the sanctioned norm has either been violated or been complied with. The conditions of the sanctioned norm become conditions of the sanctioning norm. Further conditions may apply to the sanctioning norm.
A second aspect vital to structural analysis is the reference of norms to individuals. Structural analysis rejects the concept of rights as used in traditional jurisprudence. Instead, a right is defined as an obligation, seen from the perspective of its object. It can be accompanied by – but does not entail – the legal power of the obligation's object to initiate legal action against the bearer of the obligation. This power in turn may be described as a second obligation: the obligation of the court (or any other responsible authority) to initiate legal action and/or to annul a norm under the condition that the first obligation's object issue a complaint. The idea of relational obligations, i. e. person A having an obligation to person B to do x as opposed to merely having an obligation to do x (x respectively concerning B), simply amounts to this procedural power. So far, traditional jurisprudence has not offered any other analytically satisfying explanation of the concept of rights.
Another axiom of structural analysis concerns the nature of the conditions of norms. Rather than certain facts, it is the constitutive declaration of the facts by a specific body that is the condition of any norm in a legal system. The reason for this is that someone must always ascertain the facts – there is no such thing as a self-executing norm in the literal sense –, but that legal systems usually limit the power to authoritatively do so to specific bodies, especially courts.
The chapter also introduces the basic elements of propositional logic as applicable to the conditions of norms, especially with regard to logically equivalent transformations. Among these elements are junctors such as the conjunctor (and) and the disjunctor (inclusive or). These are links between propositions. Together, such linked propositions form larger propositions.

Gemäß den im Abschnitt 1 dargelegten methodischen Grundlagen verwendet die Strukturanalyse bestimmte Kategorien. Diese Kategorien und ihre Bezeichnungen sind im Folgenden darzustellen.[158] Die – in der analytischen Rechtslehre

158 Diese Kategorien sind teils axiomatisch definiert. Insoweit sind sie nicht falsifizierbar, wohl aber mit Blick auf Wohldefiniertheit, deskriptive Leistungskraft und korrekte Ableitung aus anderen Kategorien kritisierbar.

durchaus etablierten – Begrifflichkeiten der Strukturanalyse weichen vielfach von denen der traditionellen Rechtslehre ab. Dies ist dem unterschiedlichen Erkenntnisinteresse geschuldet und vermeidet dogmatische oder interpretative Implikationen bei der Beschreibung von Normstrukturen.

2.1. Die Norm

2.1.1. Unterscheidung von Norm und Normsatz

In der rechtstheoretischen Diskussion ist der Begriff der Norm umstritten. Insbesondere gilt dies für die Abgrenzung vom Normsatz. Teils wird unterschieden zwischen Normen und Rechtssätzen,[159] teils werden beide Begriffe synonym verwendet.[160] Allgemein durchsetzen konnte sich eine Unterscheidung nicht.[161] Überdies ist mit den beiden Begriffen nicht notwendigerweise immer dasselbe gemeint.

Die hier zugrunde gelegte Verwendung der Begriffe unterscheidet mit *Weinberger* folgendermaßen: *Normsatz* ist eine sprachliche Ausdrucksform einer Norm, *Norm* die Bedeutung eines Normsatzes.[162] Weitere Einschränkungen hat der hier verwendete Normbegriff nicht, insbesondere nicht eine Begrenzung auf abstrakt-generelle Regelungen.

Denselben Inhalt, die Norm, kann man in verschiedener sprachlicher Form als Normsatz ausdrücken (dazu näher Abschnitt 2.4.3.). Daher kann der Sinn eines Normsatzes auch in einem neuen Normsatz formuliert werden. Dies setzt freilich die (interpretative) Überzeugung voraus, dass beide Sätze denselben Sinn zum Ausdruck bringen.

Nicht die sprachliche Form, sondern die Bedeutung, die semantische Ebene, charakterisiert den Normsatz.[163] Auf dieser Ebene unterscheiden sich Normsätze von Aussagesätzen.[164] Aussagesätze sind beschreibend und drücken Sachverhalte

---

159 *Weinberger*, Rechtslogik, 55 f.; *Rüthers/Fischer*, Rechtstheorie Rn. 92; ebenso (mit anderer Bedeutung der Begriffe) *Geiger*, Vorstudien zu einer Soziologie des Rechts, 27 f.

160 *Vesting*, Rechtstheorie Rn. 30.

161 *Röhl/Röhl*, Allgemeine Rechtslehre, § 10 IV., 91 f.

162 *Weinberger*, Rechtslogik, 56; vergleichbar, wenngleich mit anderem Theoriehintergrund, auch die Unterscheidung von Rechtstext und Rechtsnorm bei *Müller/Christensen/Sokolowski*, Rechtstext und Textarbeit, 31.

163 *Ross*, Directives and Norms, 36.

164 *Weinberger*, Rechtslogik, 51; der Sache nach auch *Kelsen*, Reine Rechtslehre (1. Aufl.), 23. Vgl. auch *Ross*, Directives and Norms, 7 f., 34 ff. Normsätze gehören einer anderen *Modalität* an als Aussagesätze. Die Modalität ist das semantische Gegenstück zum grammatikalischen Modus. Zum inhaltsbezogenen Begriff der Modalität und

aus, die wahr oder falsch sein können[165], Normsätze nicht.[166] Normsätze drücken vielmehr in unterschiedlichen sprachlichen Formen ein Sollen aus.[167] Dies sind oft Ausdrücke wie „sollen", „müssen", „dürfen", „erlauben", „verbieten"[168] sowie Imperative. Aufgrund ihres Kontextes können aber auch Aussagesätze als Ausdruck einer Norm interpretiert werden.[169] Immer wenn man den Sinn eines Satzes als Norm versteht, lässt sich dieser Sinn mithilfe einer der erwähnten sprachlichen Ausdrucksweisen formulieren.[170]

2.1.2. Der deontische Grundoperator und die Derogation von Normen

Das Sollen wird in der rechtstheoretischen Literatur üblicherweise mithilfe so genannter *deontischer Operatoren*[171] beschrieben.[172] Es existieren dafür verschiedene Modelle mehrerer Operatoren,[173] die sich aber letztlich jeweils auf einen

---

seiner Abgrenzung vom grammatischen Modus vgl. *Harweg*, in: Jachnow, Modalität und Modus: allgemeine Fragen und Realisierung im Slavischen, 1, 2.

165 *Weinberger*, Rechtslogik, 53; *Röhl/Röhl*, Allgemeine Rechtslehre, § 10 II., 85, 87.

166 *Weinberger*, Rechtslogik, 55; differenzierend *von Wright*, Norm und Handlung, 109; a. A. *Yoshino*, Keio Law Journal 1992, 472 (504 ff., 501 ff. – umgekehrte Paginierung).

167 *Alexy*, Theorie der Grundrechte, 46; vgl. auch *Kelsen*, Reine Rechtslehre (1. Aufl.), 24. Typische sprachliche Ausdrucksformen für die deontische Modalität sind auf Wortebene präskriptive (*Rüthers/Fischer*, Rechtstheorie Rn. 111; *Röhl/Röhl*, Allgemeine Rechtslehre, § 10 II., 85) oder deontische (*von Wright*, Norm und Handlung, 102. *Alexy*, Theorie der Grundrechte, 45) Ausdrücke sowie auf grammatikalischer Ebene Imperative (*von Wright*, Norm und Handlung, 102 f.).

168 *Alexy*, Theorie der Grundrechte, 45.

169 *Böckenförde*, Der Allgemeine Gleichheitssatz und die Aufgabe des Richters, 34. Dieser Befund passt auch zu *Kelsens* Auffassung vom Sollen als Sinn eines Willensakts (dazu unten). Denn dem Aussagesatz in *Böckenfördes* Beispiel (Normen des Strafgesetzbuchs) wird der Sinne des Sollens unterstellt, weil der Gesetzgeber gewollt hat, dass seine Aussage Wirklichkeit wird.

170 Dabei handelt es sich mit Ausnahme der Imperative um deontische Sätze: *Alexy*, Theorie der Grundrechte, 46. Ferner sind auch Imperative sind zu deontischen Sätzen umformbar: *von Wright*, Norm und Handlung, 106.

171 Ein Operator ist in diesem Sinne ein Marker der Modalität, insbesondere in formaler Sprache.

172 Vgl. *von Wright*, Norm und Handlung, 91 ff.; *Kelsen*, Allgemeine Theorie der Normen, 264 (En. 78); *Alexy*, Theorie der Grundrechte, 43, 45, 183 ff.; *Bentham*, Of Laws in General, X 5, 96 f.; *Hart*, Essays on Bentham, 114; *Ross*, Directives and Norms, 117 f.; *Adomeit/Hähnchen*, Rechtstheorie für Studenten, 27.

173 Für drei Grundoperatoren z. B. *von Wright*, Norm und Handlung, 91 ff.; *Kelsen*, Allgemeine Theorie der Normen, 264 (En. 78); *Alexy*, Theorie der Grundrechte, 43, 45.

einzigen Operator zurückführen lassen,[174] der das (einheitliche) Sollen zum Ausdruck bringt.[175] Dass ein Operator genügt, lässt sich am Beispiel des üblichen Modells der vier Grundoperatoren[176] demonstrieren.

Gebot (zu tun) (Es ist geboten, dass x.)	Verbot (= Gebot zu unterlassen) (Es ist geboten, dass nicht x.)
Erlaubnis (zu unterlassen)[177] (non-command) (Es ist nicht geboten, dass x.)	Erlaubnis (zu tun)[178] (permission) (Es ist nicht geboten, dass nicht x.)

Das Modell geht ersichtlich von *einem* Operator aus, dem des Gebots. Das Verbot ist als Gebot des Unterlassens definiert.[179] Die Erlaubnis wiederum „negiert"[180] den Gebotsoperator. Mehr als dieser eine Operator ist also nicht erforderlich.[181] Allerdings ist die „Negation" des Gebotsoperators eine eigenständige Kategorie. Sie muss definiert werden, weil sie für die Beschreibung von Normensystemen von zentraler Bedeutung ist.

Für diese „Negation" gibt es zwei Deutungsmöglichkeiten. Man kann die Erlaubnis entweder als „unobligative permission" oder als „de-obligative permission"[182] verstehen, das heißt als Geltungsaussage oder als Aufhebungsnorm.[183] Die beiden Bedeutungen unterscheiden sich erheblich. Eine Geltungsaussage beschreibt, ob eine Norm bestimmten Inhalts Teil des Normensystems ist. Die Geltungsaussage selbst ist jedoch keine Norm. Die Normaufhebung bedeutet,

174 *Alexy*, Theorie der Grundrechte, 183 ff.; *Bentham*, Of Laws in General, X, 5, 96.

175 *Kelsen*, Allgemeine Theorie der Normen, 1. III., IV., 2; *Ross*, Directives and Norms, 120.

176 *Bentham*, Of Laws in General, X, 5, 97; *Hart*, Essays on Bentham, 114; *Röhl/Röhl*, Allgemeine Rechtslehre, § 22 II, 191 f.

177 Bei *Hart*, Essays on Bentham, 114: „permission to refrain".

178 Bei *Hart*, Essays on Bentham, 114: „permission to act".

179 Die Negation im aussagenlogischen Sinne ist hier auf das Satzradikal beschränkt; zum Satzradikal siehe Abschnitt 2.1.3.

180 *Weinberger*, Rechtslogik, 238.

181 *Ross*, Directives and Norms, 120.

182 *Bentham*, Of Laws in General, 119.

183 Zu verschiedenen Verständnissen der Erlaubnis vgl. *Weinberger*, Rechtslogik, 231 ff., 238 f.; *Ross*, Directives and Norms, 120 ff., 129; *Bentham*, Of Laws in General, 119. Zur Unterscheidung von Geltungsaussagen und Normen vgl. *Kelsen*, Allgemeine Theorie der Normen, 119 ff.

dass eine Norm aus dem Normensystem entfernt wird. Diese Normaufhebung wird als Derogation bezeichnet, die aufgehobene Norm als derogierte[184] Norm.[185]

2.1.3. Definition der Norm über das Sollen

Das Sollen unterscheidet die Norm als Sinn des Normsatzes von der Aussage als Sinn des Aussagesatzes. Es wird durch den deontischen Grundoperator ausgedrückt. Nach *Kelsen* ist eine Norm der Sinn eines Willensaktes.[186] Sie ist Ausdruck des Willens, dass eine bestimmte Möglichkeit eintreten *soll*. Dieses Eintreten-Sollen, das „Normative" an der Norm, lässt sich nicht näher definieren.[187]

Der gleichsam neutrale Gegenstand des Sollens wird als *Satzradikal* oder Proposition bezeichnet.[188] Es beschreibt eine mögliche Welt. Im Satzradikal wiederum treten Individuen-, Handlungs- und Zustandsnamen auf. Unter den Individuen ist regelmäßig mindestens ein Norm*adressat*. Adressat ist jenes Individuum, welches die gesollte Handlung durchführen soll.

Durch Austausch des Operators verwandelt sich ein Normsatz zum Aussagesatz, wobei das Satzradikal unverändert bleibt. Der Satz, der durch Austausch des

---

184 Das Verb „derogieren" wird hier aus sprachlichen Gründen, obwohl die Verwendung mit Dativobjekt in rechtstheoretischen Publikationen die häufigere ist, zielsprachenorientiert mit Akkusativobjekt verwendet.

185 Für den Akt des Derogierens kann man von einer Derogationsnorm sprechen, so etwa *Kelsen*, Allgemeine Theorie der Normen, 85, 92. Diese Redeweise ist korrekt, aber etwas irreführend. Denn die Derogation begründet keine eigenständige Form des Sollens, sondern ist als negatives Tatbestandselement jeder Norm zu verstehen: Eine Rechtsfolge ist nur zu befolgen, wenn die Norm nicht von einem dazu befugten Organ für ungültig erklärt wurde. Norm ist der Derogationsakt also nur in dem Sinne, als er – wie zum Beispiel ein Strafantrag – die Rechtsfolgen für Dritte gestaltet. Der Inhalt dieser Rechtsfolgen ist aber im Übrigen vollständig determiniert.

186 *Kelsen*, Allgemeine Theorie der Normen, 23, 187.

187 *Kelsen*, Allgemeine Theorie der Normen, 2 sowie 221 f. (En. 2). Daher geht auch *Yoshinos* Kritik an *Kelsens* Willensakt-Definition ins Leere. Denn *Yoshino* schlägt vor, die Norm über den Normsatz zu definieren *Yoshino*, Keio Law Journal 1992, 472 (491 – umgekehrte Paginierung), was aber letztlich wiederum auf die nicht näher definierbare semantische Modalität des Sollens hinausläuft. *Kelsens* Definition der Norm als Sinn eines Willensaktes bleibt auch unter der Prämisse tragfähig, dass der Sinn der Norm – wie *Yoshino* zu Recht betont – durch den Interpreten der Norm und nicht durch den Urheber bestimmt wird (*Yoshino*, Keio Law Journal 1992, 472 (484 f. – umgekehrte Paginierung). Das eigentliche Problem bei *Kelsen* ist seine Terminologie, die nicht den nötigen Differenzierungsgrad erreicht.

188 *Weinberger*, Rechtslogik, 228 f. („Satzradikal"), *Röhl/Röhl*, Allgemeine Rechtslehre, § 10 IV., 89 („Proposition").

deontischen Operators gegen den Aussageoperator entsteht, heißt *Erfüllungssatz* des deontischen Satzes.[189] Ist das Satzradikal negiert, heißt er *Nichterfüllungssatz*.

Normen können unbedingt (kategorisch) oder bedingt (hypothetisch) sein (dazu Abschnitt 2.2.). Die Normen realer Normensysteme sind aus Gründen der Zweckmäßigkeit stets bedingt.[190] Die Bedingung ist aber kein notwendiges Normmerkmal. Auch andere zusätzliche Normmerkmale sind entbehrlich. Ein weiter und rechtstheoretisch möglichst voraussetzungsloser Normbegriff ist einer Strukturanalyse am dienlichsten. Er ist präzise, andererseits aber nicht zu eng und trifft nur so viele Vorfestlegungen, wie es zwecks präziser Beschreibung des Rechts erforderlich ist.[191] Weitere Merkmale würden zudem ohne Not das deskriptive Potenzial des Normbegriffs begrenzen. Es kommt deshalb insbesondere nicht auf die abstrakt-generelle Form einer Norm, ihre Geltung oder ihre Klagbarkeit an. In diesem, rein deskriptiven Sinn kann „jeder beliebige Inhalt (…) Recht sein".[192]

Dadurch ergibt sich zugleich ein Sprachgebrauch, der von dem der traditionellen Rechtslehre abweicht. Normen im Sinne der hier verwendeten Definition sind unter anderem: Parlamentsgesetze, Rechtsverordnungen, Gerichtsentscheidungen, behördliche Weisungen, Verwaltungsvorschriften, Verträge des Zivilrechts, Testamente, ferner aber auch der Sinn jeglicher befehlender und auffordernder Äußerungen, mögen sie rechtlich anerkannt sein oder nicht.[193] Mit dem Normbegriff ist also noch nicht über die Zugehörigkeit einer Norm zu einem bestimmten Normensystem wie dem des Grundgesetzes entschieden.[194]

2.2. Bedingte Normen

2.2.1. Tatbestand und Rechtsfolge

Regelmäßig sind Normsätze bedingt. Dazu wird ein Aussagesatz mit einem Normsatz zu einem „aussagend bedingten Normsatz"[195] verbunden. Sein Sinn ist die aussagend bedingte Norm. Die Aussage wird nachfolgend als *Tatbestand* (oder

189 *Weinberger*, Rechtslogik, 229 f.

190 *Kelsen*, Allgemeine Theorie der Normen, 16. Für *Kelsen* ist dies nicht nur zweckmäßig, sondern auch rechtstheoretisch notwendig, da ihm zufolge nur erfüllbare Normen gelten.

191 Dieser Ansatz ist der Vorgehensweise bei *Alexy*, Theorie der Grundrechte, 41, entlehnt.

192 *Kelsen*, Reine Rechtslehre (1. Aufl.), 63.

193 Vgl. *Kelsen*, Reine Rechtslehre (2. Aufl.), 46.

194 Vgl. ebenda, 8, 46 f.

195 *Weinberger*, Rechtslogik, 241.

Bedingung) bezeichnet, die Norm als *Rechtsfolge*.[196] Ferner wird im Folgenden auch davon die Rede sein, die Rechtsfolge sei *bedingt* durch den Tatbestand.

Der Tatbestand einer Norm kann regelmäßig semantisch in viele Tatbestandsmerkmale oder *Tatbestandselemente* untergliedert werden. Dabei stellt sich die Frage der logischen Verknüpfung dieser Elemente. Anders als die Satzradikale des Normsatzes können bedingende Aussagesätze und ihre logischen Verknüpfungen in der formalen Sprache der Aussagenlogik dargestellt werden. Daher kann hier darauf verzichtet werden, eine deontische Logik einzuführen. Die formale Sprache der Aussagenlogik wird im Folgenden zwar verwendet, jedoch zwecks breiterer Verständlichkeit nicht im Haupttext, sondern nur ergänzend in den Fußnoten, wie im Abschnitt 1.8.3. erläutert.

2.2.2. Der Sanktionszusammenhang

2.2.2.1. Definition des Sanktionszusammenhangs

Bei dem Sanktionszusammenhang handelt es sich um eine bestimmte Art und Weise, zwei Normen miteinander zu verknüpfen. Die erste Norm heißt *sanktionierte Norm*. Unter der Bedingung, dass deren Rechtsfolge eintritt oder nicht eintritt, ist eine zweite Rechtsfolge angeordnet, die *Sanktionsnorm*. Das heißt: Der Erfüllungssatz oder Nichterfüllungssatz der sanktionierten Norm ist ein Element des Tatbestandes der Sanktionsnorm. Typischerweise wird die Verletzung einer Norm, also deren Nichterfüllung, sanktioniert.

Die beiden beteiligten Normen werden in Rechtstheorie und deontischer Logik mit verschiedenen Bezeichnungen wie „Primärnorm“ und „Sekundärnorm“[197]

---

196 Die von *Kelsen* getroffene Unterscheidung von Tatbestand (Unrecht) und Unrechtsfolge (*Kelsen*, Reine Rechtslehre (1. Aufl.), 25) hingegen beschreibt im hiesigen Sinne einen Sanktionszusammenhang, nicht die bedingte Norm im Allgemeinen. *Kelsens* Tatbestandsbegriff ist somit enger. Für den Tatbestand im hiesigen Sinn verwendet *Kelsen* in der Allgemeinen Theorie der Normen den Begriff der Bedingung, vgl. etwa *Kelsen*, Allgemeine Theorie der Normen, 104 f., 195. Dieser Begriff ist für Zwecke der Strukturanalyse vorzugswürdig; der Begriff „Tatbestand“ wird hier nur deshalb verwendet, weil er allgemein etabliert ist.

197 Die Begriffe „Primärnorm“ und „Sekundärnorm“ werden nicht einheitlich verwendet. So spricht *Kelsen* in der „Reinen Rechtslehre“ von der Sanktionsnorm als Primärnorm: *Kelsen*, Reine Rechtslehre (1. Aufl.), 30. In der „Allgemeinen Theorie der Normen“ bezeichnet er hingegen wie *Ross* die sanktionierte Norm als Primärnorm, die Sanktionsnorm als Sekundärnorm: *Kelsen*, Allgemeine Theorie der Normen, 108; *Ross*, Directives and Norms, 91.

oder „Verhaltensnorm“ und „Sanktionsnorm“[198] charakterisiert. Erstgenanntes Begriffspaar wird aber uneinheitlich verwendet. Zweitgenanntes Begriffspaar provoziert das Missverständnis, dass nur die sanktionierte Norm menschliches Verhalten regele. Tatsächlich regelt aber jede Norm menschliches Verhalten, auch eine Sanktionsnorm. Hier wird deshalb mit *Tammelo*[199] von sanktionierten Normen und Sanktionsnormen die Rede sein.

2.2.2.2. Formaler und inhaltlicher Sanktionsbegriff

Der Sanktionszusammenhang ist trotz der unterschiedlichen Bezeichnungen der beiden Normen Gemeingut der Rechtstheorie. Allerdings gibt es verschiedene Sanktionsbegriffe, die neben dem formalen Sanktionszusammenhang noch weitere Anforderungen an eine Sanktion oder an eine Sanktionsnorm stellen. Dies trifft insbesondere auf *Kelsens* Sanktionsbegriff zu. Sein Sanktionsbegriff enthält den Sanktionszusammenhang, aber darüber hinaus auch eine doppelte seinswissenschaftliche Komponente.

Erstens beschreibt *Kelsen* die Sanktion als einen Zwangsakt, der durch eine „von der Rechtsordnung bestimmte, rechtlich festgestellte, sozial unerwünschte Handlung oder Unterlassung“ bedingt ist, während „die nicht als Sanktionen im Sinne von Unrechtsfolgen qualifizierten Zwangsakte durch andere Tatbestände bedingt sind.“[200] Hier ist also die die Sanktion durch außerrechtliche Eigenschaften der sanktionierten Norm definiert, nämlich die soziale Unerwünschtheit des darin verbotenen Verhaltens.

Zweitens geht *Kelsen* davon aus, dass der als Sanktion fungierende Zwangsakt „normalerweise von dem davon Betroffenen als Übel empfunden wird“, was aber nicht immer der Fall sein müsse.[201] Diese zweite Komponente wiederum nutzt *Kelsen*, um Sanktionsnormen auch dann zu identifizieren, wenn eine dazugehörige sanktionierte Norm gar nicht eigenständig geregelt ist. Er nutzt sie ferner, um aus einer Sanktionsnorm eine sanktionierte Norm abzuleiten. Im Sinne *Kelsens* ist eine rechtliche Pflicht gerade dadurch angeordnet, dass an das Zuwiderhandeln eine Sanktion geknüpft ist.[202] Am Beispiel des § 223 StGB müsste also aus der

---

198 *Röhl/Röhl*, Allgemeine Rechtslehre, § 26 I., 223.

199 *Tammelo*, Outlines of modern legal logic, 98 verwendet die Begriffe „sanctioning norm“ und „sanctioned norm“.

200 *Kelsen*, Reine Rechtslehre (2. Aufl.), 42.

201 Ebenda, 34. Es kann im Übrigen auch der umgekehrte Fall eintreten, dass eine Rechtsfolge von den Betroffenen als Sanktion empfunden wird, die nicht als solche intendiert war. Dann müsste überdies noch die gesetzgeberische Intention bemüht werden.

202 *Kelsen*, Allgemeine Theorie der Normen, 108.

Anordnung der Freiheits- oder Geldstrafe folgen, dass es verboten ist, eine andere Person körperlich zu misshandeln oder an der Gesundheit zu schädigen.

Doch ob der Tatbestand der Sanktionsnorm der Erfüllungssatz oder der Nichterfüllungssatz einer postulierten sanktionierten Norm ist, hängt davon ab, ob die Sanktion als Bestrafung[203] begriffen wird,[204] und diese Frage kann nur seinswissenschaftlich (oder interpretativ) beantwortet werden. Deshalb muss *Kelsen* voraussetzen, *Rechts*systeme operierten nur mit Bestrafungen, nicht mit Belohnungen.[205] Aber selbst wenn dies durchgängig der Fall sein sollte,[206] wäre es nur mit seinswissenschaftlichen oder interpretativen Mitteln möglich, zwischen bloßen Lenkungsnormen und „echten" Sanktionsnormen zu unterscheiden. Formal sind beide identisch.[207] Auch haben sie dasselbe Potenzial zur sozialen Lenkungswirkung und lassen sich allenfalls rechtsethisch anhand der vorausgesetzten *sozialen* Missbilligung bei echten Sanktionen („Bestrafungen") unterscheiden,[208] wenn man die Unterscheidung nicht sogar als eine konventionalisierte interpretative Setzung ansehen will. Beispielsweise sind sowohl aufgrund der Tabaksteuer als auch aufgrund von Geldstrafen jeweils unter bestimmten Voraussetzungen Geldbeträge zu zahlen, die von den Betroffenen auch durchaus als Übel empfunden werden können. Doch nur das mit der Geldstrafe belegte Verhalten gilt als verboten, nicht der Tabakkonsum.

Nur weil *Kelsens* Sanktionsbegriff auf seinswissenschaftliche (oder interpretative) Kriterien zurückgreift, ist er also in der Lage, Sanktionsnormen als solche auch dann zu identifizieren, wenn eine sanktionierte Norm nicht eigenständig geregelt ist, wie etwa im Fall des § 223 StGB. Der Preis dafür ist eine Methodenvermischung. Diese Methodenvermischung vermeidet der formale Sanktionsbegriff, weshalb er allein für die Strukturanalyse geeignet ist. In der Konsequenz bleibt der formale Sanktionsbegriff, anders als ein inhaltlicher Sanktionsbegriff,

---

203 Der Begriff der *Bestrafung* ist hier bewusst in Abgrenzung von dem strafrechtlichen und kriminologischen Begriff der *Strafe* gewählt und entspricht einem seinswissenschaftlichen Verständnis des Begriffs Sanktion. Auch andere Nachteile oder der Entzug von Leistungen, etwa in Form der Sanktionen des § 31a SGB II, können in diesem Sinne Bestrafungen sein.

204 *Weinberger*, Rechtslogik, 267 betont, es hänge von der Deutung der Norm als Sanktionsnorm ab, ob die Rechtsfolge überhaupt als Sanktion begriffen wird.

205 *Kelsen*, Allgemeine Theorie der Normen, 109.

206 *Kelsen* nennt selbst mögliche Ausnahmen: *Kelsen*, Reine Rechtslehre (2. Aufl.), 35.

207 *Weinberger*, Rechtslogik, 267. *Weinbergers* Kritik ist allerdings verkürzt: Die Schwäche von *Kelsens* Position beruht nicht darauf, dass er Sanktionsnormen nicht von anderen Normen unterscheiden könnte, sondern auf der Art und Weise, wie er sie unterscheidet.

208 Dazu *Ross*, Directives and Norms, 126.

streng relativ: Von Sanktionsnormen und sanktionierten Normen kann nur die Rede sein, wenn die Existenz der jeweils anderen Norm vorausgesetzt wird.

2.2.2.3. Deskriptiver Nutzen des formalen Sanktionsbegriffs

Gerade deshalb ist der formale Sanktionsbegriffs im Ergebnis leistungsfähiger als ein inhaltlicher Sanktionsbegriff. Er bewahrt die Flexibilität des letztgenannten, ohne seine Verengungen zu übernehmen.

Denn aus der strengen Relativität des formalen Sanktionsbegriffs folgt nicht, dass bei der Strukturanalyse des Rechts stets die Sanktionsnorm und die sanktionierte Norm zugleich betrachtet werden müssen. Die Beobachtung *Kelsens*, dass regelungstechnisch die Sanktionsnorm entscheidend ist, ist durchaus richtig und rechtfertigt es, den Fokus der Analyse auf die Sanktionsnorm zu setzen, wenn man als Interpretationsergebnis eine Sanktionsnorm und eine sanktionierte Norm vorfindet.

Dadurch ist eine Auseinandersetzung mit Scheinproblemen vermeidbar. Beispielsweise können sich zwei Normen auf Ebene der sanktionierten Normen scheinbar widersprechen, indem sie gegensätzliche Verhaltensgebote aufstellen.[209] Auf der Ebene der Sanktionsnorm verschwindet der Widerspruch jedoch: Auch zwei entgegengesetzte Verhaltensweisen können zugleich sanktioniert werden, selbst wenn eine dritte Verhaltensmöglichkeit nicht gegeben ist.[210]

Obwohl es also zulässig ist, den deskriptiven Fokus auf Sanktionsnormen zu setzen, kann der formale Sanktionsbegriff auch so genannte *leges imperfectae*[211] als Rechtsnormen erfassen und nicht nur als rechtlich irrelevante Äußerungen des Gesetzgebers. Infolgedessen vermeidet es der formale Sanktionsbegriff, dem Endglied einer Kette mehrerer Sanktionen eine Sonderrolle zuzuschreiben. Diese Sonderrolle ergibt sich bei *Kelsens* Sanktionsbegriff aus der Annahme, ein Verhalten sei dadurch angeordnet, dass an sein Gegenteil eine Sanktion geknüpft ist. Diese Annahme mündet in einen infiniten Regress:[212] Wenn ein Verhalten

---

209 Es handelt sich dabei nicht um einen logischen Widerspruch: *Kelsen*, Allgemeine Theorie der Normen, 101, 169. Denn der Satz vom ausgeschlossenen Dritten ist auf die deontische Logik nicht übertragbar. A. a. noch *Kelsen*, Reine Rechtslehre (2. Aufl.), 209 f., 212. Skeptisch *Weinberger*, Rechtslogik, 236, 263 f.

210 Dies zu regeln wäre zwar rechtspolitisch nicht sinnvoll, aber der Gesetzgeber ist nicht daran gehindert, es dennoch zu tun. Allenfalls kann die Regelung widersprüchlicher Verhaltensgebote verfassungswidrig sein, sodass die Regelungen für nichtig erklärt werden können.

211 Vgl. dazu *Weinberger*, Rechtslogik, 267.

212 Zu diesem infiniten Regress *Ross*, Directives and Norms, 89 f. Gemeint ist nicht der von *Kelsen*, Allgemeine Theorie der Normen, 112 angesprochene praktische infinite Regress eines „Quis custodiet custodes?“, sondern der theoretische infinite Regress,

dadurch angeordnet ist, dass an sein Gegenteil eine Sanktion geknüpft ist, und wenn diese Sanktion wiederum dadurch angeordnet ist, dass an ihr Gegenteil eine weitere Sanktion geknüpft ist, dann müsste sich die Kette endlos fortsetzen. Praktisch kann dies durchaus der Fall sein, aber es ist ebenso möglich, dass die Kette an einem bestimmten Punkt endet. Dieses „Endglied" der Kette kann mit *Kelsens* Sanktionsbegriff nur noch als ermächtigt, aber nicht als geboten qualifiziert werden.[213] Der formale Sanktionsbegriff qualifiziert hingegen auch die letzte Sanktion als geboten. Er kann zudem die Beschreibung der Kette an jedem beliebigen Punkt abbrechen, indem er das letzte betrachtete Glied der Kette als Norm ohne Sanktion, also wie eine *lex imperfecta* beschreibt.

2.2.2.4. Die bedingte sanktionierte Norm

Oben wurde erläutert, dass der Erfüllungs- oder Nichterfüllungssatz der sanktionierten Norm Tatbestandselement der Sanktionsnorm ist. Dies ist für bedingte sanktionierte Normen unvollständig. Wenn eine sanktionierte Norm bedingt ist, stellt sich die Frage, wie sich die Tatbestandselemente der sanktionierten Norm zu denen der Sanktionsnorm verhalten.

Eine Norm kann nur erfüllt oder verletzt sein, soweit sie Geltung beansprucht. Nur wenn auch die Tatbestandselemente der Norm gegeben waren, wenn also ihre Bedingungen erfüllt waren, kann deshalb die Rede davon sein, die Norm sei erfüllt oder nicht erfüllt worden. Daher gehört zum Tatbestand der Sanktionsnorm nicht nur der Nichterfüllungs- oder Erfüllungssatz der sanktionierten Norm. Auch der Tatbestand der sanktionierten Norm ist Tatbestandselement der Sanktionsnorm.

Es bleibt die Frage, wie die beiden Tatbestandselemente der Sanktionsnorm zu verknüpfen sind. Die Rechtsfolge der Sanktionsnorm ist unter der Bedingung eines Verstoßes gegen die sanktionierte Norm angeordnet. Tatbestand und Satzradikal der sanktionierten Norm müssen also gleichermaßen erfüllt sein. Die Sanktionsnorm ist deshalb bedingt durch die den Tatbestand *und* den Erfüllungs- oder Nichterfüllungssatz der sanktionierten Norm (Konjunktion).

2.2.2.5. Erfüllungs- und Nichterfüllungszusammenhang

Typischerweise werden Normverletzungen sanktioniert. Doch nach hier vertretener Auffassung kann auch die Befolgung einer Norm sanktioniert werden. Deshalb können zwei Arten von Sanktionszusammenhängen unterschieden werden.

---

der daraus entsteht, dass ein Verhalten jeweils als dadurch gesollt beschrieben wird, dass sein Gegenteil Tatbestand einer Sanktionsnorm ist.

213 *Kelsen*, Reine Rechtslehre (2. Aufl.), 26, 52.

Ist die Befolgung einer Norm sanktioniert, kann man dies als Erfüllungszusammenhang bezeichnen. Ist hingegen die Verletzung sanktioniert, kann man von einem Nichterfüllungszusammenhang sprechen.

Allerdings sind Erfüllungszusammenhänge selten. Eine Unterscheidung der beiden Arten von Sanktionszusammenhängen ist daher zur Beschreibung des Rechts meist nicht erforderlich. Daher wird im Folgenden nur von Sanktionszusammenhängen die Rede sein. Damit ist, wenn nicht anders gekennzeichnet, die Form des Nichterfüllungszusammenhangs gemeint.

2.2.3. Die Feststellung einer Tatsache als Tatbestand einer Norm

Oben wurde der Tatbestand einer Norm als Aussage beliebigen Inhalts definiert. Diese Definition bedarf noch der Konkretisierung. Bei der Beschreibung des Rechts ist es der Vereinfachung halber unverzichtbar, von Tatsachen als Tatbestandselementen zu sprechen. Dennoch sind nicht diese Tatsachen selbst Tatbestandselemente, sondern nur ihre Feststellung.[214] Grund dafür ist die Vagheit natürlicher Sprache.

2.2.3.1. Vagheit und Verbindlichkeit

Normen können nur durch Sprache ausgedrückt werden, also als Normsätze. Anders als formale Sprachen wie etwa deontische Logiken, deren Zeichen nur über ein streng begrenztes Bedeutungsspektrum verfügen und deren Ausdrucksmöglichkeiten entsprechend begrenzt sind, ist natürliche Sprache, wie im Abschnitt 1 dargelegt, vage und mehrdeutig. Die Bedeutung ihrer Zeichen bestimmt sich durch ihre Verwendung, also durch eine soziale Praxis.

Deshalb ist die Subsumtion einer Tatsache unter einen Begriff stets mit einer Wertung verbunden.[215] Denn normativ-wertende Begriffe unterscheiden sich in ihrer Vagheit nicht von beschreibenden Begriffen. An einem von *Kelsen* gewählten Beispiel: Das Urteil „Dieses Verhalten dieses Menschen ist Mord." unterscheidet sich nicht von dem Urteil „Dieser Gegenstand ist eine Tanne."[216] Dabei ist der Begriff „Tanne" ebenso wenig a priori eindeutig bestimmt wie der Begriff Mord, sondern beruht gleichermaßen auf sozialer Konvention. Wenn aber die Konvention heterogen und – wie insbesondere im Recht – zudem Gegenstand von Interessenkonflikten ist, kann man Bedeutungen nur willenhaft eingrenzen. Am Beispiel: Wenn der botanische Begriff der Tanne enger ist als

---

214 *Kelsen*, Allgemeine Theorie der Normen, 104 f., 195.

215 A. A. *Kelsen*, Allgemeine Theorie der Normen, 358 (En. 181).

216 Ebenda, 358 (En. 181).

der umgangssprachliche, der auch Fichten und andere Nadelbäume umfasst, dann wird eine Auswahl zwischen den Bedeutungsmöglichkeiten erforderlich. Mit Mitteln der Erkenntnis gelingt die Festlegung nicht.

Deshalb ist es nicht möglich, mit Mitteln eines logischen Schlusses die Geltung individueller Normen aus der Geltung genereller Normen zu folgern.[217] Es ist darüber hinaus nicht möglich, aus der Geltung genereller Normen auf die Geltung konkreterer, aber gleichfalls genereller Normen zu schließen.[218] Grund dafür ist nicht die Unvorhersehbarkeit des konkreten Ereignisses, auf das sich die individuelle Norm beziehen müsste.[219] Entscheidend ist vielmehr, dass der Gesetzgeber nicht vorherbestimmen kann, wie die Normanwender einen Normsatz interpretieren, weil die Vagheit von Sprache mit Mitteln der Erkenntnis irreduzibel ist und weil die Vagheit auch durch soziale Konventionen nicht vollständig beseitigt werden kann. Am Beispiel der Bezeichnungsfunktion von Begriffen: Der Gesetzgeber kann durch die Wahl eines Begriffs nicht die allgemeinen Merkmale vorausbestimmen, mittels derer die individuellen Objekte abgegrenzt werden, die der Begriff bezeichnen soll.[220] Dies könnte nur eine konkretisierende Norm leisten, die aber den Begriff anders deuten kann als vom Gesetzgeber beabsichtigt (und die ihrerseits interpretationsbedürftig ist). Auch die Konkretisierung genereller Normen ist ein Interpretationsakt.

Den letztverbindlich rechtsanwendenden Organen ist – qua definitionem – die Befugnis zugewiesen, die Voraussetzungen der anzuwendenden Normen festzustellen und die Rechtsfolge im konkreten Fall zu bestimmen. Wenn den letztverbindlich entscheidenden Organen die Macht gegeben ist, Normtatbestände zu interpretieren, ist es unvermeidbar, dass sie in ihrer Feststellung eine Bedeutung zugrunde legen können, die über die bisherige Verwendung des Begriffs im Sprachgebrauch hinausgeht.[221]

---

217 So *Kelsen*, Allgemeine Theorie der Normen, 201 f., 211 ff. Dagegen *Weinberger*, Normentheorie als Grundlage der Jurisprudenz und Ethik, 105 ff.

218 A. A. *Kelsen*, Allgemeine Theorie der Normen, 358 (En. 181).

219 So aber *Kelsen*, Allgemeine Theorie der Normen, 201.

220 Das heißt: Nicht nur die Extension, auch die Intension eines Begriffs ist nicht in dem Begriff angelegt. Der Verwender von Sprache ist darauf verwiesen, dass der Empfänger den Begriffen in etwa dieselbe Bedeutung zumisst wie er selbst, kann dies aber nicht selbst herbeiführen.

221 Vgl. *Gadamer*, Gesammelte Werke. Band 1. Hermeneutik I. Wahrheit und Methode. Grundzüge einer philosophischen Hermeneutik, 334. *Kelsen*, Allgemeine Theorie der Normen, 93, stellt zu Recht fest, dass sie von dieser Befugnis nur selten Gebrauch machen.

Weil das letztverbindlich entscheidende rechtsanwendende Organ über den Eintritt des Tatbestands und über die konkrete Rechtsfolge einer Norm bestimmt, ist Rechtsanwendung zugleich Rechtsetzung.[222] Denn irgendjemand muss den Eintritt der Tatsache feststellen, die die Rechtsfolge bedingt.[223] Daher ist Tatbestand einer Norm die (konstitutive) Feststellung einer Tatsache und nicht die Tatsache selbst.[224] Das gilt nicht nur für generelle, sondern auch für individuelle Normen.

Regelmäßig ist im Normtext die bedingende Tatsache selbst, nicht deren Feststellung, als Tatbestand formuliert. Wird nicht zugleich bestimmt, wer die Tatsache festzustellen hat, dann hat *jedermann* die Befugnis, die Tatsache festzustellen. Regelmäßig bestimmt das Recht aber (in einem eigenständigen Regelungskomplex), dass nur *eine* Auffassung über den Eintritt oder Nicht-Eintritt von Tatsachen entscheidet: Entscheidend ist die Auffassung des Organs, das die rechtliche Kompetenz hat, diese Tatsache verbindlich festzustellen.[225] Dann ist *dessen* Feststellung einer Tatsache Tatbestand der Norm.

2.2.3.2. Feststellung und Anerkennung

Die Anwendung, aber auch die bewusste[226] Befolgung[227] einer Norm setzt die Feststellung der sie bedingenden Tatsachen voraus, die zugleich Anerkennung der Norm bedeutet.[228] Diese Feststellung geht stets mit einem Interpretationsakt einher, denn man kann eine Norm nur in dem Sinne anwenden oder befolgen, in dem man sie versteht. Die Feststellung ist also zugleich die Anerkennung des Rechtsunterworfenen, dass die von ihm bestimmte Rechtsfolge unter den

---

222 *Kelsen*, Reine Rechtslehre (1. Aufl.), 82 f., *Kelsen*, Reine Rechtslehre (2. Aufl.), 240.

223 *Kelsen*, Reine Rechtslehre (2. Aufl.), 244, 275.

224 *Kelsen*, Allgemeine Theorie der Normen, 104 f., 195.

225 *Kelsen*, Reine Rechtslehre (2. Aufl.), 244 f.

226 Regelmäßig ist die Normbefolgung ein unbewusster Akt. Der Regelmäßigkeit der Rechtsbefolgung entspricht keine entsprechend verbreitete Kenntnis des positiven Rechts. Das Recht wird vielmehr in weiten Teilen indirekt als soziale Regel befolgt, für die die unbewusste Befolgung gerade typisch ist; dazu *Wittgenstein*, Philosophische Untersuchungen, V, 217 (866 f.), 238 (871).

227 *Kelsen* betont den Unterschied zwischen dem Realakt der Normbefolgung und dem drittbezogenen Rechtssetzungsakt der Normanwendung: *Kelsen*, Allgemeine Theorie der Normen, 34 f. Er betont aber auch, dass dem Akt der *bewussten* Befolgung zunächst ein Akt der anerkennenden Selbstverpflichtung vorausgehen muss, bei dem es sich um einen Akt der Normanwendung handelt: ebenda, 35. Insofern ist eine strikte Unterscheidung von Befolgung und Anwendung für hiesige Zwecke entbehrlich.

228 *Kelsen*, Allgemeine Theorie der Normen, 44.

konkreten, von ihm festgestellten Bedingungen für ihn gelten[229] soll.[230] Die Anerkennung ist als Interpretationsakt ihrerseits ein Normsetzungsakt.[231]

Allerdings kann zu einem späteren Zeitpunkt eine andere Person die Feststellung abweichend treffen und entscheiden, dass für das Individuum etwas anderes gegolten hat. In einem Normensystem, das letztverbindliche Entscheidungsbefugnisse und deren Durchsetzung kennt – also in einer Rechtsordnung – steht jede (sanktionierte Verhaltens-)Norm unter dem Vorbehalt der rückwirkenden Aufhebung, die generelle Norm wie die individuelle.[232] Selbst wenn die positive Rechtsordnung die Rückwirkung genereller und individueller Normen einschränkt, kann sie die *interpretative* Rückwirkung, also die rückwirkend abweichende Beurteilung von Tatbeständen und Rechtsfolgen, nicht vermeiden, wenn sie zugleich verbindliche Entscheidungsbefugnisse normiert.

2.2.3.3. Anerkennung und Geltung

Nur der Vollständigkeit halber sei angemerkt, dass die Aussage, Tatbestand einer Norm sei nicht eine Tatsache, sondern deren Feststellung,[233] mit einem objektiven Geltungsbegriff im Sinne *Kelsens*[234] nicht vereinbar ist.[235] Nur ein subjektiver Geltungsbegriff, der sich auf die individuelle Geltungsüberzeugung (nach Interpretation des Rechtstextes) beschränkt, ist mit jener Aussage bruchlos kompatibel. Die intersubjektiv verbindliche und steuernde Wirkungsweise des Rechts hingegen ist als soziales Phänomen zu begreifen und nur mit

229 Zum Begriff der Geltung siehe sogleich.

230 Vgl. *Keene*, American Philosophical Quarterly 1966, 57 (62).

231 Vgl. *Kelsen*, Allgemeine Theorie der Normen, 23 f.

232 *Kelsen*, Allgemeine Theorie der Normen, 43 f. bezeichnet diese Beschreibung als „gekünstelt“, weist aber zugleich darauf hin, dass man nur dann *nicht* von einer rückwirkenden Setzung individueller Verhaltensnormen ausgehen muss, wenn man die Rechtsordnung von vornherein nur mit Sanktionsnormen („Primärnormen“ in *Kelsens* Terminologie) beschreibt. Daraus folgt umgekehrt, dass in der hier gewählten Beschreibung mittels des formalen Sanktionszusammenhangs die Annahme unumgänglich ist, dass die letztverbindlich entscheidenden Organe rückwirkend individuelle sanktionierte Normen setzen. Wenn aber die Anerkennung einer generellen Norm die Setzung einer selbstverpflichtenden individuellen Norm ist, dann kann diese individuelle Norm durch das letztverbindlich entscheidende Organ rückwirkend aufgehoben werden.

233 *Kelsen*, Allgemeine Theorie der Normen, 195.

234 *Kelsen*, Reine Rechtslehre (1. Aufl.), 72 f.; *Kelsen*, Reine Rechtslehre (2. Aufl.), 215 ff.

235 Vgl. dazu kritisch *Ross*, Directives and Norms, 143; *Weinberger*, Normentheorie als Grundlage der Jurisprudenz und Ethik, 106 f.

sozialwissenschaftlichen Methoden zu beschreiben.[236] Einer näheren Auseinandersetzung mit dem Geltungsbegriff bedarf es in diesem Rahmen jedoch nicht.

2.2.4. Logische Beziehungen zwischen Tatbestandselementen

Wenngleich logische Schlüsse von Normsätzen auf andere Normsätze nicht möglich sind,[237] gibt es als Ergebnis der Interpretation von Normsätzen durchaus logische Beziehungen zwischen Tatbestandselementen. Weil es sich bei Tatbeständen (Normbedingungen) um Aussagesätze handelt, sind sie insbesondere logisch umformbar, wenn man ihre logische Struktur in die formale Sprache der Aussagenlogik überträgt.[238] Es handelt sich bei einer solchen Umformung nicht um einen Interpretationsakt. Infolge einer logischen Umformung wird vielmehr das *Ergebnis* eines Interpretationsakts anders – aber bedeutungsgleich – dargestellt.

Die Strukturanalyse kann und will keine bestimmte Interpretation eines bestimmten Normsatzes beweisen. Insbesondere kann nicht eine Interpretationsmöglichkeit „logischer" sein als eine andere. Zwei Interpretationsmöglichkeiten unterscheiden sich allenfalls in ihrer logischen Struktur voneinander.

Nachweisen lässt sich aber ein bestimmter logischer Zusammenhang zwischen zwei Tatbestandselementen, jeweils in einer bestimmten Interpretationsvariante. Es lässt sich deshalb zeigen, dass eine bestimmte Interpretationsmöglichkeit Konsequenzen haben kann, die deren Urheber nicht bewusst, ja ihm vielleicht sogar unerwünscht sind. Aber derlei unerwünschte Konsequenzen könnte ein Interpret nachträglich korrigieren, indem er sie durch interpretative Zusatzannahmen wieder außer Kraft setzt. Die Strukturanalyse kann insoweit nur aufzeigen, an welcher Stelle interpretative Weichenstellungen erforderlich sind, um ein bestimmtes Interpretationsergebnis zu erzielen. In diesem begrenzten Umfang sind Überlegungen der interpretativen Rechtswissenschaft mit den Mitteln der Strukturanalyse überprüfbar.

2.3. Der Individualbezug von Normen

Eine weitere grundlegende und gerade für die Beschreibung der Elfes-Konstruktion zentrale rechtstheoretische Frage ist die, wie sich der Individualbezug von Normen erfassen lässt.

---

236 Vgl. *Rottleuthner*, Richterliches Handeln, 25, 177 f., 179, 196 f.

237 Die deontische Logik ist deshalb nur eingeschränkt mit der analytischen Rechtslehre kompatibel.

238 Dies wird hier im Haupttext lediglich in natürlicher Sprache umschrieben; die Darstellung in der formalen Sprache der Aussagenlogik findet sich in den jeweiligen Fußnoten.

2.3.1. Struktur des Individualbezugs

Individuennamen und Ausdrücke, die Individuenmehrheiten bezeichnen, können in Normsätzen an verschiedenen Stellen auftreten. Am Beispiel einer individuellen Norm:

Das Individuum kann zunächst im Tatbestand auftreten, etwa indem eine bestimmte Handlung dieses Individuums Voraussetzung für die Pflicht eines anderen Individuums ist. Zwischen Subjekten und Objekten des Tatbestands muss nicht unterschieden werden, weil der Tatbestand lediglich einen beliebigen Zustand der Welt beschreibt, dessen Feststellung die Rechtsfolgen bedingt.

Ferner kann das Individuum in der Rechtsfolge auftreten, und zwar als Adressat oder als Objekt der Rechtspflicht.[239] In der Rechtsfolge ist die Unterscheidung von Subjekten und Objekten bedeutsam. Das Objekt der Rechtsfolge ist beliebig und kann auch ein unbelebter Gegenstand sein. Der Adressat muss aber zumindest vom Normsetzer als handlungsfähig imaginiert worden sein. Ein solcher Adressat ist für eine *sinnvolle* Norm unverzichtbar.[240]

Für generelle Normen gilt dasselbe mit dem Unterschied, dass die Individuen nicht durch Individuennamen bezeichnet sind, sondern dass auf sie mittels eines allgemeinen Gattungsbegriffs verwiesen wird. Die wertende Zuordnung von Individuen zu diesem (auslegungsbedürftigen) Begriff bestimmt die Gruppe derjenigen Individuen, auf die die generelle Norm Bezug nimmt. Weil Normen nur im Einzelfall angewendet werden, findet keine allgemeine Entscheidung darüber statt, welche Individuen der Gattungsbegriff bezeichnet. Vielmehr wird die generelle Norm im Einzelfall auf ein bestimmtes Individuum bezogen, das der wertenden Entscheidung gemäß die Merkmale einer intensionalen Definition des Begriffs[241] erfüllt. Die sprachliche *Funktion* des Begriffs, auf eine (näher zu bestimmende) Gesamtheit von Individuen zu verweisen, entspricht der eines Klassenterms in der Klassenlogik. Wenn im Folgenden von Klassen die Rede sein wird, dann unter einer einschränkenden Voraussetzung: Bestimmte logische Verhältnisse zwischen Tatbestandselementen können mit Mitteln der

---

239 Die Differenzierung zwischen Objekten der Rechtsfolge und Objekten des Tatbestands ist ein Stück weit relativierbar, weil es im Wesentlichen eine sprachliche Formulierungsfrage ist, ob ein bestimmtes Merkmal in den Tatbestand „vorgezogen" wird. Dies zu begründen würde aber umfangreiche normtheoretische Vorüberlegungen erfordern, für die hier kein Raum bleibt.

240 *Kelsen*, Allgemeine Theorie der Normen, 7, 23.

241 Dazu *Weinberger*, in: Winkler, Rechtstheorie und Rechtsinformatik, 110 (119).

Klassenlogik beschrieben werden, *wenn* jeweils ein bestimmter Sinn dieser Tatbestandselemente vorausgesetzt wird.[242]

2.3.2. Keine Verwendung des subjektiven Rechts als deskriptive Kategorie

Die traditionelle Rechtslehre kennt mit dem subjektiven Recht eine besondere und zugleich bedeutsame Form des Individualbezugs, insofern subjektive Rechte Individuen zugeordnet sind. Aus Sicht der analytischen Rechtslehre ist die tradierte Kategorie des subjektiven Rechts für die Strukturanalyse nicht geeignet. Was üblicherweise als subjektives Recht beschrieben wird, lässt sich ohne Verlust an Beschreibungskraft als Kombination aus Pflicht und Klagefähigkeit beschreiben.[243]

2.3.2.1. Subjektive Rechte

Im Einzelnen ist der Begriff des subjektiven Rechts schwer fassbar und umstritten.[244] Es gibt aber dennoch einen gemeinsamen Kern: Das „subjektive Recht" ist demnach die einer Person durch eine Rechtsnorm zuerkannte rechtliche Fähigkeit, von einem anderen etwas (Tun, Dulden, Unterlassen) zu verlangen.[245] Diese traditionelle Definition entwickelt eine von *Jellinek* begründete Definition des „subjektiven Rechts" fort. *Jellinek* formuliert: „Das subjektive Recht ist (...) die von der Rechtsordnung anerkannte und geschützte auf ein Gut oder Interesse

---

242 Weil auch dieser konkretisierte Sinn aber nur in natürlicher Sprache und damit vage wiedergegeben werden kann, ist eine exakte Definition des Klassenterms nicht möglich. Deshalb wird hier nicht behauptet, Begriffe der genannten Art *seien* Klassenterme im Sinne der Klassenlogik, sonder nur, dass sich ihre logischen Beziehungen klassenlogisch wiedergeben lassen. Entsprechendes gilt für Elemente von Klassen.

243 *Makinson*, JoPL 1986, 403 (423); *Kelsen*, Allgemeine Theorie der Normen, 269 (En. 85); *Kelsen*, Reine Rechtslehre (1. Aufl.), 45 f.

244 Vgl. dazu die Übersicht bei *Alexy*, Theorie der Grundrechte, 168 f.

245 *Maurer*, Allgemeines Verwaltungsrecht, § 8 Rn. 2; vgl. auch *Bühler*, Die subjektiven öffentlichen Rechte und ihr Schutz in der deutschen Verwaltungsrechtsprechung, 11 f.: „Machtverhältnis zwischen zwei Rechtssubjekten" und „verlangen können". Bezüglich des Interesses im Rahmen subjektiver öffentlicher Rechte spricht *Jellinek* von „Tun oder Unterlassen", welches derart normiert sein muss, „dass objektive Rechtssätze den staatlichen Organen ein bestimmtes Handeln oder Nichthandeln in bestimmter Richtung vorschreiben": *Jellinek*, System der subjektiven öffentlichen Rechte, 67 f.

gerichtete Willensmacht."[246] *Maurer* formuliert pointierter, das subjektive Recht sei „die einem Subjekt durch eine Rechtsnorm zuerkannte Rechtsmacht, zur Verfolgung eigener Interessen von einem anderen ein bestimmtes Tun, Dulden oder Unterlassen zu fordern."[247]

Die Rechtsmacht des „subjektiven Rechts" setzt eine Rechtspflicht voraus, die eine andere Person trifft, auch wenn die Rechtspflicht nicht ausdrücklich formuliert wird.[248]

Legt man die beiden erwähnten Definitionen des subjektiven Rechts zugrunde, beruhen subjektive Rechte auf einem Rechtssatz, der eine Norm des „objektiven Rechts" enthält.[249] Das Gebot ist die grundlegende und notwendige Funktion des „objektiven Rechts".[250] Es kann um die „subjektiv-rechtliche", „berechtigende" Funktion ergänzt werden,[251] wobei diese subjektiv-rechtliche Funktion aus analytischer Sicht gleichfalls als bedingte Rechtspflicht eines Individuums formulierbar sein muss. Dass jedes subjektive Recht objektives Recht voraussetzt, ist für die analytische Rechtslehre zentral,[252] wird aber auch in der traditionellen Rechtslehre selten bestritten, wenngleich immer noch gelegentlich davon die Rede ist, dass subjektive Rechte dem positiven objektiven Recht „vorausliegen" und „vorgehen" können.[253]

Häufig wird in der traditionellen Rechtslehre für das subjektive Recht auch die Einklagbarkeit der Rechtsposition gefordert im Sinne eine realen Durchsetzbarkeit.[254] Diese prozessuale Folge kann als Merkmal des subjektiven Rechts selbst[255] oder aber als dessen komplementäre Ergänzung verstanden werden.

---

246 *Jellinek*, System der subjektiven öffentlichen Rechte, 44.

247 *Maurer*, Allgemeines Verwaltungsrecht, § 8 Rn. 2.

248 Ebenda, § 8 Nr. 6; *Alexy*, Theorie der Grundrechte, 447.

249 *Kasper*, Das subjektive Recht – Begriffsbildung und Bedeutungsmehrheit, 47; *Maurer*, Allgemeines Verwaltungsrecht, § 8 Nr. 6; im Ergebnis auch HdStR (1. Aufl.) VII/*Badura*, § 159 Rn. 24.

250 *Kasper*, Das subjektive Recht – Begriffsbildung und Bedeutungsmehrheit, 47. Vgl. auch *Jellinek*, System der subjektiven öffentlichen Rechte, 68 ff.

251 *Alexy*, Theorie der Grundrechte, 447; *Jellinek*, System der subjektiven öffentlichen Rechte, 69.

252 *Kelsen*, Reine Rechtslehre (1. Aufl.), 47 f.; *Ross*, Directives and Norms, 117. Angelegt schon bei *Bentham*, Of Laws in General, 58.

253 Vgl. etwa *Lindner*, Theorie der Grundrechtsdogmatik, 111, 229, der die Grundrechte als Restriktionen eines „status liberalis naturalis fictivus" betrachtet.

254 *Rüthers/Fischer*, Rechtstheorie, Rn. 63.

255 Dagegen bereits *Jellinek*, System der subjektiven öffentlichen Rechte, 45.

2.3.2.2. Das subjektive Recht als deskriptive Kategorie

Die Lehre vom subjektiven Recht dient unbestritten einem anderen Erkenntnisinteresse als dem der Strukturanalyse. Aber der Begriff des subjektiven Rechts hat dennoch eine deskriptive, normstrukturbezogene Komponente. Soweit er verwendet wird, um Normstrukturen zu beschreiben, lehnt ihn die analytische Rechtslehre ab.

In dieser Hinsicht ist das Hauptproblem der Lehre vom subjektiven Recht, dass sie einerseits zwischen subjektiven Rechten und bloßen Reflexrechten und andererseits zwischen subjektiven Rechten und Klageberechtigungen unterscheidet. Diese Unterscheidungen sind bereits bei *Jellinek* angelegt.[256] Die beiden Unterscheidungen liegen allen Varianten der Lehre vom subjektiven Recht zugrunde, auch den strukturanalytisch beeinflussten, wie sie etwa *Alexy* und *Schulev-Steindl* unter dem Einfluss des *Hohfeld*schen Modells der Grundrelationen vertreten.[257] Diese analytische Variante der Lehre vom subjektiven Recht setzt zwar die Rechtspflicht als grundlegende Funktion der Norm voraus, unterscheidet aber die Pflicht *in Bezug auf* ein anderes Individuum von der Pflicht *gegenüber* diesem Individuum,[258] ohne näher definieren zu können, was genau die Bedeutung dieses „gegenüber" ist.[259] Speziell diese analytische Variante der Lehre vom subjektiven Recht erhebt mit ihrer formalen Darstellung den Anspruch, die Struktur eines subjektiven Rechts in formaler Sprache darstellen zu können. Diesen Anspruch muss sie aus strukturanalytischer Sicht erheben, weil sie das subjektive Recht als deskriptive Kategorie verwenden will. Dann muss aber jedem Element der formalen Sprache, auch dem Äquivalent

---

256 *Jellinek*, System der subjektiven öffentlichen Rechte, 71 f.

257 Vgl. *Alexy*, Theorie der Grundrechte, 166 f., 186 ff., 447; *Schulev-Steindl*, in: Bammer/Holzinger, Rechtsschutz gestern – heute – morgen, 421 (421 ff.); *Schulev-Steindl*, Subjektive Rechte: eine rechtstheoretische und dogmatische Analyse am Beispiel des Verwaltungsrechts, 101 ff. *Hohfelds* Modell der rechtlichen Grundrelationen (*Hohfeld*, Fundamental Legal Conceptions, 36 ff.) kann aber auch in einer Weise verstanden werden, die mit der analytischen Rechtslehre kompatibel ist, dazu Abschnitt 2.3.3.

258 *Alexy*, Theorie der Grundrechte, 186.

259 Insbesondere geht *Alexys* Verweis auf die Modallogik *Hilpinens* fehl, denn es kann – wenngleich der Nachweis in diesem Rahmen nicht geführt werden kann – gezeigt werden, dass die Modallogik auf die deontische Logik nicht übertragbar ist und dass es in der deontischen Logik zu den „relativised modalitites" kein Pendant gibt. Vgl. zu diesen *Hilpinen*, in: Davis/Hockney/Wilson, Philosophical Logic, 180, 181 ff.

des „gegenüber“, ein Sinn zuzuweisen sein.[260] Ohne einen solchen Sinn wäre die Kategorie des „gegenüber“ nicht ausreichend definiert und daher als analytische Kategorie nicht verwendbar.

Ein solcher Sinn ist durchaus denkbar. Eine nahe liegende Variante schlagen *Kelsen* und *Makinson* vor. Der Sinn des „gegenüber“ bestünde in dieser Variante darin, dass Person A eine Stipulations- oder Klagefähigkeit[261] eingeräumt ist,[262] mittels derer sie die Rechtspflicht der Person B – die typischerweise auf A bezogen ist – durchsetzen kann. Diese Deutung liegt deshalb nahe, weil die beschriebene Kombination eine typische Regelungstechnik des positiven Rechts darstellt. Das subjektive Recht wäre demnach die Kombination aus Pflicht und Klagefähigkeit.

Eine alternative, aber eng verwandte Deutungsmöglichkeit des „gegenüber“ besteht darin, das subjektive Recht als Normsetzungsbefugnis zu verstehen, und zwar in dem Sinne, dass es dem Einzelnen überlassen bleibt, ob (potenzielle) Rechtspflichten zwangsweise durchgesetzt werden.[263] Diese Konzeption *Buchers* entspricht *Kelsens* Verständnis der Klagefähigkeit als Mitwirkung an der Normerzeugung.[264] Ein grundlegender Unterschied besteht zu *Kelsens* und *Makinsons* Position nicht. Im Sinne *Buchers* liegt ein subjektives Recht demnach unter folgender Voraussetzung vor: Das Gericht prüft die Rechtsverletzung im logischen Sinne *genau dann, wenn* der Klagebefähigte beantragt, das Verfahren über die Prüfung einer Pflichtverletzung zu eröffnen, anderenfalls also nicht. Zum Gebot, unter der Bedingung eines (qualifizierten[265]) Verfahrenseröffnungsantrags in der Sache zu entscheiden, tritt das Gebot hinzu, dies ohne einen solchen Antrag zu unterlassen. Allerdings gibt es auch Pflichtverletzungen, die sowohl auf Antrag als auch von Amts wegen geprüft werden können. *Buchers* Definition ist also eine verengende Ergänzung der *Kelsen*schen Konzeption des subjektiven Rechts, insofern sie solche Kombinationen aus Pflicht und Klagefähigkeit nicht erfasst, bei denen die Pflichtverletzung alternativ auch von Amts wegen geprüft werden kann.

---

260 Vgl. zur genauen Festlegung der Bedeutung von Begriffen und Zeichen etwa *Makinson*, JoPL 1986, 403 (423 f.); *Weinberger*, in: Winkler, Rechtstheorie und Rechtsinformatik, 110 (111 f.).

261 Zur Einordnung der Klagefähigkeit siehe Abschnitt 2.3.3.

262 *Makinson*, JoPL 1986, 403 (423); *Kelsen*, Allgemeine Theorie der Normen, 269 (En. 85); *Kelsen*, Reine Rechtslehre (1. Aufl.), 45 f.

263 *Bucher*, Das subjektive Recht als Normsetzungsbefugnis, 19 f., 55 f., 118.

264 *Halfmeier*, Popularklagen im Privatrecht, 238; *Kelsen*, Reine Rechtslehre (2. Aufl.), 142.

265 Etwa durch die Voraussetzungen der Klagebefugnis.

Indem sie die Besonderheit subjektiver Rechte gegenüber anderen drittbezogenen Pflichten durch die Klagefähigkeit definiert, hat die analytische Rechtslehre die dogmatische Figur des subjektiven Rechts aufgegeben. Dies beweist selbstredend nicht, dass keine andere Definition des subjektiven Rechts *als deskriptive Kategorie* denkbar wäre. Es obliegt aber nicht der analytischen Rechtslehre, eine weitere, alternative Definition vorzuschlagen, da sie bereits eine handhabbare Definition vorgeschlagen hat. Solange eine alternative, gleichermaßen präzise Definition des subjektiven Rechts *als deskriptive Kategorie* fehlt, wird daher mit *Kelsen* und *Makinson* von der Kombination aus Pflicht und Klagefähigkeit auszugehen sein.

In der traditionellen Rechtslehre stößt die strukturanalytische Definition des subjektiven Rechts auf Ablehnung. Denn die Vorstellung einer eigenständigen Kategorie zwischen Pflicht und Klagefähigkeit spielte vor dem Hintergrund der pandektistischen Unterscheidung von Klage und Anspruch[266] rechtshistorisch eine entscheidende Rolle. Deshalb zielt die Kritik an der strukturanalytischen Definition subjektiver Rechte etwa darauf ab, dass die Strukturanalyse vom traditionellen Sprachgebrauch abweiche und auf eine nützliche Kategorie zur Beschreibung des Rechts verzichte.[267] Ein anderes Argument zielt auf die Schwächen der *Kelsen*schen Sanktionstheorie,[268] welche aber mit der Ablehnung des „subjektiven Rechts" nicht zwingend einhergeht, wie sich an der vorliegend vertretenen Position zeigt. Schließlich wird auch kritisiert, dass die analytische Rechtslehre bestimmte Unterscheidungen, welche die traditionelle Rechtslehre für bedeutsam hält, nicht anders als mit den Mitteln der traditionellen Rechtslehre treffen könne.[269] Aber insoweit ist bereits die implizite Prämisse unzutreffend, weil niemand die Behauptung aufstellt, dass jede beliebige Kategorisierung rechtlicher Phänomene mit strukturanalytischen Mitteln möglich sei. Selbstverständlich kann das Recht auch nach seinem Inhalt, seiner sozial-politischen Funktion oder den Umständen seiner Entstehung klassifiziert werden. Aber die analytische Rechtslehre will die semantische Struktur des Rechts beschreiben, und hinsichtlich der Struktur ist eine Unterscheidung von subjektiven Rechten und Pflichten mit Klagefähigkeiten nicht durchführbar.

---

266 Vgl. *Windscheid*, Die Actio des römischen Civilrechts vom Standpunkte des heutigen Rechts, 5 ff. Die Unterscheidung von Rechten und Klagen ist allerdings älter als der Anspruchsbegriff und geht bereits auf die Glossatoren des Mittelalters zurück. Zur Begriffsgeschichte *Halfmeier*, Popularklagen im Privatrecht, 231 ff.

267 *Alexy*, Theorie der Grundrechte, 167.

268 Ebenda, 168.

269 *Hammer*, in: Paulson/Stolleis, Hans Kelsen, 176, 178, 185.

Gerade deshalb kann die Strukturanalyse die Struktur des Rechts differenziert erfassen. So kann sie bei den mit der Klagefähigkeit verknüpften Pflichten zwischen drittbezogenen und nicht drittbezogenen Pflichten differenzieren. Sie kann deshalb auch ohne weiteres eine Klagefähigkeit beschreiben, die nicht zur Durchsetzung einer drittbezogenen Pflicht dient.

2.3.2.3. Arten des Individualbezugs einer Pflicht

Der Dritt- oder Individualbezug einer Pflicht ist dadurch definierbar, dass ein Individuum Objekt der Rechtsfolge oder Objekt eines Tatbestandselements dieser Pflicht ist. Der Individualbezug kann in einem Individuennamen ausgedrückt sein. Es kann aber auch ein Gattungsbegriff verwendet werden, der eine Gruppe von Individuen in Bezug nimmt. Dieser Gruppe von Individuen wird ein Individuum durch interpretierende Individualisierung der Norm zugeordnet.

Speziell vom Dritt- oder Individualbezug eines *Tatbestandselements* kann schließlich auch die Rede sein, wenn nur ein mit diesem Element verknüpftes, weiteres Tatbestandselement auf das Individuum Bezug nimmt. Denn wie die semantische Struktur einer Norm sprachlich ausgedrückt wird, ist stets arbiträr. Tatbestände lassen sich in Tatbestandselemente aufspalten, die durch Junktoren[270] verknüpft sind. Es ist daher insbesondere nicht sinnvoll, danach zu differenzieren, ob ein Tatbestandselement selbst auf ein Individuum Bezug nimmt oder ob ein solcher Bezug nur in einem anderen Tatbestandselement enthalten ist, das dem ersten Tatbestandselement nebengeordnet[271] ist.

2.3.3. Positionen, insbesondere Rechte und Klagefähigkeiten

Wenn es nur *ein* Sollen gibt, müssen sich Begriffe wie Rechten und Pflichten, rechtliches Können und Klagefähigkeiten für die Zwecke der Strukturanalyse auf die *eine* normative Kategorie des Sollens zurückführen lassen, die durch den deontischen Operator ausgedrückt wird. Dass dies gelingt, lässt sich in Anlehnung an *Hohfelds* Schema der rechtlichen Grundrelationen demonstrieren.

270 Zu diesen Abschnitt 2.4.2.1.

271 Die Nebenordnung erfolgt mittels des Konjunktors.

2.3.3.1. Das (modifizierte) Hohfeld-Schema

Das Schema hat folgende Struktur:

1 Recht (auf etwas) (Abwehrrecht, Leistungsrecht)[272]	***2*** Pflicht/Obligation (Unterlassungspflicht, Handlungspflicht)[273]
3 Nicht-Obligation/Erlaubnis (keine Pflicht/Obligation = keine Pflicht zu einem Tun (kein Gebot) und keine Pflicht zu einem Unterlassen (kein Verbot))[274]	***4*** Nicht-Recht (kein Recht auf etwas = kein Recht auf ein Tun und kein Recht auf ein Unterlassen)[275]
5 Rechtsgestaltungsfähigkeit[276]	***6*** Subjektion[277]
7 Nicht-Subjektion[278]	***8*** Rechtsgestaltungsunfähigkeit[279]

272 *Hohfeld*, Fundamental Legal Conceptions, 36: „right"; *Alexy*, Theorie der Grundrechte, 171, 173: „Recht auf etwas", „Abwehrrecht", „Leistungsrecht". Der Begriff der „Rechte auf etwas" geht zurück auf *Bentham*, Of Laws in General, 57: „a right to services".

273 *Hohfeld*, Fundamental Legal Conceptions, 36: „duty"; *Ross*, Directives and Norms, 118: „obligation". Gemeint ist hier nur die konverse Beschreibung der Pflicht (dazu sogleich), *nicht* eine Klagefähigkeit.

274 *Hohfeld*, Fundamental Legal Conceptions, 36: „privilege". *Bentham*, Of Laws in General, 119, App. B, 254: „liberty" und „permissive". *Hart*, Essays on Bentham, 166: „liberty-right". *Alexy*, Theorie der Grundrechte, 194 ff.: „Freiheit". Die Begriffe sind allesamt ideologisch aufgeladen und aus analytischer Sicht daher ungeeignet. In der Sache treffender, aber sprachlich unglücklich ist das „Erlaubnisrecht", *Alexy*, Theorie der Grundrechte, 192; *Schulev-Steindl*, in: Bammer/Holzinger, Rechtsschutz gestern – heute – morgen, 421 (426). Zudem bringt „Nicht-Obligation" besser zum Ausdruck, dass die Abwesenheit einer Norm gemeint ist. Der Begriff ist angelehnt an *Benthams* „de-obligative permission" und „un-obligative permission", *Bentham*, Of Laws in General, 119.

275 *Hohfeld*, Fundamental Legal Conceptions, 36: „no-right". *Schulev-Steindl*, in: Bammer/Holzinger, Rechtsschutz gestern – heute – morgen, 421 (423): „Nicht-Recht". Das Nicht-Recht ist von der Duldungspflicht zu unterscheiden. Das Dulden ist keine eigenständige Verhaltensform neben dem Tun oder Unterlassen, sondern das Unterlassen einer Handlung, die dazu geeignet wäre, das Tun oder Unterlassen eines anderen zu beeinträchtigen. Wer zur Duldung verpflichtet ist, ist also zum Unterlassen verpflichtet. Da aber eine Unterlassungspflicht eine Obligation ist und kein Nicht-Recht, ist die Duldungspflicht eine typische, aber nicht notwendige Ergänzung zum Nicht-Recht und nicht mit ihm gleichzusetzen. Der Sache nach ebenso *Schulev-Steindl*, in: Bammer/Holzinger, Rechtsschutz gestern – heute – morgen, 421 (426).

Im Sinne der analytischen Rechtslehre beschreiben alle Begriffe des Schemas eine von zwei normativen Situationen.

2.3.3.2. *Beschreibung des Inhalts einer Norm aus verschiedenen Perspektiven*

Die Begriffe der Felder 1, 2, 5, 6 beschreiben das (einheitliche) Sollen auf verschiedene Weise, nämlich aus der Perspektive verschiedener Individuen, auf die eine Norm Bezug nehmen kann. Sie drücken *Positionen* aus. Position ist sozusagen die „normative Eigenschaft" einer Person, die besteht, wenn eine Norm auf diese Person Bezug nimmt.[280]

Jeder Position liegt eine andere Perspektive zugrunde. Dies ist im Falle des Feldes 2 (Pflicht) die Perspektive des Normadressaten. Im Falle des Feldes 1 (Recht als Kehrseite der Pflicht) ist es die Perspektive des Objekts der Pflicht eines

---

276 *Alexy*, Theorie der Grundrechte, 215, 218: „Kompetenz". Der Begriff ist in der Sache treffend, hat aber staatsorganisationsrechtliche Konnotationen, ebenso *Alexy*, Theorie der Grundrechte, 211. *Kelsen*, Allgemeine Theorie der Normen, 82: „Rechtsmacht". Üblicherweise spricht *Kelsen* von der normativen Funktion des „Ermächtigens", vgl. etwa *Kelsen*, Allgemeine Theorie der Normen, 82 ff. *Hohfeld*, Fundamental Legal Conceptions, 36; *Bentham*, Of Laws in General, 80 ff.: „power". *Jellinek*, System der subjektiven öffentlichen Rechte, 48: „rechtliches Können", „Fähigkeit". Rechtliches Können ist treffend, provoziert aber eine Vermischung mit dem tatsächlichen Können. Der Begriff „Rechtsgestaltungsfähigkeit" ist angelehnt an *Adomeit*, Rechtstheorie für Studenten, 49, 56, der von „Normsetzungsmacht", „Rechtssetzungspotenz" und für das Zivilrecht vom „Gestaltungsrecht" spricht.

277 *Alexy*, Theorie der Grundrechte, 219; *Schulev-Steindl*, in: Bammer/Holzinger, Rechtsschutz gestern - heute - morgen, 421 (423): „Subjektion". *Kelsen*, Allgemeine Theorie der Normen, 83: „rechtsunterworfene[n] Subjekte". *Hohfeld*, Fundamental Legal Conceptions, 36 verwendet den Begriff „liability". Der Begriff leidet angesichts seiner schillernden Bedeutung im anglo-amerikanischen Rechtskreis an Unschärfe.

278 *Hohfeld*, Fundamental Legal Conceptions, 36: „immunity". Die „Immunität" ist aber als Ausnahme von der Strafverfolgung konnotiert. *Alexy*, Theorie der Grundrechte, 219: „Nicht-Subjektion".

279 *Hohfeld*, Fundamental Legal Conceptions, 36: „disability". Hier besteht wie beim „rechtlichen Können" Verwechslungsgefahr mit dem tatsächlichen Können. *Alexy*, Theorie der Grundrechte, 219: „Nicht-Kompetenz", hier besteht wiederum die staatsorganisationsrechtliche Konnotation.

280 Vgl. *Alexy*, Theorie der Grundrechte, 163 f.

anderen. Die Position des Feldes 5 (Rechtsgestaltungsfähigkeit) beschreibt die Perspektive derjenigen, deren Verhalten Bedingung einer Pflicht eines anderen ist. Die Position des Feldes 6 (Subjektion) schließlich ist die Position derjenigen, für die unter der Bedingung des Verhaltens eines anderen eine Pflicht gilt.

Zu beachten ist, dass der Rechtsinhalt sich nicht dadurch ändert, dass er mithilfe verschiedener Positionen beschrieben wird. Positionen sind keine unterschiedlichen Normtypen, sondern lediglich verschiedene Beschreibungsperspektiven für dieselbe Norm. Viele Normen können sogar mittels aller vier Positionen des Schemas (1, 2, 5, 6) beschrieben werden.

Die Positionen innerhalb derselben Zeile sind spiegelbildlich. Sie beschreiben dieselbe Norm aus zwei gegensätzlichen Perspektiven, und zwar aus den Perspektiven zweier Individuen, auf die die Norm Bezug nimmt. Solche Positionen heißen zueinander *konvers*.[281] So beschreibt „Pflicht“ die Perspektive des Adressaten einer Pflicht, „Recht“ die Perspektive des Objekts der Pflicht.

Die Rechtsgestaltungsfähigkeit beschreibt die Perspektive des Individuums, dessen Handlung Tatbestandselement der Pflicht eines anderen Individuums ist. Beispielsweise ist der Kläger im Verhältnis zum entscheidungsbefugten Gericht rechtsgestaltungsfähig, insofern das Gericht unter der Bedingung seiner Klage zu entscheiden hat. Aber auch ein Gemeinderat ist beim Erlass einer Satzung rechtsgestaltungsfähig im Verhältnis zum Gemeindeeinwohner, insofern seine Stimmabgabe, zusammen mit der Stimmabgabe der anderen, im Fall einer Mehrheit die Geltung der Satzung bewirkt. Eine Rechtsgestaltungsfähigkeit beschreibt also die Fähigkeit, an der Rechtserzeugung mitzuwirken,[282] und zwar durch jedes beliebige Verhalten. Somit sind Klagefähigkeiten und Rechtssetzungsermächtigungen strukturgleich.[283] Sie sind Unterfälle der Rechtsgestaltungsfähigkeit. Die Subjektion beschreibt die Perspektive eines Individuums, das unter der Bedingung der Handlung eines anderen zu einem Verhalten verpflichtet ist, wobei in gleicher Weise wie bei den Rechtsgestaltungsfähigkeiten differenziert werden kann.

Ist die Inhaberin einer Rechtsgestaltungsfähigkeit in Form der Klagefähigkeit zugleich Inhaberin eines Rechts, gestaltet sie durch Ausübung der Klagefähigkeit zusammen mit dem entscheidenden Organ zugleich die Rechtslage für den

281 Für die Aussagenlogik beschrieben von *Weinberger*, Rechtslogik, 186. Gebräuchlich ist auch der von *Hohfeld*, Fundamental Legal Conceptions, 32 und 36 ff. verwendete Terminus „correlative“.

282 Mit anderer Terminologie *Kelsen*, Reine Rechtslehre (2. Aufl.), 149.

283 Ein Unterschied besteht auch nicht in der generellen Qualität der Normen. Denn die Verwaltung kann wie die Gerichtsbarkeit individuelle Normen setzen; der Antrag im Verwaltungsverfahren und die Klage entsprechen einander. Vgl. *Kelsen*, Reine Rechtslehre (1. Aufl.), 80 f.; *Kelsen*, Reine Rechtslehre (2. Aufl.), 143 ff., 149.

Verpflichteten, indem sie die Pflicht durchsetzt. Im strukturanalytischen Sinne ist ein subjektives Recht also ein Recht, das mit einer Klagefähigkeit verbunden ist.

Positionen lassen sich somit stets als Beschreibung des Sollens, also einer Pflicht, auffassen. Der Nutzen von Positionen als Form der Beschreibung von Normen liegt darin, dass Normen aus den Perspektiven verschiedener Rechtsbeteiligter beschrieben werden können. Dies zu tun ist auch in der traditionellen Rechtslehre üblich. Es ist regelmäßig von Rechten, Pflichten und Rechtssetzungsermächtigungen die Rede. Diese hergebrachten Begriffe können zwar, wie bereits für das subjektive Recht erläutert, für die Zwecke der Strukturanalyse nicht ohne Weiteres übernommen werden. Aber die prinzipielle Möglichkeit, Normen nicht nur aus der Perspektive ihres Adressaten beschreiben zu können, ist für die Strukturanalyse nützlich und vereinfacht die Beschreibung des Rechts. Dazu werden im Folgenden die oben eingeführten Positionen verwendet.

2.3.3.3. Beschreibung des Fehlens einer Norm aus verschiedenen Perspektiven

Die Felder 3, 4, 7 und 8 (Nicht-Obligation und Nicht-Recht, Nicht-Subjektion und Rechtsgestaltungsunfähigkeit) beschreiben, dass Normen eines bestimmten Inhalts fehlen, sind also *Aussagen* über die Nicht-Geltung von Normen.[284] Warum diese Normen nicht gelten, ist dafür unerheblich. Es muss insbesondere nicht eine zuvor geltende Norm durch Derogation beseitigt worden sein. Die Derogation als Kategorie der Rechts*dynamik* ist also von den Begriffen der zweiten und vierten Zeile des *Hohfeld*schen Schemas als Kategorien der Rechts*statik* zu unterscheiden.

Die einander diagonal gegenüber liegenden Positionen beschreiben, jeweils aus der Perspektive *eines Individuums*, die Geltung und die Nicht-Geltung derselben Norm.

2.4. Mehrheiten von Rechtsfolgen und Tatbestandselementen

Wie bereits erläutert, sind Normsätze Sollenssätze, die durch Aussagesätze bedingt sein können. Die Norm ist also regelmäßig ein aussagend bedingtes Sollen. Jedoch kann sich der Tatbestand einer Norm aus mehreren Tatbestandselementen zusammensetzen. Umgekehrt können verschiedene Normen denselben Tatbestand haben.

---

284 *Ross*, Directives and Norms, 128 ff., 133 ff., der allerdings nicht scharf genug zwischen der Derogation und der Nicht-Geltung einer Norm infolge Derogation oder infolge Nicht-Normierung unterscheidet.

2.4.1. Arten der Mehrheit von Rechtsfolgen und Tatbestandselementen

Daraus ergeben sich folgende mögliche Konstellationen:

1. Zwei Normen haben dieselbe Rechtsfolge und denselben Tatbestand.
2. Zwei Normen haben dieselbe Rechtsfolge, aber verschiedene Tatbestände.
3. Zwei Normen haben verschiedene Rechtsfolgen, aber denselben Tatbestand.
4. Zwei Normen haben verschiedene Rechtsfolgen und verschiedene Tatbestände.

Im Fall 1 sind die Normen identisch. Auch im Fall 2 sind die Normen identisch, nur ihre Tatbestände nicht. Ihre Tatbestände sind Tatbestandselemente einer gemeinsamen Rechtsfolge.[285] Für die Strukturanalyse stellt sich die Frage nach den logischen Beziehungen der Tatbestandselemente zueinander, die von interpretativen Entscheidungen abhängen. Im Fall 3 kann die Erfüllung desselben Tatbestandes[286] zugleich mehrere Rechtsfolgen auslösen. Im Fall 4 gibt es zwischen den beiden Normen keinen strukturellen Zusammenhang.

2.4.2. Logische Verknüpfungen von Tatbestandselementen

Weil sie Aussagen sind, lassen sich die Tatbestände von Normen in der formalen Sprache der Aussagenlogik darstellen, wenn man von ihrem Inhalt abstrahiert und nur die logische Verknüpfung der Tatbestandselemente untereinander berücksichtigt.

2.4.2.1. Konjunktion und Disjunktion

In der formalen Sprache der Aussagenlogik werden Aussagen durch Kleinbuchstaben wiedergegeben.[287] Verknüpfungen zwischen Aussagen werden durch so genannte Junktoren ausgedrückt.[288] Von diesen sind hier nur zwei von Interesse, nämlich der Konjunktor $\wedge$, der in etwa dem „und" entspricht,[289] und der Disjunktor $\vee$, der dem *einschließenden* „oder" entspricht.[290] Wie zwei Tatbestandselemente

285 Zur Vereinigung zweier identischer Normen zu einer Norm vgl. Abschnitt 2.4.3.

286 Genauer gesagt: Die Feststellung ihres Eintritts. Ist die Feststellung unterschiedlichen Organen vorbehalten, sind die Tatbestände verschieden.

287 *Beckermann*, Einführung in die Logik, 55.

288 Ebenda, 55.

289 *Beckermann*, Einführung in die Logik, 135.

290 Die Verknüpfung durch das einschließende oder ($p \vee q$) entspricht „entweder p oder q oder (p und q)". Es ließe sich einwenden, dass die Verknüpfung in natürlicher (Rechts-)Sprache eher dem ausschließenden „entweder oder" entspreche. Der Grund für diesen Einwand wäre, dass $p \vee q$ in dem Sonderfall $q \Leftrightarrow \neg p$ mit $p \wedge q$ notwendigerweise auch $p \wedge \neg p$ beinhaltet, also eine Aussage, die nach dem Satz vom ausgeschlossenen Dritten niemals wahr sein kann. Jedoch ist es logisch und praktisch

logisch zu verknüpfen sind, ist Interpretationsfrage. Legt man aber eine bestimmte Verknüpfung zugrunde, lässt sich der logische Zusammenhang in der formalen Sprache der Aussagenlogik darstellen. Dabei handelt es sich stets um eine Übersetzung, die nur der Veranschaulichung eines Ergebnisses der Interpretation natürlicher Sprache dient. Wenn im Folgenden davon die Rede ist, zwei Tatbestandsmerkmale müssten durch einen bestimmten Junktor verknüpft werden, dann ist dies streng genommen etwas ungenau, weil die Verknüpfung von Aussagen mit Junktoren definitionsgemäß der Sprache der Aussagenlogik vorbehalten ist. Der Einfachheit und Nachvollziehbarkeit halber wird aber dennoch von der entsprechenden Verknüpfung der Tatbestandselemente selbst die Rede sein, um logische Strukturen bestimmter Interpretationsergebnisse zu beschreiben.

Logische Strukturen in der formalen Sprache der Aussagenlogik darzustellen hat den Vorteil, dass die Aussagenlogik es erlaubt, auch logische Äquivalenzumformungen[291] darzustellen, die in natürlicher Sprache nur sehr umständlich und schwer nachvollziehbar auszudrücken wären. Wenn im Folgenden trotzdem im Haupttext logische Beziehungen in natürlicher Sprache und nicht in der formalen Zeichensprache der Aussagenlogik beschrieben werden, dann deshalb, weil die beschriebenen Zusammenhänge allgemein verständlich sein sollen. Jedoch findet sich stets eine Darstellung der logischen Struktur in der Sprache der Aussagenlogik in den jeweiligen Fußnoten (siehe hierzu näher Abschnitt 1.8.3.).

2.4.2.2. Einschränkung und zusätzliches Tatbestandsmerkmal

In der Strukturanalyse geht es darum, nicht Wortwahl und Grammatik, sondern die semantische Struktur einer Norm zu untersuchen. Das gilt auch für die semantische Struktur der Begriffe, die in Normsätzen zum Ausdruck einer Norm verwendet werden.

Strukturell ist der Informationsgehalt eines weiteren und eines engeren Begriffs – jeweils in einer bestimmten Interpretation – abstufbar. Am Beispiel zweier Begriffe mit Bezeichnungsfunktion:[292] Die Gruppe von Individuen, die der erste Begriff bezeichnet, sei in der Gruppe von Individuen enthalten, die der zweite Begriff bezeichnet. Die weitere Gruppe kann aber statt durch Angabe der einzelnen Individuen (= extensional) auch durch bestimmte Merkmale, die den Individuen gemeinsam sind, beschrieben werden (= intensional). Bei der engeren Teilgruppe kommt zu

irrelevant, wenn die Rechtsfolge einer Norm auch für einen logisch unmöglichen Fall angeordnet ist. Praktisch wäre es zudem ohnehin nicht sinnvoll, eine Rechtsfolge für den Fall anzuordnen, dass eine bestimmte Situation oder ihr logisches Gegenteil eintritt. Das Zeichen $\neg$ steht für den Negator, der die Verneinung von Aussagen ausdrückt: *Beckermann*, Einführung in die Logik, 135.

291 Vgl. *Beckermann*, Einführung in die Logik, 68 f.

292 Wie erwähnt haben nicht alle Begriffe eine Bezeichnungsfunktion.

diesen Merkmalen noch ein zusätzliches Merkmal dazu. Mittels dieses zusätzlichen Identifikationsmerkmals lässt sich die engere von der weiteren Gruppe abgrenzen.

Wenn zwei Tatbestände in dem logischen Verhältnis stehen, dass der eine in dem anderen vollständig enthalten ist,[293] dann gilt also: Man kann den engeren Tatbestand durch den weiteren Tatbestand und ein zusätzliches, eingrenzendes Tatbestandsmerkmal darstellen. Weil die Rechtsfolge im Fall des engeren Tatbestandes nur eintreten soll, wenn dieser vollständig erfüllt ist, müssen die beiden Tatbestandselemente bei Übersetzung der Tatbestandsstruktur in die Sprache der Aussagenlogik durch den Konjunktor verknüpft werden. In diesem Sinne sind Einschränkung eines Tatbestands und Hinzufügen eines zusätzlichen Tatbestandsmerkmals dasselbe.

Umgekehrt lässt sich der weitere Tatbestand auch als Konjunktion des engeren Tatbestands und eines „Rests" darstellen, wobei sich dieser Rest seinerseits aus dem weiteren Tatbestand und der Negation des engeren Tatbestands zusammensetzt.

2.4.3. Verhältnis von Norm und Normsatz

Eine Norm kann im Gesetzestext durch eine Vielheit von Sätzen ausgedrückt sein. Umgekehrt kann ein einziger Satz, wenn er entsprechend interpretiert wird, mehrere Normen ausdrücken. Manche Sätze des Gesetzestextes drücken für sich genommen nicht Normen aus, sondern Aussagen, durch welche Normen bedingt werden.

Andere Sätze sind zwar selbst Ausdruck von Normen, also Normsätze. Aber wenn sie als inhaltlich identisch mit anderen Sätzen desselben Textes interpretiert werden, dann handelt es sich bei diesen zwei identischen Normen um dieselbe Norm. Zwei Normen mit identischer Rechtsfolge, aber verschiedenen Tatbeständen können ohne Sinnveränderung als *eine* Norm dargestellt werden,[294] wenn man ihre Tatbestände mit dem Disjunktor verknüpft. Denn die jeweiligen Bedingungen jeder der beiden identischen Normen sollen je für sich genommen ausreichen, um dieselbe Rechtsfolge auszulösen. Beispielsweise können auf diese Weise auch die Grundrechte als eine Norm mit gemeinsamer Rechtsfolge dargestellt werden, sofern sie eine Rechtsfolge[295] gemeinsam haben. Die Inhalte der verschiedenen Grundrechte wären demnach nicht Normen, sondern *Tatbestandselemente*, und zwar Tatbestandselemente einer einzigen Norm.

---

293 Dies ist eine Form der Überschneidung: Die Schnittmenge zwischen engerem und weiterem Tatbestand ist der engere Tatbestand.

294 Hier wird also vorausgesetzt, dass sich das Idempotenzgesetz der Aussagenlogik (*Beckermann*, Einführung in die Logik, 69 f.) auf Normen (aber nicht auf Normsätze in natürlicher Sprache) übertragen lässt. Diese Behauptung kann hier nicht begründet werden, weil sie umfangreichere Darlegungen zur deontischen Logik erfordern würde.

295 Wie im Abschnitt 5 zu erläutern sein wird, gibt es nicht nur eine, sondern mehrere Rechtsfolgen der Grundrechte, die jeweils vielen Grundrechten gemeinsam sind.

3. Die Elfes-Bedingung als Tatbestandselement des Art. 2 I GG

Abstract: This chapter defines the Elfes condition. The "Elfes construction" as an interpretative figure must be distinguished from its outcome, the "Elfes condition", which need not be interpretatively derived from Art. 2 Sect. 2 of the Basic Law by means of the Elfes construction.
The Elfes condition is defined as a condition of the legal consequences of basic rights that meets certain criteria:
1. The Elfes condition is linked to a second condition by the conjunctor.
2. The second condition refers to a possible encroachment upon basic rights, i. e. the regulation of or interference with human behaviour through a norm or real act. Any legal consequence of human behaviour may be seen as regulation.
3. The Elfes condition refers to the declaration that a norm or real act is unconstitutional.

Depending on the set of constitutional provisions the norm or real act is measured by, many different Elfes conditions may be distinguished. A narrow Elfes condition can be described as the combination of a broader Elfes condition and a second, restricting condition. When referring to "the" Elfes condition, this study refers to any Elfes condition regardless of its particular scope.
Any other condition of a basic right that, if its requirements are not met by a norm or real act, may render this norm or act unconstitutional, must be linked to the Elfes condition by the disjunctor. The reason for this is that the infringement of any separate requirement of a basic right entails the legal consequences of this basic right.
The Elfes condition constitutes a sanctioning connection between various provisions of the Basic Law and the specific legal consequences of basic rights. In chapter 5, the study examines whether or not this sanctioning connection has a set of specific characteristics which are also found in other fields of law. In criminal law and administrative law, there are sanctioned norms that – in a certain procedural context – may only be applied indirectly by means of a sanctioning norm, but not directly. The sanctioning connection then operates as a key to the application of the sanctioned norm in this context.

3.1. Einordnung der Elfes-Konstruktion

3.1.1. Inhalt

Reichweite und Herleitung der Elfes-Konstruktion sind in der interpretativen Diskussion noch nicht abschließend geklärt. Folgt man der Auslegung des Bundesverfassungsgerichts, bezieht sich die „verfassungsmäßige Ordnung" in Art. 2 I GG auf Regelungen des Grundgesetzes, die Anforderungen an Gesetze und Realakte stellen.[296]

296 Zu der Frage, ob das *gesamte* Verfassungsrecht in Bezug genommen wird oder ob es Ausnahmen gibt, vgl. Abschnitt 3.2.3.2.

Es lassen sich zwei Aspekte der Elfes-Konstruktion unterscheiden:

Zum einen stellt nach dem Verständnis des Bundesverfassungsgerichts die Formulierung „verfassungsmäßige Ordnung“ eine Verknüpfung zwischen Art. 2 I GG und den anderen Artikeln des Grundgesetzes her. Zum anderen erweitert die Elfes-Konstruktion die Gründe, aus denen ein Eingriff in Art. 2 I GG grundrechtswidrig sein kann.

3.1.2. Tatbestand und Rechtsfolge

Hinsichtlich des letztgenannten Aspekts stellt die Elfes-Konstruktion den Verstoß gegen sonstiges Verfassungsrecht dem „spezifisch“ grundrechtswidrigen Eingriff in Art. 2 I GG gleich. In beiden Fällen kann die allgemeine Handlungsfreiheit nicht wirksam beschränkt werden, wenn bestimmte Voraussetzungen nicht erfüllt sind. Dass die allgemeine Handlungsfreiheit nicht wirksam beschränkt wird, heißt, dass ihre Rechtsfolgen – die Rechtsfolgen der Grundrechte – ausgelöst werden.

Der Zusammenhang zwischen Elfes-Konstruktion und Grundrechts-Rechtsfolge ist somit der zwischen einem Grundrechts-Tatbestandselement und einer Grundrechts-Rechtsfolge:

Wenn ein staatlicher Akt in die allgemeine Handlungsfreiheit eingreift (1.)
und wenn dieser Akt nicht verfassungsgemäß ist, (2.)
dann …

3.1.3. Elfes-Bedingung und Elfes-Konstruktion

Das zweite Tatbestandselement wird hier, *soweit* es an das erste gekoppelt ist, als (noch näher zu definierende) *Elfes-Bedingung* bezeichnet. Gemeint ist mit der Elfes-Bedingung also ein bestimmtes Tatbestandselement einer Grundrechts-Rechtsfolge. Gleichbedeutend wäre daher die sperrigere Bezeichnung „Elfes-Tatbestandselement“.

Es ist grundlegend für eine strukturanalytische Definition der Elfes-Bedingung, die interpretative Herleitung (Elfes-Konstruktion) von dem Sinn, der mit ihrer Hilfe gerechtfertigt wird (Elfes-Bedingung), zu unterscheiden.

Mit der Elfes-*Konstruktion* ist fortan allein der interpretative Argumentationsgang des Bundesverfassungsgerichts gemeint, wonach sich aus der Auslegung des Art. 2 I GG ergebe, dass Grundrechte nur durch verfassungsmäßige Akte eingeschränkt werden könnten.

Die Elfes-*Bedingung* ist demgegenüber das Ergebnis dieser Argumentation, ein Tatbestandselement insbesondere einer Grundrechts-Rechtsfolge. Wenn dasselbe Ergebnis am Ende einer anderen interpretativen Herleitung steht, die sich von der Elfes-Konstruktion unterscheidet, ist es dennoch als Elfes-Bedingung zu bezeichnen.

3.2. Merkmale der Elfes-Bedingung

Die Elfes-Bedingung lässt sich durch ihre Merkmale charakterisieren. Von den oben unter 3.1.1. erwähnten zwei Tatbestandselementen sind beide für die Definition der Elfes-Bedingung von Bedeutung. Denn die Elfes-Bedingung entspricht zwar dem *zweiten* Tatbestandselement. Doch dieses zweite Tatbestandselement ist nur dann als Elfes-Bedingung zu bezeichnen, wenn es mit dem ersten Tatbestandselement verbunden ist. Diese Verknüpfung mit einer bestimmten weiteren Bedingung ist für die Elfes-Bedingung charakteristisch.

Deshalb gilt es zunächst das Tatbestandselement „Eingriff in die allgemeine Handlungsfreiheit" näher zu analysieren. Es setzt sich nach tradiertem Verständnis aus zwei Bestandteilen zusammen, dem Schutzbereich der allgemeinen Handlungsfreiheit und dem Eingriff in diesen Schutzbereich.

3.2.1. Der Schutzbereich der allgemeinen Handlungsfreiheit

Der Schutzbereich der allgemeinen Handlungsfreiheit sei zunächst vereinfachend so definiert, dass er jedes menschliche Verhalten[297] umfasst – vorbehaltlich einer Einschränkung durch die Subsidiarität der allgemeinen Handlungsfreiheit gegenüber den Spezialgrundrechten.

Die Vereinfachung dient heuristischen Zwecken: Ziel ist ein kurzes, zugleich recht umfassendes Schutzbereichsverständnis, das sich im Kern mit dem in Rechtsprechung und Literatur üblichen Verständnis des Art. 2 I GG deckt, ohne dass dessen detailreiche und umstrittene Differenzierungen abgebildet werden müssten. Eine solche Definition des Schutzbereichs ist geeignet, in übersichtlicher Form die Struktur darzustellen, in die die Elfes-Bedingung eingebettet ist (dazu Abschnitte 4 und 5).

Schutz „menschlichen Verhaltens" ist der einfachste Begriff, auf den sich die heute herrschende und an die Verfassungsgeschichte anknüpfende Interpretation[298] reduzieren lässt, „jedes Tun und Lassen"[299] sei geschützt. Der Schutz menschlichen Verhaltens ist – vorbehaltlich der weithin angenommenen

---

297 Vgl. auch *Huster*, Rechte und Ziele, 229: Prima facie knüpfen die Freiheitsrechte nur an das „Mensch-Sein" an.

298 Vgl. zu deren Ursprüngen Abschnitt 6.1.1.

299 Maunz/Dürig/*Di Fabio*, Art. 2 Rn. 12.

Subsidiarität der allgemeinen Handlungsfreiheit – nahezu Allgemeingut.[300] Der Schutzbereich des Art. 2 I GG wird deshalb teils auch als „Verhaltensfreiheit“ umschrieben.[301]

Wenngleich ein noch weiteres Schutzbereichsverständnis denkbar ist,[302] entspricht ein Schutzbereich, der jegliches menschliche Verhalten umfasst, einer umfassenden Definition rechtlicher Freiheit.[303] Das gilt insbesondere, soweit es um unmittelbar-normative Eingriffe in diesen Schutzbereich geht, weil menschliches Verhalten de facto alleiniger Gegenstand von Normen ist.[304] Art. 2 I GG als umfassendes Auffang-Freiheitsgrundrecht zu verstehen bedeutet, menschliches Verhalten als Schutzbereich und damit als zentrales Tatbestandselement der Rechtsfolgen der allgemeinen Handlungsfreiheit zu definieren.

3.2.2. Der Eingriff

Die gleiche Vorgehensweise wie beim Schutzbereich bietet sich auch bei der Definition des Eingriffs an. Wiederum ist eine möglichst einfache und zugleich möglichst konsensuale Interpretationsvariante zugrunde zu legen, ohne dass damit eine interpretative Vorfestlegung impliziert wäre. Von dieser Grundvariante ausgehend kann anschließend auch die Struktur alternativer Eingriffsverständnisse dargestellt werden.

3.2.2.1. Der „klassische“ Eingriffsbegriff und weite Eingriffsbegriffe

Das heute dominierende Verständnis des Eingriffs geht über den klassischen Eingriffsbegriff hinaus, umfasst ihn jedoch.[305] Jener klassische Eingriffsbegriff ist durch die Merkmale „Rechtsförmigkeit, Unmittelbarkeit, Finalität und Imperativität“[306] definiert. Mittelbare und faktische Eingriffe sind weithin anerkannt, doch sind ihre Abgrenzungsmerkmale umstritten, wobei sich als gemeinsamer

---

300 Dazu *Scherzberg*, DVBl. 1989, 1128 (1129).

301 HdStR (3. Aufl.) VII/*Cornils*, § 168 Rn. 37; *Burgi*, ZG 1994, 341 (359).

302 Wird der Schutzbereich noch weiter verstanden, indem beispielsweise Zustände und Eigenschaften einbezogen werden, ist er insoweit heterogen. Zu Recht charakterisiert etwa *Burgi*, ZG 1994, 341 (359) „Zustände und Eigenschaften“ sowie einfachrechtlich konstituierte Rechtspositionen als eigenständige Schutzgüter.

303 Vgl. dazu *Podlech*, Gehalt und Funktionen des allgemeinen verfassungsrechtlichen Gleichheitssatzes, 186.

304 *Kelsen*, Allgemeine Theorie der Normen, 23.

305 *Roth*, Faktische Eingriffe in Freiheit und Eigentum, 8.

306 *Bethge*, VVDStRL 1998, 7 (38); ähnlich Dreier/*Dreier*, Vorbemerkungen vor Artikel 1 Rn. 124.

Nenner festhalten lässt, dass Rechtsprechung und Literatur nicht jede dem Grundrechtsträger nachteilige Folge als Eingriff werten möchten.[307] Diese Differenzierungen können hier dahinstehen.

Denn Zweck des Begriffs „Elfes-Bedingung" ist es, die Ergebnisse unterschiedlicher Interpretationen des Grundgesetzes zu beschreiben, sofern sie strukturell ähnlich sind. Zwar ist es einerseits ein Charakteristikum der Elfes-Bedingung, dass sie an ein weiteres Tatbestandselement geknüpft ist: den Eingriff in den Schutzbereich der allgemeinen Handlungsfreiheit (oben Tatbestandselement Nr. 1). Doch andererseits wäre es deskriptiv eher hinderlich als nützlich, wenn man den Begriff „Elfes-Bedingung" nur dann verwenden könnte, wenn der Grundrechtseingriff bestimmte, qualifizierende Anforderungen erfüllt.

Deshalb ist hier zur Definition der Elfes-Bedingung eine möglichst weite Eingriffsdefinition zugrunde zu legen, die auch sehr weiten Eingriffsbegriffen Rechnung tragen kann. Sie verzichtet beispielsweise darauf, Bagatellangriffe vom Eingriffsbegriff auszunehmen. Sie umfasst also jedes Handeln, Dulden und Unterlassen – einschließlich des Unterlassens einer Begünstigung – das geeignet ist, menschliches Verhalten zu beschränken.

Zugleich ist aber auch eine Differenzierung zwischen verschiedenen Eingriffsarten geboten, die anhand der Merkmale des klassischen Eingriffsbegriffs gelingt.

Interpretative Vorfestlegungen sind mit keinem der beiden Eingriffsbegriffe verbunden. Insbesondere wird hier nicht behauptet, dass ein weiter Eingriffsbegriff oder der klassische Eingriffsbegriff als Ergebnis der Grundgesetzinterpretation zu befürworten sind.[308]

Von den Merkmalen des klassischen Eingriffsbegriffs sind es die Rechtsförmigkeit und die Unmittelbarkeit, die auf deskriptiver Ebene Differenzierungen zwischen verschiedenen Eingriffsformen erfordern. Zu differenzieren ist einerseits zwischen Eingriffen durch Normen und durch Realakte, andererseits zwischen mittelbaren und unmittelbaren Eingriffen.

Die übrigen Merkmale des klassischen Eingriffsbegriffs erfordern keine zusätzliche Differenzierung: Ob die eingreifende Norm eine bestimmte Verhaltensweise aus Sicht des Gesetzgebers gezielt oder nicht gezielt regelt (Finalität), hat

---

307 Dreier/*Dreier*, Vorbemerkungen vor Artikel 1 Rn. 125 f.; *Roth*, Faktische Eingriffe in Freiheit und Eigentum, 33, 48 ff. mit zahlreichen Nachweisen für die Diskussion um den Eingriffsbegriff.

308 Zum klassischen Eingriffsbegriff für Art. 2 I GG vgl. *Roth*, Faktische Eingriffe in Freiheit und Eigentum, 29, 31 f. mit Detailnachweisen für die Geschichte des Eingriffsbegriffs, ebenda 10 ff.

keinen Einfluss auf die normativen Strukturen und Norminhalte. Ob die Regelung zwangsweise durchgesetzt wird (Imperativität), ist bei einem tatsächlichen Verständnis des Zwangs keine strukturbezogene Frage. Geht es hingegen um die Frage nach der Sanktion im strukturanalytischen Sinn, dann lässt das Abgrenzungsmerkmal der Imperativität nur die seltenen leges imperfectae ausscheiden.

3.2.2.2. Rechtsförmigkeit

Die Rechtsfolgen der Grundrechte für normative und faktische Eingriffe müssen nicht vollständig übereinstimmen.[309] Die Rechtswidrigkeit einer Norm kann ihre Geltung in Frage stellen, was bei bloßem Realhandeln nicht in Betracht kommt. Folglich haben beide Rechtsfolgen lediglich gemeinsame oder ähnliche Tatbestände. Damit handelt es sich im strukturanalytischen Sinn bei den Grundrechten, wenn sie nach heute herrschendem Verständnis normative und nicht-normative Eingriffe regeln, um (mindestens) zwei verschiedene und getrennte Normen mit gemeinsamen Tatbeständen. Indes ist die Struktur ihrer Tatbestände identisch.

3.2.2.3. Unmittelbarkeit

Dass der Eingriff unmittelbar ist, soll hier *strukturanalytisch* durch den Bezugspunkt der Norm definiert werden.

Für Normen heißt das: Der Eingriff ist dann unmittelbar, wenn er ein Verhalten des Grundrechtsträgers regelt. Die Regelung des Verhaltens eines anderen ist also bezogen auf den Grundrechtsträger nicht unmittelbar.

Regelungen erschöpfen sich aber nicht in direkten Geboten und Verboten an den Grundrechtsträger. Denn vor dem Hintergrund des im Abschnitt 2.2.2. beschriebenen Sanktionszusammenhangs als Strukturphänomen jeder Rechtsordnung kann man jeden sanktionierten Verstoß gegen eine Gebots- oder Verbotsnorm als Tatbestand einer Sanktionsnorm beschreiben. Am Beispiel des Verbots: Der Nichterfüllungssatz des Verbots ist Tatbestandselement der Sanktionsnorm. Der Nichterfüllungssatz wiederum beschreibt eine menschliche Verhaltensform, nämlich diejenige, die durch das Verbot verboten wird. Ein direktes Verbot an eine Grundrechtsträgerin zu richten, heißt in dieser Betrachtungsweise also, die Rechtsfolgen ihres Verhaltens zu verändern.

Betrachtet man nur die Sanktionsnorm und ihren Tatbestand, lässt sich mit Mitteln der Strukturanalyse nicht bestimmen, welche ihrer Tatbestandselemente Nichterfüllungssätze sanktionierter Normen sind (dazu Abschnitt 2.2.2.2.). Im

309 Hierzu näher Abschnitt 5.

Sinne des Sanktionszusammenhangs ist es also vielfach nur eine Frage der Beschreibungsperspektive, was als Tatbestand angesehen wird und was als Rechtsfolge einer eigenständigen Norm. Es ist deshalb nicht sinnvoll, den Begriff der Regelung an Gebote und Verbote zu knüpfen. Deskriptiv adäquater ist es, den Begriff der Regelung weit zu fassen und auch bei anderen Veränderungen der Rechtsfolgen, die an menschliches Verhalten geknüpft sind, von dessen *Regelung* zu sprechen. Das gilt auch dann, wenn es die Rechtsfolgen für Dritte sind, die sich ändern.

Das bedeutet: Ob eine Norm in Bezug auf eine Person als unmittelbare Regelung bezeichnet werden kann, hängt nicht nur davon ab, an wen sich die Rechtsfolgen dieser Norm richten, sondern auch davon, wessen Verhalten Tatbestandselement dieser Norm ist. In diesem Sinne ist also beispielsweise auch der Entzug einer Rechtsgestaltungsfähigkeit unmittelbar in Bezug auf ihren bisherigen Inhaber, weil sich dadurch die Rechtsfolgen seines Verhaltens ändern.

Eine interpretative Vorfestlegung auf ein entsprechendes Verständnis des Eingriffs bei Art. 2 I GG ist mit dieser Definition nicht verbunden, weil der Begriff der Unmittelbarkeit für deskriptive Zwecke nur dazu dient, verschiedene Arten von Eingriffen voneinander abzugrenzen. Er dient nicht dazu, zu bestimmen, welche dieser Eingriffsarten als verfassungsrechtlich relevante Eingriffe in die allgemeine Handlungsfreiheit anzusehen sind.

3.2.2.4. Die Erweiterung des Eingriffsbegriffs

Die Elfes-Bedingung lässt sich auch auf mittelbar-normative und mittelbar-faktische Eingriffe beziehen. Bei mittelbar-faktischen Eingriffen tritt an die Stelle der Rechtsförmigkeit eine Tatsächlichkeit, an jene der Unmittelbarkeit eine mittelbare Wirkung.

Bei mittelbar-normativen Eingriffen bleibt es bei der Rechtsförmigkeit, aber die mittelbare Wirkung tritt wiederum an die Stelle der Unmittelbarkeit. Das heißt, wenn man die hier vorgeschlagene Definition der Unmittelbarkeit zugrunde legt: Weder ist ein Verhalten der von dem Eingriff betroffene Person Tatbestandsmerkmal der maßgeblichen Norm noch ist die Person Normadressat. Aber dennoch wird sie durch die faktischen Auswirkungen der Norm in ihren Verhaltensmöglichkeiten beeinflusst.

3.2.3. Wesentliche Elemente einer Definition der Elfes-Bedingung

Die Elfes-Bedingung lässt sich als zusätzliches Tatbestandselement des (unter anderem) aus Schutzbereich und Eingriff gebildeten Tatbestands der allgemeinen Handlungsfreiheit verstehen.

Mit den bislang entwickelten Maßgaben lassen sich drei wichtige Elemente einer Definition der Elfes-Bedingung identifizieren, die zwecks Leistungsfähigkeit der Definition noch näher zu konkretisieren oder zu modifizieren sind:

1. Die Elfes-Bedingung ist ein Tatbestandselement der allgemeinen Handlungsfreiheit.
2. Die Elfes-Bedingung ist durch den Konjunktor mit einem weiteren Tatbestandselement verbunden. Dieses weitere Tatbestandselement hat den Inhalt: „Wenn eine Norm oder ein Realakt eine menschliche Verhaltensweise regelt oder anderweitig beeinträchtigt".
3. Die Elfes-Bedingung hat den Inhalt „Wenn die Norm oder der Realakt nicht verfassungsgemäß ist".

3.2.3.1. Grundrechts-Rechtsfolge und Regelung menschlichen Verhaltens

Die Elfes-Bedingung kann sich auf jegliches menschliches Verhalten beziehen. Sie kann daher sowohl bei Art. 2 Abs. 1 als auch bei einem Spezialgrundrecht Anwendung finden, weil sich die Tatbestände der Spezialgrundrechte auf bestimmte Formen menschlichen Verhaltens beziehen.[310] Deshalb kann der Begriff „Elfes-Bedingung" nicht nur für die allgemeine Handlungsfreiheit, sondern auch für andere inhalts- und strukturähnliche Grundrechte Verwendung finden.

Aus demselben Grund ist es zweckmäßig, im ersten Definitionsmerkmal nicht von einer Rechtsfolge der allgemeinen Handlungsfreiheit, sondern von einer Grundrechts-Rechtsfolge zu sprechen. Denn wenn das zweite Tatbestandselement, mit dem die Elfes-Bedingung verbunden ist, auch zum Tatbestand eines Spezialgrundrechts gehören kann, dann ist insoweit die Rechtsfolge der Elfes-Bedingung die Rechtsfolge dieses Spezialgrundrechts.

3.2.3.2. Verfassungsmäßigkeit

Der Begriff „Verfassungsmäßigkeit" (oben Merkmal 3) ist verweisender Natur. Der Gegenstand des Verweises ist der eigentliche Inhalt der Elfes-Bedingung, wenn man diese ohne Einsatz sprachlicher Verweisungstechniken darstellen will. Gegenstand des Verweises sind Normen des Grundgesetzes. Deshalb könnte aus logischen Gründen für jede Verfassungsnorm, auf die die „verfassungsmäßige Ordnung" Bezug nimmt, ein eigenes Tatbestandselement einer Grundrechts-Rechtsfolge formuliert

310 Vgl. dazu näher auch Abschnitt 4.2.2.1.

werden. Dessen Inhalt wäre dann der Verstoß[311] gegen die jeweilige Verfassungsnorm. Der Verstoß gegen eine dieser Normen würde ausreichen, um die Rechtsfolge der Grundrechte auszulösen. Stellt man die logische Struktur in dieser Form dar, sind diese Teil-Tatbestandselemente der Elfes-Bedingung in einer aussagenlogischen Darstellung mittels des Disjunktors zu verknüpfen. Die Elfes-Bedingung fächert sich also infolge einer differenzierten Darstellung ihres dritten Merkmals in viele gleichgeordnete Tatbestandselemente einer Grundrechts-Rechtsfolge auf.

Zudem kann man jede der in Bezug genommenen Verfassungsnormen unterschiedlich auslegen. Daher gibt es so viele mögliche Varianten der Elfes-Bedingung, wie es Möglichkeiten gibt, das Verfassungsrecht auszulegen. Diese Varianten sind aber (im Wesentlichen) strukturgleich.

Nur interpretativ zu beantworten ist auch die Frage, ob die Elfes-Bedingung auf das gesamte Verfassungsrecht verweist oder ob manche Verfassungsbestimmungen ausgenommen sind, wie es Teile der Literatur insbesondere für die Grundrechte Dritter befürworten (zu diesen Stimmen näher Abschnitt 6.4.3.). Das Bundesverfassungsgericht hat sich bislang weder nachhaltig dafür noch dagegen ausgesprochen. Es differenziert bislang nur vereinzelt ausdrücklich zwischen beachtlichen und unbeachtlichen Anforderungen des Grundgesetzes. In der Elfes-Entscheidung ist lediglich davon die Rede, ein die allgemeine Handlungsfreiheit beschränkendes Gesetz „gehöre nicht zur verfassungsmäßigen Ordnung, weil es (formell oder inhaltlich) gegen einzelne Verfassungsbestimmungen oder allgemeine Verfassungsgrundsätze verstoße".[312] Die Elfes-Entscheidung formuliert zwar nicht noch stärker – wie spätere Entscheidungen zur Berufsausübungsfreiheit –, die einschränkende Norm müsse „in jeder Hinsicht verfassungsgemäß"[313] sein, aber es wird andererseits auch keine Einschränkung benannt.

Zwar wäre es möglich, aus der späteren Prüfungspraxis des Bundesverfassungsgerichts zu schließen, dass das Gericht bestimmte Anforderungen des Grundgesetzes *konkludent* aus dem Prüfungsprogramm ausschließen möchte. Aber für eine solche Vermutung gibt es bislang noch keine hinreichend belastbare Grundlage. Denn unter den Entscheidungen, die dieses Problem überhaupt behandeln, gibt es nur eine, die eine Prüfung der Grundrechte Dritter ausdrücklich ablehnt.[314]

311 Nach hier vertretener Auffassung ist aus rechtstheoretischen Gründen Tatbestand einer Norm nicht eine Tatsache, sondern deren *Feststellung*. Deshalb ist auch für die Elfes-Bedingung die Feststellung des Verfassungsverstoßes maßgeblich, und zwar durch das Bundesverfassungsgericht (dazu näher Abschnitt 5).

312 BVerfGE 6, 32 (41).

313 So etwa BVerfGE 38, 105 (119); 121, 317 (369); 130, 131 (142).

314 Prüfung der Grundrechte Dritter: BVerfGE 34, 165 (200); 39, 156 (166); 45, 272 (295); 61, 82 (112 f.); 85, 191 (205 f.); 109, 64 (89); besonders deutlich für eine

Eine weitere, neue Entscheidung deutet zwar ebenfalls darauf hin, dass das Gericht die Grundrechte Dritter aus der Elfes-Bedingung ausklammern will.[315] Aber es wäre zu früh, darin eine klare Positionierung des Gerichts zu erblicken, zum einen mit Blick auf die uneinheitliche Rechtsprechung in der Vergangenheit, zum anderen, weil die Frage eher beiläufig in einem Nichtannahmebeschluss zur Sprache kommt, der eine eher ungewöhnliche Konstellation behandelt. Die Besonderheit des Falls liegt in der Art und Weise, wie die Grundrechte Dritter geltend gemacht wurden: Die Beschwerdeführerin – ein Krankenhaus – beanstandete eine Prüfung durch den Medizinischen Dienst eines anderen Bundeslandes als desjenigen, in dem sie ansässig war. Sie rügte in der Sache eine verfassungswidrige Auslegung der §§ 275, 276 SGB V. Dazu stützte sie sich unter anderem auf eine Verletzung ihrer allgemeinen Handlungsfreiheit und begründete dies damit, dass sie verpflichtet sei, die Rechte ihrer Patienten zu beachten, was ihr nicht möglich sei, wenn sie länderübergreifende Prüfungen des medizinischen Dienstes dulden müsse.[316] Das Bundesverfassungsgericht sah die Verfassungsbeschwerde insoweit als unzulässig an, weil in der Sache die Grundrechte anderer gerügt würden, die Verfassungsbeschwerde aber der Verteidigung eigener subjektiver Rechte diene.[317] Allerdings behauptete die Beschwerdeführerin nicht nur, der Eingriff in die Grundrechte Dritter ziehe als Verstoß gegen die verfassungsmäßige Ordnung auch einen Eingriff in ihre eigenen Grundrechte nach sich. Sie behauptete vielmehr, sie selbst müsse Grundrechte ihrer Patienten wahren und dürfe diese deshalb verteidigen. Damit rückte die Verfassungsbeschwerde in diesem Punkt in die Nähe einer Prozessstandschaft.[318] Es mag diese Besonderheit des Falls gewesen sein, die das Bundesverfassungsgericht dazu veranlasst hat, die Verfassungsbeschwerde insoweit als unzulässig zu behandeln. Dass sich das Gericht für die Zukunft generell der Möglichkeit begeben wollte,

---

Prüfung im Rahmen der Elfes-Bedingung BVerfGE 38, 312 (320); ausdrücklich ablehnend allein BVerfGE 77, 84 (101); keine Prüfung ohne ausdrückliche Ablehnung: BVerfGE 13, 230 (231 ff.); 17, 306 (311 ff.); 79, 203 (209); ausdrücklich offen gelassen: BVerfGE 96, 375 (398). Näheres zur BVerfG-Rechtsprechung in dieser Frage bei *Frotz*, Die Reichweite des grundrechtlichen Abwehranspruchs, 17 ff. BVerfGE 79, 203 (209) lässt sich nicht als ablehnende Entscheidung einordnen, weil das Gericht eine mittelbare Verletzung des Beschwerdeführers in Art. 2 I GG durch den Verstoß gegen Grundrechte Dritter hier gar nicht prüft.

315 BVerfG, Beschluss vom 8.11.2016 (1 BvR 935/14), https://www.bundesverfassungsgericht.de/SharedDocs/Entscheidungen/DE/2016/11/rk20161108_1bvr093514.html.

316 Ebenda Rz. 2 f., 4 ff.

317 Ebenda Rz. 7 ff.

318 *Bittner*, NZS 2017, 76 (76).

die Grundrechte Dritter im Verfassungsbeschwerdeverfahren mittels der Elfes-Konstruktion zu prüfen, lässt sich bislang noch nicht belegen.

Bislang fehlt also noch ein klarer Trend in der Rechtsprechung zu den Grundrechten Dritter und insbesondere eine belastbare Aussage dazu, dass Grundrechte Dritter generell keinen Verstoß gegen die allgemeine Handlungsfreiheit begründen könnten. Zwar ist umgekehrt auch die Prüfung der Grundrechte Dritter die Ausnahme geblieben. Ob man aber auch die Entscheidungen, die zu dieser Frage schweigen, als ablehnend werten kann, hängt von weiteren Prämissen ab. Man müsste dazu unterstellen, dass das Gericht die Grundrechte Dritter mit einer gewissen Selbstverständlichkeit für irrelevant erachtet. Aber eine solche Selbstverständlichkeit würde nicht zu der langjährigen Reihe von Entscheidungen passen, die die Grundrechte Dritter als beachtlichen Prüfungsmaßstab behandelt haben.

Für Zwecke der Strukturanalyse muss die Frage nach dem Prüfungsprogramm der Elfes-Bedingung nicht abschließend beantwortet werden. Denn die beiden Auffassungen hinsichtlich des Prüfungsprogramms der Elfes-Bedingung lassen sich strukturanalytisch als eine weitere und eine engere Variante der Elfes-Bedingung erfassen.

3.2.3.3. Eingeschränkte und weite Elfes-Bedingungen

Allgemein kann man verschiedene Varianten der Elfes-Bedingung nach dem Umfang ihres Prüfungsprogramms unterscheiden. Manche dieser Varianten sind im Verhältnis zu anderen Varianten (ausschließlich) weiter gefasst. Dies wirkt sich auf das logische Verhältnis der beiden Varianten zueinander aus. Denn wie erwähnt kann ein semantisch engerer Tatbestand im Verhältnis zu einem semantisch weiteren Tatbestand als Konjunktion des weiten Tatbestands und eines einschränkenden, zusätzlichen Tatbestandselements dargestellt werden.[319]

Engere Verständnisse der Elfes-Bedingung lassen sich also dadurch beschreiben, dass einschränkende Tatbestandselemente (Zusatzbedingungen) zu dem weiteren Verständnis der Elfes-Bedingung hinzutreten. Die in diesem Sinne engeren und weiteren Elfes-Bedingungen haben aufgrund des bereits erwähnen logischen Verhältnisses engerer und weiterer Tatbestände stets einen gemeinsamen, strukturgleichen Kern.

Wenn es darum geht, die logischen Beziehungen der Elfes-Bedingung zu anderen Tatbestandselementen der Grundrechte zu untersuchen, spielt es nicht immer eine Rolle, dass es weitere und engere Varianten der Elfes-Bedingung

319 Dazu näher Abschnitt 2.4.2.2.

gibt. Die logischen Beziehungen der Elfes-Bedingung „nach außen“, das heißt zu anderen Elementen des Tatbestandes, bleiben vom genauen Prüfungsprogramm der Elfes-Bedingung unberührt.

In anderer Hinsicht hingegen kann die Unterscheidung enger und weiter Varianten der Elfes-Bedingung durchaus für die Strukturanalyse relevant sein. Denn was überhaupt als Einschränkung der Elfes-*Bedingung* anzusehen sein kann, deckt sich aus strukturanalytischer Sicht nicht mit der interpretativen Diskussion um Einschränkungen der Elfes-*Konstruktion*. Die Anordnung der Elemente eines Tatbestandes ist teilweise arbiträr. Dies ergibt sich aus den Regeln der Aussagenlogik, insbesondere dem Assoziativgesetz, dem Kommutativgesetz und dem Distributivgesetz.[320] Man kann deshalb, wenn die Junktoren korrekt gewählt und die Klammern korrekt gesetzt werden, die Elemente eines Tatbestandes anders anordnen, ohne dass sich der Sinn des Tatbestandes dadurch verändert. Eine Einschränkung, die zum Gesamttatbestand hinzutritt, kann deshalb in vielen Fällen ohne Sinnveränderung als Einschränkung gerade eines bestimmten Elements des Tatbestandes beschrieben werden – und umgekehrt. Aus diesem Grund gibt es hinsichtlich der semantischen Struktur beispielsweise keinen Unterschied zwischen materiell-rechtlich und prozessual begründeten Einschränkungen des Prüfungsprogramms der Elfes-Bedingung.[321]

3.3. Definition einer Elfes-Bedingung

Der Begriff „Elfes-Bedingung“ meint ein Tatbestandselement einer Grundrechts-Rechtsfolge. Dessen Inhalt kann je nach Interpretation des Grundgesetzes durchaus verschieden sein, ohne dass die Grundzüge der semantischen Struktur sich dadurch ändern. Deshalb müsste genau genommen von *mehreren* Elfes-Bedingungen und nicht von *der* Elfes-Bedingung, sondern von *einer* Elfes-Bedingung die Rede sein.

Elfes-Bedingungen weisen die soeben erläuterten, gemeinsamen Merkmale auf:

1. Eine Elfes-Bedingung ist ein Tatbestandselement einer Grundrechts-Rechtsfolge.
2. Eine Elfes-Bedingung ist durch den Konjunktor mit einem weiteren Tatbestandselement verbunden. Dieses weitere Tatbestandselement hat die Regelung oder Beeinträchtigung menschlichen Verhaltens durch eine Norm

320 Zu den Äquivalenzgesetzen der Aussagenlogik *Beckermann*, Einführung in die Logik, 69 f.

321 Vgl. dazu auch Abschnitt 5.5.2.

oder durch einen Realakt zum Inhalt, wobei als Regelung jede Rechtsfolge zu verstehen ist, die an das Verhalten geknüpft wird.

3. Eine Elfes-Bedingung hat die Feststellung der Verfassungswidrigkeit dieser Norm oder dieses Realakts zum Inhalt.
4. Es lassen sich je nach dem Inhalt des Prüfungsprogramms unterschiedliche Elfes-Bedingungen unterscheiden. Im Verhältnis zu einem weiteren Verständnis der Elfes-Bedingung kann ein engeres Verständnis als Konjunktion aus dem weiten Verständnis und einem einschränkenden Zusatz-Tatbestandselement beschrieben werden.

Der Einfachheit halber wird im Folgenden von *der* Elfes-Bedingung die Rede sein, wenn *eine* Elfes-Bedingung gemeint ist, aber es für den jeweiligen Aspekt der Strukturanalyse irrelevant ist, um welche Variante der Elfes-Bedingung es geht.

3.4. Tatbestand und Tatbestandselement

Sofern neben der Elfes-Bedingung noch weitere selbstständige Tatbestandselemente des Art. 2 I GG anerkannt werden, so sind diese mit der Elfes-Bedingung durch den Disjunktor zu verknüpfen, wenn jede der Bedingungen genügen soll, um eine Grundrechts-Rechtsfolge auszulösen. Legt man die Elfes-Rechtsprechung zugrunde, verletzt beispielsweise ein eingreifendes Gesetz die allgemeine Handlungsfreiheit sowohl dann, wenn ein Fehler bei den Gesetzgebungskompetenzen vorliegt, als auch dann, wenn der Eingriff nicht verhältnismäßig ist. Jeder Fehler für sich genommen ist hinreichend, keiner von beiden notwendig.

Im Abschnitt 3.2.3.2. bereits dargelegt wurde, dass die Elfes-Bedingung auf Normen des Verfassungsrechts verweist und deshalb in viele Teil-Tatbestandselemente aufgespalten werden kann. Diese sind untereinander mit dem Disjunktor zu verknüpfen, ebenso wie die Elfes-Bedingung insgesamt ihrerseits durch den Disjunktor mit den übrigen Tatbestandselementen der Grundrechte zu verknüpfen ist. Somit sind jene anderen Tatbestandselemente mit der Elfes-Bedingung durch denselben Junktor verknüpft wie die Teil-Tatbestandselemente der Elfes-Bedingung untereinander. Alle Tatbestandselemente sind damit logisch gleichgeordnet; es gilt das Assoziativgesetz.[322]

Daraus folgt, dass es logisch gesehen keinen Unterschied macht, ob beispielsweise die Verhältnismäßigkeit im Rahmen der Elfes-Konstruktion oder neben der Elfes-Konstruktion als eigener Prüfungspunkt geprüft wird. Denn der

322 $p \vee (q \vee r) \Leftrightarrow p \vee q \vee r$. Zum Assoziativgesetz *Beckermann*, Einführung in die Logik, 69 f.

logischen Struktur nach bedeutet die Prüfungsreihenfolge hier dasselbe wie das Setzen einer Klammer: Jede Klammersetzung ist zulässig, aber keine ist geboten.

3.5. Die Elfes-Bedingung als Sanktionszusammenhang

Art. 2 I GG und andere Regelungen des Grundgesetzes sind miteinander über das Merkmal „verfassungsmäßige Ordnung“ verknüpft. Erklären lässt sich diese Verknüpfung mit dem Konzept des Sanktionszusammenhangs.[323]

3.5.1. Art. 2 I GG als Sanktionsnorm

Dem Tatbestand der Grundrechte fügt die Elfes-Bedingung ein weiteres Tatbestandselement hinzu,[324] nämlich dass andere Normen des Verfassungsrechts nicht beachtet wurden. Damit ist die Elfes-Bedingung der Nichterfüllungssatz dieser Verfassungsnormen. Die Rechtsfolge des Grundrechts ist Sanktionsnorm dieser Verfassungsnormen. Dieser Zusammenhang ist wie jeder Sanktionszusammenhang ein relativer. Sanktionsnorm ist Art. 2 I GG also nur im Verhältnis beispielsweise zu den Vorgaben an das Gesetzgebungsverfahren. Er kann aber seinerseits als sanktionierte Norm im Hinblick auf die Fehlerfolgenregelungen des Grundgesetzes beschrieben werden.

3.5.2. Mögliche Spezifika der Elfes-Bedingung

Der Sanktionszusammenhang ist, wie im Abschnitt 2.2.2. erläutert, eine basale Struktur jedes komplexeren Normensystems.

Die Elfes-Bedingung könnte aber eine speziellere Form des Sanktionszusammenhangs begründen, *sofern*[325] die Verletzung einer Norm (z. B. des Gesetzgebungsverfahrens)

1. die Verletzung einer anderen Norm (z. B. des Art. 2 I GG) begründet und
2. die erstgenannte in einem bestimmten normativen Kontext – zum Beispiel in einer bestimmten Prozessart – *nur* als Verletzung der zweitgenannten Norm zu prüfen ist und nicht eigenständig.

---

323 Zu diesem siehe Abschnitt 2.2.2.

324 Das gilt auch, wenn die Grundrechte als Unterlassungspflichten des Gesetzgebers verstanden werden, wenngleich die Elfes-Bedingung dann redundant ist. Dazu näher Abschnitt 5.

325 Dazu Abschnitt 5.

Sanktionszusammenhänge, die diese zwei Merkmale aufweisen, sind eine verbreitete Regelungstechnik. Sie finden sich vielfach im einfachen Recht.

So begründen etwa über § 823 II BGB Verstöße gegen Strafgesetze Schadensersatzpflichten, und Verstöße gegen zivilrechtliche Pflichten sind Teil des Untreuetatbestandes des § 266 StGB. Erst über die jeweilige Sanktionsnorm werden die Verstöße im jeweils einschlägigen Verfahren sanktioniert. Auch und gerade im Verwaltungsrecht finden sich Sanktionszusammenhänge, von denen manche als Elfes-Bedingung beschrieben werden können (dazu Abschnitt 5.6.).

Sofern die Elfes-Bedingung die beiden genannten Merkmale aufweist, wäre dies also kein Alleinstellungsmerkmal, sondern würde die Elfes-Bedingung einem bestimmten Typ von Sanktionszusammenhängen zuordnen. Ob die Elfes-Bedingung im Kontext des Verfassungsbeschwerdeverfahrens die beiden genannten Merkmale aufweist, hängt davon ab, ob in diesem Verfahren die Prüfung der Verletzung sonstigen Verfassungsrechts auch auf anderem Wege eröffnet ist oder nicht (dazu Abschnitt 5.3.2.4.).

4. Die Elfes-Bedingung als Tatbestandselement weiterer Grundrechte

Abstract: This chapter examines the position of the Elfes condition within the overall structure of conditions of basic rights.
While the federal constitutional court developed the Elfes condition based on Art. 2 Sect. 2 of the Basic Law, it has later expanded its application to other basic rights. The grounds of this expansion have since been debated in academic literature, but never been explored by the court itself.
While most authors agree that the Elfes condition may be applied to all or most basic rights, it has also been argued that Art. 2 Sect. 2 of the Basic Law alone is the key to the Elfes condition.
Structural analysis shows that these positions differ only if the general freedom of action is considered to exclude any freedom protected by a more specific basic right. Otherwise, any violation of a specific basic freedom automatically violates the general freedom of action as well. It is, then, merely a matter of priorities on the procedural "checklist" whether the Elfes condition is linked to the general freedom of action alone or to all basic freedoms.
However, both the federal constitutional court and – almost unanimously – current academic literature argue in favour of excluding more specific freedoms from the range of the general freedom of action. They do so mostly on dogmatic grounds to which structural analysis is indifferent, but they also point out several negative consequences of an inclusive understanding of the general freedom of action. On a closer look, most of these concerns seem ill-founded. Some of them can be disproved, others shown to overemphasize the actual consequences in legal practice. These findings should be taken into consideration when interpreting Art. 2 Sect. 2 of the Basic Law, especially since an inclusive understanding amounts to a fairly simple legal structure that automatically attributes the Elfes condition to all freedom rights – even to quite extraordinary ones: Under certain premises, the general freedom of action may be considered to include the right of property and certain aspects of the right to vote. An inclusive understanding of the general freedom of action also resolves some inconsistencies of the rulings of the federal constitutional court with regard to the Elfes condition.
Elfes conditions that match the definition laid out in chapter 3 can be found not only where the federal constitutional court applied the Elfes construction. The court also argues that the right to vote implies a right to democratic self-determination that may be used against the assignment of powers to a supranational organization. Since violations of the principles of Art. 1 and Art. 20 of the Basic Law may therefore also violate the right to vote, the court has technically created another Elfes condition, albeit one with a very limited scope.
The same can be said for the right of self-administration of municipalities. While not considered a basic right in traditional jurisprudence, it shares all structural characteristics of basic rights. As far as violations of certain constitutional provisions (e. g. Art. 80 Sect. 1 of the Basic Law, the requirements of the legislative procedure) entail violations of the right

of self-administration, this sanctioning connection may therefore be considered an Elfes condition (or a structural equivalent to an Elfes condition if Art. 28 Sect. 2 of the Basic Law is not classified as a basic right).

Wenn man die Tatbestände der Grundrechte als Tatbestände einer gemeinsamen Rechtsfolge beschreibt, dann bilden sie einen Gesamttatbestand. Jedes Grundrecht steuert dazu eine Gruppe von Tatbestandselementen bei. Zwischen diesen Gruppen bestehen logische Beziehungen: Sie sind gleichgeordnet. Die Verletzung *eines* Grundrechts löst die gemeinsame Rechtsfolge aus. Die Gruppen sind also untereinander durch den Disjunktor zu verbinden.

Daher lassen sich logische Beziehungen der Elfes-Bedingung zu *allen* Grundrechten beschreiben, wenn man die semantischen Strukturen der Grundrechte näher untersucht. Die Frage, wie diese logische Beziehung beschaffen ist, muss abhängig von verschiedenen Interpretationsmöglichkeiten des Verfassungstextes beantwortet werden.

4.1. Interpretative Fragestellungen mit strukturbezogenem Kern

Deshalb gilt es, die interpretativen Stellungnahmen zur Elfes-Bedingung als Tatbestandselement weiterer Grundrechte daraufhin zu untersuchen, welche semantische Struktur die von ihnen jeweils befürworteten Interpretationsergebnisse haben und welche Strukturen die jeweiligen Begründungswege als gegeben voraussetzen.

Das Bundesverfassungsgericht ordnet die Elfes-Bedingung zunächst der allgemeinen Handlungsfreiheit zu. Dies ist bis heute der Regelfall geblieben. Doch in einigen Entscheidungen wird die Elfes-Bedingung vor die Prüfung der Freiheitsrechte gezogen, sodass offen bleibt, welchem Grundrecht sie zugeordnet ist.[326] Und in zahlreichen Entscheidungen setzt das Gericht explizit voraus, auch Eingriffe in andere Grundrechte – jedenfalls Berufsfreiheit und Eigentumsgrundrecht – müssten mit sonstigem Verfassungsrecht in Einklang stehen; Verstöße könnten über die Verfassungsbeschwerde gerügt werden.[327] Allerdings hat das Gericht diese Annahme nie näher begründet.

---

326 Nachweise im Abschnitt 4.4.2.

327 Für Art. 12 GG etwa: BVerfGE 9, 83 (87 f.); 13, 181 (190); 38,61 (79); BVerfG NVwZ 2004, 597 (599). Für Art. 14 GG etwa: BVerfGE 14, 263 (278); 18, 121 (132); 24, 367 (384 f.); 102, 1 (17).

In der interpretativen Rechtswissenschaft wurde und wird diskutiert, ob und warum die Elfes-Konstruktion auf die übrigen Freiheitsrechte auszudehnen ist. Mit Blick auf die beiden genannten Fragen existieren vier grundlegend verschiedene Interpretationsansätze,[328] die im Folgenden skizziert werden sollen.

Für die Strukturanalyse sind deren Begründungswege aber nur sehr eingeschränkt von Interesse, nämlich hinsichtlich ihrer Vorannahmen über semantische Strukturen. Eine nähere Darstellung der gesamten Begründungswege im Rahmen des strukturanalytischen Teils der Untersuchung (Abschnitte 4 und 5) wäre hingegen methodisch nicht adäquat. Stattdessen werden die Begründungsansätze im Abschnitt 6 bei der Beschreibung der Interpretationsmöglichkeiten des Verfassungstextes behandelt.

4.1.1. Die Elfes-Bedingung als Tatbestandselement aller (Freiheits-) Grundrechte

Das gilt insbesondere für die erste Gruppe von Ansätzen, die in der gegenwärtigen interpretativen Diskussion mit Abstand die bedeutendste ist. Sie ordnet die Elfes-Bedingung allen (Freiheits-)Grundrechten zu, ohne dies auf interpretativer Ebene an Art. 2 I GG festzumachen. Dabei lassen sich zwei Untergruppen ausmachen.

4.1.1.1. Selbstverständliche Übertragung der Elfes-Konstruktion

In der neueren Literatur nehmen weiterhin viele Stimmen Bezug auf die Elfes-Entscheidung,[329] die dadurch eine große argumentative Bedeutung erlangt hat.[330] Aber nur einzelne von ihnen bekräftigen auch ausdrücklich die Elfes-Konstruktion als interpretative Begründung der Elfes-Bedingung.[331] Offen bleibt, warum die Elfes-Konstruktion auf die übrigen Grundrechte Anwendung finden kann. Das Bundesverfassungsgericht selbst hat bislang keine andere Herleitung vorgeschlagen als die Elfes-Konstruktion.

328 Nachweise sogleich unter 4.1.1. und 4.1.2.

329 Stellvertretend: *Ipsen*, Staatsrecht II: Grundrechte Rn. 737; *Michael/Morlok*, Grundrechte Rn. 636; *Sachs*, Verfassungsrecht II. Grundrechte Rn. 52 f.; *Pieroth/Schlink/Kingreen u.a.*, Grundrechte. Staatsrecht II, Rn. 427; Maunz/Schmidt-Bleibtreu/*Bethge*, § 90 Rn. 61.

330 Zu dieser Bedeutung vgl. *Bethge*, in: Depenheuer, Staat im Wort, 613 (620).

331 So beispielsweise *Sachs*, Verfassungsrecht II. Grundrechte Rn. 53; Maunz/Schmidt-Bleibtreu/*Bethge*, § 90 Rn. 61.

4.1.1.2. *Alternativen zur Elfes-Konstruktion*

Nicht wenige Stimmen in der Literatur schlagen Alternativen zur Elfes-Konstruktion des Bundesverfassungsgerichts vor[332] – zu ihnen näher Abschnitt 6. Diese Alternativen unterscheiden sich teils stark voneinander. Im Interpretationsergebnis jedoch stimmen sie überein: Sie ordnen die Elfes-Bedingung allen (Freiheits-)Grundrechten[333] zu, auch wenn manche von ihnen die Elfes-Bedingung etwas begrenzen wollen, vor allem hinsichtlich der Grundrechte Dritter.[334]

Die Elfes-Bedingung ist also diesen Ansätzen zufolge kein Spezifikum der allgemeinen Handlungsfreiheit, sondern bei jedem Grundrecht mit dem Tatbestandselement „Eingriff in den Schutzbereich" verknüpft. Darin erschöpft sich – von einem Aspekt abgesehen (dazu Abschnitt 4.6.) – die strukturanalytische Beschreibung dieses Ansatzes. Im Übrigen betrifft die neuere Diskussion in der Literatur reine Interpretationsfragen. Wie diese sich zu den Bedeutungsmöglichkeiten verschiedener Artikel des Grundgesetzes verhalten, wird im Abschnitt 6 näher zu erläutern sein.

4.1.2. Die Bindung der Elfes-Bedingung an die Elfes-Konstruktion für Art. 2 I GG

Vielfältige strukturelle Fragen[335] wirft ein älterer Ansatz auf, wonach die Elfes-Bedingung auf interpretativer Ebene im Sinne der Elfes-Konstruktion an Art. 2 I GG gebunden ist. Auch bei diesem Ansatz lassen sich zwei Untervarianten unterscheiden: Deren erste will die Elfes-Bedingung ausschließlich Art. 2 I GG zuordnen (Abschnitt 4.1.2.1.), die zweite Art. 2 I GG und auch den übrigen Grundrechten (Abschnitt 4.1.2.2.). Die erste Untervariante weicht also im Ergebnis von der heute herrschenden Auffassung ab. Die zweite deckt sich im Ergebnis mit ihr, jedoch nicht in der interpretativen Herleitung, weil Art. 2 I GG dafür eine zentrale Rolle spielt.

---

332 So etwa *Schmidt*, AöR 1966, 42 (43 ff.); *Scholz*, AöR 1975, 80 (83 ff.); *Hutzelmann*, Die prozessuale Bedeutung, insb. 43, 104 f.; *Schwabe*, DÖV 1973, 623 (626); *Alexy*, Theorie der Grundrechte, 347 f.; *Frotz*, Die Reichweite des grundrechtlichen Abwehranspruchs, 57 ff.

333 Eine Diskussion darüber, die Elfes-Bedingung auch Gleichheits- und Leistungsgrundrechten zuzuordnen, findet zurzeit nicht statt. Das Bundesverfassungsgericht hat sich gegen eine Zuordnung der Elfes-Bedingung zu Art. 3 I GG positioniert, dazu Abschnitt 4.4.2.2.

334 Dazu näher Abschnitt 6.4.3.

335 Dazu Abschnitt 4.2.

4.1.2.1. Art. 2 I GG als „Schlüsselgrundrecht" der Elfes-Konstruktion

Frühere Urteile des Bundesverfassungsgerichts haben angenommen, Art. 2 I GG eröffne als *einziges* Grundrecht eine umfassende Prüfung der Verfassungsmäßigkeit des Eingriffs, es sei also gleichsam der Schlüssel zu dieser Prüfung. Einen Ansatzpunkt hierfür bietet schon das Elfes-Urteil: Das Bundesverfassungsgericht verortet die Rechtmäßigkeit des Eingriffs bei der „verfassungsmäßigen Ordnung", die es als „verfassungsgemäße Ordnung" versteht.[336] Diese Formulierung fehlt in anderen Grundrechtsartikeln. Nach der Elfes-Entscheidung hat das Gericht, insbesondere in seiner frühen Rechtsprechung, mehrfach auch dann Art. 2 I GG geprüft, wenn der Schutzbereich eines anderen Grundrechts einschlägig gewesen wäre,[337] und damit vorausgesetzt, dass nur Art. 2 I GG den Zugang zur Prüfung objektiven Verfassungsrechts eröffne.[338] Auch in der späteren Rechtsprechung hat das Gericht gelegentlich ohne nähere Begründung Art. 2 I GG und nicht ein an sich einschlägiges Spezialgrundrecht geprüft.[339] Ein Teil der Literatur, darunter auch neuere Veröffentlichungen, hat den Standpunkt übernommen, dass Art. 2 I GG Schlüssel zur Prüfung objektiven Verfassungsrechts sei.[340]

Wesentlich häufiger aber ist die Idee einer Schlüsselfunktion des Art. 2 I GG in der Literatur auf Kritik gestoßen.[341] Inzwischen wird das Konzept einer Schlüsselfunktion des Art. 2 I GG kaum noch vertreten. Dazu mag auch beigetragen haben, dass das Bundesverfassungsgericht die Prüfung der Elfes-Bedingung

---

336 BVerfGE 6, 32 (37). Die darauf folgende Argumentation (ebenda,38 ff.) setzt sich ausschließlich mit der Auslegung des Begriffs „verfassungsmäßige Ordnung" auseinander.

337 BVerfGE 10, 89 (99); darauf Bezug nehmend 11, 105 (110 ff.); 11, 234 (236 ff.); knapp 12, 296 (308); noch 1987 ebenso BVerfGE 75, 108 (146). Andererseits jedoch für die Anwendung des Spezialgrundrechts bereits BVerfGE 9, 83 (89).

338 Explizit prüft BVerfGE 10, 89 (102) Art. 2 I GG und nicht Art. 9 GG.

339 BVerfGE 75, 108 (146).

340 *Pieroth*, AöR 1990, 33 (39); *Bernhardt*, JZ 1963, 302 (306); in der Tendenz wohl auch Maunz/Dürig/*Di Fabio*, Art. 2 Rn. 12 und *Kunig*, Jura 1990, 523 (523).

341 *Hutzelmann*, Die prozessuale Bedeutung, 104 f.; *Frotz*, Die Reichweite des grundrechtlichen Abwehranspruchs, 43; *Degenhart*, JuS 1990, 161, 169; *Kube*, JuS 2003, 111 (116 f.); *Schwabe*, DÖV 1973, 623, 625; *Scholz*, AöR 1975, 80, 109. Kritik und weitere Nachweise bei *Ehmke*, VVDStRL 1963, 53 (82) und *Hesse*, Grundzüge des Verfassungsrechts der Bundesrepublik Deutschland, Rn. 301, teils auch bezogen auf die uneinheitliche Handhabung.

inzwischen ganz überwiegend in eine Prüfung des jeweils sachlich einschlägigen Grundrechts einbindet.[342]

4.1.2.2. Die „Schrankenübertragung"

In der früheren Literatur und gelegentlich später noch diskutiert, aber verworfen wurde ein Interpretationsansatz, wonach die Schranken des Art. 2 I GG auf die anderen Grundrechte zu übertragen seien,[343] woraus folgen würde, dass auch diese durch die „verfassungsmäßige Ordnung" eingeschränkt werden können. Die Schranken des Art. 2 I GG werden mithin so behandelt, als seien sie auch Schranken der übrigen Grundrechte, in die sie gewissermaßen hineingelesen werden.

Das Bundesverfassungsgericht hat eine Übertragung der Schranken aus Art. 2 I GG wegen der Spezialität der übrigen Grundrechte abgelehnt.[344] Die Literatur hat sich dieser Ansicht wohl einhellig angeschlossen, teils explizit unter Berufung auf das Spezialitätsargument,[345] teils konkludent im Anschluss an das Bundesverfassungsgericht. In der Literatur wird die Elfes-Konstruktion deshalb für die übrigen Grundrechte teils ausdrücklich nicht (mehr) mit der „verfassungsmäßigen Ordnung" des Art. 2 I GG begründet.[346]

---

342 Aus der älteren Rechtsprechung: BVerfGE 9, 83 (88); 13, 181 (190); 24, 367 (384 f.); vgl. dazu auch *Degenhart*, JuS 1990, 161, 169 und *Frotz*, Die Reichweite des grundrechtlichen Abwehranspruchs, 39 f. Aus der neueren Rechtsprechung: BVerfG NVwZ 2004, 597 (599, 602); BVerfG NVwZ 2014, 1084 (1085). In letztgenannter Entscheidung lässt das Gericht offen, ob Art. 2 I GG oder Art. 14 I GG betroffen ist.

343 In Erwägung gezogen, aber verworfen von *Nipperdey*, in: Bettermann/Nipperdey/Scheuner, Die Grundrechte, 741 (765) mit zahlreichen Nachweisen für die frühere Literatur; angesprochen auch von *Frotz*, Die Reichweite des grundrechtlichen Abwehranspruchs, 46. In diese Richtung eher missverstanden werden hingegen Beiträge von Vertretern der Persönlichkeitskernlehre, die gerade nicht für eine Übertragung der Schranken plädieren, sondern die Subsidiarität des Art. 2 I GG infrage stellen. Vgl. dazu *Peters*, Das Recht auf freie Entfaltung der Persönlichkeit in der höchstrichterlichen Rechtsprechung, 50 und die Einordnung bei Maunz/Dürig/*Di Fabio*, Art. 2 Rn. 47.

344 BVerfGE 30, 173 (192 f.); 31, 58 (68 f.); 32, 98 (107).

345 Stellvertretend: *Wülfing*, Grundrechtliche Gesetzesvorbehalte und Grundrechtsschranken, 106 f.; *Hutzelmann*, Die prozessuale Bedeutung, 103; *Volkmann*, JZ 2005, 261 (268); *Frotz*, Die Reichweite des grundrechtlichen Abwehranspruchs, 46; Maunz/Dürig/*Di Fabio*, Art. 2 Rn. 47. Besonders deutlich *Volkmann*, JZ 2005, 261 (268).

346 *Scholz*, AöR 1975, 80 (105, 106 f.); *Schwabe*, DÖV 1973, 623 (624 f.).

4.1.2.3. Die Bedeutung der beiden älteren Ansätze für die Strukturanalyse

Der ältere, auf Art. 2 I GG fokussierte Interpretationsansatz stößt in beiden Untervarianten inzwischen ganz überwiegend auf Ablehnung. Die (ältere und neuere) Literatur weist die interpretative Herleitung der Elfes-Bedingung für die Spezialgrundrechte über Art. 2 I GG unter anderem auch mit Argumenten zurück, die auf semantische Strukturen Bezug nehmen.[347] Doch gerade deshalb ist der ältere Ansatz für die Strukturanalyse interessant. Denn es stellt sich die Frage, ob die strukturbezogenen Argumente, die diesem Ansatz entgegen gehalten werden, zu der semantischen Struktur der Grundrechtstatbestände passen – und zwar zu derjenigen semantischen Struktur, die die Kritiker der älteren Ansätze auf Grundlage der von ihnen befürworteten Verfassungsinterpretation voraussetzen. Ließe sich eine Inkongruenz feststellen, dann wäre eine alternative Interpretationsmöglichkeit mit unzutreffenden Argumenten verworfen worden. Diese einzelnen Argumente kann die Strukturanalyse prüfen.

Die neueren Interpretationsansätze bieten keine vergleichbaren Ansatzpunkte für strukturanalytische Fragen. Bildhaft gesprochen hängt ihr Wohl und Wehe nicht an der Struktur des Grundrechtssystems, weil sie eine passgenaue, die etablierte Grundrechtsdogmatik schonende Begründung der Elfes-Bedingung aus allgemeinen Prinzipien der Grundrechte entwickelt haben. Sie werfen kaum Fragen auf, die mit Mitteln der Strukturanalyse beantwortet werden können.

Dass der Fokus der Strukturanalyse auf älteren Ansätzen liegt, wenn es um die Einbettung der Elfes-Bedingung in den Grundrechtstatbestand geht, ist somit den Eigenheiten dieser älteren Ansätze geschuldet: Sie sind für das Erkenntnisinteresse der Strukturanalyse fruchtbarer. Eine implizite Parteinahme für diese Ansätze ist damit nicht verbunden. Indes können die Ergebnisse der Strukturanalyse die interpretative Diskussion selbstverständlich bereichern, indem sie in deren argumentative Prämissen Eingang finden.

4.2. Die Einbettung der Elfes-Bedingung in das Grundrechtssystem

4.2.1. Das den Interpretationsansätzen zugrunde liegende Strukturproblem

Drei der vier skizzierten Interpretationsansätze ordnen die Elfes-Bedingung im Ergebnis allen Grundrechten zu. Nur ein Interpretationsansatz hält Art. 2 I GG für das einzige Grundrecht, das (als alleiniger Sitz der Elfes-Konstruktion) den

---

347 Vgl. etwa *Bachof*, in: Bettermann/Nipperdey/Scheuner, Die Grundrechte, 155 (167); *Erichsen*, Jura 1987, 367 (370); *Volkmann*, JZ 2005, 261 (268).

Zugang zur Prüfung einer eingreifenden Norm auf ihre Verfassungsmäßigkeit eröffnet („Schlüsselgrundrecht“).

Dieser Befund wirft erstens die Frage auf, ob sich dieser abweichende Ansatz in seinem Interpretations*ergebnis* wirklich von den übrigen drei Ansätzen unterscheidet, und zwar soweit es darum geht, welchen Grundrechten die Elfes-Bedingung zuzuordnen ist.

Zweitens stellt sich die Frage, ob und inwiefern eine Sonderrolle des Art. 2 I GG, die sich aus einer Herleitung der Elfes-Konstruktion allein aus Art. 2 I GG ergibt, zu unerwünschten „Nebenwirkungen“ im Grundrechtssystem führen kann, wie es angesichts der Ablehnung der älteren Ansätze zu erwarten wäre.

Drittens stellt sich die Frage, wie die in der interpretativen Diskussion eingesetzten Argumente mit Voranahmen über semantische Strukturen zusammenhängen.

4.2.2. Art. 2 I GG als Auffanggrundrecht

Die Antworten auf diese Fragen hängen vom Verhältnis der Grundrechte zueinander ab. Insbesondere gilt es das Verhältnis von Auffanggrundrecht und Spezialgrundrechten zu bestimmen.

Unter der Prämisse, dass Art. 2 I GG als Auffanggrundrecht zu interpretieren ist, ist zu klären, was die Subsidiarität des Art. 2 I GG beziehungsweise seine Eigenschaft als lex generalis[348] strukturell gesehen bedeuten kann. Ferner ist zu prüfen, unter welchen Voraussetzungen den Spezialgrundrechten Tatbestandselemente des Art. 2 I GG zuzuordnen sind.

4.2.2.1. Das Hierarchieverhältnis von Auffang- und Spezialgrundrecht

Soweit die Grundrechte eine Rechtsfolge gemeinsam haben (dazu Abschnitt 5), lassen sie sich als eine Norm mit gemeinsamer Rechtsfolge darstellen. Bei übereinstimmender Rechtsfolge ist diese Darstellungsweise, wie im Abschnitt 2.4.3. erläutert, zur getrennten Darstellung verschiedener Normen mit identischen Rechtsfolgen gleichwertig. Einen strukturellen Unterschied gibt es zwischen beiden Darstellungsweisen nicht.

348 Die beiden Varianten des Verhältnisses von Art. 2 I GG und Spezialgrundrechten werden nicht immer in dem etwa von *Hesse*, Die Bindung des Gesetzgebers, 56 geforderten Sinne streng unterschieden. Nach *Hesse* kann auf die subsidiäre, nicht aber auf die generelle Norm „bei *jedem* Versagen der privilegierten Norm“ zurückgegriffen werden.

Jedoch unterscheiden sich die Tatbestände der Grundrechte.[349] Art. 2 I GG als Auffanggrundrecht zu verstehen bedeutet dabei, dass diese Tatbestände in einem bestimmten logischen Hierarchieverhältnis zueinander stehen.

Ein solches hierarchisches Verhältnis setzt auch die traditionelle Rechtslehre voraus, wenngleich sie es selten explizit anspricht. Logische, normstrukturbezogene Argumente werden zwar auch im Rahmen der Norminterpretation fruchtbar gemacht, wenn es um das Verhältnis von Auffanggrundrecht und Spezialgrundrechten geht.[350] Jedoch werden in der traditionellen Rechtslehre Fragen der semantischen Struktur nicht von anderen Fragestellungen getrennt, sondern systematische, historische und rechtsphilosophische Erwägungen zur Natur von Auffang- und Spezialgrundrechten werden zugleich diskutiert, wie es der tradierten juristischen Methodik entspricht. An diesen Erwägungen, nicht unmittelbar an Fragen der semantischen Struktur, entzünden sich wissenschaftliche Kontroversen.[351] Die Frage, ob die Schutzbereiche der Spezialgrundrechte zumindest prima facie im Schutzbereich des Art. 2 I GG enthalten sind, spielt in dieser Diskussion keine hervorgehobene Rolle.

Doch könnte die inzwischen herrschende Vorstellung von einem subsidiären Auffanggrundrecht aus logischen Gründen voraussetzen, dass die speziellen Freiheitsrechte prima facie in der allgemeinen Handlungsfreiheit enthalten seien. Um dies zu klären, gilt es das Verhältnis des „Enthaltenseins" mit Mitteln der Logik exakter zu beschreiben. Als Beispiel dienen Art. 2 I GG in seiner (heute) üblichen Auslegung als allgemeine Handlungsfreiheit sowie Art. 5 I GG. Dabei liegt ein leicht vereinfachtes Verständnis des Schutzbereichs der allgemeinen Handlungsfreiheit zugrunde, wie es im Abschnitt 3.2.1. beschrieben worden ist.

Unter diesen Voraussetzungen sei angenommen: Eine Klasse[352] K von Verhaltensweisen sei durch die Extension des Begriffs „menschliches Verhalten" bestimmt. Als Elemente von K seien die konkreten Verhaltensweisen bestimmter

---

349 Somit entspricht ihr Verhältnis zueinander der Variante 2 im Abschnitt 2.4.1.

350 Besonders deutlich *Bachof*, in: Bettermann/Nipperdey/Scheuner, Die Grundrechte, 155 (168). Vgl. auch *Nipperdey*, in: Bettermann/Nipperdey/Scheuner, Die Grundrechte, 741 (759); BVerwGE 1, 48 (51).

351 Vgl. einerseits *Bachof*, in: Bettermann/Nipperdey/Scheuner, Die Grundrechte, 155 (168); *Nipperdey*, in: Bettermann/Nipperdey/Scheuner, Die Grundrechte, 741 (758 f.); *Dürig*, JZ 1957, 169 (170 f.) und andererseits HdStR (2. Aufl.) VI/*Erichsen*, § 152 Rn. 27; *Burgi*, ZG 1994, 341 (357 f.); *Hesse*, Die Bindung des Gesetzgebers, 51 f.; *Scholz*, AöR 1975, 80 (114).

352 Vgl. zu dem hier verwendeten, im Sinne der Klassenlogik etwas untechnischen Klassenbegriff Abschnitt 2.3.1.

Personen zu einem gegebenen Zeitpunkt definiert. In derselben Weise kann auch der Begriff „Äußern einer Meinung" verstanden werden. Er bezeichnet also gleichfalls eine Klasse. Nunmehr sei vorausgesetzt, das Äußern einer Meinung sei eine Form menschlichen Verhaltens. Das Äußern einer Meinung bildet dann die Klasse K_1, die Teilklasse von K ist, denn jedes Element von K_1 ist Element von K – jede Handlung, die eine Meinungsäußerung ist, ist nach der vorausgesetzten Definition auch ein menschliches Verhalten.[353]

In der vorausgesetzten Bedeutung der Begriffe gilt: K_1 (Äußern einer Meinung) ist Teilklasse von K (menschliches Verhalten), und K ist Oberklasse von K_1. Die Vereinigungsklasse einer Klasse und ihrer Teilklasse stimmt mit der Oberklasse überein.[354] Außerdem stimmt die Schnittklasse einer Klasse und ihrer Teilklasse mit der Teilklasse überein.[355]

Sind bei gleicher Rechtsfolge sowohl ein weiterer, der Oberklasse entsprechender, als auch ein engerer, der Teilklasse entsprechender Tatbestand angeordnet, ist der engere Tatbestand das gemeinsame Element des weiteren und des engeren Tatbestands. Tritt die Rechtsfolge nur ein, wenn beide Tatbestände erfüllt sind, sind die Tatbestände als Elemente eines Gesamttatbestandes durch den Konjunktor $\wedge$ verknüpft. Die Konjunktion wiederum entspricht der

353 Entsprechend der allgemeinen Definition der Teilmenge: *Aleksandrov*, Lehrbuch der Mengenlehre, 10.

354 Dies ergibt sich aus der Definition der Vereinigungsmenge und der Teilmenge in der naiven Mengenlehre: Die Vereinigungsmenge der Mengen A und B ist die Menge der Elemente, die A oder B (einschließendes oder) angehören (*Halmos*, Naive Mengenlehre, 23). Wenn aber alle Elemente von B auch Elemente von A sind, B also Teilmenge von A ist, dann gehören alle Elemente von B sowohl A als auch B an. Entsprechend wird der Klassenterm der Vereinigungsklasse durch den Klassenterm der Oberklasse vollständig beschrieben: $B \subseteq A \Rightarrow B \cup A \Leftrightarrow A$ (*Weinberger*, Rechtslogik, 160). Das Zeichen $\subseteq$ kennzeichnet die Teilmenge und bedeutet „ist Teilmenge von", das Zeichen $\cup$ kennzeichnet die Vereinigung zweier Mengen, das Zeichen $\cap$ den Schnitt zweier Mengen. Strukturell identisch ist das Verhältnis von Meinungsäußerung (K_1) und menschlichem Verhalten (K): $K_1 \subseteq K \Rightarrow K_1 \cup K \Leftrightarrow K$.

355 Dies ergibt sich aus der Definition der Schnittmenge und der Teilmenge in der naiven Mengenlehre: Die Schnittmenge der Mengen A und B ist die Menge der Elemente, die sowohl A als auch B angehören (*Deiser*, Einführung in die Mengenlehre, 35). Wenn aber alle Elemente von B auch Elemente von A sind, wenn B also Teilmenge von A ist, dann gehören alle Elemente von B sowohl A als auch B an. Es gilt also: $B \subseteq A \Rightarrow B \cap A \Leftrightarrow B$ (*Weinberger*, Rechtslogik, 160). Wiederum gilt dasselbe für Meinungsäußerung (K_1) und Verhalten (K): $K_1 \subseteq K \Rightarrow K_1 \cap K \Leftrightarrow K_1$.

Schnittmenge[356] beziehungsweise Schnittklasse. Deshalb ist es zulässig, da nicht sinnverändernd,[357] nur den engeren Tatbestand darzustellen.

Wenn hingegen für den Eintritt der Rechtsfolge einer der beiden Tatbestände genügen soll, muss eine Verknüpfung durch den Disjunktor angenommen werden. Die Disjunktion entspricht der Vereinigungsmenge.[358] Deshalb ist es zulässig, da nicht sinnverändernd, nur den weiteren Tatbestand darzustellen.

4.2.2.2. Zwei Arten von Auffanggrundrechten

Das gilt auch für den weiten Tatbestand des Auffanggrundrechts und den engeren Tatbestand des Spezialgrundrechts der freien Meinungsäußerung. Werden nur die bisher genannten Tatbestandselemente („menschliches Verhalten" und „Meinungsäußerung") betrachtet, scheint daher das Spezialgrundrecht überflüssig, weil sein Tatbestand vollständig in dem des Auffanggrundrechts enthalten ist. Die Spezialgrundrechte können erst dadurch normativ bedeutsam werden, dass zu dem ersten Tatbestandselement (Eingriff in den Schutzbereich) weitere Tatbestandselemente hinzutreten, und zwar beim Auffanggrundrecht ebenso wie bei den Spezialgrundrechten.

Weitere Tatbestandselemente können (mittels des Konjunktors) geknüpft sein an

1. alle Fälle des Spezialgrundrechts, aber nicht an die (anderen) Fälle des Auffanggrundrechts,
2. alle Fälle des Auffanggrundrechts (und damit auch an alle Fälle des Spezialgrundrechts, die darin logisch enthalten sind) oder
3. alle Fälle des Auffanggrundrechts, die nicht Fälle des Spezialgrundrechts sind.

Bei dem Auffanggrundrecht gibt es also zwei verschiedene Interpretationsmöglichkeiten, nämlich die Varianten 2 und 3. Diese beiden Möglichkeiten diskutieren auch einige Stimmen in der traditionellen rechtswissenschaftlichen Literatur.[359] Trotz des interpretativen methodischen Kontexts handelt es sich um normstrukturbezogene Überlegungen. Im Ergebnis sprechen sich die erwähnten

356 Vgl. *Halmos*, Naive Mengenlehre, 25.

357 Dass aus der logischen Gleichwertigkeit verschiedener Darstellungsweisen keine interpretativen Schlüsse gezogen werden können, ist im Rahmen der analytischen Rechtslehre selbstverständlich, weil sie das Recht nicht eigenständig interpretiert. Jedoch können deskriptive Aussagen innerhalb interpretativer Stellungnahmen unter Berücksichtigung logischer Zusammenhänge auf ihre Richtigkeit überprüft werden.

358 Vgl. *Halmos*, Naive Mengenlehre, 25.

359 *Erichsen*, Jura 1987, 367 (369); *Hesse*, Die Bindung des Gesetzgebers, 56; *Nipperdey*, in: Bettermann/Nipperdey/Scheuner, Die Grundrechte, 741 (760 f.).

Literaturstimmen dafür aus, dass Art. 2 I GG gegenüber den Spezialgrundrechten zurücktritt. Dies kommt auch in den verwendeten Begriffen zum Ausdruck, wenn etwa von einem „Auffanggrundrecht“ einerseits und einem nicht subsidiären „totalen Auffanggrundrecht“ andererseits die Rede ist.[360]

Für die Strukturanalyse eignen sich solche Begrifflichkeiten nicht, weil sie bereits ein bestimmtes Interpretationsergebnis implizieren. Variante 2 sei daher unter Verzicht auf Vorfestlegungen als *einschließendes*, Variante 3 als *ausschließendes* Auffanggrundrecht bezeichnet. Im Fall des einschließenden Auffanggrundrechts sind beide Grundrechte nebeneinander anwendbar, im Fall des ausschließenden Auffanggrundrechts wird das Auffanggrundrecht durch das Spezialgrundrecht verdrängt.

Die Schutzbereiche lassen sich für die beiden Varianten grafisch wie folgt darstellen:

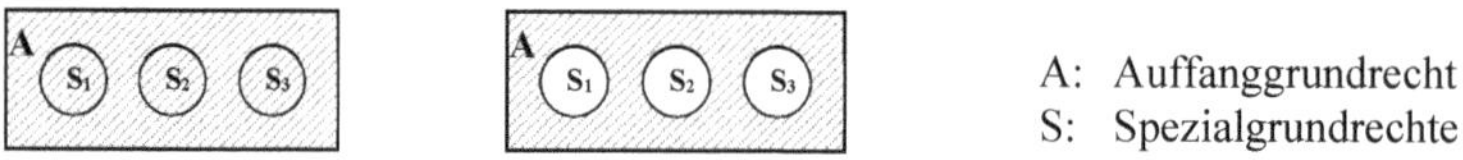

einschließendes Auffanggrundrecht — ausschließendes Auffanggrundrecht

Das Verhältnis von einschließendem und ausschließendem Auffanggrundrecht ist das Verhältnis eines weiteren Tatbestandselements zu einem engeren Tatbestandselement.[361] Das heißt: Das ausschließende Auffanggrundrecht lässt sich auch dadurch darstellen, dass man das einschließende Auffanggrundrecht um ein zusätzliches Tatbestandselement ergänzt. Das erste Tatbestandselement des ausschließenden Auffanggrundrechts ist das Element „menschliches Verhalten“ (Schutzbereich). Das zweite Element ist die „Negation“ aller Spezialgrundrechte. Es bestätigt sich also die im Abschnitt 4.2.2.1. aufgestellte Hypothese: Die Schutzbereiche der Spezialgrundrechte sind prima facie – also vorbehaltlich etwaiger Einschränkungen – im Schutzbereich der allgemeinen Handlungsfreiheit enthalten.

Wenn das zweite Tatbestandselement des einschließenden Auffanggrundrechts die Spezialgrundrechte negiert, stellt sich die Frage, was hier unter einer Negation zu verstehen ist. Wie genau diese Negation aussieht, hängt davon ab,

---

360 *Erichsen*, Jura 1987, 367 (369); *Hesse*, Die Bindung des Gesetzgebers, 56. *Nipperdey*, in: Bettermann/Nipperdey/Scheuner, Die Grundrechte, 741 (760 f.) spricht (weitgehend synonym) von „Garantiekonkurrenz durch Garantieüberlagerung“ einerseits und dem Verhältnis von lex specialis zu lex generalis andererseits.

361 Vgl. dazu Abschnitt 2.4.2.2.

wie streng die Spezialität gehandhabt werden soll, insbesondere ob ein Rückgriff auf das Auffanggrundrecht bei jedem „Versagen" des Spezialgrundrechts (nach *Hesse* ein Fall der Subsidiarität) oder nur bei thematischer Nichteinschlägigkeit des Spezialgrundrechts (nach *Hesse* ein Fall der lex generalis) möglich sein soll.[362] So kann das Tatbestandselement, das über die Verdrängung des Auffanggrundrechts entscheidet, sich auf den sachlichen Anwendungsbereich beziehen. Es kann sich aber auch auf einen eng verstandenen Schutzbereich beziehen,[363] aus dem Verhaltensweisen ausscheiden, die einzelfallunabhängig keinen Schutz des Spezialgrundrechts genießen. Der Inhalt des verdrängenden, negierenden Tatbestandselements ist also Interpretationsfrage. Unabhängig davon, welche Variante dieses negierenden Tatbestandselements vertreten wird, wird aber im Ergebnis die allgemeine Handlungsfreiheit im jeweiligen Umfang jenes negierenden Tatbestandselements vollständig verdrängt und nicht nur partiell.[364] Die verschiedenen Strengegrade des ausschließenden Auffanggrundrechts haben also dieselbe Struktur gemeinsam. Nur der Inhalt des zweiten, negierenden Tatbestandselements ist unterschiedlich.

Die Unterscheidung zwischen einem einschließenden und einem ausschließenden Auffanggrundrecht hat Auswirkungen auf die übrigen Tatbestandselemente des Auffanggrundrechts. Nur alle Tatbestandselemente des Auffanggrundrechts gemeinsam lösen die Rechtsfolge dieses Grundrechts aus, weshalb sie untereinander durch den Konjunktor zu verknüpfen sind. Im Fall des ausschließenden Auffanggrundrechts folgt daraus: Nur, wenn nicht vorrangig ein Spezialgrundrecht einschlägig ist, sind die übrigen Tatbestandselemente des Auffanggrundrechts zu prüfen.

---

362 *Hesse*, Die Bindung des Gesetzgebers, 56; HdStR (3. Aufl.) VII/*Cornils*, § 168 Rn. 64. Vgl. auch zur Differenzierbarkeit des Spezialitätsverhältnisses zwischen Grundrechten für das Verhältnis von Art. 3 I GG und Art. 38 I 1 GG BVerfGE 99, 1 (10 f.).

363 Vgl. dazu Maunz/Dürig/*Di Fabio*, Art. 2 Rn. 26; *Scholz*, AöR 1975, 80 (115).

364 Soweit *Scholz*, AöR 1975, 80 (115, 116, 119 f.) darauf abstellt, dass etwa verfestigte Kernbereiche des Art. 2 I GG oder die objektive Ergänzungsfunktion des Art. 2 I GG im Bereich der Spezialgrundrechte mit dessen Subsidiarität nicht in Einklang zu bringen seien, widerspricht dies der hier getroffenen Aussage nicht. Denn jene Gewährleistungen, die interpretativ aus Art. 2 I GG abgeleitet werden, haben denselben Anknüpfungspunkt im Verfassungstext wie die allgemeine Handlungsfreiheit, aber sind von ihr verschieden. Strukturell handelt es sich bei den verfestigten Kernbereichen um Spezialgrundrechte. Die objektive Ergänzungsfunktion ist demgegenüber eine reine Interpretationsfigur. Auch aus der Grundrechtskollision bei verschiedenen Grundrechtsträgern folgt keine Einschränkung der Subsidiarität (so aber *Scholz*, AöR 1975, 80 (117)).

4.2.2.3. *Die Positionierung von Rechtsprechung und Literatur zum Auffanggrundrecht*

Die einschließende Variante, wonach die allgemeine Handlungsfreiheit neben den Spezialgrundrechten anzuwenden ist, ist in der Literatur bereits vertreten worden,[365] bleibt aber eine isolierte, ältere Mindermeinung. Überwiegend wird eine mehr oder minder umfassende Subsidiarität der allgemeinen Handlungsfreiheit als selbstverständlich vorausgesetzt.[366] Sie entspricht der Entscheidung für ein ausschließendes Auffanggrundrecht.

Die Rechtsprechung des Bundesverfassungsgerichts hat die behauptete Subsidiarität der allgemeinen Handlungsfreiheit nie ganz konsequent gehandhabt, worauf *Scholz* zu Recht hinweist.[367] Mit Blick auf die Elfes-Konstruktion vertritt das Gericht zur Subsidiarität der allgemeinen Handlungsfreiheit zwei miteinander schwer vereinbare Standpunkte.

Einerseits betont es bereits seit der Elfes-Entscheidung regelmäßig und kategorisch, dass die allgemeine Handlungsfreiheit hinter andere Grundrechte zurücktrete.[368] Aus diesem Grund lehnt es auch die so genannte Schrankenübertragung ab.[369] Die Tatbestandselemente der allgemeinen Handlungsfreiheit prüft es nicht als Tatbestandselemente der Spezialgrundrechte.

Andererseits war, wie bereits erläutert, gerade die frühe Rechtsprechung uneinheitlich, was die Zuordnung der Elfes-Konstruktion allein zu Art. 2 I GG oder auch zu anderen Grundrechtsartikeln angeht. Dafür wurde sie, wie ebenfalls bereits oben erwähnt, in der Literatur kritisiert. Seitdem hat das Gericht keine andere interpretative Herleitung der Elfes-Bedingung entwickelt als diejenige über Art. 2 I GG, prüft aber die Elfes-Bedingung regelmäßig im Rahmen der

---

365 *Huber*, Wirtschaftsverwaltungsrecht, 660 f. Im Sinne eines einschließenden Auffanggrundrechts argumentiert auch *Peters*, Das Recht auf freie Entfaltung der Persönlichkeit in der höchstrichterlichen Rechtsprechung, 50. Zwar ist *Peters'* Auffanggrundrecht enger gefasst als das inzwischen übliche Verständnis des Art. 2 I GG als allgemeine Handlungsfreiheit. Dennoch ist aus seiner Sicht die Entfaltung der Persönlichkeit im Verhältnis zur Religionsausübung allgemeiner und enthält diese.

366 *Hutzelmann*, Die prozessuale Bedeutung, 87 f., 103; *Schmidt*, AöR 1966, 42 (42); *Degenhart*, JuS 1990, 161 (169); *Kube*, JuS 2003, 111 (117); *Erichsen*, Jura 1987, 367 (370); *Volkmann*, JZ 2005, 261 (268); Maunz/Dürig/*Di Fabio*, Art. 2 Rn. 47; *Scholz*, AöR 1975, 80 (112 ff.); *Rupp*, Die auf Art. 2 Abs. 1 gestützte Klagebefugnis, 170 f.

367 *Scholz*, AöR 1975, 80 (114 ff.) mit zahlreichen Nachweisen.

368 BVerfGE 23, 50 (55 f.) unter Bezugnahme auf 6, 32 (37); 13, 181 (190) (weniger deutlich); 30, 173 (192); 32, 98 (107); BVerfG NJW 2000, 1480 (1481).

369 BVerfGE 30, 173 (192 f.); 31, 58 (68 f.); 32, 98 (107).

Spezialgrundrechte. Es setzt also voraus, dass die Elfes-Bedingung im Ergebnis Tatbestandselement der Spezialgrundrechte ist.

Dies ist mit einer Herleitung der Elfes-Bedingung über Art. 2 I GG nur unter einer von zwei Voraussetzungen zu vereinbaren: Entweder versteht das Gericht die allgemeine Handlungsfreiheit einschließend oder aber es überträgt die Schranken der allgemeinen Handlungsfreiheit auf die Spezialgrundrechte – beispielsweise im Wege eines Erst-Recht-Schlusses, weil das Auffanggrundrecht sonst strengere Anforderungen stellen würde als die Spezialgrundrechte. Beide Varianten hat das Gericht verworfen, aber es hat auch keine Alternative aufgezeigt. Es bleibt ein unaufgelöster Widerspruch.

Dieser Widerspruch kann in zwei Richtungen aufgelöst werden: Einerseits kann man darauf verzichten, die Elfes-Bedingung unmittelbar aus Art. 2 I GG herzuleiten, das heißt: Man kann die Elfes-Konstruktion aufgeben. Andererseits könnte man auch die Subsidiarität der allgemeinen Handlungsfreiheit aufgeben.

4.2.2.4. Die Diskussion um den Auffangcharakter des Art. 2 I GG

Die Subsidiaritätsfrage wird jedoch in der Literatur nicht mehr mit Bezug auf die Elfes-Konstruktion diskutiert. Der Streit um Art. 2 I GG als Auffanggrundrecht entzündet sich inzwischen eher am Verhältnis von Deutschen- und Ausländergrundrechten.[370] Auch insoweit steht die Frage im Raum, ob Art. 2 I GG die Schutzbereiche der Spezialgrundrechte einschließt oder nur ergänzend neben sie tritt. Zutreffend rückt *Kube* dieses Problem in den Zusammenhang der Elfes-Konstruktion,[371] denn ihm liegt dieselbe Grundfrage um die Interpretation des Art. 2 I GG zugrunde, die auch die Weichen für mögliche Herleitungen der Elfes-Konstruktion stellt.

Hinsichtlich der Elfes-Konstruktion dominiert in der Literatur seit langem ein Verständnis des Art. 2 I GG als ausschließendes Auffanggrundrecht. Es ist beispielsweise davon die Rede, dass Art. 2 I GG nicht Obersatz der Spezialgrundrechte sei,[372] Art. 2 I GG nicht „die ‚an sich' auch durch die Einzelgrundrechte geschützten Lebensbereiche" erfasse[373] und die Vorstellung eines einschließenden Auffanggrundrechts im „Widerspruch zur Annahme eines Spezialitätsverhältnisses" stehe.[374] Im Interpretationsergebnis sind sich diese Stimmen also einig. Dass Art. 2

370 *Hesse*, Die Bindung des Gesetzgebers, 57; *Degenhart*, JuS 1990, 161 (167 f.); *Kube*, JuS 2003, 111 (114); Maunz/Dürig/*Di Fabio*, Art. 2 Rn. 30, 32 mit weiteren Nachweisen.

371 *Kube*, JuS 2003, 111 (113 f.).

372 *Bachof*, in: Bettermann/Nipperdey/Scheuner, Die Grundrechte, 155 (167).

373 *Erichsen*, Jura 1987, 367 (370).

374 *Erichsen*, Jura 1987, 367 (370).

I GG als ausschließendes Auffanggrundrecht anzusehen ist, wird dabei als selbstverständlich behandelt, ohne dass eine eingehendere Begründung vorausgeht. Dies ist aus Sicht der analytischen Rechtswissenschaft problematisch, weil damit eine bloße Interpretations*möglichkeit* wie eine zwingend vorauszusetzende semantische Struktur behandelt wird, zu der es keine vertretbare Alternative gibt. Dass eine Alternative zur Spezialität fehle, wird teils auch explizit vertreten.[375]

Hingegen ist das Meinungsspektrum bezüglich des Verhältnisses von Ausländer- und Deutschengrundrechten wesentlich differenzierter, obwohl diesem Problem dieselbe systematische Vorfrage zugrunde liegt. Hier finden sich unter anderem Ansätze zugunsten eines grundsätzlichen Vorrangs der Deutschengrundrechte,[376] Ansätze zugunsten einer weit reichenden Auffangfunktion des Art. 2 I GG[377] und die Forderung nach einer grundrechts- und einzelfallabhängigen Betrachtung, also gerade nach einem Verzicht auf ein systematisierendes Verständnis des Art. 2 I GG.[378]

Alle drei Verständnismöglichkeiten wären ohne weiteres auch für den Problemkreis der Elfes-Konstruktion fruchtbar zu machen. Dies scheint sogar geboten, sofern man ein einheitliches Verständnis der allgemeinen Handlungsfreiheit anstrebt, wie es dem Selbstverständnis der traditionellen Methodik entsprechen dürfte. Wenn über die Interpretation des Art. 2 I GG einheitlich entschieden werden soll, dann erstreckt sich dieses Verständnis auf beide Problemkreise, und sei es mit dem Ergebnis, dass der Verfassungstext – dann aber eben hinsichtlich beider Problemkreise – nur argumentativer Anknüpfungspunkt für differenzierte, einzelfallabhängige Wertungsentscheidungen sein darf.

Wer beispielsweise systematisch argumentiert und eine Schrankenübertragung ablehnt, weil die Spezialgrundrechte die allgemeine Handlungsfreiheit umfassend verdrängten, kann schwerlich gleichzeitig davon ausgehen, dass die allgemeine Handlungsfreiheit Grundrechtsschutz für Ausländerinnen und Ausländer gewähre, soweit sie durch die Deutschengrundrechte nicht geschützt seien.

Was die systematischen Interpretationsansätze angeht, entspricht der Vorrang der Deutschengrundrechte der Entscheidung für ein ausschließendes Auffanggrundrecht. Bereits der Anwendungsbereich des Spezialgrundrechts verdrängt demnach die allgemeine Handlungsfreiheit.

---

375 So etwa von *Volkmann*, JZ 2005, 261 (268).

376 *Hesse*, Die Bindung des Gesetzgebers, 57; zahlreiche weitere Nachweise bei Maunz/Dürig/*Di Fabio*, Art. 2 Rn. 30.

377 *Degenhart*, JuS 1990, 161 (167 f.); ebenso Maunz/Dürig/*Di Fabio*, Art. 2 Rn. 32 mit zahlreichen weiteren Nachweisen.

378 *Kube*, JuS 2003, 111 (114).

Es besteht also aus strukturellen Gründen Anlass, die interpretative Diskussion um den Auffangcharakter der allgemeinen Handlungsfreiheit zu verallgemeinern und nicht nur auf einen Problemkreis zu fokussieren. Diese erweiterte Diskussion würde auch die Begründung der Elfes-Bedingung berühren. Aus Sicht der Strukturanalyse sollten in dieser Diskussion Aussagen zur Normstruktur nicht verabsolutiert und als selbstverständlich vorausgesetzt werden. Es muss deutlich werden, dass auch sehr grundlegende Normstrukturen nicht einfach gegeben sind, sondern interpretationsabhängig und damit kontingent.

4.2.3. Strukturunterschiede je nach Art des Auffanggrundrechts

Zu klären bleibt die eingangs aufgeworfene Frage, ob ein struktureller Unterschied besteht zwischen einem Verständnis des Art. 2 I GG als Schlüssel zur Elfes-Konstruktion,[379] der allein die Prüfung sonstiger Verfassungsverstöße eröffne, und einem Verständnis, wonach die Elfes-Bedingung im Ergebnis allen Grundrechten (unabhängig von der interpretativen Herleitung) zuzuordnen ist. Die Antwort auf diese Frage liefert zudem die Antwort auf die allgemeinere Frage, wie sich die Elfes-Bedingung in Abhängigkeit von verschiedenen Interpretationsmöglichkeiten zu den übrigen Tatbestandselementen einer Grundrechts-Rechtsfolge verhält.

Da die beiden Verständnismöglichkeiten des Art. 2 I GG als einschließendes und ausschließendes Auffanggrundrecht sich strukturell unterscheiden, muss für beide Varianten getrennt beantwortet werden, ob es für sie jeweils einen Unterschied macht, ob die Elfes-Bedingung nur der allgemeinen Handlungsfreiheit oder allen Grundrechten zugeordnet wird. Dies in natürlicher Sprache darzustellen ist komplexer und unanschaulicher, als es in der formalen Sprache der Aussagenlogik ist. Im Folgenden findet sich die Beschreibung in natürlicher Sprache im Haupttext, in formaler Sprache in den Fußnoten.

4.2.3.1. Die Struktur für ein einschließendes Auffanggrundrecht

Ein einschließendes Auffanggrundrecht enthält die Schutzbereiche aller Spezialgrundrechte. Man kann den Eingriff in den Schutzbereich des Auffanggrundrechts (a) als (alternative, siehe sogleich) Kombination aus den Eingriffen in die Schutzbereiche aller Spezialgrundrechte (s_1, s_2, … s_n)[380] und den verbleibenden Rest (r) auffassen. Jeder Eingriff in einen Schutzbereich lässt sich als Tatbestandselement der Rechtsfolge der Grundrechte formulieren. Für die Rechtsfolge der

379 Dazu mit Nachweisen oben Abschnitt 4.1.2.1.

380 Der Einfachheit halber wird hier mit drei Spezialgrundrechten operiert. Die Struktur ist aber unabhängig von der Anzahl der Spezialgrundrechte identisch.

Grundrechte ist es hinreichend, wenn ein Eingriff in den Schutzbereich *eines* der Grundrechte vorliegt (und die für dieses Grundrecht jeweils spezifischen weiteren Anforderungen an den Eingriff nicht erfüllt sind). Das gilt ebenso, wenn man vom Auffanggrundrecht her denkt, denn der Eingriff in einen Teilaspekt der allgemeinen Handlungsfreiheit ist stets Eingriff in die allgemeine Handlungsfreiheit insgesamt. Konsequenterweise sind die Grundrechtstatbestände, wenn man aus ihnen einen Gesamttatbestand bildet, mit dem Disjunktor zu verknüpfen.[381]

Wenn die Elfes-Bedingung so definiert wird, wie es im Abschnitt 3.3. vorausgesetzt wurde, dann tritt die Rechtsfolge des Auffanggrundrechts entweder bei einem Verstoß gegen das Grundrecht selbst (z. B. Unverhältnismäßigkeit) oder bei einem Verstoß gegen sonstiges Verfassungsrecht (Elfes-Bedingung) ein. Sie tritt ferner ein, wenn beides zugleich zutrifft. Das Tatbestandselement „Grundrechtsverstoß im engeren Sinn" (g) ist mit der Elfes-Bedingung (e) folglich durch den Disjunktor zu verknüpfen.[382]

Hingegen sind der Eingriff in den Schutzbereich und die fehlende Rechtfertigung nur zusammen hinreichende Bedingungen der Rechtsfolge. Das gilt auch, wenn die Rechtfertigung des Eingriffs daran scheitert, dass der Eingriffsakt nicht verfassungsmäßig ist (Elfes-Bedingung). Daher sind diese beiden Gruppen von Tatbestandselementen, Eingriff in den Schutzbereich und fehlende Rechtfertigung, durch den Konjunktor zu verknüpfen.[383] Somit ist nach dem Distributivgesetz der Aussagenlogik[384] auch die Elfes-Bedingung durch den Konjunktor an den Eingriff in den Schutzbereich geknüpft.[385]

Nun umfasst der Schutzbereich des einschließenden Auffanggrundrechts die Schutzbereiche der Spezialgrundrechte und des ausschließenden Auffanggrundrechts. Er lässt sich daher auch als Kombination aus beiden darstellen; was entsprechend für den jeweiligen Eingriff gilt.[386] Der korrekte Junktor ist der Disjunktor, wenn jedes der beiden Elemente (Eingriff in ein Spezialgrundrecht, Eingriff in das ausschließende Auffanggrundrecht) für sich genommen eine Grundrechts-Rechtsfolge auslösen soll.

381 Es seien also gleichbedeutend: a und $s_1 \vee s_2 \vee s_3 \vee r$.

382 $g \vee e$.

383 $a \wedge (g \vee e)$.

384 Zu den Äquivalenzgesetzen der Aussagenlogik *Beckermann*, Einführung in die Logik, 69 f.

385 $(a \wedge g) \vee (a \wedge e)$.

386 Dies ist die zweite der im Abschnitt 2.4.2.2. beschriebenen Darstellungsweisen. Das weite (ausschließende) Auffanggrundrecht setzt sich dabei zusammen aus dem engen (einschließenden) Auffanggrundrecht und den Spezialgrundrechten.

Wenn man all dies berücksichtigt, kann man die Tatbestandselemente in Gruppen angeordnet und durch Junktoren verknüpft darstellen. Im Rahmen der Äquivalenzgesetze der Aussagenlogik[387] ist es nun gleichbedeutend, wie Aussagen angeordnet werden. Es sind also bedeutungsneutrale Umformungsoperationen zulässig, wenn man die Struktur einer Aussagengruppe (einschließlich der Junktoren) korrekt in die Sprache der Aussagenlogik überträgt.

Dies gilt auch für den Tatbestand einer Grundrechts-Rechtsfolge. Die Elfes-Bedingung ist dem einschließenden Auffanggrundrecht insgesamt zugeordnet, und zwar durch den Konjunktor, denn nur wenn ein Eingriff in den Schutzbereich vorliegt *und* der Eingriffsakt nicht verfassungsmäßig ist, wird die Rechtsfolge der Grundrechte ausgelöst.[388] Der Schutzbereich des einschließenden Auffanggrundrechts setzt sich seinerseits zusammen aus den Schutzbereichen des ausschließenden Auffanggrundrechts und der Spezialgrundrechte. Die Elfes-Bedingung ist folglich mit dieser gesamten Gruppe von Tatbestandselementen (ausschließendes Auffanggrundrecht plus Spezialgrundrechte) verknüpft. Dann ist sie aufgrund des Distributivgesetzes auch mit jedem ihrer Elemente für sich genommen verknüpfbar,[389] also nicht nur mit dem ausschließenden Auffanggrundrecht, sondern auch mit jedem Spezialgrundrecht.[390]

---

387 Kommutativgesetz und Assoziativgesetz sind für zusammengesetzte Aussagen anwendbar, die mit dem Konjunktor oder dem Disjunktor gebildet werden. Das Distributivgesetz gilt für zusammengesetzte Aussagen, die beide Junktoren enthalten. Zu den Äquivalenzgesetzen der Aussagenlogik *Beckermann*, Einführung in die Logik, 69 f.

388 Dass es alternativ dazu auch noch andere Tatbestandselemente gibt, die die Rechtsfolge auslösen, kann hier unberücksichtigt bleiben.

389 In der Sprache der Aussagenlogik: $e \land (r \lor s) \Leftrightarrow (e \land r) \lor (e \land s)$. Hierbei steht e für die Elfes-Bedingung, s für die Tatbestände aller Spezialgrundrechte zusammengenommen (also $s_1, s_2, \dots s_n$) und r für das ausschließende Auffanggrundrecht. Zu den Äquivalenzgesetzen der Aussagenlogik *Beckermann*, Einführung in die Logik, 69 f.

390 Nach dem oben Erläuterten darf das einschließend verstandene Auffanggrundrecht ohne Sinnveränderung als „Summe" der Spezialgrundrechte (vereinfachend: s_1, s_2, s_3) und des „Restes" (r) verstanden werden. Damit kann die Konjunktion aus der Bedingung „Eingriff in den Schutzbereich des Auffanggrundrechts" (a) und der Elfes-Bedingung (e)

$(a \land e)$

dargestellt werden als

$(s_1 \lor s_2 \lor s_3 \lor r) \land e$

Dieser Term ist nach dem Distributivgesetz gleichbedeutend mit

$(s_1 \land e) \lor (s_2 \land e) \lor (s_3 \land e) \lor (r \land e)$

Hier ist die Elfes-Bedingung (e) nun jedem Grundrecht zugeordnet.

Dass die Spezialgrundrechte noch zusätzliche Tatbestandselemente enthalten, ändert an der beschriebenen Struktur nichts. Wenn beispielsweise Art. 5 I GG bei Missachtung spezifischer Anforderungen verletzt ist (z. B. der Anforderung „allgemeines Gesetz"), dann hindert dies nicht daran, die Elfes-Bedingung durch logische Umformung zum Tatbestand der Meinungsfreiheit zu ziehen. Denn indem das einschließende Auffanggrundrecht aus dem ausschließenden Auffanggrundrecht und den Spezialgrundrechten zusammengesetzt wurde, treten die Spezialgrundrechte nun zweimal auf: Einerseits wird eine Grundrechts-Rechtsfolge ausgelöst, wenn in den Schutzbereich des Spezialgrundrechts eingegriffen wird *und* die Elfes-Bedingung (Eingriff nicht verfassungsgemäß) erfüllt ist. Andererseits wird eine Grundrechts-Rechtsfolge ausgelöst, wenn in das Spezialgrundrecht eingegriffen wird *und* dessen spezifische Eingriffsanforderungen nicht erfüllt sind, beispielsweise das „allgemeine Gesetz" bei der Meinungsfreiheit. Diese beiden Gruppen von Tatbestandselementen sind untereinander durch den Disjunktor verknüpft, weil beide für sich genommen eine Grundrechts-Rechtsfolge auslösen.[391]

Nun kann nach dem Distributivgesetz umgeformt werden, wobei die Junktoren erhalten bleiben. Dadurch wird die Elfes-Bedingung mit dem Verstoß gegen die Anforderung „allgemeines Gesetz" durch den Disjunktor verbunden. Der Verstoß gegen die Allgemeinheit des Gesetzes und die Elfes-Bedingung bilden eine Gruppe von Tatbestandselementen, die durch den Konjunktor mit dem Eingriff in Schutzbereich der Meinungsfreiheit verbunden ist.[392]

---

391 Es stehe nun a für den Eingriff in den Schutzbereich des Auffanggrundrechts. e stehe für die Elfes-Bedingung und m stehe für die Allgemeinheit des Gesetzes. Die Rechtsfolge der Grundrechte wird (unter anderem) entweder ausgelöst, wenn in den Schutzbereich der allgemeinen Handlungsfreiheit eingegriffen wird (a) und der Eingriffsakt nicht verfassungsgemäß ist (e). Oder aber sie wird ausgelöst, wenn in den Schutzbereich der Meinungsfreiheit eingegriffen wird (s_1) und der Eingriffsakt im Falle eines Gesetzes nicht allgemein ist (m). Der Tatbestand lässt sich also folgendermaßen darstellen:
$(a \wedge e) \vee (s_1 \wedge m)$

392 Wie oben kann der Eingriff in den Schutzbereich des Auffanggrundrechts a ersetzt werden durch den Eingriff in die Schutzbereiche der Spezialgrundrechte (einschließlich der Meinungsfreiheit), also s_1, s_2, s_3, zuzüglich des Eingriffs in den Restschutzbereich r.
Es ist also gleichbedeutend:
$((s_1 \vee s_2 \vee s_3 \vee r) \wedge e) \vee (s_1 \wedge m)$
Nach dem Distributivgesetz kann umgeformt werden zu
$(s_1 \wedge e) \vee (s_2 \wedge e) \vee (s_3 \wedge e) \vee (r \wedge e) \vee (s_1 \wedge m)$
und mittels des Kommutativ- und Assoziativgesetzes zu
$((s_1 \wedge e) \vee (s_1 \wedge m)) \vee (s_2 \wedge e) \vee (s_3 \wedge e) \vee (r \wedge e)$
und nun mittels des Distributivgesetzes zu
$(s_1 \wedge (e \vee m)) \vee (s_2 \wedge e) \vee (s_3 \wedge e) \vee (r \wedge e)$

Wenn die Elfes-Bedingung für ein als *einschließend* verstandenes Auffanggrundrecht ausreicht, um (zusammen mit dem Eingriff in den Schutzbereich) die Rechtsfolge der Grundrechte auszulösen, dann löst sie somit aus logischen Gründen diese Rechtsfolge auch für jedes Spezialgrundrecht aus.[393]

Wenn Art. 2 I GG als einschließendes Auffanggrundrecht verstanden wird, wirkt die allgemeine Handlungsfreiheit also als „Schlüsselgrundrecht" für die Elfes-Bedingung. Es besteht dann kein Grund dafür, die Elfes-Bedingung auf interpretativem Wege auch den Spezialgrundrechten zuzuordnen. Geschieht das dennoch, dann wird für die Spezialgrundrechte eine zweite, redundante Elfes-Bedingung erzeugt. Stellt man die semantische Struktur dieser Konstruktion in der Sprache der Aussagenlogik dar, kann diese zweite Elfes-Bedingung nach dem Idempotenzgesetz der Aussagenlogik[394] gekürzt werden, ohne dass dies bedeutungsverändernd wäre.

Daher gibt es strukturell keinen Unterschied zwischen einem Verständnis des Art. 2 I GG als *einschließendes* Auffanggrundrecht, das zugleich Schlüssel zur Elfes-Bedingung ist, und einer Elfes-Bedingung, die interpretativ sowohl einem *ausschließenden* Auffanggrundrecht als auch jedem der Spezialgrundrechte zugeordnet wird. Auch zur speziellen Interpretationsvariante der Schrankenübertragung, die anknüpfend an Art. 2 I GG die Elfes-Bedingung den Spezialgrundrechten zuordnen will, besteht dann kein Unterschied in der normativen Struktur des Interpretationsergebnisses.

Allerdings bleibt die allgemeine Handlungsfreiheit neben dem Spezialgrundrecht zu prüfen, und zwar in ihrer ausschließenden Variante, wie sie durch Umformung aus der einschließenden Variante hervorgegangen ist. Dabei würde gegebenenfalls die Elfes-Bedingung doppelt geprüft. Rein praktisch ist diese Prüfung aber verzichtbar. Dazu gibt es zwei Möglichkeiten: Entweder wird bei der Prüfung der Elfes-Bedingung nach „oben" verwiesen, also auf die Prüfung des Spezialgrundrechts. Oder die Elfes-Bedingung wird vor die Klammer gezogen,

---

393 Darauf, dass Tatbestandselemente einer einschließend verstandenen allgemeinen Handlungsfreiheit eine Grundrechts-Rechtsfolge auch dann auslösen, wenn ein Spezialgrundrecht einschlägig ist, weist der Sache nach bereits *Huber*, Wirtschaftsverwaltungsrecht, 661, hin, obgleich die Elfes-Entscheidung erst vier Jahre nach *Hubers* Stellungnahme erging. Die allgemeine Strukturfrage, wie sich Tatbestandselemente der allgemeinen Handlungsfreiheit zu den Tatbeständen der Spezialgrundrechte verhalten, ist unabhängig von der Elfes-Konstruktion. Allerdings legt *Huber* die „verfassungsmäßige Ordnung" eng aus. Im Ergebnis spricht er sich also nicht der Sache nach dafür aus, eine Elfes-Bedingung den Spezialgrundrechten zuzuordnen.

394 *Beckermann*, Einführung in die Logik, 69 f.

wird also vorab vor allen Freiheitsrechten geprüft. Beide Varianten finden sich auch in der Prüfungspraxis des Bundesverfassungsgerichts,[395] obgleich das Gericht von vornherein nur von einem ausschließenden Auffanggrundrecht ausgeht.

4.2.3.2. Die Struktur für ein ausschließendes Auffanggrundrecht

Ein ausschließendes Auffanggrundrecht greift nur ein, soweit nicht ein Spezialgrundrecht vorgeht. Die Schutzbereiche der Spezialgrundrechte sind also aus seinem Schutzbereich ausgeklammert. In der oben verwendeten grafischen Darstellung (rechte Grafik) entspricht dieser Rest der schraffierten Fläche.

Das heißt aber auch, dass das Auffanggrundrecht die Spezialgrundrechte nicht mehr enthält.[396] Im Gegenteil lässt sich das ausschließende Auffanggrundrecht sogar als Kombination aus dem einschließenden Auffanggrundrecht und der Negation der Spezialgrundrechte darstellen.[397] Der richtige Junktor ist hier der Konjunktor, denn die Rechtsfolge tritt nur dann ein, wenn menschliches Verhalten berührt ist *und* dieses Verhalten nicht vorrangig durch die Spezialgrundrechte geschützt wird.

Wiederum ist die Elfes-Bedingung mit dem Auffanggrundrecht durch den Konjunktor zu verknüpfen. Nur Eingriff in den Schutzbereich *und* fehlende Rechtfertigung – hier mangels Verfassungsmäßigkeit des Eingriffsakts – lösen die Rechtsfolge aus.

Neben diese Gruppe von Tatbestandselementen treten die Tatbestände der Spezialgrundrechte. Wiederum sind sie durch den Disjunktor mit dem Auffanggrundrecht zu verknüpfen. Denn der Verstoß gegen eines der Grundrechte reicht aus, um die Rechtsfolge der Grundrechte auszulösen. Die Elfes-Bedingung lässt sich aber in diesem Fall nicht durch logische Umformungsoperationen mit

395 Dazu Abschnitt 4.4.2.

396 Was oben als „Rest“ des einschließenden Auffanggrundrechts bezeichnet wurde, also ein Schutzbereich, aus dem die Schutzbereiche der Spezialgrundrechte ausgeklammert sind, ist mit dem ausschließenden Auffanggrundrecht identisch. Die logischen Verknüpfungen zur Elfes-Bedingung sind zwar dieselben wie oben beim einschließenden Auffanggrundrecht: $r \land e$, wenn r für den Rest und e für die Elfes-Bedingung steht. Aber es besteht keine Möglichkeit, die Elfes-Bedingung logisch den Spezialgrundrechten zuzuordnen. Das wird in der aussagenlogischen Darstellung erkennbar, wobei hier wiederum s_1, s_2, s_3 für Spezialgrundrechte stehen:
$s_1 \lor s_2 \lor s_3 \lor (r \land e)$
Wie oben ändern zusätzliche Tatbestandselemente der Spezialgrundrechte an dieser Struktur nichts.

397 Dazu Abschnitt 4.2.2.2.

den Spezialgrundrechten verknüpfen. Denn sie ist im Gegenteil gerade daran gebunden, dass ein Spezialgrundrecht *nicht* einschlägig ist.

Daraus folgt, dass die Elfes-Bedingung nicht schon aus logischen Gründen – ohne interpretative Zusatzannahmen – zugleich Tatbestandselement aller anderen Grundrechte ist, *wenn* Art. 2 I GG ausschließend verstanden wird.

Nur wenn die allgemeine Handlungsfreiheit als ausschließendes Auffanggrundrecht verstanden wird, ist es also eine Interpretationsfrage, ob die Elfes-Bedingung dennoch den anderen Grundrechten zuzuordnen ist. Einer von vielen Vorschlägen dazu ist die Schrankenübertragung. Nur bestünde diese Schrankenübertragung in der interpretativen Verallgemeinerung eines Rechtsgedankens und hätte mit der logischen Operation, die oben für das einschließende Auffanggrundrecht möglich war, nur das Ergebnis gemeinsam.

Als Schlüsselgrundrecht wirken kann Art. 2 I GG bei einem ausschließenden Auffanggrundrecht ohnehin nicht. Denn sofern die Elfes-Bedingung für die Spezialgrundrechte nicht anderweitig hergeleitet wird, gehört sie nur zum Tatbestand des ausschließenden Auffanggrundrechts. Sobald ein Spezialgrundrecht einschlägig ist, ist die Elfes-Bedingung nicht mehr zu prüfen. Diese rechtspolitisch merkwürdig anmutende Konsequenz dürfte Hauptantrieb dafür sein, dass die Literatur bei der Herleitung der Elfes-Bedingung nach Alternativen zur Elfes-Konstruktion sucht. Denn die einzige Alternative, die unerwünschte Konsequenz zu vermeiden, bestünde in der Schrankenübertragung, beispielsweise in Form eines Erst-Recht-Schlusses.

Wenn allerdings, unabhängig von der interpretativen Herleitung, die Elfes-Bedingung ohnehin allen Grundrechten zugeordnet werden soll, dann besteht zwischen dem einschließenden und dem ausschließenden Verständnis der allgemeinen Handlungsfreiheit kein Unterschied in der normativen Struktur *bezüglich der Elfes-Bedingung.*[398] Wird die Elfes-Bedingung allen Spezialgrundrechten sowie dem ausschließenden Auffanggrundrecht (für „Restfälle“) zugeordnet, ist dies logisch gleichbedeutend damit, sie nur dem einschließenden Auffanggrundrecht zuzuordnen.

Damit sind die eingangs im Abschnitt 4.2. gestellten Fragen aber noch nicht vollständig beantwortet. Denn es bleibt möglich, dass es mit Blick auf andere normative Strukturen als die Elfes-Bedingung Unterschiede zwischen einem einschließenden und einem ausschließenden Auffanggrundrecht gibt (dazu Abschnitt 4.3.).

---

398 Andere Unterschiede bestehen hingegen durchaus, dazu Abschnitt 4.3.

4.2.4. Konsequenzen für die interpretative Herleitung der Elfes-Bedingung

Zu Interpretationsfragen verhält sich die Strukturanalyse indifferent. Allerdings können die oben dargelegten Erkenntnisse in der interpretativen Diskussion berücksichtigt werden. Das Verhältnis der allgemeinen Handlungsfreiheit zu den Spezialgrundrechten ist für die interpretative Herleitung der Elfes-Bedingung eine entscheidende Weichenstellung.

4.2.4.1. Variante 1: Ablehnung der Elfes-Bedingung für die Spezialgrundrechte

Wenn Art. 2 I GG als ausschließend verstanden wird und wenn man der Auffassung ist, dass das Grundgesetz keine anderen Anhaltspunkte für die Elfes-Bedingung bietet, dann bleibt die Elfes-Bedingung auf die Fälle des Art. 2 I GG beschränkt, die nicht zugleich in den Schutzbereich der Spezialgrundrechte fallen. Art. 2 I GG würde damit letztlich mehr Schutz gewähren würde als die Spezialgrundrechte. Dies würde nicht dazu passen, dass auf interpretativer Ebene vorausgesetzt wird, ein Auffanggrundrecht biete allenfalls ergänzenden Schutz und sei leichter einschränkbar als ein Spezialgrundrecht.[399] Wenn die Schrankenübertragung und ein Verständnis der allgemeinen Handlungsfreiheit als „Schlüsselgrundrecht" abgelehnt werden, dann also auch deshalb, weil ein Verständnis der allgemeinen Handlungsfreiheit als ausschließendes Auffanggrundrecht vorausgesetzt wird.

4.2.4.2. Variante 2: Zuordnung der Elfes-Bedingung zu den Spezialgrundrechten

Wenn die Elfes-Bedingung allen Grundrechten zugeordnet werden soll, entscheidet die Subsidiaritätsfrage darüber, ob die interpretative Herleitung sich auf Art. 2 I GG beschränken kann oder andere Anknüpfungspunkte benötigt. Denn wenn die Entscheidung für eine ausschließende Interpretation des Art. 2 I GG getroffen ist, erscheint die Schrankenübertragung folgerichtig als etwas, das eigens interpretativ hergeleitet werden muss (aber je nach Interpretationsansatz nicht hergeleitet werden kann).[400] Die heute überwiegende Auffassung,

399 Vgl. dazu auch Abschnitt 4.3. Zum rechtshistorischen Hintergrund dieses Verständnisses vgl. Abschnitt 6.2.2.2.

400 Nur unter dieser Prämisse ist etwa die Argumentation bei *Nipperdey*, in: Bettermann/Nipperdey/Scheuner, Die Grundrechte, 741 (765 f.) folgerichtig.

eine interpretative Herleitung allein über Art. 2 I GG sei nicht möglich, setzt voraus, dass Art. 2 I GG als ausschließendes Auffanggrundrecht zu verstehen sei, ohne dass diese Vorfrage intensiv diskutiert würde.[401]

4.2.4.3. *Konsequenzen für die Rechtsprechung des Bundesverfassungsgerichts*

Die Rechtsprechung des Bundesverfassungsgerichts wird zu Recht ganz überwiegend so verstanden, dass die allgemeine Handlungsfreiheit wegen ihrer Subsidiarität bei der Prüfung eines Eingriffs in die Spezialgrundrechte nicht hergezogen werden dürfe.[402] Doch ein genauerer Blick auf die Prüfungspraxis lohnt dennoch.

Inzwischen geht das Gericht, wie erwähnt, bei der Grundrechtsprüfung vom Schutzbereich des einschlägigen Spezialgrundrechts aus und nicht von Art. 2 I GG, auch wenn nur die Elfes-Bedingung zu prüfen ist.[403] Aber für ein als einschließend verstandenes Auffanggrundrecht wäre es logisch gleichwertig, nur die allgemeine Handlungsfreiheit zu prüfen. Genau dies hat das Gericht in seiner älteren Rechtsprechung getan.[404] Würde ein einschließendes Verständnis der allgemeinen Handlungsfreiheit vorausgesetzt, wäre dieses Vorgehen der älteren Rechtsprechung konsequent.

Zuzustimmen ist der Kritik an dieser frühen Rechtsprechung jedoch darin, dass es falsch wäre, zu behaupten, dass *nur* Art. 2 I GG den Zugang zur Prüfung der Elfes-Konstruktion eröffne.[405] Dies trifft weder auf Interpretationsebene noch auf struktureller Ebene zu.

---

401 *Nipperdey*, in: Bettermann/Nipperdey/Scheuner, Die Grundrechte, 741 (765 f.) allerdings berücksichtigt, dass das Verhältnis der allgemeinen Handlungsfreiheit zu den Spezialgrundrechten nicht von der Herleitung der Elfes-Bedingung für die Spezialgrundrechte zu trennen ist.

402 *Hutzelmann*, Die prozessuale Bedeutung, 87 f.; *Schmidt*, AöR 1966, 42 (42); *Degenhart*, JuS 1990, 161 (169); *Kube*, JuS 2003, 111 (117); *Erichsen*, Jura 1987, 367 (370).

403 Beispielsweise BVerfGE 9, 83 (88); 13, 181 (190); 24, 367 (384 f.); BVerfG NVwZ 2004, 597 (599, 602); BVerfG NVwZ 2014, 1084 (1085). In letztgenannter Entscheidung lässt das Gericht offen, ob Art. 2 I GG oder Art. 14 I GG betroffen ist, geht aber davon aus, dass Art. 14 I GG spezieller und damit an sich vorrangig zu prüfen ist.

404 BVerfGE 10, 89 (99); darauf Bezug nehmend 11, 105 (110 ff.); 11, 234 (236 ff.); 12, 296 (308); BVerfGE 75, 108 (146).

405 *Hutzelmann*, Die prozessuale Bedeutung, 104 f.; *Frotz*, Die Reichweite des grundrechtlichen Abwehranspruchs, 43; *Kube*, JuS 2003, 111 (117); *Schwabe*, DÖV 1973, 623 (625); *Scholz*, AöR 1975, 80 (109).

Auf Interpretationsebene nicht, weil in der Literatur für die Elfes-Bedingung mehrere andere Herleitungsmöglichkeiten vorgeschlagen wurden (dazu Abschnitte 6.3. und 6.4.).

Auf der Ebene der semantischen Struktur nicht, weil es bei einem einschließenden Auffanggrundrecht irrelevant ist, ob die Elfes-Bedingung beim Auffanggrundrecht oder beim Spezialgrundrecht verortet wird. Wenn man unterstellen würde, dass das Bundesverfassungsgericht ein einschließendes Auffanggrundrecht befürwortete, wäre es daher korrekt, dass das Gericht die Elfes-Bedingung in die Prüfung der Spezialgrundrechte einbindet. Aber es wäre auch nicht falsch, sie in die Prüfung der allgemeinen Handlungsfreiheit einzubinden. Hingegen ist bei einem ausschließenden Auffanggrundrecht die Elfes-Bedingung nicht dadurch den Spezialgrundrechten zugeordnet, dass sie dem Auffanggrundrecht zugeordnet ist. Der Prüfungsaufbau der älteren Rechtsprechung würde dann nicht zur semantischen Struktur passen. Korrekte Alternative zum etablierten Prüfungsaufbau wäre es dann nur, die Elfes-Bedingung, wie es die neueste Rechtsprechung gelegentlich tut,[406] ganz vor die Klammer zu ziehen und anschließend erst in die Prüfung der Grundrechte einzusteigen.

Spräche sich das Gericht sich für ein einschließendes Auffanggrundrecht aus, wäre die Konsequenz also, dass der Prüfungsaufbau der älteren und der neueren Rechtsprechung aufgrund ihrer Gleichwertigkeit bruchlos miteinander kompatibel wären. Bislang hat das Gericht diese Konsequenz nicht gezogen, sondern betont die Subsidiarität des Art. 2 I GG.[407] Aber eine alternative Erklärung dafür, warum es die Elfes-Bedingung auch den Spezialgrundrechten zuordnet, hat es nicht vorgeschlagen. Insofern sind auch die Überlegungen der neueren Literatur, die Elfes-Bedingung anders herzuleiten als (nur) mittels der Elfes-Konstruktion, nicht mit der bisherigen Rechtsprechung des Bundesverfassungsgerichts kompatibel.

Alle Möglichkeiten des Gerichts, seine Rechtsprechung zu harmonisieren, erfordern deshalb Korrekturen bisheriger Weichenstellungen, nur jeweils an unterschiedlicher Stelle. Es gibt drei Korrekturmöglichkeiten: Das Gericht könnte erstens die Elfes-Bedingung anders herleiten als mittels der Elfes-Konstruktion. Es könnte zweitens Art. 2 I GG je nach Zusammenhang und Fallgestaltung unterschiedlich verstehen, zum Beispiel für die Zwecke der Elfes-Konstruktion als einschließend, in anderen Zusammenhängen ausschließend. Dies wäre aufgrund der Systematisierungstendenz des Gerichts, die sich unter anderem in der Betonung

406 So etwa BVerfG NJW 2015, 44 (44); BVerfG, Nichtannahmebeschluss vom 23.12.2005 – 2 BvR 1779/05 –, juris; in der Sache ähnlich auch BVerfG NVwZ 2015, 582 (583).

407 BVerfGE 30, 173 (192 f.); 31, 58 (68 f.); 32, 98 (107).

des Spezialitätsgedankens äußert, aber eher fernliegend. Drittens könnte das Gericht seine Aussagen zur Subsidiarität des Auffanggrundrechts relativieren.

4.3. „Unterlaufen" der Spezialgrundrechte?

Während die erste Möglichkeit in der Literatur intensiv diskutiert wird (dazu Abschnitte 6.3. und 6.4.) und die zweite nachvollziehbarerweise nicht, stößt die dritte Möglichkeit, wie bereits erwähnt, inzwischen auf einhellige Ablehnung. Weil die Argumente, mit denen diese Ablehnung begründet wird, auf semantische Strukturen Bezug nehmen, gilt es sie näher zu prüfen.

4.3.1. Zwei Arten des Unterlaufens

Einem Verständnis des Art. 2 I GG als einschließendes Auffanggrundrecht wurde schon früh entgegnet, auch die Schranken stünden zueinander in einem Konkurrenzverhältnis, das sich nach der Konkurrenz der Grundrechte bestimme.[408] Immer wieder wurde auch die Befürchtung geäußert, dass die strengeren Schranken der Spezialgrundrechte oder die Abgrenzungen der Schutzbereiche „unterlaufen" werden könnten.[409] Der Begriff des Unterlaufens spricht insofern zwei Aspekte an.

Der erste Fall des Unterlaufens betrifft die Annahme, dass Spezialgrundrechte, darunter auch die so genannten schrankenlosen Grundrechte, mittels des Eingriffsvorbehalts des Auffanggrundrechts erleichtert eingeschränkt werden könnten, weil dieser weniger strenge Anforderungen stelle als die Eingriffsvorbehalte der Spezialgrundrechte. Es geht also um die Befürchtung eines *niedrigeren* Schutzniveaus[410] – dazu Abschnitt 4.3.2.

Der zweite Fall des Unterlaufens betrifft die Annahme, ein Verhalten, das vom Schutz der Spezialgrundrechte nicht erfasst ist, könne durch ein einschließendes Auffanggrundrecht dennoch geschützt werden.[411] Es geht also um die Befürchtung eines *höheren* Schutzniveaus – dazu Abschnitt 4.3.3.

---

408 *Knies*, Schranken der Kunstfreiheit als verfassungsrechtliches Problem, 91 f., Fn. 175; *Hutzelmann*, Die prozessuale Bedeutung, 113. *Hutzelmann* nimmt dabei an, aufgrund des Vorrangs der Verfassung könnten auch die Spezialgrundrechte ohnehin nur durch verfassungsmäßiges Recht eingeschränkt werden. Diese Argumentation macht eine Schrankenübertragung überflüssig, vgl. ebenda 112.

409 Differenzierende Nachweise dazu sogleich.

410 *Hesse*, Die Bindung des Gesetzgebers, 66 f.; in der Tendenz auch *Dürig*, JZ 1957, 169 (173); implizit ferner auch BVerfGE 30, 173 (192 f.); 32, 98 (107).

411 *Volkmann*, JZ 2005, 261 (268); *Erichsen*, Jura 1987, 367 (370); *Hesse*, Die Bindung des Gesetzgebers, 67. *Nipperdey*, in: Bettermann/Nipperdey/Scheuner, Die Grundrechte,

4.3.2. Unterlaufen der Eingriffsvorbehalte (niedrigeres Schutzniveau)

Soweit die Spezialgrundrechte unterschiedliche, auf die jeweils geschützten Rechtsgüter zugeschnittene Schutzniveaus verwirklichen, geschieht dies durch eine Qualifikation der Eingriffsvorbehalte. In manche Grundrechte soll nur durch Gesetz, in andere auch aufgrund eines Gesetzes eingegriffen werden können. Für den Eingriff in manche Grundrechte genügt ein beliebiges Gesetz, andere fordern ein Gesetz, das einen bestimmten Inhalt aufweist (Art. 5 II GG, Art. 11 II GG) oder in einem bestimmten Verfahren zustande gekommen ist (Art. 16a III 1 GG). Art. 2 I GG enthält schließlich einen besonders weit gesteckten und besonders interpretationsbedürftigen Eingriffsvorbehalt. Die gesetzliche Regelungstechnik legt eine Interpretation nahe, die die Eingriffsvorbehalte als grundrechtsspezifisch behandelt.[412]

Doch diese Interpretationsfrage ist nicht entscheidend dafür, ob die strengeren Eingriffsvorbehalte der Spezialgrundrechte unterlaufen werden können, wenn man das Auffanggrundrecht als einschließend versteht. Für das Unterlaufen kommt es allein auf die logischen Beziehungen zwischen einem einschließenden Auffanggrundrecht und den Spezialgrundrechten an.

Damit die Rechtsfolge eines Grundrechts eintritt, müssen *alle* seine Tatbestandselemente erfüllt sein, also der Eingriff in den Schutzbereich und die fehlende Rechtfertigung des Eingriffs. Zu verknüpfen sind diese Tatbestandselemente folglich durch den Konjunktor.

Wer davon ausgeht, dass der „Verstoß“ gegen den Tatbestand *eines* Grundrechts genügt, um die gemeinsame Rechtsfolge der Grundrechte auszulösen, muss die Tatbestände der Grundrechte untereinander durch den Disjunktor verknüpfen. Dann würden die Spezialgrundrechte durch den Eingriffsvorbehalt des Auffanggrundrechts nicht erleichtert eingeschränkt, selbst wenn man das

---

741 (762) hingegen scheint eher zu befürchten, dass die Rechtsprechung gleichsam aus Bequemlichkeit nur noch auf Art. 2 I GG zurückgriffe, wenn sie ein einschließendes Auffanggrundrecht anerkennen würde. Doch dies wäre angesichts der strengeren Eingriffsvorbehalte der Spezialgrundrechte unwahrscheinlich. Soweit hingegen der Prüfungsgegenstand bei beiden Grundrechten derselbe ist – wie bei der Elfes-Bedingung – wäre ein Rückgriff auf das Auffanggrundrecht eine prüfungstechnisch korrekte Form der Arbeitsersparnis. Sie hätte dieselbe Wirkung wie das Dahinstehenlassen des einschlägigen Grundrechts, das bereits jetzt in der Prüfungspraxis des Bundesverfassungsgerichts praktiziert wird, etwa in der Entscheidung BVerfG NVwZ 2014, 1084 (1085).

412 Vgl. dazu die Abschnitte 6.1.1. und 6.2.2. mit Nachweisen für diese Sichtweise aus Entstehungsgeschichte und Literatur.

Auffanggrundrecht als ein einschließendes versteht. Denn aus dem einschließenden Auffanggrundrecht ergibt sich nur, dass sich Eingriffe in das Spezialgrundrecht *auch* an den Anforderungen der allgemeinen Handlungsfreiheit messen lassen müssen.[413] Daher kann eine Regelung, die allein den spezifischen Anforderungen des Spezialgrundrechts nicht genügt, eine Grundrechts-Rechtsfolge auslösen, obwohl sie die allgemeine Handlungsfreiheit nicht verletzt.

Das gilt – nicht unbestrittenermaßen[414] – auch für die schrankenlosen Grundrechte, und zwar selbst dann, wenn man ihnen keinerlei (verfassungsimmanente) Schranken zuordnet. Denn wenn allein der Eingriff in den Schutzbereich eines schrankenlosen Grundrechts als Grundrechtsverstoß die Rechtsfolge der Grundrechte auslöst, dann ist wiederum nicht erheblich, ob bei dem Auffanggrundrecht noch weitere Tatbestandselemente erfüllt sein müssen, damit ein Grundrechtsverstoß vorliegt.[415] Entscheidend ist nur der korrekte Junktor.

Die Befürchtung eines niedrigeren Schutzniveaus ist also mit einem einschließenden Verständnis des Art. 2 I GG nicht zu begründen.

4.3.3. Unterlaufen der Schutzbereiche (höheres Schutzniveau)

Für die Befürchtung eines höheren Schutzniveaus ist zunächst festzuhalten, dass es in der Natur eines Auffanggrundrechts liegt, ein Verhalten zu schützen, das vom Schutz der Spezialgrundrechte nicht erfasst ist. Bei dem als einschließend verstandenen Auffanggrundrecht kommt aber hinzu, dass seine Rechtsfolge auch dann ausgelöst wird, wenn ein Verhalten in den Anwendungs- oder Schutzbereich[416] eines Spezialgrundrechts fällt und mit dessen Eingriffsvorbehalt

---

413 Das wird in der Aussagenlogik an der Struktur erkennbar, die im Abschnitt 4.2.3.1. hergeleitet wurde:
$(s_1 \wedge (e \vee m)) \vee (s_2 \wedge e) \vee (s_3 \wedge e) \vee (r \wedge e)$
Die Elfes-Bedingung (e) und die Missachtung der spezifischen Anforderungen für Eingriffe in die Meinungsfreiheit (m) sind jeweils für sich genommen hinreichend, um im Fall eines Grundrechtseingriffs die Rechtsfolge der Grundrechte auszulösen.

414 A. A. etwa Maunz/Dürig/*Di Fabio*, Art. 2 Rn. 47; *Dürig*, JZ 1957, 169 (171).

415 Die (Rechtfertigungs-)Anforderungen, die das Auffanggrundrecht an Eingriffsakte stellt (c) und die auch einem schrankenlosen Grundrecht (s) zugeordnet würden, wären nach dem Absorptionsgesetz schlicht logisch kürzbar:
$s \vee (s \wedge c) \Leftrightarrow s$
Zum Absorptionsgesetz der Aussagenlogik ($p \vee (p \wedge q) \Leftrightarrow p$) vgl. *von Kutschera*, Elementare Logik, 56, dort 2. Variante des Absorptionsgesetzes der Disjunktion.

416 Zwischen Anwendungs- und Schutzbereich kann differenziert werden; so etwa bei Maunz/Dürig/*Di Fabio*, Art. 2 Rn. 26: Die Auffangfunktion greife, soweit zwar der Anwendungsbereich, aber nicht der Schutzbereich eines Spezialgrundrechts berührt

vereinbar ist, aber der Eingriffsakt nicht dem Eingriffsvorbehalt des Art. 2 I GG genügt. Sofern die Anforderungen des Auffanggrundrechts strenger sein sollten als die des Spezialgrundrechts, kann dies folglich ein höheres Schutzniveau bedeuten. Gleiches gilt, wenn ein bestimmtes Verhalten generell aus dem Schutz des Spezialgrundrechts ausgeklammert wird.

Dieses höhere Schutzniveau bleibt aber eng begrenzt. Denn es wird nur relevant, soweit die Spezialgrundrechte tatsächlich weniger Schutz gewähren als das Auffanggrundrecht. *Volkmann* und *Erichsen* nennen als Beispiel eine unfriedliche Versammlung, die über Art. 2 I GG geschützt wird.[417] An diesem Beispiel zeigt sich aber auch die begrenzte Reichweite des höheren Schutzniveaus. Was Art. 2 I GG als Mehr an Grundrechtsschutz gewährt, wird durch seinen weiten Eingriffsvorbehalt weitgehend wieder relativiert.[418] Denn neben der Elfes-Bedingung setzt (nur) der Verhältnismäßigkeitsgrundsatz der Relativierung des Auffanggrundrechts eine Grenze.[419] Selbst wenn die allgemeine Handlungsfreiheit unfriedliche Versammlungen schützt, wäre der Gesetzgeber nach dem Verständnis der herrschenden Grundrechtsdogmatik also nicht gehindert, eine Regelung zu treffen, die unfriedliche Versammlungen ganz verbietet. Voraussetzung wäre nur, dass diese Regelung dem Verhältnismäßigkeitsgrundsatz genügte. Würde der Schutzbereich der Versammlungsfreiheit auch unfriedliche Versammlungen erfassen, wären diese wesentlich stärker geschützt.

---

sei. Eine Differenzierung zwischen Schutzbereich und Anwendungsbereich erübrigt sich dann, wenn als Schutzbereich immer das „thematisch" einschlägige Verhalten im weitestmöglichen Sinne verstanden wird. Denn dann kann ein Grundrecht für verschiedene Unterkategorien dieses Verhaltens (wie bei der Versammlungsfreiheit) oder für verschiedene Eingriffsarten (wie bei der Berufsfreiheit) auch unterschiedlich strenge Eingriffsvoraussetzungen vorsehen. Dass ein Eingriff voraussetzungslos gestattet wird (beziehungsweise unter den niedrigschwelligen Voraussetzungen des Art. 2 I GG) wie beispielsweise eine Beschränkung unfriedlicher Versammlungen, ist dann nur eine von mehreren Abstufungsmöglichkeiten.

417 *Volkmann*, JZ 2005, 261 (268); *Erichsen*, Jura 1987, 367 (370).

418 Maunz/Dürig/*Di Fabio*, Art. 2 Rn. 27; *Degenhart*, JuS 1990, 161 (167 f.); *Ridder*, AöR 1962, 311 (329); vgl. auch schon *Deutscher Bundestag/Bundesarchiv* (Hrsg.), Der Parlamentarische Rat 1948 – 1949, Bd. 5/I, Nr. 4, 41.

419 Von Mangoldt/Klein/Starck/*Starck*, Art. 2 I Rn. 30. Dass das Auffanggrundrecht nur wenig Schutz zu bieten hat, ist auch als Argument gegen ein weites Verständnis des Art. 2 I GG vorgebracht worden, etwa von *Ehmke*, VVDStRL 1963, 53 (83). Gegen das Leerlaufen unter Verweis auf den Verhältnismäßigkeitsgrundsatz: von Mangoldt/Klein/Starck/*Starck*, Art. 2 I Rn. 30.

Der zusätzliche Schutz durch eine als einschließend verstandene allgemeine Handlungsfreiheit wäre also minimal gegenüber einem ausschließenden Verständnis. Wer der Auffassung ist, der Verfassungsgeber habe im Bereich der Spezialgrundrechte teils mehr Schutz gewähren wollen, teils dem Gesetzgeber aber auch die Möglichkeit eröffnen wollen, stärker einzugreifen,[420] wird auch diese minimale Ausweitung des Grundrechtsschutzes kritisch sehen. Die Rede vom „Unterlaufen" der Spezialgrundrechte oder gar von einer „Paralysierung" der differenzierenden Freiheitsgewährungen[421] scheint aber überspitzt.

4.3.4. Konsequenzen für die Interpretation des Art. 2 I GG

Die erste Befürchtung eines niedrigeren Schutzniveaus ist also aus logischen Gründen unbegründet, solange man davon ausgeht, dass der Verstoß gegen jedes Grundrecht für sich genommen die Rechtsfolgen der Grundrechte auslöst. Die Befürchtung eines höheren Schutzniveaus hingegen kann in engen Grenzen zutreffen.

Es bleibt mithin nicht gänzlich ohne Konsequenzen für das Grundrechtssystem, ob man Art. 2 I GG als einschließendes oder ausschließendes Auffanggrundrecht versteht. Die etablierte Grundrechtsdogmatik wäre auch über den Spezialitätsgrundsatz hinaus berührt. Daher liegt es nahe, dass Interpretationsansätze, die sich nur auf Art. 2 I GG stützen, auch in Zukunft wenig Zustimmung erfahren werden. Die Rechtfertigung der Elfes-Konstruktion dürfte sich auch weiterhin auf andere Ansätze konzentrieren.

Aber dass die Möglichkeit besteht, Art. 2 I GG einschließend zu verstehen, und dass die *Ergebnisse* der Verfassungsinterpretation davon nur marginal beeinflusst werden, könnte Anlass geben, die etablierte Grundrechtsdogmatik nicht ad absolutum zu setzen. Denn die Elfes-Bedingung kann im Fall eines als einschließend verstandenen Auffanggrundrechts allen Abwehr-Grundrechten zugeordnet werden, und zwar ohne weitere interpretative Vorannahmen. Ein einschließendes Verständnis der allgemeinen Handlungsfreiheit wäre zudem geeignet, die bisherige Rechtsprechung des Bundesverfassungsgerichts zur Zuordnung der Elfes-Bedingung kohärent zu erklären. An anderer Stelle im Grundrechtssystem richtet ein einschließendes Auffanggrundrecht, bildhaft gesprochen, im Ergebnis weit weniger Schaden an, als in der Literatur vielfach befürchtet wird. Der Bruch mit der etablierten Grundrechtslehre läge also allein in dogmatischen Fragen und nicht in praktischen Rechtswirkungen.

---

420 *Dürig*, JZ 1957, 169 (171); *Volkmann*, JZ 2005, 261 (268).

421 *Hesse*, Die Bindung des Gesetzgebers, 67.

Daher könnte es sich aus Sicht der traditionellen Rechtslehre durchaus lohnen, einen auf Art. 2 I GG gestützten Interpretationsansatz als gleichberechtigte Möglichkeit neben anderen in die interpretative Diskussion um die Herleitung der Elfes-Bedingung aufzunehmen und seine Vor- und Nachteile im Vergleich mit anderen Ansätzen ergebnisbezogen zu evaluieren.

4.4. Reichweite des Auffanggrundrechts

Grundsätzlich wäre also ein Verständnis der allgemeinen Handlungsfreiheit als einschließendes Auffanggrundrecht geeignet, zu erklären, warum die Elfes-Bedingung auch den Spezialgrundrechten zuzuordnen ist. Zu klären bleibt, ob auf diesem Wege die Elfes-Bedingung *allen* Grundrechten zugeordnet werden kann. Ob und unter welchen Voraussetzungen dies möglich ist, soll an zwei Beispielen erörtert werden, für die dies auf den ersten Blick nicht selbstverständlich ist: dem Eigentumsgrundrecht und dem allgemeinen Gleichheitsrecht.

Die Beantwortung dieser Frage anhand der zwei Beispiele erhebt nicht den Anspruch, die Grundrechtsdogmatik des jeweiligen Grundrechts zu vertiefen. Gegenstand der Beschreibung ist vielmehr – in Grundzügen – das *Ergebnis* der Interpretation des jeweiligen Grundrechtsartikels, soweit es in Rechtsprechung und traditioneller Rechtslehre mehr oder minder konsensual ist. Ergebnis ist also die operative Norm als etablierter Sinn der maßgeblichen Grundrechtsartikel. Deren Herleitung und deren dogmatische Einbettung hingegen, so bedeutsam sie für die traditionelle Rechtslehre sind, müssen bei einem strukturanalytischen Zugang überwiegend außen vor bleiben.

4.4.1. Das Eigentumsgrundrecht

Das Bundesverfassungsgericht hat die Elfes-Konstruktion wie selbstverständlich auf Art. 14 GG übertragen. In seiner ersten Entscheidung zu dieser Frage begründet es diesen Schritt jedoch nicht näher. Seitdem beruft es sich auf diese erste Entscheidung.[422]

Völlig selbstverständlich ist es allerdings nicht, dass die Elfes-Konstruktion auch auf das Eigentumsgrundrecht Anwendung findet, und zwar selbst dann nicht, wenn man – anders als das Bundesverfassungsgericht – die allgemeine Handlungsfreiheit als einschließendes Auffanggrundrecht verstehen würde.

---

422 BVerfGE 14, 263 (278); seitdem beispielsweise BVerfGE 18, 121 (132); BVerfGE 102, 1 (17). Ohne Bezugnahme auf BVerfGE 14, 263: BVerfGE 24, 367 (384 f.).

Denn Grundrechte, die einen bestimmten Rechtszustand garantieren, schützen zwar im Ergebnis unbestritten menschliches Verhalten. Aber ihr Tatbestand knüpft nicht an Gebote oder Verbote an den Grundrechtsträger an, sondern an die Änderung der Rechtslage, so etwa Art. 14 GG. Deshalb bedarf es einer kurzen Erläuterung, in welchem Verhältnis das Eigentumsgrundrecht zur allgemeinen Handlungsfreiheit steht.

4.4.1.1. Zur Interpretation des Art. 14 GG

Art. 14 GG scheint auf den ersten Blick – also wenn man für einen Augenblick die etablierte Deutung außer Acht lässt – widersprüchlich: Einerseits soll das Eigentum gewährleistet werden, gemäß Art. 1 III GG mit Bindungswirkung auch für den Gesetzgeber, andererseits aber werden Inhalt und Schranken durch die Gesetze bestimmt.[423]

Tatsächlich ist es von der Interpretation des Art. 14 GG abhängig, ob ein Widerspruch besteht oder nicht: Entweder man nimmt einen Widerspruch hin mit dem Ergebnis, dass Art. 14 I 1 GG dem Gesetzgeber keine Begrenzung auferlegen kann und nur Art. 14 III GG einen Schutz vor eigentumstangierenden Gesetzen bietet. Oder aber man versucht, in wertender Weise einen Bereich gesetzgeberischer Gestaltungsfreiheit von einem Bereich verfassungsrechtlicher Bindung abzugrenzen. Diese zweite Möglichkeit, der Rechtsprechung und Literatur ganz überwiegend folgen, eröffnet naturgemäß ein breites Variationsspektrum.[424] Das Bundesverfassungsgericht hat sich in seiner Rechtsprechung auf eine Variante dieser zweiten Möglichkeit festgelegt. Seine Eigentumsdogmatik prägt den heutigen Meinungsstand. Mangels Relevanz für den Untersuchungsgegenstand können deren Differenzierungen hier nicht näher erörtert werden. Jedoch lässt sich ein Kern des Eigentumsverständnisses skizzieren:

In die Rechtsposition, die durch die Gesamtheit der jeweils geltenden allgemeinen eigentumsregelnden Normen des öffentlichen Rechts und des Zivilrechts bestimmt ist, könne durch die Legalenteignung als Einzelfallgesetz und durch Administrativenteignung, die auf gesetzlicher Ermächtigung beruht, eingegriffen werden.[425] Ferner dürfe der Gesetzgeber das Eigentum als Rechtsinstitut

---

423 Dies ist gerade für Einrichtungsgarantien charakteristisch: *Pieroth/Schlink/Kingreen u.a.*, Grundrechte. Staatsrecht II, Rn. 237.

424 Beispielsweise plädieren *Pieroth/Schlink/Kingreen u.a.*, Grundrechte. Staatsrecht II, Rn. 237 f. für eine Abgrenzung zwischen Ausgestaltung und Eingriff anhand des Merkmals „Traditionsbruch".

425 BVerfGE 58, 300 (331, 335 f.).

nicht abschaffen.[426] Inhalts- und Schrankenbestimmungen des Gesetzgebers im Sinne des Art. 14 I 2 GG seien auch im Übrigen nicht grenzenlos zulässig, sondern müssten ihrerseits die Sozialbindung des Eigentums verwirklichen,[427] sie gegen die verfassungsrechtlich geschützte Rechtsposition des Eigentümers abwägen[428] und dabei insbesondere den Grundsatz der Verhältnismäßigkeit wahren.[429] In der Sache wirken deshalb Art. 14 I 2, II GG gegen *legislative* Eingriffe als einheitlicher, qualifizierter Gesetzesvorbehalt.[430]

Basierend auf der Auslegung des Bundesverfassungsgerichts kann Art. 14 I 1 GG als Abwehrrecht sowie daneben als Institutsgarantie eines „Grundbestands von Normen"[431] des einfach-rechtlich geregelten Eigentums beschrieben werden.[432] Demnach umfasst Art. 14 GG, soweit es um die Abwehr legislativer Maßnahmen geht, folgende Garantien:

- Schutz der konkreten Eigentümerposition vor Entzug durch (Legislativ-)Enteignung (Art. 14 I 1, III GG)[433] und vor Inhalts- und Schrankenbestimmungen
- Institutsgarantie des Eigentums an sich[434]

Die nachfolgenden Überlegungen konzentrieren sich auf den Schutz der konkreten Eigentümerposition.

4.4.1.2. Strukturanalytische Einordnung des Inhalts der Eigentumsgarantie

Das Eigentum als ein rein rechtliches Konstrukt ist das Bündel aus den Einzelregelungen des einfachen Rechts. Weil die Eigentümerbefugnisse nur die Kehrseite der an Dritte gerichteten Verhaltensgebote darstellen,[435] ist das Eigentum (*nicht* das Eigentums*grundrecht*) die Summe dieser an Dritte gerichteten Verhaltensgebote,

426 BVerfGE 58, 300 (339). Sofern nicht nur die Abschaffung de jure, sondern auch die Abschaffung de facto durch Aushöhlung des Rechtsinstituts untersagt ist, bleibt über die Abgrenzung zur zulässigen Ausgestaltung wertend zu entscheiden.

427 BVerfGE 25, 112 (117 f.); 100, 226 (240 f.).

428 BVerfGE 25, 112 (117 f.); 58, 137 (147).

429 BVerfGE 70, 191 (200); 79, 174 (198); 83, 201 (212); 87, 114 (138); 100, 226 (240 f.).

430 Maunz/Dürig/*Papier*, Art. 14 Rn. 306, 308.

431 BVerfGE 24, 367 (389).

432 BeckOK GG/*Axer*, Art. 14 Rn. 17 ff.

433 Ebenda Rn. 17.

434 Vgl. dazu Maunz/Dürig/*Papier*, Art. 14 Rn. 11 ff., insb. 14 f.

435 *Kelsen*, Reine Rechtslehre (2. Aufl.), 135 f.

aber auch der zivilrechtlichen und öffentlich-rechtlichen[436] Eigentümerpflichten. Mit Blick auf die Pflichten Dritter liegt die Bedeutung des Eigentums ferner darin, dem Eigentümer notfalls die zwangsweise Durchsetzung dieser Pflichten zu eröffnen. Das Eigentum gewährleistet also die Pflichten Dritter und ihre Durchsetzung. In dieser Durchsetzungsmöglichkeit besteht – wie bei allen subjektiven Rechten – das „rechtliche Können", das Art. 14 GG vor Beeinträchtigung schützen will.[437]

Im Hinblick auf die Frage, ob Art. 14 GG als Schutz menschlichen Verhaltens vor gesetzlicher Regulierung beschrieben werden kann, ist deshalb danach zu unterscheiden, wessen Verhalten einer Regelung unterworfen wird.

Art. 14 GG schützt menschliches Verhalten vor Regulierung: Der Entzug des Eigentums bedeutet, dass andere den Eigentümer fortan am beliebigen Umgang mit dem Eigentumsgegenstand hindern können. Das heißt, dass dem Eigentümer fortan in Bezug auf diesen Gegenstand jene Unterlassungspflichten auferlegt werden, die Nicht-Eigentümer gegenüber Eigentümern zu beachten haben.

Ein anderweitiger normativer Eingriff – etwa in Form eines rechtswidrigen Verwaltungsakts – kann dem Eigentümer ebenfalls neue Pflichten auferlegen, die im Einzelfall in ihrer Regelungsdichte und Wirkung den Nicht-Eigentümerpflichten gleichkommen können. Eine Inhalts- und Schrankenbestimmung ist *in dieser Hinsicht* strukturanalytisch gesehen wesensgleiches Minus der Enteignung. Auch in Rechtsprechung und Literatur finden sich Stellungnahmen, die aus den Parallelen beider Eingriffsarten ähnliche Schlüsse ziehen.[438]

---

436 Dazu BVerfGE 58, 300 (335 f.).

437 So etwa *Roth*, Faktische Eingriffe in Freiheit und Eigentum, 167.

438 Dreier/*Wieland*, Art. 14, Rn. 190 sieht beispielsweise den (rechtmäßigen) enteignenden Eingriff als teilidentisch mit der ausgleichspflichtigen Inhaltsbestimmung an. Das Bundesverfassungsgericht ist der Auffassung, dass sich Eingriffe in Form von gravierenden Neuregelungen eines Rechtsgebiets, obwohl es sich um (teils ausgleichspflichtige) Inhalts- und Schrankenbestimmungen handelt, für den Betroffenen wie eine Enteignung auswirken können: BVerfGE 83, 201 (213). Noch stärker BVerfGE 58, 300 (337 f., 348 ff.). Vgl. zur Rechtsprechung des Bundesverfassungsgerichts auch Dreier/*Wieland*, Art. 14, Rn. 152, der hervorhebt, dass die Inhalts- und Schrankenbestimmung, sofern sie verhältnismäßig ist, regelmäßig nicht zu entschädigen ist und die ausgleichspflichtige Inhalts- und Schrankenbestimmung daher die Ausnahme bleiben muss. Das Bundesverfassungsgericht hält sie aber für ein zulässiges Mittel, um eine anderenfalls unverhältnismäßige Inhalts- und Schrankenbestimmung mit dem Eigentumsgrundrecht in Einklang zu bringen: BVerfGE 100, 226 (244 f.). Auch dies ist eine Parallele zur Enteignung: Die Wirkung des Art. 14 III GG entspricht der unwiderleglichen Vermutung, dass echte Enteignungen ohne finanziellen Ausgleich stets unverhältnismäßig seien.

Die Enteignung bringt für die Eigentümerin aber nicht nur zusätzliche Pflichten mit sich. Zugleich verliert sie mit der Enteignung auch ihre Befugnisse, das heißt die Pflichten Dritter entfallen. Die spezifische Position der Eigentümerin besteht in einem strukturanalytischen Verständnis darin, diese Pflichten Dritter in einem Verfahren geltend machen zu können. Diese Rechtsgestaltungsfähigkeit wird ihr im Fall der Enteignung entzogen. Insoweit schützt die Eigentumsgarantie also die Rechtsfolgen, die an ein Verhalten der Eigentümerin geknüpft sind, und nicht das Verhalten selbst.

Bei jedem Eingriff in die Eigentümerposition gilt aber: *Bestimmte* Verhaltensweisen des Eigentümers – der Umgang mit dem Eigentumsgegenstand sowie die gerichtliche Geltendmachung der Bestimmungsbefugnis darüber – werden davor geschützt, dass daran andere Rechtsfolgen geknüpft werden als bisher.

4.4.1.3. Das Eigentumsgrundrecht als Spezialfall der allgemeinen Handlungsfreiheit

Entscheidend für die Elfes-Bedingung ist nun, ob ein Eingriff in das Eigentumsgrundrecht zugleich in die allgemeine Handlungsfreiheit eingreift – vorbehaltlich der Frage nach der Subsidiarität des Art. 2 I GG. Dafür wiederum ist entscheidend, welchen Eingriffsbegriff man bei der Interpretation des Art. 2 I GG zugrunde legt.

Den Entzug der Eigentümerposition kann man dem klassischen Eingriffsbegriff zuordnen. Grund dafür ist zunächst, dass dem Eigentümer, wie im Abschnitt 4.4.1.2. dargelegt, durch Entzug des Eigentums neue Pflichten auferlegt werden. Doch selbst dann, wenn man nur an den Verlust der Eigentümer*befugnisse* anknüpft, kann man von einem klassischen Eingriff sprechen. Das gilt jedenfalls dann, wenn man ein weites Verständnis unmittelbar-normativer Eingriffe zugrunde legt, wie es oben im Abschnitt 3.2.2.3. für die Definition der Unmittelbarkeit eines normativen Eingriffs vorgeschlagen wurde. Regelung menschlichen Verhaltens ist dann jegliche Änderung der Rechtsfolgen dieses Verhaltens. Dazu gehören auch Änderungen der Rechtsfolgen für Dritte. Dann lässt sich der Entzug einer Rechtsgestaltungsfähigkeit – und damit auch der Entzug des Eigentums – durchaus als Regelung in Bezug auf den früheren Inhaber der Rechtsgestaltungsfähigkeit begreifen. Dies deckt sich zumindest im Ergebnis mit dem Verständnis der traditionellen Rechtslehre, die davon ausgeht, dass intentional-normative Eingriffe in das Eigentum dem strengen klassischen Eingriffsbegriff genügen,[439] weil

439 Vgl. *Bethge*, VVDStRL 1998, 7 (42 f.).

sie „in gezielter und gewollter Weise rechtsunmittelbar zur Beschränkung oder zum Entzug des grundrechtlich geschützten Gutes“ führen.[440]

Wenn nun aber das Verhalten des Eigentümers geregelt wird, indem sich die Rechtsfolgen seines Verhaltens ändern, dann berührt der Entzug der Eigentümerposition als unmittelbar-normativer Eingriff auch seine Handlungsfreiheit.

Versteht man hingegen unter einer unmittelbaren Regelung nur ein direktes Gebot an den Regelungsadressaten, dann ist der Entzug einer Rechtsgestaltungsfähigkeit keine unmittelbare Regelung in Bezug auf ihren Inhaber. Sie führt dann aber zumindest zu einer mittelbaren Beeinträchtigung menschlichen Verhaltens. Denn die Einschränkung „rechtlichen Könnens“ bringt regelmäßig als mittelbare Konsequenz mit sich, dass auch die tatsächlichen Handlungsmöglichkeiten beschränkt sind. Das natürliche Handlungsvermögen ist, wie es *Roth* formuliert, vom Bestand der rechtlichen Handlungsfähigkeit „abhängig (akzessorisch)“.[441] Wenn bestimmte Pflichten Dritter oder die Möglichkeit ihrer Durchsetzung verändert werden, geht damit mittelbar auch ein Verlust an natürlichen Handlungsmöglichkeiten einher. Akzeptiert man für Art. 2 I GG einen weiten Eingriffsbegriff,[442] dann ist deshalb ein mittelbar-normativer Eingriff in das Eigentumsgrundrecht zumindest mittelbar stets auch ein Eingriff in die allgemeine Handlungsfreiheit.[443] Gleiches gilt auch für mittelbar-faktische Eingriffe.

Es hängt also von dem genauen Umfang des Eingriffsbegriffs für Art. 2 I GG ab, ob man das Eigentumsgrundrecht in jeder Hinsicht als Spezialfall der allgemeinen Handlungsfreiheit ansehen kann oder nicht. Legt man bei Art. 2 I GG ein weites Eingriffsverständnis zugrunde, greift jeder Eingriff in das Eigentumsgrundrecht zumindest prima facie – also vorbehaltlich einer Subsidiarität der allgemeinen Handlungsfreiheit – zugleich auch in die allgemeine Handlungsfreiheit ein.

---

440 Dreier/*Dreier*, Vorbemerkungen vor Artikel 1 Rn. 124.

441 *Roth*, Faktische Eingriffe in Freiheit und Eigentum, 165.

442 Dies ist zwar anerkannt, umstritten ist aber die Reichweite des Eingriffsbegriffs für Art. 2 I GG. Vgl. dazu Dreier/*Dreier*, Art. 2 I Rn. 50. Allerdings besteht gerade bei intentionalen, normativen Eingriffen die Tendenz, keinen allzu strengen Maßstab anzulegen: Dreier/*Dreier*, Art. 2 I Rn. 50, Fn. 234; *Roth*, Faktische Eingriffe in Freiheit und Eigentum, 274. Für einen recht engen Eingriffsbegriff bei Art. 2 I GG hingegen *Pieroth/Schlink/Kingreen u.a.*, Grundrechte. Staatsrecht II, Rn. 422.

443 Überflüssig wird das Eigentumsgrundrecht dadurch selbstredend nicht. Denn wie die übrigen Spezialgrundrechte stellt es besondere Anforderungen an den Eingriff, die teils über die Anforderungen der allgemeinen Handlungsfreiheit hinausgehen.

4.4.1.4. *Konsequenzen für die Elfes-Bedingung*

Vor diesem Hintergrund gilt im Falle eines weiten Eingriffsbegriffs bei Art. 2 I GG für das Eigentumsgrundrecht nichts anderes als für die übrigen Freiheitsrechte: *Wenn* die allgemeine Handlungsfreiheit als einschließendes Auffanggrundrecht verstanden wird, ist die Elfes-Bedingung auch dem Eigentumsgrundrecht zuzuordnen. Wenngleich das Bundesverfassungsgericht ein Verständnis der allgemeinen Handlungsfreiheit als einschließendes Auffanggrundrecht bislang nicht befürwortet, würde ein solches Verständnis gut erklären, warum das Gericht mit solcher Selbstverständlichkeit die Elfes-Konstruktion auch auf Art. 14 GG anwenden konnte.

4.4.2. Das allgemeine Gleichheitsrecht

Das Bundesverfassungsgericht ordnet die Elfes-Konstruktion nicht dem allgemeinen Gleichheitsrecht zu. Wenn (auch) Art. 3 I GG einschlägig ist und die Elfes-Konstruktion geprüft wird, dann prüft das Gericht die Elfes-Konstruktion auf dreierlei Weise:

1. entweder zieht es sie vor die Klammer, bevor es in die eigentliche Grundrechtsprüfung einsteigt[444]
2. oder aber es integriert die Prüfung der Elfes-Konstruktion in die Prüfung eines bestimmten Freiheitsgrundrechts, meist der allgemeinen Handlungsfreiheit,[445]
3. oder es prüft sie – insoweit wiederum vor die Klammer gezogen – wie einen „allgemeinen Teil" vor dem Block der Freiheitsgrundrechte.[446]

---

444 So etwa BVerfG NJW 2015, 44 (44): vorab Prüfung der formellen Verfassungsmäßigkeit; BVerfG, Nichtannahmebeschluss vom 23.12.2005 – 2 BvR 1779/05 –, juris; in der Sache ähnlich auch BVerfG NVwZ 2015, 582 (583): „Vorschrift kann einen Eingriff in Grundrechte rechtfertigen".

445 Vornehmlich bei der Prüfung der allgemeinen Handlungsfreiheit, so etwa BVerfGE 7, 89 (92, 94 f.); 9, 3 (9, 11 ff.); 14, 255 (305 f.); 19, 206 (215 f., 225); 29, 402 (408, 411); 31, 145 (173, 175 ff., 179 f.); 80, 137 (152 ff., 164); 90, 145 (171 – nur Angabe des Prüfungsmaßstabs, 195 ff.); 97, 332 (340 f., 344 ff.); 103, 197 (215 ff., 224 f.). Aber auch in der Prüfung des Spezialgrundrechts, so etwa 13, 181 (190, 202); BVerfG NVwZ 2004, 597 (599, 602). Daneben finden sich abweichende Prüfungsweisen, insbesondere Schachtelprüfungen: BVerfGE 38,61 (79, 97 ff.) prüft beispielsweise Art. 3 I GG im Rahmen des Art. 12 GG, und zwar als Teil der Elfes-Bedingung des Art. 12 GG. Dies ist aber kein Spezifikum der Elfes-Bedingung: BVerfGE 100, 226 (240 f.) etwa sieht im Prüfungsmaßstab eine Schachtelprüfung des Art. 3 I GG in der Verhältnismäßigkeitsprüfung einer Inhalts- und Schrankenbestimmung des Eigentums nach Art. 14 I 2, II GG vor.

446 So etwa BVerfG NVwZ 2014, 1448 (1449 f.); BVerfG NVwZ 2014, 1084 (1085). Ohne jeden Grundrechtsbezug prüft BVerfG NJW 2004, 750 (750 f.) die Gesetzgebungskompetenzen.

Die zweite Variante ist die mit Abstand häufigste. Prüft das Gericht nur Art. 3 I GG, prüft es auch die Elfes-Konstruktion nicht.[447] Hingegen prüft das Gericht die Elfes-Konstruktion nie innerhalb der Prüfung des Gleichheitsgrundrechts. Insofern spricht vieles dafür, dass aus Sicht des Bundesverfassungsgerichts die Elfes-Bedingung Art. 3 I GG nicht zuzuordnen ist.[448]

Doch macht es normstrukturell einen Unterschied, ob die Elfes-Bedingung dem allgemeinen Gleichheitsrecht oder einem Freiheitsrecht zugeordnet wird? Und wäre es möglich, auf Grundlage der Elfes-Konstruktion die Elfes-Bedingung auch dem allgemeinen Gleichheitsrecht zuzuordnen, wenn man die allgemeine Handlungsfreiheit als einschließendes Auffanggrundrecht versteht?

4.4.2.1. Logisches Verhältnis zum allgemeinen Freiheitsrecht

Ein Nebeneinander der Art. 2 I GG (allgemeines Freiheitsrecht) und 3 I GG (allgemeines Gleichheitsrecht) ist fast allgemein anerkannt.[449] Nur in einzelnen älteren Entscheidungen hat das Bundesverfassungsgericht Art. 2 I GG als subsidiär gegenüber Art. 3 I GG behandelt.[450] Soweit das Bundesverfassungsgericht in der Vergangenheit von einem Hierarchieverhältnis der beiden Grundrechte ausgegangen sein sollte, dann hat es diesen Gedanken aber kaum näher ausgeführt und nicht weiterverfolgt.

Es stellt sich zunächst die Frage, ob sich dieses Nebeneinander auch in der semantischen Struktur bestätigen lässt. Bei unmittelbar-normativen Gleichheitsbeeinträchtigungen verhält es sich folgendermaßen:

Die Freiheitsrechte knüpfen nach dem üblichen Verständnis entweder an das „Mensch-Sein“[451] oder aber an die Deutschen-Eigenschaft an. Sie knüpfen ferner

---

447 So etwa BVerfGE 131, 239 (255 ff.) – stattgebend – und BVerfG NJW 2011, 3215 (3216) – nicht zur Entscheidung angenommen.

448 In diese Richtung auch BVerfGE 19, 206 (225): Ein Gesichtspunkt, der zuvor im Rahmen der Elfes-Konstruktion geprüft wurde, sei bei Art. 3 I GG nicht zu prüfen.

449 Stellvertretend: BeckOK GG/*Lang*, Art. 2 Rn. 30; Dieterich/Hanau/Schaub/*Schmidt*, Grundgesetz, Einleitung Rn. 65; *Pieroth/Schlink/Kingreen u.a.*, Grundrechte. Staatsrecht II, Rn. 357.

450 BVerfGE 19, 206 (225), besonders deutlich BVerfGE 23, 50 (55 f.). Weniger für ein Hierarchieverhältnis der beiden Grundrechte sprechen hingegen BVerfGE 24, 220 (228, 235) und BVerfG NJW 1980, 879 (880); insoweit a. A. mit weiteren Nachweisen *Rohloff*, Zusammenwirken von allgemeinem Gleichheitssatz und Freiheitsgewährleistungen, 60. Die beiden letztgenannten Entscheidungen stellen jedoch aus hiesiger Sicht eher Einzelfälle von Schachtelprüfungen dar.

451 *Huster*, Rechte und Ziele, 229, jedoch ohne Berücksichtigung der Deutschengrundrechte.

jeweils an eine bestimmte Verhaltensweise an, die sich Art. 2 I GG zuordnen lässt, wenn man die allgemeine Handlungsfreiheit als einschließendes Auffanggrundrecht versteht.

Der allgemeine Gleichheitssatz knüpft nach üblichem Verständnis an die (insbesondere normative) Ungleichbehandlung tatsächlich gleichartiger Personengruppen an.[452] Ob ein Verhalten mittelbar oder unmittelbar beeinträchtigt wird, ist hingegen nicht relevant.

Doch wer eine unmittelbare *normative* Ungleichbehandlung angreift, wendet sich zugleich auch gegen einen Freiheitseingriff. Denn Normen regeln in realen Rechtsordnungen stets nur menschliches Verhalten, und der Grundrechtsträger muss eine Regelung *seines* Verhaltens behaupten, damit die Grundrechtsmäßigkeit dieser Regelung näher geprüft wird. Das gilt unabhängig davon, ob er den Grundrechtsverstoß mit einer Ungleichbehandlung gegenüber anderen oder mit einer unzulässigen Freiheitsverkürzung begründet.[453] Grundrechtswidrig ist diese Regelung im Fall der allgemeinen Handlungsfreiheit, wenn sie unverhältnismäßig oder nicht mit sonstigem Verfassungsrecht vereinbar ist (Elfes-Bedingung). Im Falle des allgemeinen Gleichheitsrechts ist die Regelung grundrechtswidrig, wenn sie zu einer Ungleichbehandlung gegenüber der Vergleichsgruppe führt und diese Ungleichbehandlung nicht gerechtfertigt ist. Das erste Tatbestandselement aber, die Regelung menschlichen Verhaltens, stimmt überein. Eine unmittelbar-normative Ungleichbehandlung ist deshalb zugleich stets auch ein unmittelbar-normativer Eingriff in die allgemeine Handlungsfreiheit, ebenso wie ein unmittelbar-normativer Eingriff in ein spezielles Freiheitsrecht stets zugleich ein Eingriff in die allgemeine Handlungsfreiheit ist – jeweils sofern das spezielle Freiheitsrecht nicht zurücktritt.

Allerdings gibt es auch einen entscheidenden Unterschied zwischen dem allgemeinen Gleichheitsrecht und den speziellen Freiheitsrechten, was ihr jeweiliges Verhältnis zur allgemeinen Handlungsfreiheit angeht. Der unmittelbar-normative Eingriff in das spezielle Freiheitsrecht ist – vorbehaltlich der Spezialitätsfrage – zugleich ein unmittelbar-normativer Eingriff in die allgemeine Handlungsfreiheit, weil der Schutzbereich des speziellen Freiheitsrechts vollständig im Schutzbereich der allgemeinen Handlungsfreiheit enthalten ist. Das logisch untergeordnete Freiheitsrecht schützt eine *bestimmte Form* menschlichen

452 Ebenda, 228 f. mit weiteren Nachweisen.

453 Vgl. *Pieroth/Schlink/Kingreen u.a.*, Grundrechte. Staatsrecht II, Rn. 357 mit dem Hinweis, dass der Grundrechtsträger, wenn nur die Rüge der Ungleichbehandlung Erfolg hat, nicht auf die Beseitigung des Freiheitseingriffs vertrauen kann, weil die Ungleichbehandlung auch durch Eingriff in die Freiheit anderer beseitigt werden kann.

Verhaltens. Das erste Tatbestandsmerkmal der allgemeinen Handlungsfreiheit (Regelung menschlichen Verhaltens) ist logisch gesehen dem ersten Tatbestandsmerkmal des speziellen Freiheitsrechts (beispielsweise Regelung von Meinungsäußerungen) übergeordnet.[454]

Hingegen ist beim allgemeinen Gleichheitsrecht das erste Tatbestandsmerkmal (verhaltensregelnde Norm) mit dem ersten Tatbestandsmerkmal des allgemeinen Freiheitsrechts schlicht identisch. Es knüpft nicht an eine bestimmte Form menschlichen Verhaltens an, sondern nur an die Regelung menschlichen Verhaltens schlechthin. Das heißt: Die allgemeine Handlungsfreiheit ist dem allgemeinen Gleichheitsrecht *nicht* übergeordnet. Das Nebeneinander beider Grundrechte lässt sich also strukturanalytisch bestätigen.

Dieses Nebeneinander ließe sich nur durch eine Subsidiarität der allgemeinen Handlungsfreiheit ausschließen, wie sie die ältere Rechtsprechung des Bundesverfassungsgerichts vereinzelt vorgeschlagen hat.[455] Es gilt also für das Verhältnis der allgemeinen Handlungsfreiheit zum allgemeinen Gleichheitsgrundrecht dasselbe wie für das Verhältnis der allgemeinen Handlungsfreiheit zu den speziellen Freiheitsrechten: Soll nicht zugleich mit dem spezielleren Grundrecht auch die allgemeine Handlungsfreiheit berührt sein, muss die allgemeine Handlungsfreiheit um ein zusätzliches Tatbestandselement ergänzt werden, welches den Tatbestand des spezielleren Grundrechts – hier also den des allgemeinen Gleichheitsrechts – verneint. Nur wenn diese Zusatzbedingung ergänzt wird, tritt die allgemeine Handlungsfreiheit zurück. Wer hingegen mit der herrschenden Auffassung davon ausgeht, dass beide Grundrechte nebeneinander anwendbar seien, bestreitet damit, dass eine solche einschränkende Zusatzbedingung existiere.

Lehnt man eine Subsidiarität der allgemeinen Handlungsfreiheit gegenüber dem allgemeinen Gleichheitsrecht ab, lassen sich aufgrund des gemeinsamen Tatbestandselements die Tatbestände der beiden Grundrechte logisch mittels des Distributivgesetzes[456] ineinander integrieren. Man kann das gemeinsame Tatbestandselement, die Regelung menschlichen Verhaltens, vor die Klammer ziehen. Der Rest-Tatbestand der allgemeinen Handlungsfreiheit und der Rest-Tatbestand des allgemeinen Gleichheitsrechts sind dann innerhalb der Klammer mit dem Disjunktor zu verknüpfen: Der Verstoß gegen eines der beiden Grundrechte genügt, um eine Grundrechts-Rechtsfolge auszulösen. Die logische Integration beider Tatbestände ineinander ist aber nur unter einer Voraussetzung

454 Vgl. dazu Abschnitte 4.2.2.1. und 4.2.2.2.

455 BVerfGE 23, 50 (55 f.).

456 Zu den Äquivalenzgesetzen der Aussagenlogik *Beckermann*, Einführung in die Logik, 69 f.

zulässig: Allgemeines Freiheitsrecht und allgemeines Gleichheitsrecht müssen eine vollständig gemeinsame Rechtsfolge haben, was durchaus fraglich ist.[457] Unterscheiden sich die Rechtsfolgen, dann bleibt es zwar bei der Identität der beiden ersten Tatbestandsmerkmale. Aber ein gemeinsamer Tatbestand lässt sich nur bei übereinstimmender Rechtsfolge bilden.[458] Anderenfalls sind die Tatbestände logisch nicht miteinander verknüpft, sodass sie auch nicht ineinander integriert werden können.

4.4.2.2. Keine Elfes-Bedingung des allgemeinen Gleichheitsrechts

Wenn die Tatbestände des allgemeinen Gleichheitsrechts und der allgemeinen Handlungsfreiheit zu einem gemeinsamen Tatbestand zusammengefasst und ineinander integriert werden, kann man somit das Gemeinsame vor die Klammer ziehen. Auch dann gibt es aber innerhalb der Klammer noch zwei Gruppen von Tatbestandselementen. Eine Gruppe entspricht dem Rest-Tatbestand der allgemeinen Handlungsfreiheit, die andere dem Rest-Tatbestand des allgemeinen Gleichheitsrechts. Jeweils unabhängig voneinander stellen diese Gruppen von Tatbestandselementen weitere Anforderungen an eine Grundrechtsverletzung. Beim Freiheitsrecht ist dies die Missachtung der Anforderungen des Eingriffsvorbehalts, beim allgemeinen Gleichheitsrecht sind es die Ungleichbehandlung und deren Willkürhaftigkeit beziehungsweise Unverhältnismäßigkeit. Wenn die Elfes-Bedingung zur Tatbestandsgruppe der allgemeinen Handlungsfreiheit gehört, dann bleibt sie ausschließlich ihr zugeordnet. Sie kann dem allgemeinen Gleichheitsrecht nicht zugeordnet werden.

Daran zeigt sich, dass ein Hierarchieverhältnis eines Grundrechts zur allgemeinen Handlungsfreiheit entscheidend dafür ist, ob die Elfes-Bedingung

---

457 Ein Unterschied bei der Rechtsfolge könnte zum Beispiel darin bestehen, dass das Bundesverfassungsgerichtsgesetz in den §§ 31 II 3, 79 I voraussetzt, dem Bundesverfassungsgericht stünden bei Gleichheitsverstößen zwei Möglichkeiten zur Verfügung: die Nichtigerklärung und die Unvereinbarerklärung (dazu siehe Abschnitt 5.3.2.2.). Hier ist nun zu differenzieren: Handelt es sich um eine echte Wahl-Rechtsfolge, dann ist dies eine andere Rechtsfolge als die regelmäßig verpflichtende Nichtigerklärung. Handelt es sich hingegen um zwei Rechtsfolgen mit jeweils unterschiedlichen Voraussetzungen, dann bleibt für einen der beiden Fälle – die Nichtigerklärung – die Rechtsfolge mit der Rechtsfolge der allgemeinen Handlungsfreiheit identisch. Insoweit – und nur insoweit – gibt es dann auch einen gemeinsamen Tatbestand der allgemeinen Handlungsfreiheit und des allgemeinen Gleichheitsrechts, sodass die Tatbestände ineinander integriert werden können.

458 Dazu oben Abschnitt 2.4.3.

der (einschließend verstandenen) allgemeinen Handlungsfreiheit und *deshalb* auch dem anderen Grundrecht zugeordnet werden kann. Die dafür entscheidende logische Umformungsoperation, die im Abschnitt 4.2.3.1. beschrieben wurde, setzt ein solches Hierachieverhältnis voraus. Im Verhältnis zur allgemeinen Handlungsfreiheit ist das Hierarchieverhältnis bei den Freiheitsrechten gegeben, beim allgemeinen Gleichheitsrecht nicht.

Deshalb ist es aus strukturanalytischer Sicht folgerichtig, dass das Bundesverfassungsgericht die Elfes-Konstruktion, die es der allgemeinen Handlungsfreiheit zuordnet, nie mit dem allgemeinen Gleichheitsrecht in Verbindung gebracht hat.

4.5. Elfes-Bedingungen ohne Elfes-Konstruktion?

Wie erwähnt, ist es inzwischen in Rechtsprechung und Literatur im Ergebnis anerkannt, dass die Elfes-Konstruktion auf alle Freiheitsrechte zu übertragen sei. Die Begründungswege dafür sind unterschiedlich. Es konnte aber oben gezeigt werden, dass sich die Begründungswege nicht darauf auswirken, wie sich die Elfes-Bedingung in den Tatbestand der Grundrechts-Rechtsfolgen einfügt. Nur an anderer Stelle im Grundrechtssystem wirken sich die verschiedenen Herleitungsvarianten auch im Ergebnis, das heißt in der semantischen Struktur, unterschiedlich aus.

Es gibt aber auch Rechtspositionen, auf die die Elfes-Konstruktion bislang nicht übertragen wurde. Für das allgemeine Gleichheitsrecht ist dies bereits dargelegt worden. Doch gemäß der im Abschnitt 3.3. vorgeschlagenen Definition bezeichnet der Begriff „Elfes-Bedingung" (nur) eine bestimmte normative Struktur, und zwar unabhängig davon, ob sie vom Bundesverfassungsgericht mittels der Elfes-Konstruktion hergeleitet wurde. Deshalb gilt es solche Strukturen näher zu untersuchen, die der Elfes-Bedingung ähneln, insbesondere in den Tatbeständen der Art. 38 I und Art. 28 II GG, wie sie das Bundesverfassungsgericht versteht. Dabei ist zunächst jeweils die Frage prüfen, ob dort bestimmte Tatbestandselemente die Merkmale einer Elfes-Bedingung erfüllen (Abschnitte 4.5.1.1., 4.5.2.1. und 4.5.2.2.).

Zusätzlich ist – wie in Abschnitt 4.4. – jeweils auch zu prüfen, ob und unter welchen Voraussetzungen die Art. 38 I und 28 II GG als Spezialfälle der allgemeinen Handlungsfreiheit angesehen werden können – mit der Folge, dass eine etwaige Elfes-Bedingung auch mittels der Elfes-Konstruktion begründet werden *könnte* (Abschnitte 4.5.1.2., 4.5.2.3.).

4.5.1. Die Elfes-Bedingung des Art. 38 I GG

4.5.1.1. Eine Elfes-Bedingung des Art. 38 I GG?

Das Ergebnis der ständigen Rechtsprechung des Bundesverfassungsgerichts zu Art. 38 I 1 GG lässt sich als Sanktionszusammenhang beschreiben. Wenn das Bundesverfassungsgericht Art. 38 I 1 GG als Recht auf demokratische Selbstbestimmung versteht und deshalb die Übertragung von Hoheitsrechten an die Europäische Union prüft,[459] die jenes Recht verletzen könne,[460] dann setzt es einen Sanktionszusammenhang voraus. Unter der Bedingung, dass (bestimmte) Normen des Verfassungsrechts, insbesondere im Zuge der Übertragung von Hoheitsrechten, verletzt wurden, tritt die Rechtsfolge des Art. 38 I 1 GG ein. Interpretativ wird dies damit begründet, dass ein Verlust an demokratischer Selbstbestimmung den Einfluss des Wahlaktes verringere, dass Art. 38 I 1 GG aber auch ein Recht auf einen demokratisch substanziellen Wahlakt, mithin auf „Teilhabe an der demokratischen Selbstbestimmung" enthalte.[461]

Um eine Elfes-Bedingung würde es sich bei diesem Sanktionszusammenhang nur handeln, wenn sich die Beschränkung des Rechts auf demokratische Selbstbestimmung als Regelung oder Beeinträchtigung menschlichen Verhaltens fassen ließe. Wiederum kommt es dafür auf den Begriff der unmittelbaren Regelung an. Normative Beschränkungen des Rechts auf demokratische Selbstbestimmung sind keine Ge- oder Verbots an den Grundrechtsträger. Durch Wahlgesetze wird nicht der Wahlakt als tatsächliche Handlung geboten oder verboten. Wahlgesetze bestimmen vielmehr, welche rechtlichen Folgen an die tatsächliche Handlung geknüpft sind. Sie entsprechen also der weiten Definition einer unmittelbaren Regelung, wie sie im Abschnitt 3.2.2.3. dargelegt wurde: Unmittelbare Regelung ist jede Veränderung der Rechtsfolgen menschlichen Verhaltens, auch wenn diese Rechtsfolgen in Geboten oder Verboten an Dritte bestehen.

Darin, dass es vor unmittelbaren Regelungen menschlichen Verhaltens schützt, unterscheidet sich das Recht auf demokratische Selbstbestimmung somit nicht von den Abwehrrechten. Der Unterschied liegt nur darin, dass die Abwehrrechte vor „negativen" Konsequenzen[462] des eigenen Verhaltens schützen, unter anderem vor der Einführung negativer Rechtsfolgen des eigenen Verhaltens. Das Grundrecht aus Art. 38 I GG schützt hingegen vor der Abschaffung „positiver"

---

459 BVerfGE 89, 155 (171 f.); BVerfGE 123, 267 (340 ff.).

460 *Murswiek*, Der Vertrag von Lissabon und das Grundgesetz, 119.

461 BVerfGE 123, 267 (340 f.).

462 Sanktionen im seinswissenschaftlichen Sinne.

Konsequenzen, nämlich vor der Veränderung von Ge- und Verboten, die an Dritte gerichtet sind und unter der Bedingung eines Verhaltens des Grundrechtsträgers stehen. In Positionen ausgedrückt: Klassische Abwehrrechte schützen eine Nicht-Obligation, das Recht auf demokratische Selbstbestimmung schützt eine Rechtsgestaltungsfähigkeit. Die Definition der Elfes-Bedingung, die im Abschnitt 3.3. vorgeschlagen wurde, schließt jede Abänderung positiver Rechtsfolgen menschlichen Verhaltens ein. Dieses Merkmal der Elfes-Bedingung ist also erfüllt.

Je nachdem, wie man das Grundrecht auf demokratische Selbstbestimmung dogmatisch erfasst, wird die Parallele zur Elfes-Bedingung des Art. 2 I GG auch in der Prüfungsreihenfolge sichtbar: Beispielsweise könnte man annehmen, dass das Recht auf demokratische Selbstbestimmung prima facie die Übertragung von Hoheitsrechten verbietet. Dann würde erst die kollidierende Verfassungsnorm des Art. 23 GG als Rechtfertigungsgrund die Übertragung von Hoheitsrechten im Ergebnis gestatten, soweit nicht (bestimmte) Verfassungsnormen verletzt werden. Ebenso verbietet die allgemeine Handlungsfreiheit prima facie Freiheitsbeschränkungen, die indes durch den Eingriffsvorbehalt des Art. 2 I GG zugelassen werden, sofern der Eingriffsakt nicht gegen die verfassungsmäßige Ordnung verstößt.

Jedoch könnte der Tatbestand des Rechts auf demokratische Selbstbestimmung enger sein als die Elfes-Bedingung. Ausschlaggebend dafür ist die Frage, ob das gesamte Verfassungsrecht oder nur bestimmte Verfassungsnormen als Verletzung des Rechts auf demokratische Selbstbestimmung gerügt werden können. Im Abschnitt 3.2.3.2. wurde bereits erwähnt, dass auch mit Blick auf die Elfes-Konstruktion umstritten ist, ob das gesamte Verfassungsrecht über die Elfes-Bedingung rügefähig sein soll, dass jedoch in der Rechtsprechung des Bundesverfassungsgerichts belastbare Anhaltspunkte für eine Begrenzung des Prüfungsprogramms fehlen. Hingegen befürwortet das Bundesverfassungsgericht eine strikte Begrenzung des Prüfungsprogramms bei dem Grundrecht auf demokratische Selbstbestimmung: Es seien nur solche Verfassungsnormen zu prüfen, die über Art. 79 III GG „dem Zugriff des verfassungsändernden Gesetzgebers entzogen sind“.[463]

463 BVerfG, Urteil vom 18. März 2014 (2 BvE 6/12), www.bundesverfassungsgericht.de/SharedDocs/Entscheidungen/DE/2014/03/rs20140318_2bvr139012.html; in der Sache ebenso schon BVerfGE 89, 155 (182).

Trotzdem kann von einer Elfes-Bedingung die Rede sein. Denn die Elfes-Bedingung wurde im Abschnitt 3.3. so definiert, dass zwar jeweils die Verfassungsmäßigkeit des Eingriffsakts geprüft wird, dass sich aber je nach Umfang des Prüfungsprogramms engere und weitere Elfes-Bedingungen unterscheiden lassen, die strukturgleich aufgebaut sind.

4.5.1.2. Konsequenzen mit Blick auf das Verhältnis zu Art. 2 I GG

Wenn also der Sanktionszusammenhang im Tatbestand des Grundrechts auf demokratische Selbstbestimmung eine Elfes-Bedingung ist – ist dann eine Interpretation des Art. 2 I GG als einschließendes Auffanggrundrecht geeignet, dem Grundrecht auf demokratische Selbstbestimmung diese Elfes-Bedingung zuzuordnen? Oder muss die Elfes-Bedingung des Grundrechts auf demokratische Selbstbestimmung eigenständig interpretativ hergeleitet werden?

Die Definitionsmerkmale der Elfes-Bedingung haben eine Parallele in den Interpretationsmöglichkeiten des Art. 2 I GG: Wenn man davon ausgeht, dass die allgemeine Handlungsfreiheit vor jeglicher Abänderung der Rechtsfolgen menschlichen Verhaltens schützt, dann müsste sie auch vor der Abänderung der Rechtsfolgen des Wahlakts schützen, jedenfalls sofern nicht die allgemeine Handlungsfreiheit von dem Recht auf demokratische Selbstbestimmung verdrängt wird.

Das Bundesverfassungsgericht hingegen geht in seiner neueren Rechtsprechung davon aus, dass die allgemeine Handlungsfreiheit von vornherein nicht den Schutz des Wahlrechts als Teil des status activus erfasse.[464] Demgemäß unterstellt es, dass die allgemeine Handlungsfreiheit nicht vor jeglicher Abänderung von Rechtsfolgen schützt, und differenziert aus Gründen der Grundrechtsdogmatik *inhaltlich* nach Art der abgeänderten Rechtsfolge.[465] Somit sieht das Bundesverfassungsgericht im Ergebnis das Grundrecht aus Art. 38 I GG nicht als Spezialfall der allgemeinen Handlungsfreiheit an. Vor diesem Hintergrund ist es konsequent, dass das Bundesverfassungsgericht die Elfes-Konstruktion

---

464 BVerfGE 99, 1 (8) für Art. 28 I GG mit Blick auf die Wahlrechtsgrundsätze in den Ländern; anders hingegen noch BVerfGE 45, 15 (23): „Politische Mitentscheidungs- und Mitgestaltungsrechte (…) sind im Grundgesetz jeweils besonders garantiert (vgl. z. B. Art. 38 GG). Über solche besonderen Gewährleistungen hinaus können sie nicht dem Schutzbereich der allgemeinen Handlungsfreiheit zugeordnet werden."

465 Praktische Auswirkungen hat diese Differenzierung nicht, solange das Bundesverfassungsgericht die allgemeine Handlungsfreiheit ohnehin hinter die spezielleren Grundrechte zurücktreten lässt. Wenn man den Blick nur auf das Interpretationsergebnis richtet, bestünde daher keine Veranlassung, den Schutzbereich der allgemeinen Handlungsfreiheit zusätzlich nach inhaltlichen Kriterien einzuschränken.

nicht explizit auf Art. 38 I GG anwendet. Weil das Bundesverfassungsgericht dabei bleibt, dass der Schutzbereich des Art. 2 I GG den des Art. 38 I GG nicht umfasst, hätte es die Elfes-Bedingung für Art. 38 I GG selbst dann nicht mittels des Art. 2 I GG begründen können, wenn es die allgemeine Handlungsfreiheit als einschließendes Auffanggrundrecht verstehen wollte. Denn bislang hat das Bundesverfassungsgericht keine andere Herleitung der Elfes-Bedingung entwickelt als die Elfes-Konstruktion.

Ohne Bruch mit der bisherigen Rechtsprechung war es für das Gericht also in zweifacher Hinsicht notwendig, die Elfes-Bedingung des Art. 38 I GG anders als mittels der Elfes-Konstruktion herzuleiten, obgleich dem Gericht die Parallele zur Elfes-Konstruktion bewusst gewesen sein mag. Das Bundesverfassungsgericht könnte ferner auch die Elfes-Konstruktion für Art. 38 I GG als unzweckmäßig angesehen haben, weil sie nach Maßgabe seiner bisherigen Rechtsprechung zu einer Prüfung des *gesamten* Verfassungsrechts führen würde, aber das Grundrecht auf demokratische Selbstbestimmung im Ergebnis nur vor Verstößen gegen diejenigen Verfassungsnormen schützen soll, die von der Ewigkeitsklausel abgesichert sind.

Im Ergebnis ist die Elfes-Bedingung des Grundrechts auf demokratische Selbstbestimmung jedenfalls – in der Rechtsprechung des Bundesverfassungsgerichts – eine Elfes-Bedingung, die nicht mittels der Elfes-Konstruktion hergeleitet wird und hergeleitet werden kann. Allerdings könnte die Elfes-Bedingung des Grundrechts auf demokratische Selbstbestimmung dann mittels der Elfes-Konstruktion aus Art. 2 I GG hergeleitet werden, wenn man den Schutzbereich der allgemeinen Handlungsfreiheit rein formal interpretierte, nämlich als Schutz vor einer Abänderung von Rechtsfolgen eigenen Verhaltens. Dass ein solches Verständnis des Art. 2 I GG mit Blick auf das Verhältnis zur Eigentumsgarantie selbstverständlich ist, mag Anlass geben, die dogmatisch und ideologisch tradierte Differenzierung nach Schutzrichtungen der Grundrechte (Abwehr staatlicher Eingriffe, staatsbürgerliche Teilhabe) zu überdenken.

4.5.2. Kommunale Selbstverwaltungsgarantie und Elfes-Bedingung

Auch die Rechtsprechung zur kommunalen Selbstverwaltungsgarantie begründet Sanktionszusammenhänge, die als eingeschränkte Elfes-Bedingungen beschrieben werden können. Für die kommunale Selbstverwaltungsgarantie liegt dies insofern nahe, als sie, ebenso wie die Grundrechte, eine geschützte Rechtsposition vermittelt. Auch die Ausgestaltung des Kommunalverfassungsbeschwerdeverfahrens weist viele Parallelen zur Individualverfassungsbeschwerde auf. Doch inwiefern handelt es sich bei diesen Sanktionszusammenhängen um Elfes-Bedingungen?

4.5.2.1. *Die grundrechtsäquivalente Struktur des Art. 28 II GG*

Weil das erste Definitionsmerkmal einer Elfes-Bedingung voraussetzt, dass sie Tatbestandselement einer Grundrechts-Rechtsfolge sei, stellt sich zunächst die Frage, ob die in Art. 28 II GG verbürgte Rechtsposition Grundrechtsqualität hat.

Der tradierten dogmatischen Grundrechtsdefinition folgend wird Art. 28 II GG allgemein nicht als Grundrecht angesehen.[466] Dafür werden drei Argumente angeführt: Das Konfusionsargument, der fehlende Durchgriff auf natürliche Personen – das fehlende personale Substrat – und die in Art. 28 II GG verankerte Institutsgarantie.

Das Konfusionsargument knüpft an die Rechtsinhaberschaft an und ordnet die kommunale Selbstverwaltungsgarantie als Rechtsposition einer öffentlich-rechtlichen Gebietskörperschaft nicht den Grundrechten zu.[467] Grundrechte seien Abwehrrechte Privater gegen den Staat, während staatliche Stellen sich nicht auf sie berufen könnten. Das Konfusionsargument aber wird etwa für Universitäten und Rundfunkanstalten gerade deshalb nicht konsequent durchgehalten, weil diese staatsunabhängig agieren.[468] Auch die Beschäftigten einer Universität sind durch das maßgebliche Grundrecht mittelbar auch in ihrer Eigenschaft als Amtswalter geschützt und nicht (nur) als Privatpersonen. Das Konfusionsargument soll immer dann zurücktreten, wenn Institutionen mit einem Grundrecht auf einen eigenen, staatsfrei zu haltenden Tätigkeitsbereich ausgestattet sind.[469] Das trifft auf Rundfunkanstalten und Universitäten zu. Doch auch den Gemeinden steht mit den Angelegenheiten der örtlichen Gemeinschaft ein solcher Bereich zu. Insofern wird das Konfusionsargument durch seine Durchbrechungen insgesamt infrage gestellt.[470]

---

466 *Burgi*, Kommunalrecht, § 6 Rn. 4 f.; Maunz/Dürig/*Mehde*, Art. 28 Abs. 2 Rn. 16 ff.

467 Maunz/Dürig/*Mehde*, Art. 28 Abs. 2 Rn. 16.

468 Ebenda Rn. 16; BVerfGE 15, 256 (262).

469 BVerfGE 15, 256 (262); BVerfGE 68, 193 (207).

470 Ein wichtiger Gesichtspunkt dabei ist, dass die Durchbrechungen zirkulär begründet werden: Das Konfusionsargument wird immer dann unbeachtlich, wenn eine staatliche Selbstverwaltungskörperschaft oder Anstalt mit Grundrechten ausgestattet ist. Ob eine staatliche Stelle sich auf Grundrechte berufen können soll, ist aber gerade die Interpretationsfrage, die mittels des Konfusionsarguments entschieden werden soll. Wenn das Konfusionsargument nicht über die Erstreckung grundrechtlichen Schutzes auf staatliche Stellen, sondern (eher deskriptiv) über den Grundrechtscharakter einer Regelung schlechthin entscheiden soll, ist es dazu aufgrund seiner Durchbrechungen ebenfalls nicht geeignet. Denn die Durchbrechung besagt gerade, dass grundrechtlicher Schutz für staatliche Stellen im Einzelfall bestehen kann.

Gewiss lässt sich eine Differenzierung zwischen Art. 5 I 1, III GG und Art. 28 II GG trotzdem begründen. Ausschlaggebend ist für das Bundesverfassungsgericht nicht das Konfusionsargument, sondern der Durchgriff auf natürliche Personen.[471] So betont das Gericht, dass Rundfunkanstalten und Universitäten, nicht aber Gemeinden Bürgerinnen und Bürgern zur Verwirklichung ihrer Grundrechte dienten.[472] Das ist insofern richtig, als dass sich auch einzelne natürliche Personen auf die Rundfunkfreiheit und Forschungsfreiheit berufen können, wenngleich sie davon regelmäßig in einem institutionellen Kontext Gebrauch machen. Die Gemeinde hingegen dient nicht typischerweise der Verwirklichung bestimmter Grundrechte. Allerdings ist es nicht zwingend, nur dann von einem Grundrecht zu sprechen, wenn sich auch natürliche Personen darauf berufen könnten. Denn das Bundesverfassungsgericht will mittels des Durchgriffsarguments vor allem bestimmen, welche juristischen Personen sich im Sinne des Art. 19 III GG auf allgemeine Grundrechte berufen können. Dass die Gemeinden nicht dazu gehören, lässt nicht darauf schließen, dass auch ein speziell den Gemeinden eingeräumtes Recht nur dann ein Grundrecht sein kann, wenn zugleich ein entsprechendes Individualrecht natürlicher Personen dahinter steht. (Ein Individualrecht auf demokratische Mitbestimmung kommunaler Angelegenheiten aus Art. 28 II GG ist nicht anerkannt, anders als das Recht auf demokratische Mitbestimmung auf Bundesebene aus Art. 38 I GG.)

Weiterhin wird, wie bereits erwähnt, mittels des Konzepts der institutionellen Garantie gegen den Grundrechtscharakter des Art. 28 II GG argumentiert. Institutionelle Garantien sollen nach einer in der Literatur vertretenen Auffassung, auch wenn sich jedermann auf sie berufen kann, wegen ihrer Ausgestaltungsbedürftigkeit für sich genommen keine Grundrechte sein können.[473] Würde diese Auffassung konsequent durchgehalten, wäre sie jedoch mit der Einordnung bestimmter Grundrechte als institutionelle Garantien schwer vereinbar.

Deshalb wird entweder bestritten, dass es sich bei Grundrechten zugleich um institutionelle Garantien handeln könne, oder aber es wird auf die Mischnatur der Grundrechte verwiesen, die auch institutionelle Garantien beinhalten: Weil Art. 14 GG als Abwehrrecht menschliches Verhalten schützt, wird die institutionelle Garantie als Annex dieses Abwehrrechts begriffen, sodass der

---

Zu Recht stützt sich das Bundesverfassungsgericht deshalb nicht maßgeblich auf das Konfusionsargument.

471 BVerfGE 21, 362 (369); 39, 302 (311 ff.); 45, 63 (79); 68, 193 (206 f.).

472 BVerfGE 45, 63 (79); 68, 193 (206 f.).

473 *Burgi*, Kommunalrecht, § 6 Rn. 4; vgl. auch Maunz/Dürig/*Mehde*, Art. 28 Abs. 2 Rn. 45.

Grundrechtscharakter dieser Garantie aus dem Abwehrrecht heraus begründet wird.[474] Diese Schlussfolgerung ist aber ungenau: Man kann eine Institutsgarantie auch als Abwehrrecht gegen mittelbar-normative Beeinträchtigungen menschlichen Verhaltens beschreiben. Denn sie schützt unter anderem davor, dass die Rechtsfolgen der Handlungen Dritter infolge der Abschaffung oder massiven Abänderung des Instituts verändert werden. Davon ist zwar mittelbar die Verhaltensfreiheit der Grundrechtsträgerin betroffen. Die Institutsgarantie wird aber dadurch nicht zum Anhängsel des Abwehrrechts, sondern ist lediglich von dem Abwehrrecht ohnehin schon umfasst, wenn man einen weiten Eingriffsbegriff zugrunde legt. Dieser Zusammenhang wäre treffender als logische Redundanz umschrieben. Die Institutsgarantie hat eine klarstellende Funktion, indem sie den Schutz vor einer speziellen Form mittelbar-normativer Eingriffe eigens festhält.

Zudem unterscheidet ein Teil der Literatur bei Art. 28 II GG zu Recht zwischen der eigentlichen institutionellen Garantie, also der Garantie der Existenz von Gemeinden im Allgemeinen, und der Garantie ihrer eigenverantwortlichen Aufgabenerfüllung.[475] Art. 28 II GG hat also mehrere Teil-Schutzbereiche.[476] Die Rechtsstellungsgarantie des Art. 28 II GG entspricht einer Kompetenznorm, die der Gemeindeebene bestimmte Hoheitsrechte sichert.[477] Der Bereich, in dem die Gemeinde auch normsetzend handelnd darf, ist vor der Regulierung durch Landes- und Bundesrecht geschützt. Als wehrfähige Rechtsposition, die eine „subjektive Rechtsstellungsgarantie"[478] oder „Rechtsdurchsetzungsgarantie"[479] einschließt, vermittelt Art. 28 II GG, was in traditioneller Terminologie als „subjektive Rechtsposition"[480] bezeichnet wird, und zwar auf den gesamten Schutzbereich des Art. 28 II GG bezogen.[481] Aus strukturanalytischer Sicht erfüllt Art. 28 II GG alle strukturell erfassbaren Merkmale subjektiver Rechte,

---

474 *Burgi*, Kommunalrecht, § 6 Rn. 4.

475 *Stern*, Das Staatsrecht der Bundesrepublik Deutschland, 409; Maunz/Dürig/*Mehde*, Art. 28 Abs. 2, 39 f.

476 Die Bezeichnung als „Schutzbereich" folgt der hier vertretenen Auffassung von der strukturellen Grundrechtsgleichheit des Art. 28 II GG. Es ist deskriptiv sinnvoll, gleiche Strukturen gleich zu bezeichnen.

477 Vgl. BVerfG NVwZ 2015, 728 (731).

478 *Stern*, Das Staatsrecht der Bundesrepublik Deutschland, 409.

479 Maunz/Dürig/*Mehde*, Art. 28 Abs. 2 Rn. 45.

480 *Stern*, Das Staatsrecht der Bundesrepublik Deutschland, 409.

481 Ebenda, 409.

nämlich die Kombination aus einer drittbezogenen Pflicht und einer Rechtsgestaltungsfähigkeit in Form der Klagefähigkeit. Die Grundrechtsähnlichkeit tritt auch insoweit deutlich hervor.

Letztlich ist es aus strukturanalytischer Sicht jedoch wenig bedeutsam, ob Art. 28 II GG mit dem Begriff „Grundrecht“ bezeichnet wird. Entscheidend ist die gemeinsame *Struktur* der Grundrechte und des Art. 28 II GG. Dass Art. 28 II GG, so wie er durch das Bundesverfassungsgericht interpretiert wird, seiner Struktur nach den Grundrechten entspricht,[482] wird zu Recht selten bestritten. Im Gegenteil haben zwei Landesverfassungsgerichte die landesrechtlichen Parallelnormen zu Art. 28 II GG als grundrechtsähnliches oder grundrechtsgleiches Recht bezeichnet[483] und auf die parallele Struktur von Grundrechten und kommunaler Selbstverwaltungsgarantie verwiesen.[484] Das Bundesverfassungsgericht selbst verwendet überwiegend eine den Grundrechten entlehnte Terminologie und wendet teils auch den Grundsatz der Verhältnismäßigkeit an.[485] Sogar manche Stimmen, die die strukturelle Parallele leugnen und das Bundesverfassungsgericht für seine Anleihen bei der Grundrechtsterminologie kritisieren, sprechen sich im Ergebnis selbst für eine grundrechtsähnliche Struktur aus, die lediglich mit anderen Begriffen belegt wird.[486]

Jedenfalls in ihrer Konkretisierung durch das Bundesverfassungsgericht ist die kommunale Selbstverwaltungsgarantie strukturell grundrechtsgleich. Welche interpretativen Konsequenzen aus dieser Strukturgleichheit zu ziehen sind, etwa bezüglich der Anwendung des Verhältnismäßigkeitsgrundsatzes auf Art. 28 II GG,[487] wird durch diese Erkenntnis nicht determiniert.

Sofern man Art. 28 II GG als Grundrecht einordnen möchte, ist das erste Definitionsmerkmal einer Elfes-Bedingung – Tatbestandselement einer Grundrechts-Rechtsfolge – für Tatbestandsmerkmale der kommunalen Selbstverwaltungsgarantie erfüllt.

---

482 ThürVerfGH NVwZ-RR 2005, 665 (674); *Schmidt*, Kommunalrecht Rn. 60; Maunz/Dürig/*Mehde*, Art. 28 Abs. 2, 44, 97.

483 BayVerfGH NVwZ-RR 2005, 757 (759); BayVerfGH vom 27.11.2008, Vf. 110-VI-07, juris, Rn. 18.

484 Zu Art. 28 II GG: ThürVerfGH NVwZ-RR 2005, 665 (674).

485 BVerfG NVwZ 2015, 728 (730): „Eingriffe“, „Gesetzesvorbehalt“, „Rechtfertigungsanforderungen“ für die Eingriffe. Von einer „institutionellen Wende“, wie sie *Schmidt-Aßmann*, in: Badura/Dreier, Festschrift 50 Jahre Bundesverfassungsgericht, 803 (807) mit Blick auf BVerfGE 79, 127 und 91, 228 konstatiert, kann daher keine Rede sein.

486 *Burgi*, Kommunalrecht, § 6 Rn. 4 einerseits und Rn. 46 andererseits.

487 Zu Recht kritisch *Bull*, DVBl. 2008, 1 (10).

4.5.2.2. *Elfes-Bedingungen des Art. 28 II GG?*

Dann stellt sich die Anschlussfrage, ob bestimmte Tatbestandselemente des Art. 28 II GG den übrigen Definitionsmerkmalen einer Elfes-Bedingung entsprechen.

Dazu müsste ein weiteres, mit der Elfes-Bedingung verbundenes Tatbestandselement die Regelung oder Beeinträchtigung menschlichen Verhaltens durch eine Norm oder durch einen Realakt zum Inhalt haben. Das ist bei einem Recht, das (auch) vor der Abänderung von Normen des einfachen Rechts schützt, naturgemäß der Fall. Denn Normen regeln stets menschliches Verhalten, auch soweit sie die Kompetenzen der Gemeinden betreffen. Jeder Eingriff in diese Kompetenzen ändert insofern die Konsequenzen menschlichen Handelns, als dass an das Verhalten der Amtswalter der Gemeinde andere Rechtsfolgen geknüpft sind als zuvor. Aus strukturanalytischer Sicht dient die Gemeinde als Zuordnungspunkt für das Handeln ihrer Amtswalter. Dies ist eine besondere Regelungstechnik: Die juristische Person als Zurechnungspunkt verbindet das Wahl- und Organisationsrecht mit dem materiellen Außenrecht, das die Befugnisse der Gemeinden regelt.[488] Dass die beiden Regelungsmaterien voneinander getrennt werden können, ist gesetzgebungstechnisch ohne Zweifel ein großer Vorteil. Aber die Gesetzgebungstechnik wirkt sich nur auf die Textgliederung aus, nicht auf die semantische Struktur. Wenn man formulieren möchte, welche Rechtsfolgen unter welchen Voraussetzungen eintreten, sind die Rechtsfolgen als Gebote und Verbote an Menschen zu formulieren – denn Menschen sind die Adressaten der Normen realer Normensysteme.[489] Der Tatbestand einer Rechtsfolge im strukturanalytischen Sinn muss aus *allen* Voraussetzungen dieser Rechtsfolge gebildet werden. Im Ergebnis regelt das positive Recht auch mit Blick auf juristische Personen des öffentlichen Rechts, welche Rechtsfolgen das Verhalten von Menschen unter bestimmten Voraussetzungen hat. Somit lässt sich auch das zweite Merkmal der Elfes-Bedingung bejahen.

Schließlich müssten bestimmte Tatbestandsmerkmale des Rechts aus Art. 28 II GG die Feststellung der Verfassungsmäßigkeit einer Norm oder eines Realakts zum Inhalt haben, wobei die Verfassungsmäßigkeit nicht notwendigerweise umfassend zu prüfen ist. Zwei Tatbestandsmerkmale kommen dafür infrage, der

---

488 Vgl. dazu *Kelsen*, Reine Rechtslehre (2. Aufl.), 183; *Kelsen*, Hauptprobleme der Staatsrechtslehre, 527.

489 *Kelsen*, Reine Rechtslehre (2. Aufl.), 183, 188; *Kelsen*, Allgemeine Theorie der Normen, 23.

Gesetzesvorbehalt des Art. 28 II 1 GG und die Prüfung bestimmter formeller Anforderungen bei der Beschränkung der kommunalen Selbstverwaltungsgarantie.

Im Hinblick auf die Anforderungen an eine Verordnungsermächtigung versteht das Bundesverfassungsgericht den Gesetzesvorbehalt des Art. 28 II 1 GG („im Rahmen der Gesetze") so, dass er auf Gesetze im materiellen Sinn bezogen ist: Er umfasse nicht „nur Gesetze in förmlichem Sinn, sondern auch Rechtsverordnungen, die auf einer mit Artikel 80 Absatz I 2 GG übereinstimmenden Ermächtigung beruhen".[490] Dieses Interpretationsergebnis entspricht der Elfes-Bedingung, weil die Verfassungsmäßigkeit einer Norm – der Rechtsverordnung – geprüft wird. Prüfungsmaßstab ist allerdings nur eine einzige Verfassungsbestimmung, nämlich Art. 80 I 2 GG. Es handelt sich also um eine sehr enge Elfes-Bedingung. Diese Elfes-Bedingung wird nicht mittels der Elfes-Konstruktion, sondern aus der Interpretation des Begriffs „Gesetz" hergeleitet. Dieses Vorgehen ähnelt der Elfes-Konstruktion nur insofern, als dass die Elfes-Bedingung jeweils aus einer Interpretation des Eingriffsvorbehalts gewonnen wird.

Die Prüfung des Gesetzgebungsverfahrens und einiger anderer formeller Vorschriften begründet das Gericht hingegen damit, dass diese Vorschriften „das verfassungsrechtliche Bild der Selbstverwaltung mitbestimmen".[491] Diese Argumentation des Gerichts unterscheidet sich deutlich von der Elfes-Entscheidung.[492] Sie ähnelt eher einigen neueren Ansätzen zur Begründung der Elfes-Bedingung in der Literatur,[493] die mit leicht unterschiedlich akzentuierten Begründungen der Sache nach davon ausgehen, das verfassungsrechtliche Bild der Grundrechte gebiete auch die Übereinstimmung grundrechtsbeschränkender Gesetze mit sonstigem Verfassungsrecht. Denn so wie aus Sicht dieser Ansätze insbesondere der Freiheitsschutz als gemeinsame Grundlage der Freiheitsrechte die Übereinstimmung von Grundrechtseingriffen (nur) mit freiheitsschützenden Verfassungsnormen gebietet,[494] so gebietet aus Sicht des Bundesverfassungsgerichts das verfassungsrechtliche Bild der Selbstverwaltung, dass deren Beschränkung (nur) bestimmten formellen Voraussetzungen zu genügen hat.

490 BVerfG NJW 1981, 1659 (1659); BVerfG NJW 1969, 1843 (1843).

491 BVerfG NJW 1981, 1659 (1659).

492 Maunz/Dürig/*Mehde*, Art. 28 Abs. 2 Rn. 178 f.

493 Argumentative Parallelen finden sich etwa bei *Alexy*, Theorie der Grundrechte, 348; *Schwabe*, DÖV 1973, 623 (624); *Frotz*, Die Reichweite des grundrechtlichen Abwehranspruchs, 57 ff.

494 *Alexy*, Theorie der Grundrechte, 348; *Hutzelmann*, Die prozessuale Bedeutung, 26; *Scholz*, AöR 1975, 80 (107); *Kube*, DVBl. 2005, 721 (723 f., 725).

Der Normstruktur nach sind die beiden vom Bundesverfassungsgericht entwickelten Tatbestandselemente, die Vereinbarkeit des Gesetzgebungsverfahrens mit Art. 70 ff. GG und die Vereinbarkeit der Verordnungsermächtigung mit Art. 80 I 2 GG, identisch. In beiden Fällen wird die Rechtsfolge des Art. 28 II GG durch den Verstoß gegen andere Verfassungsnormen ausgelöst. Ungeachtet der interpretativen Begründung besteht also zwischen jenen Normen und Art. 28 II GG ein Sanktionszusammenhang. Es handelt sich daher um Tatbestandselemente, die einer Elfes-Bedingung – mit engem Prüfungsumfang – strukturell entsprechen.[495] Ob sie als Elfes-Bedingungen zu bezeichnen sind, hängt also allein davon ab, welche Position man zur Grundrechtsqualität des Art. 28 II GG bezieht.

Die (potenziellen) Elfes-Bedingungen der kommunalen Selbstverwaltungsgarantie sind jedenfalls Elfes-Bedingungen ohne Elfes-Konstruktion, weil das Bundesverfassungsgericht sie gänzlich anders herleitet.

4.5.2.3. Konsequenzen mit Blick auf das Verhältnis zu Art. 2 I GG

Die strukturelle Parallele zwischen Art. 28 II GG und den Grundrechten hat das Bundesverfassungsgericht – trotz entsprechender Forderungen in der Literatur[496] – nicht zum Anlass genommen, die Elfes-Konstruktion auf Art. 28 II GG anzuwenden, weder explizit noch der Sache nach. Dies ist insofern konsequent, als dass das Gericht diese Konstruktion bislang nur aus Art. 2 I GG hergeleitet hat. Diese Herleitung würde es zwar ermöglichen, die Elfes-Konstruktion auf alle Grundrechte anzuwenden, wenngleich nur unter Aufgabe der bisherigen Rechtsprechung zur Spezialität der Einzelfreiheitsrechte. Aber die Elfes-Konstruktion ließe sich nicht einer Rechtsposition zuordnen, die das Bundesverfassungsgericht nicht als Grundrecht ansieht. Im Rahmen der hergebrachten Grundrechtsdogmatik wäre ein Hierarchieverhältnis zwischen allgemeiner Handlungsfreiheit und Selbstverwaltungsgarantie nicht begründbar.

Dessen ungeachtet wurde gezeigt, dass es sich bei zwei Tatbestandsmerkmalen der kommunalen Selbstverwaltungsgarantie um Elfes-Bedingungen handelt. Es bleibt also die Frage zu beantworten, warum das Gericht diese Elfes-Bedingungen nicht *der Sache nach* den Elfes-Bedingungen des Art. 2 I GG angeglichen hat. Denn dazu hätte es sie nicht auf die Elfes-Konstruktion stützen müssen.

Dass das Gericht in der Sache keine Angleichung vornimmt, dürfte letztlich gleichfalls auf die dogmatische Festlegung zurückzuführen sein, dass Art. 28 II

---

495 Vgl. auch *Stern*, Das Staatsrecht der Bundesrepublik Deutschland, 423.

496 Etwa *Stern*, Das Staatsrecht der Bundesrepublik Deutschland, 415, 423; weitere Nachweise ebenda.

GG nicht als Grundrecht anzusehen sei. Interessant ist dabei die Begründung des Gerichts. Denn das Gericht stellt klar, dass Art. 93 I Nr. 4b GG als Verfassungsbeschwerde den Gemeinden kein Recht auf eine umfassende Normenkontrolle einräume.[497] Mit derselben Argumentation wird in der Literatur kritisiert, dass die Elfes-Konstruktion die Individualverfassungsbeschwerde in eine Beinahe-Normenkontrolle verwandelt habe, die lediglich durch die Beschwerdebefugnis begrenzt sei.[498] Das Bundesverfassungsgericht bewertet also dasselbe prozessuale Ergebnis für Art. 28 II GG anders als für die Grundrechte. Dadurch hebt das Gericht seine unterschiedliche dogmatische Einordnung der Selbstverwaltungsgarantie einerseits und der Grundrechte andererseits hervor, während die strukturellen Gemeinsamkeiten beider Rechte und die verfahrensrechtlichen Gemeinsamkeiten zwischen den beiden Verfassungsbeschwerdetypen[499] zurücktreten.

Damit macht das Gericht möglicherweise Zugeständnisse an die Literatur. Denn dass es angesichts der grundrechtsidentischen Struktur Art. 28 II GG zunehmend grundrechtsähnlicher prüft, ist von einigen Stimmen als inkonsequent kritisiert worden.[500] Die Elfes-Bedingung des Art. 28 II GG der Elfes-Bedingung des Art. 2 I GG anzugleichen würde einen der wenigen verbliebenen Unterschiede zu den Grundrechten beseitigen und dieser Kritik damit weiter Vorschub leisten.

4.6. Die Elfes-Bedingung als gemeinsames Tatbestandselement der Freiheitsrechte

Wie im Abschnitt 4.1. erläutert, sind sich drei von vier Interpretationsansätzen darin einig, die Elfes-Bedingung allen Freiheitsgrundrechten zuzuordnen. Der vierte, der die allgemeine Handlungsfreiheit als Schlüsselgrundrecht der Elfes-Konstruktion begreift, kann aus logischen Gründen nur dann zu einem anderen

---

497 BVerfG NVwZ 1995, 370 (371).

498 *Hesse*, Die Bindung des Gesetzgebers, 113; *Hesse*, Grundzüge des Verfassungsrechts der Bundesrepublik Deutschland, Rn. 427: Art. 93 I Nr. 4a GG begründe „kein unbegrenztes Recht zur Verfassungsbeschwerde". In der Tendenz auch *Hochhuth*, JZ 2002, 743 (746). Deskriptiv ebenso, jedoch ohne ablehnende Bewertung von Mangoldt/Klein/Starck/*Starck*, Art. 2 I Rn. 26 f.; *Schwabe*, DÖV 1973, 623 (624).

499 Dazu BeckOK GG/Morgenthaler, Art. 93 Rn. 83.1.

500 *Bull*, DVBl. 2008, 1 (9); *Schmidt-Aßmann*, in: Badura/Dreier, Festschrift 50 Jahre Bundesverfassungsgericht, 803 (807 f., 817); skeptisch auch *Wolff*, Verwaltungsarchiv 2009, 280 (282).

Ergebnis gelangen, wenn er die allgemeine Handlungsfreiheit als ausschließendes Auffanggrundrecht versteht.

Unabhängig von der Herleitung haben jene Interpretationsergebnisse, die die Elfes-Bedingung allen Freiheitsgrundrechten zuordnen wollen, eine gemeinsame semantische Struktur: Im Tatbestand der Grundrechts-Rechtsfolgen bilden die einzelnen Grundrechte Gruppen von Tatbestandselementen. Die Elfes-Bedingung ist Element jeder dieser Gruppen.

Diese semantische Struktur ist logisch ohne Bedeutungsveränderung umformbar, und zwar unabhängig davon, ob die allgemeine Handlungsfreiheit als einschließendes oder als ausschließendes Auffanggrundrecht verstanden wird. Das gemeinsame Element mehrerer Gruppen von Tatbestandselementen lässt sich logisch mittels des Distributivgesetzes[501] vor die Klammer ziehen. Im Detail ist diese Umformungsoperation komplex. Denn einerseits wird eine Grundrechts-Rechtsfolge ausgelöst, wenn der Eingriff in den Schutzbereich eines Grundrechts nicht gerechtfertigt ist. Andererseits kann aber der Eingriff aus verschiedenen Rechtsgründen nicht gerechtfertigt sein. Auf die sehr umfangreiche Darstellung dieser Umformungsoperationen in der formalen Sprache der Aussagenlogik und damit auch auf einen umfassenden exakten Nachweis wird an dieser Stelle verzichtet.

Im Ergebnis ist es aber zulässig, zuerst die Elfes-Bedingung, dann den Eingriff in den Schutzbereich eines Grundrechts und anschließend, falls nicht schon sonstiges Verfassungsrecht verletzt war, den Grundsatz der Verhältnismäßigkeit und weitere Grenzen des Eingriffsvorbehalts zu prüfen.[502]

Diese Möglichkeit hat insbesondere in der jüngsten Rechtsprechung des Bundesverfassungsgerichts praktische Bedeutung erlangt. Wie bereits erwähnt zieht das Gericht gelegentlich die Prüfung der Elfes-Bedingung vor die Klammer, und zwar vor die Prüfung der Freiheitsrechte oder vor die Grundrechtsprüfung insgesamt.[503] Dies ist aus logischen Gründen korrekt, solange im Fall eines Verstoßes gegen sonstiges Verfassungsrecht noch der Eingriff in irgendein Grundrecht bejaht wird. Doch selbst dieser zweite Schritt muss nicht notwendigerweise explizit geprüft werden, wenn man voraussetzt, dass aufgrund der Auffangfunktion der allgemeinen Handlungsfreiheit stets ein Eingriff in irgendein Freiheitsrecht bejaht werden kann.

---

501 Vgl. die exemplarische Umformungsoperation in Fn. 390, 392. Zu den Äquivalenzgesetzen der Aussagenlogik *Beckermann*, Einführung in die Logik, 69 f.

502 Der zweite und der dritte Schritt können für mehrere Grundrechte wiederholt werden.

503 BVerfG NJW 2015, 44 (44); BVerfG NVwZ 2015, 582 (583); BVerfG NVwZ 2014, 1448 (1449 f.); BVerfG NVwZ 2014, 1084 (1085).

Weil sie der Prüfung der Elfes-Bedingung einen festen Ort in der Begründetheit der Verfassungsbeschwerde zuweist, könnte sich die neue Prüfungsreihenfolge möglicherweise künftig dauerhaft etablieren. Mit dem neuen Prüfungsaufbau nähert das Gericht jedenfalls die Prüfung der Elfes-Bedingung einer formellen Rechtmäßigkeitsprüfung an, die dem verwaltungsrechtlichen Prüfungsaufbau ähnelt.[504] Zugleich wird der Bezug der Elfes-Bedingung zur Elfes-Konstruktion gelockert – denn wenn das Gericht die interpretative Herleitung betonen wollte, würde es eher den logisch gleichwertigen, tradierten Prüfungsaufbau wählen, der die Elfes-Bedingung in die Grundrechtsprüfung auf Rechtfertigungsebene einbindet. Ähnlich wie die zahlreichen Literaturstimmen, die sich dem Bundesverfassungsgericht ohne Diskussion der Elfes-Konstruktion anschließen,[505] kann auch die neueste Entwicklung als Indiz dafür betrachtet werden, dass sich die Elfes-Bedingung zu einem richterrechtlichen Rechtsinstitut entwickelt hat, dessen interpretative Herleitung in den Hintergrund rückt.

504 Dazu Abschnitt 5.6.6.3.

505 Nachweise im Abschnitt 4.1.1.1.

5. Die Rechtsfolgen der Elfes-Bedingung

Abstract: This chapter focuses on the legal consequences of the Elfes condition and on how they relate to the consequences of basic rights in general.
From the perspective of structural analysis, the main legal consequence of basic rights - and therefore of the Elfes condition - is the annihilation of norms that violate them. Structural analysis rejects the possibility of norms being void ipso jure. If the non-violation of a superior norm were to be seen as a condition of inferior norms, it would be - as with any other legal condition - the establishment of the facts, not the facts themselves, that is legally relevant. Someone must ascertain the violation and declare the norm void, i. e. annihilate it, be it the bearer of the obligation him- or herself. The basic law reserves this power of annihilation to the courts - more specifically to the federal constitutional court in the case of post-constitutional norms.
The court's authorization (but not its legal power) to initiate a constitutional complaint procedure on the grounds of an infringement of constitutional provisions other than basic rights is derived from the Elfes condition. Under certain premises, the same applies to the court's authorization to annul unconstitutional norms that do not directly violate a basic right. Consequently, the Elfes condition transforms constitutional complaints into limited popular actions - limited in so far as the complainant must claim the norm to affect him or her. But this limitation tends to be overemphasized due to the functions of legal action in German legal history. Even "classical" popular or collective actions are limited by some requirement. The Elfes condition also functions as a very specific sanctioning connection between various constitutional provisions and the annihilation of norms, as hypothesized in chapter 3. Within the procedural framework of the constitutional complaint, only the Elfes condition allows for various violations of constitutional provisions to be assessed by the court.
Also, the legal consequences of the Elfes condition are strictly limited to the procedural level. As to other obligations of the state, the Elfes condition is irrelevant: The obligation to comply with constitutional provisions applies regardless of whether basic rights are affected. Whether or not a basic right entails the same obligation is logically insignificant - a point that has so far been rather obscured by the concept of rights used in traditional jurisprudence.
The Elfes condition is also applicable in administrative law although the federal administrative court and academic literature have so far rarely drawn upon its extended applicability. Since the Elfes condition renders any violation of constitutional law a violation of Art. 2 Sect. 2 of the Basic Law and since any violation of ordinary law may be seen to violate Art. 20 Sect. 3 of the Basic Law, one can successfully claim any illegal act to violate the general freedom of action. (This is not possible within constitutional law for merely procedural reasons, at least according to the federal constitutional court.) The Elfes condition can therefore explain why violations of formal provisions may still be brought to the courts in an action of annulment although this action requires the claimant to claim a violation of a right and although § 113 Sect. 1 of the Administrative Court Procedures

Code requires an infringement of rights for the court to annul an administrative measure. The Elfes condition of administrative law has a limited scope due to certain restrictions, e. g. § 46 of the Administrative Procedure Act.

Die Elfes-Bedingung ist im Abschnitt 3.3. als Tatbestandselement einer Grundrechts-Rechtsfolge definiert worden. Damit stellt sich die Frage, worin diese Rechtsfolge besteht und ob es unterschiedliche Rechtsfolgen der Grundrechte (und damit der Elfes-Bedingung) gibt. Ferner ist zu klären, wie sich die Tatbestände unterschiedlicher Rechtsfolgen unterscheiden und welche Rolle die Elfes-Bedingung jeweils darin spielt.

Die Rechtsfolgen der Grundrechte strukturanalytisch zu beschreiben bringt einige Brüche mit den Konventionen der traditionellen Rechtslehre mit sich. Denn die Lehre vom subjektiven Recht prägt die Formulierungen des Verfassungstextes und ihre Interpretation durch Rechtsprechung und Literatur. Die Grundrechtsartikel sind tendenziell in der Form eines „Rechts auf" formuliert. Dies hängt damit zusammen, dass die Lehre vom subjektiven Recht Rechte nicht als bloße Kehrseite von Pflichten, sondern im Gegenteil gleichsam als die normative „Hauptsache" betrachtet.[506]

Indes wurde im Abschnitt 2 dargelegt, dass sich jede Norm als Pflicht formulieren lässt. Die entscheidende Frage ist lediglich, welche Personen zu welchem Verhalten verpflichtet werden. Auch Kombinationen mehrerer Pflichten können auftreten und sind bei den Grundrechten zu erwarten. Denn wenn es zutrifft, dass Grundrechte als subjektive Rechte anzusehen sind, und wenn subjektive Rechte aus analytischer Sicht Pflichten verbunden mit Klagefähigkeiten sind, müssten sich Grundrechte aus analytischer Sicht als Pflichten verknüpft mit Rechtsgestaltungsfähigkeiten beschreiben lassen.

Zugleich müsste es infolge des formalen Sanktionsbegriffs[507] auch möglich sein, den Fokus allein auf die Rechtsgestaltungsfähigkeit zu richten. Formuliert man sie als Pflicht eines Dritten, hat sie (mindestens) zwei Tatbestandselemente: das prozesseinleitende Verhalten der rechtsgestaltungsfähigen Person und den Verstoß gegen die sanktionierte Pflicht. Die Grundrechte wären dann also Tatbestandselemente einer Pflicht. Es stellt sich daher die Frage, ob diese unterschiedlichen Arten der Beschreibung bei Grundrechten möglich sind und wie sie sich auf die normative Funktion der Elfes-Bedingung auswirken.

---

506 *Kelsen*, Reine Rechtslehre (2. Aufl.), 135 f.
507 Dazu Abschnitt 2.2.2.

5.1. Die Elfes-Bedingung als Tatbestandselement eines Normierungsverbots

Dem üblichen Verständnis nach sind die meisten Grundrechte Abwehrrechte, die mittels der Verfassungsbeschwerde durchgesetzt werden. Es gilt aber zu prüfen, ob diese Art der Beschreibung den normativen Gehalt der Grundrechte erfasst und was sie für die Rechtsfolgen der Elfes-Bedingung bedeutet.

5.1.1. Die Grundrechte als Normierungs- und Beeinträchtigungsverbote

Was ein Abwehrrecht ist, kann man mithilfe von Positionen erfassen.[508] Rechtsinhalte mithilfe von Positionen zu beschreiben ist zwar nicht dem Begriff, aber der Sache nach in der traditionellen Rechtslehre üblich, wenn von Rechten, Ermächtigungen und dergleichen die Rede ist. Die Bezeichnungen der Positionen werden hier jedoch ausschließlich im Sinne des Schemas der rechtlichen Grundpositionen[509] verwendet. Es stellt sich die Frage, um welche Position aus dem Schema der rechtlichen Grundpositionen es sich bei einem Abwehrrecht handelt.

Dass es sich bei einem Abwehrrecht um eine Erlaubnis handeln könnte, wird dadurch nahe gelegt, dass Abwehrrechte zu einem näher umschriebenen Verhalten berechtigen. Wären die Grundrechte Erlaubnisse, würden sie demnach zusammen mit ihren Eingriffsvorbehalten statuieren: Ein Verhalten ist dann erlaubt, wenn es nicht verboten ist. So verstanden fehlte den Grundrechten ein Regelungsinhalt, weil die Erlaubnis eine Rechtsposition ist, die in den Abschnitten 2.1.2. und 2.3.3. gerade als die Abwesenheit einer Regelung definiert wurde, nämlich durch das Fehlen eines Ge- oder Verbots. Dass Grundrechte zu einem Verhalten berechtigen, kann daher nicht das Fehlen einer Regelung meinen. Allenfalls kann gemeint sein, dass sie ein Recht darauf einräumen, dass eine solche Regelung nicht existiert. Doch was wäre der Inhalt eines solchen Rechts aus strukturanalytischer Sicht?

Wie im Abschnitt 2.3.3. dargelegt, ist die Rede von Rechten eine konverse (spiegelbildliche) Beschreibung von – gegebenenfalls durch Rechtsgestaltungsfähigkeiten ergänzten – Pflichten. Das Verhalten, das der Grundrechtsträger abzuwehren berechtigt ist, ist das grundrechtswidrige Verhalten des Staates. Die Missachtung des Rechts auf Abwehr dieses Verhaltens ist die Verletzung der

508 Zu Positionen siehe Abschnitt 2.3.3.

509 Siehe Abschnitt 2.3.3.1.

Pflicht.[510] Wie bereits erwähnt, kann die Rede von Positionen für die Rechtspraxis nützlich sein. Für die Strukturanalyse ist es vorzugswürdig, die Grundrechte (auch) als Sollenssätze und damit als Pflichten zu beschreiben.

Der normative Sinn eines Abwehrrechts ist also eine Verhaltenspflicht. Handelnder und damit Adressat dieser Verhaltenspflichten ist „der Staat". Dieser ist seinerseits im *Kelsen*schen Sinne Zurechnungspunkt für die Pflichten der Amtsträgerinnen und Amtsträger,[511] die allein Pflichtadressaten sein können, weil es sich bei ihnen um real existierende Individuen handelt.[512] Geboten ist den Amtsträgern ein Unterlassen, und zwar das Unterlassen einer Beeinträchtigung des grundrechtlich geschützten Verhaltens.[513] Dabei kann sowohl eine tatsächliche Beeinträchtigung als auch eine Beeinträchtigung durch Regulierung verboten sein. Wenn Grundrechte Abwehrrechte sind, sind sie also Normierungsverbote und Beeinträchtigungsverbote. Wenn die Rechtsfolgen der Grundrechte die der Elfes-Bedingung sind, dann ist demnach ein Normierungs- oder Beeinträchtigungsverbot die Rechtsfolge der Elfes-Bedingung.

5.1.2. Grundrechte als leges imperfectae

Die Grundrechte als gesetzgeberische Verhaltenspflichten zu beschreiben ist also möglich, aber im Kontext der analytischen Rechtslehre nicht unproblematisch. Ein erster Kritikpunkt stammt von *Kelsen*, auf dessen rechtstheoretischen Arbeiten der hier verwendete Begriffsapparat fußt. Er ist gegenüber staatlichen Verhaltenspflichten skeptisch.[514] Seine Position ergibt sich daraus, dass er leges imperfectae (Verhaltensnormen ohne Sanktion) nicht als Rechtsnormen

---

510 *Schwabe*, Grundkurs Staatsrecht, 75.

511 Vgl. *Kelsen*, Hauptprobleme der Staatsrechtslehre, 527; zur Zuschreibung *Kelsen*, Reine Rechtslehre (2. Aufl.), 184 ff., 306 ff.; zur Zurechnung ebenda, 86 f.

512 *Kelsen*, Reine Rechtslehre (2. Aufl.), 183, 188; *Kelsen*, Allgemeine Theorie der Normen, 23.

513 Derselbe Norminhalt lässt sich aus umgekehrter Perspektive als Rechtsposition der Grundrechtsträgerin beschreiben: „Negatorische Grundrechte, verstanden als subjektive Rechte, sind Unterlassungsansprüche gegen den Staat." *Schwabe*, Grundkurs Staatsrecht, 75. Neben den Unterlassungspflichten sind auch Beseitigungspflichten sowie Kombinationen aus Unterlassungs- und Beseitigungspflichten denkbar, wenn man die Grundrechtsartikel entsprechend interpretiert, vgl. dazu auch *Baumeister*, Der Beseitigungsanspruch, 25, 27 ff. Diese Interpretationsvariante spielt aber nicht mit Blick auf Normen, sondern nur mit Blick auf Realakte (dazu Abschnitt 5.3.3.2.) und im Verwaltungsrecht (dazu Abschnitt 5.6.1.) eine Rolle.

514 *Kelsen*, Hauptprobleme der Staatsrechtslehre, 440 f.; *Kelsen*, Reine Rechtslehre (2. Aufl.), 148.

akzeptiert.[515] Zugleich zwingt sein Sanktionsbegriff dazu, Grundrechte als leges imperfectae anzusehen. Denn an Grundrechtsverstöße ist typischerweise keine persönliche Sanktion gegenüber den Mitgliedern der Gesetzgebungsorgane geknüpft, insbesondere nicht gegenüber dem Parlament, wie es *Kelsens* Sanktionsbegriff verlangen würde.

Auf Grundlage des formalen Sanktionsbegriffs[516] lässt sich aber die „Nichtigerklärung" eines Gesetzes als Sanktion gegenüber dem Gesetzgeber begreifen. Im Übrigen lässt sie sich auch als Sanktion im Sinne eines seinswissenschaftlichen Sanktionsbegriffs einordnen. Denn solche Entscheidungen des Bundesverfassungsgerichts können in der politischen Dynamik eine diskreditierende Wirkung für die Urheberinnen und Urheber einer Norm haben, also für die Bundestagsfraktionen und Landesregierungen, die dem Gesetzgebungsvorhaben zugestimmt haben.

5.1.3. Probleme einer Darstellung der Grundrechte als Normierungsverbote

Jedoch ist es aus anderen Gründen problematisch, die Grundrechte als Normierungsverbote zu beschreiben.

5.1.3.1. Allgemeine Nachteile der Darstellung als Normierungsverbot

Ein Normierungsverbot richtet sich gegen die Personen, die an einem Normsetzungsverfahren beteiligt sind. Eine Pflicht dieser Personen kann jedoch nur ein *Verhalten* dieser Personen betreffen, nicht beliebige andere Umstände, die ebenfalls Elemente des Tatbestands einer Norm sind. Normen regeln das Verhalten von Menschen.

Das Setzen einer Norm ist aber kein Verhalten. Tatsächliches Verhalten sind nur die Handlungen, an die das Recht eine Rechtsfolge knüpft. Rechtsfolge ist in diesem Fall die Verpflichtung Dritter, die gesetzte Norm zu beachten. Tatbestand dieser Rechtsfolge ist ein bestimmtes Verhalten bestimmter Personen. Diese Personen sind dadurch zur Normsetzung ermächtigt, dass unter der Bedingung ihres Verhaltens Dritte zu etwas verpflichtet werden. Sie sind Inhaber einer Rechtsgestaltungsfähigkeit.

Doch wie lässt es sich als Pflicht formulieren, von dieser Rechtsgestaltungsfähigkeit keinen Gebrauch zu machen? Geboten oder verboten sein kann nicht

515 *Kelsen*, Reine Rechtslehre (2. Aufl.), 305.

516 Dazu Abschnitt 2.2.2.

nur eine bestimmte Verhaltensform, sondern auch (final) ein beliebiges Verhalten, das einen bestimmten Zustand nach sich zieht.[517] Im Fall des Verbots, von einer Rechtsgestaltungsfähigkeit Gebrauch zu machen, ist also jedes Verhalten verboten, das Tatbestandselement der Pflichten Dritter ist.

Typischerweise ist ein einzelnes Verhalten notwendig, aber nicht hinreichend, um eine Norm in Geltung zu setzen. Somit können Normierungsverbote eine unterschiedlich große Reichweite haben: Sie können jede *notwendige* Handlung des Rechtssetzungsprozesses oder aber nur die letzte, *hinreichende* Handlung verbieten.

Im Sinne der erstgenannten Variante wäre ein Normierungsverbot so zu verstehen, dass es alle Handlungen verbietet, die zur In-Geltung-Setzung einer Norm beitragen. Ein derart weit reichendes Verständnis von Normierungsverboten zöge aber Friktionen mit anderen Gebieten des Staatsrechts nach sich. Beispielsweise würden die Grundrechte in die interpretative Eigenständigkeit des Staatsorganisationsrechts übergreifen. Ein Beispiel: Der Bundespräsident übt nach dem Grundgesetz eine Funktion innerhalb des Gesetzgebungsprozesses aus, nämlich die Unterzeichnung des Gesetzes (Ausfertigung nach Art. 82 I GG). Als Normierungsverbote verstanden würden die Grundrechte den Bundespräsidenten – vorbehaltlich einer Einschränkung durch kollidierendes Verfassungsrecht – verpflichten, ein wie auch immer grundrechtswidriges Gesetz nicht zu unterzeichnen. Wird die Elfes-Bedingung hinzugenommen, müsste er die Unterzeichnung jeglicher verfassungswidriger Gesetze ablehnen. Es gäbe also nicht nur das umstrittene Prüfungsrecht, sondern sogar eine Prüfungspflicht des Bundespräsidenten. Im Fall der Zuwiderhandlung würde sich der Bundespräsident im äußersten Fall der Sanktion des Art. 61 II 1 GG aussetzen.

Diese Konsequenzen sind auf interpretativer Ebene zu bedenken, wenn die Grundrechte als Abwehrrechte beschrieben werden. Selbstverständlich lassen sich Konsequenzen wie die beschriebene, sofern sie im Ergebnis unerwünscht sind, interpretativ vermeiden. Beispielsweise könnte man das Normierungsverbot auf solche Handlungen beschränken, die hinreichend für die Entstehung einer Norm sind. Man könnte aber auch annehmen, dass das Normierungsverbot durch andere, vorrangige Pflichten verdrängt wird. Im Beispiel könnte man annehmen, dass eine Unterzeichnungspflicht aus Art. 82 I 1 GG gegenüber dem Normierungsverbot vorrangig ist. Alternativ könnte man ein grundrechtliches Normierungsverbot allein auf die Entscheidung des Bundestagsplenums und des Bundesratsplenums beziehen. Bei der Grundrechtsinterpretation müssten

---

517 Vgl. etwa zur Notation mittels des *do*-Operators *Makinson*, JoPL 1986, 403 (407 f.).

aber jeweils eher staatsorganisationsrechtliche als grundrechtliche Topoi bemüht werden. Zu einer Herleitung der Elfes-Bedingung allein aus den Grundrechten, wie sie vom Bundesverfassungsgericht und – mit etwas anderem Ansatz – auch von den meisten gegenwärtigen Literaturstimmen vertreten wird, würde dieser Argumentationsstrang nicht passen. Ohne weiteres gelingt es also mit interpretativen Mitteln nicht, die Friktionen zwischen grundrechtlichen Normierungsgeboten und Staatsorganisationsrecht zu beseitigen.

Dieser Befund gibt Anlass dazu, zu hinterfragen, ob es sinnvoll ist, die Grundrechte als Normierungsverbote zu beschreiben, nur weil eine solche Beschreibung prinzipiell möglich wäre. Denn die dargelegten Probleme entfallen, wenn man auf die Beschreibung der Grundrechte als Normierungsverbote verzichtet. Jedenfalls im Bereich der Abwehr von Gesetzen hieße das, darauf zu verzichten, die Grundrechte als Abwehrrechte darzustellen. Deskriptiv wäre dieser Verzicht durchaus zulässig,[518] sofern sich die Grundrechte als Tatbestandselemente von Sanktionsnormen beschreiben lassen. Dass „grundrechtswidrige" Gesetze zu derogieren sind oder dass gegen ein Organ wegen eines (normsetzenden) Verhaltens ein Zwangsakt zu verhängen ist, sagte dann alles aus, was bei der Rechtsanwendung der Grundrechte durch staatliche Organe von Belang ist.[519]

518 Dazu Abschnitt 2.2.2.3.

519 Vgl. *Kelsen*, Reine Rechtslehre (2. Aufl.), 145. Ähnliches bringt *Kelsen* bezüglich des Staatsorganisationsrechts zum Ausdruck, wenn er argumentiert, der Staat sei so wenig zur Einhaltung des Gesetzgebungsverfahrens verpflichtet wie der Testator zur Einhaltung der Testamentsform: *Kelsen*, Hauptprobleme der Staatsrechtslehre, 443 f. Mit dem formalen Sanktionsbegriff kann man indes auch umgekehrt formulieren: Der Testator kann ebenso als zur Einhaltung der Testamentsform verpflichtet angesehen werden wie der Gesetzgeber zur Einhaltung des Gesetzgebungsverfahrens, sofern man die Rechtsfolge der Nichtigkeit als Sanktion auffasst und daraus interpretativ auf die Existenz einer sanktionierten Norm schließen möchte.
Der Sache nach nimmt *Kelsens* Argument aufgrund seines seinswissenschaftlichen Sanktionsbegriffs also vor allem die soziale Lenkungswirkung von Normen wie Testamentsformbestimmungen oder Grundrechten in den Blick. Man mag diese Lenkungswirkung auf Vermeidung von Nachteilen zurückführen, also darauf, dass der Normurheber die Nichtigkeitsfolge vermeidet, weil er ein Interesse am Fortbestand seines Normwerks hat. Man mag die Lenkungswirkung auch auf „prinzipielle Rechtstreue" und „vorweggenommene Selbstkontrolle des Verhaltens" staatlicher Organe zurückführen, so *Roth*, Faktische Eingriffe in Freiheit und Eigentum, 98. Welches Motiv dominiert, darüber kann man sozialwissenschaftlich streiten.
Kelsen, der das Recht als Zwangsordnung begreift, setzt den Akzent etwas zu deutlich nur auf die Vermeidung von Nachteilen und nicht auf die soziale Wirkung ideologischer Überzeugungen. Um zu beschreiben, wie das Recht als Zwangsordnung

5.1.3.2. Spezifische Nachteile hinsichtlich der Elfes-Bedingung

Speziell für die Elfes-Bedingung entstehen zusätzliche Probleme, wenn die Grundrechte als Normierungsverbote beschrieben werden. Bereits erwähnt wurde, dass die Reichweite der grundrechtlichen Rechtsfolgen interpretativ über das Staatsorganisationsrecht „eingefangen" werden müsste, wenn man Friktionen mit dem Staatsorganisationsrecht vermeiden wollte. Das wäre selbstverständlich zulässig, weil aus strukturanalytischer Sicht jede Interpretation des Verfassungstextes gleichwertig ist. Aber das interpretative „Einfangen" dürfte im Rahmen der etablierten Dogmatik des Verfassungsrechts schwierig werden. Durch die Elfes-Bedingung wird dieses Problem noch verschärft, weil die Elfes-Bedingung den Tatbestand eines Normierungsverbots erheblich erweitert.

Hinzu kommt noch ein weiteres Problem: Andere Normen als die Grundrechte können ebenfalls so verstanden werden, dass sie ein Normierungsverbot beinhalten. Damit würden sie dieselbe Rechtsfolge wie ein Grundrecht anordnen. Jene Rechtsfolge steht möglicherweise unter anderen Bedingungen als die Rechtsfolge der Grundrechte. Beispielsweise könnte ein nicht-grundrechtliches Normierungsverbot unter der Bedingung stehen, dass ein bestimmter Verfahrensschritt fehlerhaft verlaufen oder unterblieben ist. Soweit die Rechtsfolge – nämlich das Normierungsverbot – übereinstimmt, können die beiden Normen, wie dies im Abschnitt 2.4.3. für das Verhältnis verschiedener Grundrechte zueinander dargelegt worden ist, auch als *eine* Norm mit mehreren Tatbestandselementen dargestellt werden.

Im Fall der Elfes-Bedingung einerseits und der nicht-grundrechtlichen Tatbestandselemente andererseits werden die Tatbestandselemente verschiedenen Sätzen des rechtlichen Textes entnommen. Die getrennte Normierung von grundrechtlichen Normierungsverboten einerseits und außergrundrechtlichen Normierungsverboten andererseits deutet darauf hin, dass jeweils jedes Tatbestandselement für sich ausreichen soll, um die Rechtsfolge auszulösen. Dies entspricht auch dem üblichen Verständnis der beiden Normenkomplexe. Die grundrechtlichen und nicht-grundrechtlichen Tatbestandselemente der einheitlichen Rechtsfolge sind mithin durch den Disjunktor zu verknüpfen.

Diese Verknüpfung führt zu Redundanzen. So können Kompetenzbestimmungen (auch) als gesetzgeberische Pflichten beschrieben werden, etwa folgendermaßen: Es ist dem Bund bzw. genauer den jeweils an der Gesetzgebung

funktioniert, sind sanktionierte Normen überflüssig. Um die ideologische Überzeugung zu beschreiben, kann es hingegen durchaus nützlich sein, die Vorstellung des Verpflichtetseins zu berücksichtigen.

beteiligten Personen verboten, in einem bestimmten Sachbereich Gesetze zu erlassen. Wenn nun über die Elfes-Bedingung die kompetenzwidrige Gesetzgebung zugleich zum Tatbestandselement eines Normierungsverbots wird, aber die Kompetenzwidrigkeit ohnehin schon Tatbestandselement eines Normierungsverbots ist, dann verdoppelt sich dieses Tatbestandselement. Es lässt sich mittels des Absorptionsgesetzes der Aussagenlogik[520] kürzen.[521]

Soweit ein Normierungsverbot also auch unter anderen Voraussetzungen angeordnet ist als der Voraussetzung des Grundrechtsverstoßes, wird die Elfes-Bedingung insoweit überflüssig. Denn dann gilt ein Verbot, eine Norm zu setzen, ohnehin unter der Bedingung, dass Inhalt oder Verfahren verfassungswidrig sind. Diese Redundanz spricht nicht gegen die Elfes-Konstruktion des Bundesverfassungsgerichts, sondern dagegen, die Grundrechte als gesetzgeberische Pflichten

---

520 *Von Kutschera*, Elementare Logik, 56, dort 2. Variante des Absorptionsgesetzes der Disjunktion. Allgemein lässt es sich formulieren als $p \lor (q \land p) \Leftrightarrow p$.

521 Dies lässt sich in der Aussagenlogik veranschaulichen: Im Normensystem N $\{n^1, n^2\}$ stehe n^1 für eine als Normierungsverbot beschriebene Norm des formalen Verfassungsrechts, n^2 stehe für ein gleichfalls als Normierungsverbot beschriebenes Grundrecht. Zudem sei n^2 Sanktionsnorm von n^1.
Ferner sei die Rechtsfolge von n^1 und n^2 identisch (Verbot, zu normieren). Dann lassen sich n^1 und n^2 nach Maßgabe des Abschnitts 2.4.3. zu einer Norm $n^{1,2}$ vereinigen. Diese neue Norm steht folgerichtig unter den Bedingungen von n^1 und n^2, wobei jedes dieser Tatbestandselemente für sich genommen genügen würde, die Rechtsfolge auszulösen. Daher wären sie durch den Disjunktor zu verknüpfen.
Es sei nun u der Tatbestand und s^1 der Nichterfüllungssatz von n^1. $(p \lor r)$ sei der Tatbestand von n^2. Dabei steht p für die Konjunktion aus Tatbestand und Nichterfüllungssatz von n^1. r seien die übrigen Tatbestandselemente von n^2, die für sich genommen schon die Rechtsfolge von n^2 auslösen, weshalb r und p mit dem Disjunktor zu verknüpfen sind. Dann wäre der Tatbestand der Vereinigungsnorm $n^{1,2}$ demnach:
$(p \lor r) \lor u \Leftrightarrow p \lor r \lor u$
Nun ist aber p weiterhin die Konjunktion aus dem Tatbestand und dem Nichterfüllungssatz von n^1 (s^1), also:
$s^1 \land u \Leftrightarrow p$
Mithin ist der Tatbestand von $n^{1,2}$:
$(s^1 \land u) \lor r \lor u$
Nach dem Absorptionsgesetz gilt
$(s^1 \land u) \lor r \lor u \Leftrightarrow r \lor u$
denn
$(s^1 \land u) \lor u \Leftrightarrow u$
Dass n^1 durch n^2 sanktioniert wird, ist also irrelevant, weil der Tatbestand von n^1, also u, ohnehin schon im Tatbestand von $n^{1,2}$ vom Gesetzgeber zu prüfen ist.

(oder, was strukturanalytisch dasselbe ist, als Abwehrrechte) zu beschreiben. Die deskriptive Redundanz verstellt zudem den Blick auf den operativen Nutzen der Elfes-Bedingung, der, wie noch zu zeigen sein wird, auf Verfahrensebene liegt.

5.2. Derogation verfassungswidriger Normen und Fehlerfolgenfrage

Wenn die Grundrechte als Verhaltenspflichten beschrieben werden, ist zugleich die Verfassungsbeschwerde ein Verfahren zur Durchsetzung dieser Verhaltenspflichten, wenngleich regelmäßig nur im Nachgang. Der Zusammenhang zwischen den „materiellen" Grundrechten und ihrer „prozessualen" Durchsetzung ist aus analytischer Sicht der Sanktionszusammenhang, wenn die Grundrechte (materiell) als an den Gesetzgeber gerichtete Pflichten und (prozessual) als Tatbestandselemente von Pflichten des Bundesverfassungsgerichts verstanden werden. Beschreibt man die Grundrechte hingegen *nur* als Tatbestandselemente einer Pflicht des Gerichts, dann sind die Verhaltenspflichten des Gerichts unmittelbar Rechtsfolge der Grundrechte.[522]

Allerdings stellt sich die Anschlussfrage, welchen Inhalt die Pflichten des Bundesverfassungsgerichts haben, denn nur mittels der Antwort auf diese Frage lässt sich auch die Rechtsfolge der Elfes-Bedingung bestimmen. Vertreterinnen

---

522 Die Grundrechte werden dann *rechtlich* erst mit der Klageerhebung beachtlich. Aber nicht anders ist es bei den Normen des Strafrechts: Beschreibt man sie nur als Gebote, die an das Strafgericht gerichtet sind, dann wird ein Verhalten des Täters als Tatbestand einer Pflicht des Gerichts erst im Strafprozess beachtlich.
Beschreibt man hingegen neben den Rechtspflichten des Gerichts (Sanktionsnormen) auch Verbotsnormen (sanktionierte Normen), ist die *individuelle* Verbotsnorm, zu der die angenommene generelle Verbotsnorm konkretisiert würde, stets eine rückwirkende (dazu siehe Abschnitt 2.2.3.2.). Das gilt aber nicht nur für die Grundrechte. Wiederum am Beispiel des Strafrechts: Erst im Strafprozess wird konkret festgelegt, welches Verhalten zu unterlassen gewesen wäre. Die *generelle* Verbotsnorm als Verhaltensmotiv hingegen kann – ebenso wie der Wunsch nach Vermeidung von Strafe – auch schon im Vorfeld des Prozesses wirksam werden. Freilich gelingt dies nur begrenzt, weil eben nicht vor Prozessende feststeht, welches Verhalten individuell-konkret verboten war beziehungsweise wie sich die Strafe hätte im Einzelfall vermeiden lassen.
Diese begrenzte soziale Steuerungswirkung im Vorfeld des Prozesses bleibt auch erhalten, wenn man deskriptiv ganz auf die sanktionierte Norm verzichtet, also statt eines Verbots den Tatbestand einer Pflicht des Gerichts beschreibt. Der Zeitpunkt der sozialen Lenkungswirkung und der Zeitpunkt der Rechtsanwendung fallen dann lediglich auseinander.

und Vertreter der Nichtigkeitslehre würden das Gericht als verpflichtet ansehen, verfassungswidrige Gesetze deklaratorisch für nichtig zu erklären, während aus Sicht der Vernichtbarkeitslehre diese Entscheidung ein konstitutiver Rechtsakt wäre, nämlich die Derogation des Gesetzes. Demnach würde sich die Pflicht auf den Erlass dieses konstitutiven Rechtsaktes beziehen. Eine Auseinandersetzung mit der Fehlerfolgenfrage ist daher unumgänglich, bevor mittels des Ergebnisses dieser Auseinandersetzung die Rechtsfolgen der Elfes-Bedingung weiter beschrieben werden können (Abschnitt 5.3.).

5.2.1. Zur rechtstheoretischen Natur der Fehlerfolgenfrage

In der Literatur findet sich die Auffassung, auf rechtstheoretischer Ebene könne nicht über Nichtigkeits- oder Vernichtbarkeitslehre entschieden werden.[523] Unausgesprochen liegt dieser Standpunkt wohl sogar der Mehrzahl der Stellungnahmen zum Fehlerfolgenstreit zugrunde. Auch der Parlamentarische Rat, der an die Diskussion der Weimarer Staatsrechtslehre anknüpfte,[524] mag diesen Standpunkt vorausgesetzt haben.

Doch die Terminologie und die rechtstheoretischen Vorstellungen des Gesetzgebers können nicht darüber entscheiden, wie der Sinngehalt von Rechtsnormen wissenschaftlich zu beschreiben ist. Ebenso wenig bestimmt umgekehrt die wissenschaftliche Strukturanalyse des Rechts über dessen Inhalt. Diese Autonomie der wissenschaftlichen Beschreibung von ihrem Gegenstand ist die Konsequenz der oben im Abschnitt 1 befürworteten wissenschaftlichen Beobachterperspektive. Mit *Römer* (nach *Marx*) gilt für die Rechtstheorie „wie für alle Theorien, daß alle Wissenschaft überflüssig wäre, wenn das Wesen und die

523 *Weißauer/Hesselberger*, DÖV 1970, 325 (326); *Schneider*, Die Funktion der Normenkontrolle und des richterlichen Prüfungsrechts im Rahmen der Rechtsfolgenbestimmung verfassungswidriger Gesetze, 106.

524 Vgl. hierzu *Böckenförde*, Die sogenannte Nichtigkeit verfassungswidriger Gesetze, 49 f.; *Schneider*, Die Funktion der Normenkontrolle und des richterlichen Prüfungsrechts im Rahmen der Rechtsfolgenbestimmung verfassungswidriger Gesetze, 69 ff.; Stellungnahme des Allgemeinen Redaktionsausschusses zu den Formulierungen der Fachausschüsse (Nov./Dez. 1948), Art. 139, zitiert nach: *Deutscher Bundestag/Bundesarchiv* (Hrsg.), Der Parlamentarische Rat 1948 – 1949, Bd. 7, Quelle Nr. 2, Art. 139; Schriftlicher Bericht des Abgeordneten *Zinn* über den Abschnitt „IX. Die Rechtsprechung“ in: *Parlamentarischer Rat* (Hrsg.), Schriftlicher Bericht zum Entwurf des Grundgesetzes für die Bundesrepublik Deutschland (Drucksachen Nr. 850, 854) erstattet von den Berichterstattern des Hauptausschusses für das Plenum, 45.

Erscheinung der Dinge zusammenfielen."[525] Die Vorstellung, dass die Rechtstheorie sich den Entscheidungen des Gesetzgebers unterzuordnen habe und die rechtstheoretische Auseinandersetzung mit der Fehlerfolgenfrage deshalb unzulässig sei, beruht auf einem Kategorienfehler: Sie verwechselt die normative Ebene, zu der auch die Interpretation der Normen gehört, und die deskriptive Ebene.

Dass die Fehlerfolgenfrage eine rechtstheoretisch-deskriptive und keine interpretative Frage ist, ergibt sich aus den im Abschnitt 2 eingeführten Kategorien. Zwar kann aus Sicht der analytischen Rechtslehre jeder beliebige Inhalt Recht sein.[526] Doch Rechtsinhalte sind nur Sollenssätze über das Verhalten von Individuen. Diese beiden Sätze sind Axiome der analytischen Rechtslehre, weil sie mit der in Abschnitt 2.1.3. zugrunde gelegten Definition des Sollens selbst einhergehen: Der Wille, dass eine mögliche Welt eintreten soll, ist beliebig im Hinblick auf die mögliche Welt. Er kann sich jedoch nur an eine vom Normsetzer als handlungsfähig imaginierte Normadressatin oder eine Gesamtheit solcher Normadressatinnen richten.[527] Weil die Nichtigkeit oder Vernichtbarkeit von Normen keine Verhaltenspflicht ist, kann sie folglich als solche keine Norm sein. Sie ist die *Umschreibung* einer Norm (Verhaltenspflicht) oder eines ihrer Tatbestandselemente. Aufgabe der Strukturanalyse ist es, unter Berücksichtigung verschiedener Interpretationsmöglichkeiten zu beschreiben, *welche* Verhaltenspflicht das Gesetz regelt, wenn es von Nichtigkeit spricht. Aufgabe der Strukturanalyse ist es ferner, die semantischen Strukturen dieser Interpretationsmöglichkeiten in Kategorien zusammenzufassen. Daraus kann sich auch – entgegen der tradierten Terminologie – ergeben, dass der Begriff „Nichtigkeit" die Aufhebung von Normen bezeichnet.[528]

5.2.2. Fehlerhafte Normen – vernichtbar und nicht nichtig

Die rechtstheoretischen Grundlagen von Vernichtbarkeits- und Nichtigkeitslehre bieten genug Material für eigenständige Untersuchungen. Den Kern des Problems bringt *Kelsen* jedoch in der „Allgemeinen Theorie der Normen" treffend auf den Punkt:

525 *Römer*, in: ders., Hans Kelsen, 66 (72).
526 *Kelsen*, Reine Rechtslehre (2. Aufl.), 201.
527 Ebenda, 183, 188; *Kelsen*, Allgemeine Theorie der Normen, 23.
528 Ebenso *Schwabe*, Grundkurs Staatsrecht, 75. Wie häufiger zu beobachten, ist auch hier eine vornehmlich didaktisch gemeinte Beschreibung eines rechtlichen Phänomens aus analytischer Sicht besonders präzise.

„Die Rechtsordnung kann nicht die Bedingungen festsetzen, unter denen etwas, das mit dem Anspruch auftritt, eine Rechtsnorm zu sein, *a priori* als nichtig und nicht als eine Norm zu gelten hat, die in einem von der Rechtsordnung bestimmten Verfahren zu vernichten ist. Wenn die Rechtsordnung etwa bestimmt, daß eine Norm, die nicht von dem zuständigen Organ oder von einem Individuum, das überhaupt keine Organqualität hat, gesetzt ist, oder daß eine Norm, die einen von der Verfassung ausgeschlossenen Inhalt hat, als *a priori* nichtig anzusehen ist und daher kein Akt erforderlich ist, durch den sie aufzuheben ist, muß sie bestimmen, wer das Vorhandensein dieser Bedingungen der Nichtigkeit festzustellen hat; und da diese Feststellung konstitutiven Charakter hat, da die Nichtigkeit der in Frage stehenden Norm die Wirkung der Feststellung ist, vor der erfolgten Feststellung rechtlich nicht behauptet werden kann, bedeutet diese Feststellung, auch wenn sie in Form einer Nichtigerklärung erfolgt, die rückwirkende Vernichtung einer bis dahin als gültig angesehenen Norm.“[529]

Dieses Argument entspricht demjenigen, das oben im Abschnitt 2.2.3. erörtert wurde, um zu begründen, dass Tatbestand einer Norm nicht eine Tatsache, sondern deren Feststellung ist. Denn dass Tatsachen festgestellt werden müssen, gilt auch für „negative“ Tatbestandselemente. Daraus folgt, dass das Recht nur die Vernichtbarkeit von Normen regeln kann. Auch insoweit sind bestimmte Tatsachen festzustellen, bei deren Vorliegen die Rechtsfolgen von Normen *nicht* gelten sollen. Vielfach bestimmt das Recht ausdrücklich, wer die Tatsachen feststellen soll. Wenn es so interpretiert wird, dass eine solche Bestimmung unterblieben ist, so folgt daraus, dass jedermann diese Feststellung treffen kann. Die „Bedingungen der Nichtigkeit“ oder besser die geltungsbezogenen Tatbestandselemente einer Norm sind also Tatbestandselemente wie andere auch, nur dass sie typischerweise gemeinsames Tatbestandselement der Rechtsfolgen vieler oder aller Normen eines Normensystems sind. Auf der Grundlage der analytischen Rechtstheorie ist die Nichtigkeitslehre somit zurückzuweisen.

5.2.3. Vernichtungskompetenz

Wenn aber das Recht bestimmen muss, wer die geltungsbezogenen Tatbestandselemente einer Norm feststellen kann, ist die Fehlerfolgenfrage ein Definitionsproblem bezüglich der Begriffe Nichtigkeit und Vernichtbarkeit. Anders gesagt: Es gibt keinen Unterschied zwischen Fehlerfolge und Verwerfungs- oder Derogationskompetenz. Die Verwerfungskompetenz ist eine Vernichtungskompetenz. Sie kann lediglich unterschiedlich stark zentralisiert sein.[530]

529 *Kelsen*, Reine Rechtslehre (2. Aufl.), 282. Hervorhebungen im Original.
530 Ebenda, 281.

Nichtigkeit ipso iure in dem Sinne, dass *niemand* feststellen muss, ob die Voraussetzungen der Nicht-Geltung eingetreten sind, kann es nicht geben. Ohne Feststellung keine willentliche Normanwendung und Normbefolgung.

Solche geltungsbezogenen Tatbestandselemente, die *jedermann* feststellen kann, könnte man hingegen als Voraussetzungen der Nichtigkeit ipso iure bezeichnen, weil dann auch schon vor der Entscheidung eines speziellen Organs die Nichtigkeit behauptet werden kann. „Behaupten" heißt aber nichts anderes, als dass jedermann die Norm zumindest vorläufig derogieren kann, wenn auch nur mit Wirkung im Einzelfall.

Potenziell nichtig sind nach diesem Begriffsverständnis Normen, soweit sie jedermann verwerfen kann, so etwa vermeintliche Bundesgesetze, die von einer beliebigen Privatperson verfasst wurden, oder Testamente, die weder handschriftlich verfasst noch notariell beurkundet sind. Der Unterschied zur Vernichtbarkeit besteht aber nicht darin, dass für die so definierten Fälle der Nichtigkeit eine größere Rechtssicherheit hinsichtlich der Normgeltung bestünde. Der Unterschied besteht darin, dass vernichtbare Normen von den Rechtsunterworfenen zu beachten sind, mögen sie auch noch so fehlerhaft sein. Nichtige Normen kann die Rechtsunterworfene hingegen auch ohne eine vorherige Entscheidung eines besonderen Organs unbeachtet lassen. Das entlastet sie aber nicht von dem Risiko, dass ein letztverbindlich entscheidendes Organ außerhalb eines Derogationsverfahrens inzident doch zu einer abweichenden Beurteilung kommt, mit all ihren Konsequenzen.[531] In realen Rechtsordnungen kann es eine letztverbindliche Verwerfungskompetenz für jedermann regelmäßig nicht geben, weil zumindest potenziell ein Organ mit monopolisierten Befugnissen verbindlich abweichend entscheiden kann.

5.2.4. Fehlerfolgenlehre und Grundgesetzinterpretation

Der Streit um Nichtigkeit und Vernichtbarkeit ist aus Sicht der analytischen Rechtslehre ein Scheinproblem, weil das positive Recht nur regeln kann, wer die Befugnis hat, fehlerhafte Normen zu verwerfen. Was das Grundgesetz zur Derogationsbefugnis bestimmt, ergibt sich aus der Analyse des positiven Rechts in seiner Auslegung durch die herrschende Interpretationspraxis, und zwar mit Blick auf die Verwerfungskompetenz. Der Streit um Nichtigkeit und Vernichtbarkeit ist hingegen insoweit unergiebig, weil er ein deskriptives als ein interpretatives Problem behandelt, aber nur mittelbar auf den Regelungsinhalt der umstrittenen Normen eingeht. Selbst wenn das Grundgesetz ausdrücklich

---

531 *Kelsen*, Reine Rechtslehre (2. Aufl.), 281.

bestimmen würde, dass verfassungswidrige Normen nichtig seien, wären sie im analytischen Sinne des Begriffs dennoch vernichtbar, sofern das Grundgesetz bestimmten Organen die Kompetenz zuordnet, die Nichtigkeit verbindlich auszusprechen. Es gilt also zu prüfen, welche Organe zur Verwerfung von verfassungswidrigen Normen befugt sind.

Bei Gesetzen ist diese Befugnis zentralisiert, denn der einfache Rechtsanwender, aber auch Behörden und Gerichte bleiben bis zur Entscheidung des Bundesverfassungsgerichts an verfassungswidrige Gesetze gebunden.[532] Dies entspricht der Rechtsprechung des Bundesverfassungsgerichts, das betont, dass verfassungswidriges nachkonstitutionelles Recht bis zur Entscheidung des Bundesverfassungsgerichts zu befolgen sei.[533] Dagegen wird von Seiten der Nichtigkeitslehre eingewandt, Art. 100 I GG verbiete es einem Gericht, ein als verfassungswidrig erkanntes Gesetz anzuwenden.[534] Das trifft jedoch nur bis zum Abschluss des Normenkontrollverfahrens zu. Die Vorlagepflicht des Art. 100 I GG befreit zudem nicht jedermann mit Wirkung erga omnes von der Befolgungspflicht. Sie wirkt nur innerhalb des jeweiligen Verfahrens. Sie befreit genau genommen nicht einmal das vorlegende Gericht vorläufig von der Befolgungspflicht, denn diesem ist für die Zeit des Normenkontrollverfahrens die Sachentscheidung verboten. An die Entscheidung des Bundesverfassungsgerichts ist das Gericht sodann gebunden, auch wenn diese Entscheidung von der Rechtsauffassung des vorlegenden Gerichts abweicht. Das Verwerfungsmonopol liegt also beim Bundesverfassungsgericht.

Es kann daher zwar de facto potenziell jedermann, insbesondere auch das vorlegende Gericht, die Verfassungswidrigkeit feststellen. Allerdings folgt aus einer solchen Feststellung rechtlich nichts, insbesondere nicht für die Geltung des Gesetzes. Im Gegenteil bleibt das Gesetz (zunächst) allgemein zu befolgen. Ein Gesetz, das jedermann zu befolgen hat, ist Teil der Rechtsordnung. Wollte man diese Rechtslage mit dem Begriff der Nichtigkeit beschreiben, würde dieser Begriff nicht eine Verwerfungskompetenz für jedermann meinen, sondern eine gleichsam unsichtbare Bemakelung einer Norm, die deren Rechtsfolgen (vorerst) unberührt lässt. Ein solcher Nichtigkeitsbegriff würde nicht den Inhalt des Rechts beschreiben, sondern das Recht bewerten.

---

532 *Moench*, Verfassungswidriges Gesetz und Normenkontrolle, 123 f.; *Schneider*, Die Funktion der Normenkontrolle und des richterlichen Prüfungsrechts im Rahmen der Rechtsfolgenbestimmung verfassungswidriger Gesetze, 82; *Böckenförde*, Die sogenannte Nichtigkeit verfassungswidriger Gesetze, 62.

533 BVerfGE 97, 117 (122).

534 *Arndt*, DÖV 1959, 81 (83).

Auch Verfassungswidrigkeit ist im strukturanalytischen Sinne kein Zustand eines Gesetzes im Sinne einer Bemakelung, sondern verweist auf den Tatbestand der Normen, gegen die das Gesetz verstößt.[535] Ob dieser Tatbestand erfüllt ist, muss wie bei jedem Tatbestand irgendjemand feststellen. Es ist daher aus Sicht der Strukturanalyse etwas ungenau, wenn sowohl Vertreter der Nichtigkeitslehre als auch Vertreter der Vernichtbarkeitslehre davon ausgehen, dass ein vom Gericht anzuwendendes Gesetz zum Vorlagezeitpunkt verfassungswidrig *sei*.[536] Verfassungswidrig „ist" ein solches Gesetz zunächst nur insofern, als es Voraussetzung für die Vorlage nach Art. 100 I GG ist, dass das vorlegende Gericht die vorgelegte Norm für verfassungswidrig hält. Nur als Tatbestandselement seiner eigenen Vorlagepflicht kann das vorlegende Gericht die Verfassungswidrigkeit einer Norm verbindlich feststellen. Genauer gesagt kann es die Tatsachen verbindlich feststellen, deren Feststellung Tatbestandselement der verletzten Verfassungsnormen und damit auch der sie sanktionierenden Vorlagepflicht ist.

Die Verfassungswidrigkeit als Voraussetzung für die Derogation einer Norm stellt hingegen nur das Bundesverfassungsgericht gemäß Art. 93 I Nr. 2 GG verbindlich fest. Es hat somit das Monopol auf die verbindliche Feststellung der Verfassungswidrigkeit.

5.3. Die Elfes-Bedingung im Tatbestand gerichtlicher Pflichten

Dass eine Norm, wenn das zuständige Organ von der Verfassungswidrigkeit überzeugt ist, derogiert wird, gilt auch für grundrechtswidrige Normen. Den Tatbestand der Grundrechte als Tatbestand der Derogation zu beschreiben heißt, die Derogationsnorm als Sanktionsnorm der Grundrechte zu verstehen. Derogationsorgan ist das Bundesverfassungsgericht.

Es gilt jedoch im Zusammenhang mit der Derogation von Normen verschiedene Pflichten unterschiedlicher Personen zu unterscheiden: Die Derogation findet in einem Derogationsverfahren statt. Daher stellt sich die Frage, unter welchen Voraussetzungen das Bundesverfassungsgericht zur Sachentscheidung in diesem Verfahren verpflichtet und berechtigt ist (Sachentscheidungspflicht/-berechtigung, Abschnitt 5.3.1.). Ebenso stellt sich die Frage, wann es zur Derogation verpflichtet und berechtigt ist (Derogationspflicht/-berechtigung, Abschnitt 5.3.2.). Jeweils gilt es zu prüfen, ob die Elfes-Bedingung zum Tatbestand dieser

---

535 „Verfassungswidrigkeit" ist also eine Aussage, die dem Nichterfüllungssatz der verletzten Verfassungsnorm entspricht.

536 *Ipsen*, Rechtsfolgen der Verfassungswidrigkeit von Norm und Einzelakt, 168; *Arndt*, DÖV 1959, 81 (83).

Pflichten gehört und welche Konsequenzen dies hat. Prozessual wird der Fokus dabei auf der Verfassungsbeschwerde liegen.

5.3.1. Tatbestandselement der Sachentscheidung

5.3.1.1. Sachentscheidungspflicht und Nicht-Sachentscheidungspflicht

Die Voraussetzungen für eine Sachentscheidung nach Eröffnung des Verfassungsbeschwerdeverfahrens regeln Art. 93 I Nr. 4a GG sowie die §§ 92, 93 und 23 BVerfGG.[537] Auch die Elfes-Bedingung könnte zu den Sachentscheidungsvoraussetzungen gehören. Aus strukturanalytischer Sicht hieße das: Die Elfes-Bedingung wäre Tatbestandselement der Pflichten, die das Gericht im Fall der Unzulässigkeit der Verfassungsbeschwerde treffen. Diese Pflichten gilt es näher zu beschreiben.

Im Fall der Zulässigkeit ist das Gericht *verpflichtet*, in der Sache *zu entscheiden.*

Im Fall der Unzulässigkeit hat sich das Gericht mit dem Antrag zu befassen, es kann ihn aber nach § 24 I BVerfGG verwerfen oder durch Prozessurteil entscheiden. Hingegen ist das Gericht im Fall der Unzulässigkeit *nicht verpflichtet*, in der Sache *zu entscheiden.*[538] Im Gegenteil könnte man das Gericht im Fall der Unzulässigkeit als *verpflichtet* ansehen, *nicht* in der Sache *zu entscheiden.* Ob das Gericht zur A-limine-Verwerfung nach § 24 I BVerfGG verpflichtet ist,[539] ist dafür nicht entscheidend. Entscheidend ist, ob das Bundesverfassungsgericht im Fall der Unzulässigkeit entweder durch Prozessurteil oder durch A-limine-Beschluss negativ entscheiden muss, sofern es nicht die Verfassungsbeschwerde ohnehin nicht zur Entscheidung angenommen hat. Als Interpretationsfrage ist diese Frage eher von akademischer Bedeutung, weil das Gericht kaum Anlass haben wird, eine Vorlage als unzulässig einzuordnen und sodann dennoch in der Sache zu entscheiden.

Ob das Gericht im Fall der Unzulässigkeit in der Sache *nicht* entscheiden darf, ist aber bedeutsam für die rechtliche Wirkungsweise der Elfes-Bedingung, sofern die Elfes-Bedingung zum Tatbestand dieser Nichtentscheidungspflicht

---

537 Auf die einzelnen Zulässigkeitsvoraussetzungen und die Voraussetzungen der Annahme zur Entscheidung durch die Kammer nach § 93a II BVerfGG kommt es für die Strukturanalyse der Elfes-Bedingung nicht näher an, soweit sie *neben* der Elfes-Bedingung stehen.

538 Eine gegenteilige Auffassung insbesondere zu § 24 I BVerfGG wird zurzeit wohl nicht vertreten.

539 Dagegen stellvertretend für viele Maunz/Schmidt-Bleibtreu/*Hömig*, § 24 Rn. 2. Dem entspricht die Wahl des Wortes „kann“, das im juristischen Kontext in der Regel nicht als Ausdruck einer Pflicht interpretiert wird.

gehört. Denn dann ist die Elfes-Bedingung notwendige Voraussetzung dafür, dass der Beschwerdeführer mit der Rüge der Verletzung sonstigen Verfassungsrechts in der Sache gehört werden kann. Zu den Sachentscheidungsvoraussetzungen gehören auch jene Qualifizierungen des „Behauptens", die in der Prüfung der Verfassungsbeschwerde als Antragsbefugnis zusammengefasst werden.

Die bedeutsamste Voraussetzung ergibt sich daraus, dass der Beschwerdeführer nach Art. 93 I Nr. 4a GG behaupten muss, in einem „seiner Rechte" verletzt zu sein, was vom Bundesverfassungsgericht zu einer substantiierten Behauptung der möglichen Grundrechtsverletzung mit gegenwärtiger, unmittelbarer und eigener Betroffenheit konkretisiert worden ist.[540] Die Terminologie des Verfassungstextes („seiner Rechte") folgt der Lehre vom subjektiven Recht. Doch wie im Abschnitt 2.3. dargelegt wurde, lassen sich subjektive Rechte strukturanalytisch vollständig als Pflichten, gekoppelt mit Klagefähigkeiten, beschreiben. Die Tatbestandsmerkmale der Klagefähigkeit sind gerade Regelungsinhalt des Art. 93 I Nr. 4a GG, können von ihm also nicht sinnvoll vorausgesetzt werden. Mithin ist „Recht" hier die Kehrseite der Pflicht des Gesetzgebers, wenn man die Grundrechte als sanktionierte (Verhaltens-)Normen beschreibt. Muss der Beschwerdeführer eine Verletzung gerade „seiner" Rechte darlegen, dann also eine Verletzung der gesetzgeberischen Pflichten, soweit sie auf *ihn* bezogen sind. Aufgrund dieser Einschränkung wirken die Grundrechte im Verfassungsprozess nur relativ. Zugleich führt diese Einschränkung dazu, dass Pflichten des Gesetzgebers, die nicht auf den Grundrechtsträger bezogen sind, im Rahmen der Klagebefugnis nicht *unmittelbar* angeführt werden können. Deshalb können Verstöße gegen Grundrechte Dritter oder gegen sonstiges Verfassungsrecht die Klagebefugnis nicht begründen. Hier setzt die Elfes-Konstruktion an.

Wenn man die Elfes-Konstruktion des Bundesverfassungsgerichts oder ihre Äquivalente aus der Literatur akzeptiert, ist die Elfes-Bedingung Tatbestandselement der Sachentscheidungspflicht. Die Elfes-Bedingung erweitert also die Verfassungsbeschwerdebefugnis.[541]

Die Elfes-Bedingung ist zugleich Voraussetzung dafür, dass überhaupt eine Sachentscheidung stattfinden kann, wenn allein die Verletzung sonstigen Verfassungsrechts gerügt wird. Das gilt jedenfalls dann, wenn man – was allgemein vorausgesetzt werden dürfte – das Bundesverfassungsgericht als verpflichtet ansehen will, im Fall der Unzulässigkeit der Verfassungsbeschwerde *keine* Sachentscheidung zu treffen (Nicht-Sachentscheidungspflicht). Denn in diesem Fall

540 BVerfGE 40, 141 (156).

541 Von Mangoldt/Klein/Starck/*Starck*, Art. 2 I Rn. 26.

wäre seine Sachentscheidungs*berechtigung* oder -erlaubnis[542] ebenso begrenzt wie die Sachentscheidungspflicht. Unter den genannten interpretativen Prämissen wird die Elfes-Bedingung also zum Torwächter der Verfassungsbeschwerde.[543]

5.3.1.2. Die Antragsbefugnis als Ermächtigung zur Normsetzung

Einer Sachentscheidungspflicht des Bundesverfassungsgerichts entspricht die Rechtsgestaltungsfähigkeit der Beschwerdeführerin. Eine Rechtsgestaltungsfähigkeit ist eine Ermächtigung zur Normsetzung.[544] Die Rechtsgestaltungsfähigkeit unterscheidet aus strukturanalytischer Sicht subjektive Rechte von „einfachen" Rechten, die nur die Kehrseite einer Pflicht sind. Dies ist kein Spezifikum der analytischen Rechtslehre. Bereits *Jellinek* stellt fest, Kern „subjektiver Rechte" sei ein rechtliches Können.[545]

Die Rechtsgestaltungsfähigkeit ihrerseits ist eine Position, also eine andere Perspektive auf die Pflichten Dritter und keine eigene deontische Modalität.[546] Sie lässt sich als Pflicht beschreiben. Sofern die Beschwerdeführerin einen zulässigen Antrag auf Sachprüfung gestellt hat (Tatbestand), ist das Bundesverfassungsgericht zur Sachprüfung verpflichtet (Rechtsfolge). Das heißt: Durch den Antrag setzt die Beschwerdeführerin eine individuelle Norm, welche das Bundesverfassungsgericht verpflichtet, über den Antrag in der Sache zu entscheiden. Durch diesen normsetzenden Akt wirkt die Antragstellerin auch an der Rechtserzeugung im Übrigen mit, denn das Produkt des Normenkontrollverfahrens ist letztlich die Derogation einer Norm. Ihr Antrag ist ein unerlässlicher Teil des Derogationsverfahrens als Verfahren der „negativen Normsetzung".[547]

---

542 Im Sinne des Schemas der rechtlichen Grundrelationen, dazu Abschnitt 2.3.3.

543 Eine entsprechende Torwächterfunktion hat die Elfes-Bedingung für die spezifischen Voraussetzungen der Annahme zur Entscheidung nicht, weil die Annahme nach § 93a II BVerfGG nicht nur auf die Verteidigung eigener Rechte, sondern auch auf die grundsätzliche Bedeutung der zugrunde liegenden Verfassungsfrage gestützt werden kann.

544 *Kelsen*, Reine Rechtslehre (2. Aufl.), 148.

545 *Jellinek*, System der subjektiven öffentlichen Rechte, 48.

546 *Weinberger*, in: Winkler, Rechtstheorie und Rechtsinformatik, 110 (120). Vgl. auch Abschnitt 2.3.3.

547 *Kelsen*, Reine Rechtslehre (2. Aufl.), 148, spricht deshalb von einer Derogationsnorm, was nach den im Abschnitt 2 dargelegten Maßgaben zutreffend ist. Die Derogation einer Norm führt den Eintritt einer Voraussetzung herbei, die in einem Normensystem mit Derogationsverfahren dem Tatbestand jeder Norm hinzuzufügen ist, nämlich dass nicht ein dazu befugtes Organ die Derogation der Norm ausgesprochen hat.

Allerdings ist die Rechtsgestaltungsfähigkeit der Verfassungsbeschwerdeführerin inhaltlich begrenzt, wie es für die Einleitung formaler Verfahren typisch ist. Zwar hängt die Geltung der individuellen, das Bundesverfassungsgericht verpflichtenden Norm von der Antragshandlung der Beschwerdeführerin ab. Jedoch ist jene individuelle Norm im Übrigen vollständig durch die abstrakt-generelle Norm vorherbestimmt. Ob die individuelle Norm gilt, wird durch Stellen oder Nicht-Stellen des Antrags entschieden. Der Antrag hat also keine normkonkretisierende Wirkung hinsichtlich der Rechtsfolge, sondern löst eine abstrakt-generell bestimmte Rechtsfolge aus, die von Dritten konkretisiert wird.

In diesem eng begrenzten Sinne jedoch wirkt jede Verfassungsbeschwerdeführerin an der Rechtserzeugung mit. Die Elfes-Bedingung erweitert diese Rechtsgestaltungsfähigkeit ganz erheblich. Die Einleitung eines Verfahrens zur Derogation der beanstandeten Norm kann aus einer weitaus größeren Zahl von Gründen erfolgreich durchgesetzt werden, als es ohne die Elfes-Bedingung der Fall wäre. Unter der Voraussetzung eigener Betroffenheit kommt der Verfassungsbeschwerdeführerin also, staatsorganisationsrechtlich ausgedrückt, das Initiativrecht für ein negatives Normsetzungsverfahren zu. Dieses Initiativrecht ist umfassend.

5.3.1.3. Die Elfes-Bedingung als Eröffnung einer eingeschränkten Popularklage

Zwar kann den Einstieg des Bundesverfassungsgerichts in die Sachprüfung nur verlangen, wer behauptet, es werde in den Schutzbereich seines Grundrechts eingegriffen *und* dies geschehe in unzulässiger Weise. Warum der Grundrechtseingriff aber unzulässig ist, ist dafür irrelevant. Ob ein Verstoß gegen sonstiges Verfassungsrecht oder beispielsweise ein Verstoß gegen den Grundsatz der Verhältnismäßigkeit oder ein Verstoß gegen das Zitiergebot behauptet wird, darauf kommt es nicht an.

Sowohl die Normen des sonstigen Verfassungsrechts als auch den Grundsatz der Verhältnismäßigkeit und das Zitiergebot kann man als eigenständige Pflichten des Gesetzgebers beschreiben. Der Verstoß gegen eine solche Pflicht – also der Nichterfüllungssatz – ist Tatbestandselement der Sachentscheidungspflicht des Bundesverfassungsgerichts im Verfassungsbeschwerdeverfahren.

Aber die Elfes-Bedingung unterscheidet sich in einem anderen Aspekt von dem Grundsatz der Verhältnismäßigkeit und dem Zitiergebot, und zwar beim normativen Individualbezug zum Grundrechtsträger. Beim Zitiergebot und beim Verhältnismäßigkeitsgrundsatz ist dieser Bezug stets vorhanden: Dass ein Grundrechtseingriff verhältnismäßig sein muss, lässt sich zwar auch als Pflicht des Gesetzgebers formulieren. Gleiches gilt für das Zitiergebot. Aber die beiden

Pflichten bestehen nur im Fall des Grundrechtseingriffs.[548] Sie weisen daher stets einen Individual- oder Drittbezug zum Kreis der Personen auf, die durch den eingreifenden Akt in ihren Grundrechten betroffen sind.

Ganz anders ist es bei der Elfes-Bedingung: Zerlegt man die Elfes-Bedingung in viele Teil-Tatbestandselemente, dann besteht die Elfes-Bedingung aus den Nichterfüllungssätzen der Normen[549] des Verfassungsrechts.[550] Jedes dieser Teil-Tatbestandselemente verweist also auf Verfassungsgebote, die nicht nur im Zusammenhang mit den Grundrechten relevant sind und die nicht nur im Rahmen der Verfassungsbeschwerde geltend gemacht werden können. Verstöße gegen sonstiges Verfassungsrecht können vielmehr in anderen Verfahrensarten – etwa der abstrakten Normenkontrolle – auch ohne die Behauptung geltend gemacht werden, dass die gegen sie verstoßende Norm oder der gegen sie verstoßende Realakt in Grundrechte eingreife.

Ein normativer Individualbezug[551] zum Grundrechtsträger fehlt dem sonstigen Verfassungsrecht. Der Grundrechtsträger tritt weder als Objekt der jeweiligen Verfassungspflicht auf noch ist er Teil des Tatbestands dieser Pflicht. Beispielsweise nimmt die Pflicht des Gesetzgebers, Gesetze nur verfahrensgemäß zu erlassen, nicht auf die Personen Bezug, die von diesen Gesetzen betroffen sein werden. Erst die Elfes-Bedingung koppelt den Verstoß gegen ein außergrundrechtliches Verfassungsgebot an das Tatbestandselement „Eingriff in ein Grundrecht der Grundrechtsträgerin". Die beiden Tatbestandselemente sind dann nebengeordnet: Der Grundrechtseingriff *und* seine Verfassungswidrigkeit müssen behauptet werden, damit das Gericht in die Sachprüfung einsteigen muss. Diese Nebenordnung genügt als Individualbezug in dem Sinne, wie er im Abschnitt 2.3.2.3. definiert wurde. Die Elfes-Bedingung stellt also den Individualbezug her.

Dieser Individualbezug hat aber nicht in jedem prozessualen Kontext eine normative Funktion. Wenn man die Grundrechte als Tatbestandsmerkmale von

---

548 Etwas anderes gilt für den Grundsatz der Verhältnismäßigkeit, wenn man ihn interpretativ allein aus dem Rechtsstaatsgebot und nicht (auch) aus den Grundrechten herleitet. Dann ist er Teil der Elfes-Bedingung.

549 Ob *alle* Normen des Verfassungsrechts beachtlich sind, spielt hier keine Rolle, wird aber von Rechtsprechung und Literatur mit Blick auf unterschiedliche Maßstäbe unterschiedlich beantwortet. Zur Erweiterung auf einfache Rechtsverstöße Abschnitt 5.5., zu anderen Begrenzungen, insbesondere mit Blick auf die Grundrechte Dritter, Abschnitte 3.1.1., 5.3.2.4., 5.6.5.3. und 6.4.4.

550 Dazu Abschnitt 3.2.3.2.

551 Zum Individualbezug siehe Abschnitt 2.3.2.3.

Normierungsverboten beschreiben will, dann führt die Elfes-Bedingung im Tatbestand dieser Pflichten zu Redundanzen, wie im Abschnitt 5.1.3.2. erläutert wurde. Wenn der Gesetzgeber ohnehin verpflichtet ist, Gesetze nicht in verfassungswidriger Weise oder mit verfassungswidrigem Inhalt zu erlassen, dann spielt es keine Rolle, ob diese Pflicht zusätzlich auch im Fall eines Grundrechtseingriffs besteht. Die Elfes-Bedingung kann gekürzt werden, ohne dass sich dadurch etwas ändern würde. Mit dem Kürzen der Elfes-Bedingung geht auch der Individualbezug der außergrundrechtlichen Verfassungsnorm verloren, weil er allein darauf beruht, dass die Elfes-Bedingung den Nichterfüllungssatz des außergrundrechtlichen Verfassungsgebots dem Grundrechtseingriff nebenordnet. Deshalb kann auf der Ebene des Normierungsverbots von einem Individualbezug außergrundrechtlicher Normen nicht die Rede sein. Weil sich die Elfes-Bedingung als Tatbestandselement eines Normierungsverbots kürzen lässt, ist sie insoweit funktionslos.

Ihre normative Funktion erhält sie erst im prozessualen Kontext des Verfassungsbeschwerdeverfahrens. Dies wird deutlich, wenn man die Sachentscheidungspflicht des Bundesverfassungsgerichts im Verfassungsbeschwerdeverfahren als Sanktion der gerügten Verfassungsnormen beschreibt. Die nicht-grundrechtlichen Verfassungsnormen, deren Verletzung die Beschwerdeführerin mittels der Elfes-Bedingung rügen kann, gehören zum Tatbestand dieser Sachentscheidungspflicht. Sie werden also durch die Sachentscheidungspflicht des Gerichts sanktioniert. Somit wird im Ergebnis eine Verhaltenspflicht des Staates sanktioniert, die nicht auf die Grundrechtsträgerin bezogen ist. Die Verfassungsbeschwerde ermöglicht es der Grundrechtsträgerin, ein Verfahren zu eröffnen, ohne dass eine sie betreffende Pflicht verletzt wäre.

Diese rechtliche Konstellation, „ein subjektives Recht im Sinne einer Rechtsmacht – wenn auch nicht zur Geltendmachung der Nichterfüllung einer Rechtspflicht“,[552] verwendet *Kelsen* als Definition der Antragsbefugnis in einem Popularklageverfahren.[553] Zur Illustration nutzt er gerade das Beispiel einer Verfassungsbeschwerde derjenigen, die von einem Gesetz betroffen sind.[554] Unter Bezugnahme auf *diese* Definition der Popularklage ließe sich konstatieren, dass die Elfes-Bedingung eine Popularklage eröffnet.

Aber im Sinne der Definition *Kelsens* handelt es sich bei dieser Rechtsmacht offenbar nicht um ein reguläres subjektives Recht. Diese Feststellung

552 *Kelsen*, Reine Rechtslehre (2. Aufl.), 148.
553 Ebenda, 148.
554 Ebenda, 148.

gilt es zu präzisieren, denn sie hat auch Auswirkungen darauf, *inwieweit* die Elfes-Bedingung eine Popularklage eröffnet. Verschiedene Arten der Rechtsmacht (oder Rechtsgestaltungsfähigkeit) lassen sich in der Tat unterscheiden. Aber sie lassen sich nicht nur danach unterscheiden, ob mit ihnen überhaupt eine Rechtspflicht geltend gemacht wird – das ist bei der Verfassungsbeschwerde auf Grundlage des hiesigen Normbegriffs stets der Fall –,[555] sondern auch danach, ob die geltend gemachte Rechtspflicht auf denjenigen bezogen ist, der sie geltend macht.

Ein Individualbezug der geltend gemachten Rechtspflicht ist typisch für Klagefähigkeiten. Klagefähigkeiten sind regelmäßig dem Objekt einer Rechtspflicht eröffnet. Beispielsweise verbieten Normen des Strafrechts, wenn man sie als Verhaltensgebote an mögliche Straftäter beschreibt, ein bestimmtes Verhalten in Bezug auf das Opfer (drittbezogene Pflicht). Bei Antrags- und Privatklagedelikten ist nun ein Verhalten des Opfers Voraussetzung dafür, dass ein Strafverfahren[556] in Gang gesetzt wird (Rechtsgestaltungsfähigkeit). Der Bezug zu der klagefähigen Person ist aber bereits in der geltend gemachten Rechtspflicht vorhanden.

Wird hingegen keine Pflicht geltend gemacht, die auf die klagefähige Person bezogen ist, dann ist die Klagefähigkeit *isoliert*. Eine *isolierte* Klagefähigkeit ist also eine Klagefähigkeit, mit der eine Pflicht geltend gemacht wird, die keinen Individualbezug zur klagefähigen Person aufweist. Eine isolierte Klagefähigkeit ist im Sinne der traditionellen Rechtslehre eine rein prozessuale Befugnis.[557] Der Bezug zwischen der Pflicht und der Person, die diese Pflicht kraft der ihr verliehenen Rechtsmacht durchsetzen kann, wird erst durch die Klagefähigkeit hergestellt. Diese isolierte Klagefähigkeit unterscheidet ein „subjektives Rechtsschutzverfahren" im Sinne der traditionellen Rechtslehre von Verfahren, in denen der Beschwerdeführer zwar möglicherweise eigene Interessen geltend macht, aber nicht auf ihn bezogene Pflichten.[558]

---

555 A. A. *Kelsen* ebenda, 148: Es komme darauf an, ob es den Gesetzgebungsorganen verboten sei, an der Erlassung verfassungswidriger Gesetze mitzuwirken. Dies muss *Kelsen* infolge seines Sanktions- und Rechtsnormbegriffs verneinen, weil eine persönliche Sanktion gegen die Gesetzgebungsorgane fehlt.

556 Im Fall des Strafantrags ist bereits das Ermittlungsverfahren von einem Verhalten des Opfers – hier dem Strafantrag – abhängig.

557 *Halfmeier*, Popularklagen im Privatrecht, 278.

558 Vgl. *Halfmeier*, Popularklagen im Privatrecht, 275 f., 278 mit weiteren Nachweisen. Der Unterschied zur hier vertretenen Auffassung besteht darin, dass im Sinne der traditionellen Rechtslehre für eine isolierte Klagebefugnis nicht der Personenbezug

Dass die klagefähige Person keine Pflicht geltend macht, die auf sie bezogen ist, ist das Hauptmerkmal einer Popularklage. Das gilt auch dann, wenn man den üblichen, engeren Begriff der Popularklage zugrunde legt. Dieser enge Begriff der Popularklage setzt aber neben der isolierten Klagefähigkeit zusätzlich voraus, dass die Klagefähigkeit nicht von einer individuellen Betroffenheit abhängig ist.[559] Ein weiter Begriff der Popularklage, wie er hier vorgeschlagen wird, verzichtet auf dieses zusätzliche Merkmal.

Die mittels der Elfes-Bedingung erweiterte Verfassungsbeschwerde genügt dem engen Begriff der Popularklage nicht,[560] weil die Klagebefugnis weiterhin eine qualifizierte Betroffenheit voraussetzt, die zwar meist, aber nicht immer gegeben ist.[561] Der Kläger muss zumindest in irgendeiner Weise von der gerügten Norm oder dem gerügten Akt betroffen sein. Aber die erweiterte Verfassungsbeschwerde hat mit der „klassischen" Popularklage und den Verbandsklageverfahren gemeinsam, dass nicht die Verletzung einer Norm gerügt werden muss, die auf den Kläger bezogen ist. Beispielsweise setzt auch die Verbandsklage nach § 64 I BNatSchG nicht voraus, dass eine auf den Verband bezogene Norm verletzt wurde.

Der Unterschied zwischen der Verfassungsbeschwerde (mit Elfes-Bedingung) einerseits und der „echten" Popularklage andererseits ist hingegen nicht sehr groß. Denn auch bei „klassischen" Popularklageverfahren ist die Klageberechtigung in der Regel nicht völlig unbegrenzt, sondern näher qualifiziert.[562] Der Unterschied zwischen den beiden Verfahrenstypen liegt also nur in der Art der Qualifikation oder Einschränkung der Klagefähigkeit. Dass bei der Verfassungsbeschwerde gerade die Betroffenheit in eigenen Rechten gefordert wird, berührt zwar den Grundsatz der deutschen Gerichtsverfahrenstradition, wonach Individualrechtsschutz zumindest auch der Durchsetzung eigener Interessen dienen muss und jede andere Gestaltung als besondere Ausnahme zu betrachten ist. Insofern mag dieser Unterschied rechtspolitisch sehr bedeutsam sein. Strukturanalytisch betrachtet tritt hingegen der Unterschied beider Verfahrensarten – Popularklage und Verfassungsbeschwerde – zum Standardfall, der Durchsetzung drittbezogener Pflichten, deutlicher hervor.

---

der Pflicht entscheidend ist, sondern das Fehlen eines subjektiven Rechts. Vgl. ferner *Kelsen*, Reine Rechtslehre (2. Aufl.), 142.

559 *Bethge*, in: Depenheuer, Staat im Wort, 613 (620 f.); *Halfmeier*, Popularklagen im Privatrecht, 250.

560 *Hutzelmann*, Die prozessuale Bedeutung, 206; *Schumann*, Verfassungs- und Menschenrechtsbeschwerde gegen richterliche Entscheidungen, 101.

561 BVerfGE 99, 1 (8); *Bethge*, in: Depenheuer, Staat im Wort, 613 (618). Ebenso (für den prozessualen Rahmen des Verwaltungsprozesses) *Zuleeg*, DVBl. 1976, 509 (516).

562 *Halfmeier*, Popularklagen im Privatrecht, 279.

Die mittels der Elfes-Bedingung erweiterte Verfassungsbeschwerde als Popularklage zu bezeichnen, trägt den beschriebenen Gemeinsamkeiten mit der „klassischen" Popularklage Rechnung. Sie als *eingeschränkte* Popularklage zu qualifizieren, macht den Unterschied deutlich. In ähnlicher Weise verwendet etwa auch *Halfmeier* den Begriff der eingeschränkten Popularklage, um die Verbandsklage mit ihrer personell eingeschränkten Klageberechtigung zu beschreiben.[563] Eingeschränkt ist die Popularklage im Fall der Elfes-Bedingung deshalb, weil die Antragsbefugnis im Verfassungsbeschwerdeverfahren zumindest fordert, der Antragsteller müsse von dem Gesetz betroffen sein. Die Betroffenheit eines Dritten genügt nicht.

5.3.1.4. Zur Einordnung der Elfes-Bedingung durch die Literatur

Die Elfes-Bedingung als Eröffnung einer eingeschränkten Popularklage zu beschreiben ist mit der Diskussion in der traditionellen Rechtslehre besser vereinbar, als es auf den ersten Blick scheint.[564]

Die Kritik, die in der Literatur teils an der Elfes-Konstruktion geübt worden ist, unterstreicht diese Behauptung. Sie moniert, dass die Elfes-Konstruktion die Verfassungsbeschwerde zur Popularnormenkontrolle erweitere oder der Normenkontrolle annähere.[565] Derselbe Befund wird auch von Stimmen bestätigt, die die Annäherung der Verfassungsbeschwerde an die Normenkontrolle nicht ablehnen.[566] Auch die Positionen einiger Stimmen in der Literatur, die die Elfes-Entscheidung dem Ergebnis nach stützen, passen zur Einordnung der Elfes-Bedingung als Eröffnung einer eingeschränkten Popularklage im Sinne einer isolierten[567] Klagefähigkeit. Denn die spezifisch „subjektiv-rechtliche" Komponente der Elfes-Bedingung, die in der interpretativen Diskussion unter verschiedenen Bezeichnungen – zu Recht – konstatiert worden ist,[568] besteht wie bei echten „subjektiven Rechten" in der Klagefähigkeit.

---

563 Ebenda, 279.

564 Explizit abgelehnt wird die hiesige Einordnung der Sache nach etwa von *Bethge*, in: Depenheuer, Staat im Wort, 613 (619) – es gehe allein um eigene Freiheit des Grundrechtsträgers, nicht um objektive Rechtskontrolle.

565 *Hesse*, Die Bindung des Gesetzgebers, 113; *Hesse*, Grundzüge des Verfassungsrechts der Bundesrepublik Deutschland, Rn. 427: Art. 93 I Nr. 4a GG begründe „kein unbegrenztes Recht zur Verfassungsbeschwerde". In der Tendenz auch *Hochhuth*, JZ 2002, 743 (746).

566 *Schwabe*, DÖV 1973, 623 (624); von Mangoldt/Klein/Starck/*Starck*, Art. 2 I Rn. 26 f.

567 Siehe dazu Abschnitt 5.3.1.3.

568 Dazu sogleich.

Allerdings hat es der traditionellen Rechtslehre Schwierigkeiten bereitet, die „subjektiv-rechtliche" Komponente der Elfes-Konstruktion exakt einzuordnen.[569] So wurde in der älteren Diskussion versucht, die Elfes-Bedingung (teils mit einer anderen interpretativen Herleitung) als eine – von der allgemeinen Handlungsfreiheit zu unterscheidende – „Eingriffsfreiheit",[570] als Recht auf Rechtsstaatlichkeit[571] und als „Akzessorium der Grundrechte"[572] zu erfassen. Diese in der älteren Literatur vorgeschlagenen Konstrukte sind auch für die traditionelle Rechtslehre unbefriedigend, weil sie sich in die etablierte Grundrechtsdogmatik schwer einordnen lassen. Noch weniger sind sie mit dem strukturanalytischen Normbegriff vereinbar. Die neuere Diskussion vermeidet dogmatische Einordnungen weitgehend und ordnet die Elfes-Bedingung stattdessen eher bestimmten Prinzipien wie der Einheit der Verfassung[573] oder dem Freiheitsschutz[574] zu, ohne sich darauf festzulegen, „was" die Elfes-Bedingung ist.

Die dogmatischen Schwierigkeiten der älteren Literatur sind nachvollziehbar, weil die Elfes-Bedingung eine Besonderheit aufweist: Sie begründet eine isolierte Klagefähigkeit. Das ist für subjektive Rechte untypisch, da sie sich im strukturanalytischen Sinne aus der Kombination von drittbezogener Pflicht und Klagefähigkeit zusammensetzen.[575] Die Elfes-Bedingung verwandelt also die Normen des Verfassungsrechts nicht in subjektive Rechte.

Dies setzen auch die erwähnten älteren Literaturstimmen voraus. Ihre Schwierigkeiten erwachsen erst aus der Lehre vom subjektiven Recht. Denn diese trennt die beiden Komponenten subjektiver Rechte – Pflicht und Klagefähigkeit – nicht voneinander und begreift das subjektive Recht als ein von Pflichten und Klagefähigkeiten wesensverschiedenes Drittes. Es ist daher nicht überraschend, dass sich die Elfes-Bedingung in die tradierte Kategorie des subjektiven Rechts

569 Vergleichbare Schwierigkeiten konstatiert *Halfmeier*, Popularklagen im Privatrecht, 278 für die Einordnung der „klassischen Popularklage".

570 *Schmidt*, AöR 1966, 42 (52 ff.).

571 Von Münch/*von Münch*, Art. 2 Rn. 23 diskutiert ein Recht auf Rechtsstaatlichkeit lediglich, lehnt es aber im Ergebnis ab. Er sieht die Wurzel der Elfes-Bedingung zwar im Rechtsstaatsgebot. Dies ist aber allein eine Frage der interpretativen Herleitung, während das Recht auf Rechtsstaatlichkeit, auch wenn der Begriff in der traditionellen Rechtslehre verwendet wird, eine deskriptive Kategorie ist.

572 *Scholz*, AöR 1975, 80 (106 f.).

573 *Scholz*, AöR 1975, 80 (109); *Frotz*, Die Reichweite des grundrechtlichen Abwehranspruchs, 47 f.

574 *Alexy*, Theorie der Grundrechte, 347 ff.; *Frotz*, Die Reichweite des grundrechtlichen Abwehranspruchs, 57.

575 *Kelsen*, Reine Rechtslehre (2. Aufl.), 142, 148.

schwer einordnen lässt. Jene Schwierigkeiten offenbaren also keine analytische Schwäche einzelner Autorinnen und Autoren, sondern vielmehr eine Schwäche der von ihnen vorausgesetzten dogmatischen Figur, des subjektiven Rechts.

Denn die erwähnten Ansätze haben auf interpretativer Ebene herausgearbeitet, dass die Elfes-Bedingung das subjektive Recht aus Art. 2 I GG inhaltlich erweitert. Indem sie dies begründen, treffen sie aber zugleich auch Aussagen zur Normstruktur. Und diese Aussagen sind, für sich genommen, deskriptiver Art, auch wenn sie der Beantwortung interpretativer Fragen dienen. Auf deskriptiver Ebene haben die älteren Literaturstimmen zutreffend herausgearbeitet, dass die Elfes-Bedingung etwas dem subjektiven Recht Ähnliches, aber nicht mit ihm Identisches begründet. Dass es sich dabei um eine isolierte Klagefähigkeit handelt und damit um die Eröffnung einer eingeschränkten Popularklage, lässt sich (deskriptiv[576]) nur konstatieren, wenn man die Figur des subjektiven Rechts in ihrer tradierten Form aufgibt. Deshalb lässt sich die Elfes-Bedingung mit den Mitteln der Strukturanalyse exakter beschreiben als in den Kategorien der traditionellen Rechtslehre.

Strukturanalytisch beschrieben ist die Elfes-Bedingung Tatbestandselement einer Pflicht des Bundesverfassungsgerichts. Aus der Perspektive des Verfassungsbeschwerdeführers ist sie also Tatbestandselement seiner Rechtsgestaltungsfähigkeit. Es handelt sich bei der Rechtsgestaltungsfähigkeit um eine Klagefähigkeit. Die Klagefähigkeit dient zwar der Durchsetzung einer Pflicht Dritter, beispielsweise des Gesetzgebers. Die mögliche Verletzung dieser Pflicht gehört zum Tatbestand der Rechtsgestaltungsfähigkeit. Doch nimmt die Pflicht nicht auf das rechtsgestaltungsfähige Individuum – den Verfassungsbeschwerdeführer – Bezug. Sie nimmt auch nicht in Form eines Klassenterms Bezug auf eine Gruppe von Individuen, der der Verfassungsbeschwerdeführer angehört. Die Klagefähigkeit ist also isoliert. Erst die Elfes-Bedingung stellt den Bezug zum Verfassungsbeschwerdeführer her. Genau darin liegt ihre Funktion.

5.3.2. Tatbestandselement der Derogation

5.3.2.1. Unterschiedliche Tatbestände für Sachentscheidungs- und Derogationspflicht

Zwischen Zulässigkeits- und den Begründetheitsvoraussetzungen ist auch in der traditionellen Rechtslehre zu unterscheiden. Die Tatbestandselemente der (Nicht-)Sachentscheidungspflicht sind die Voraussetzungen der

576 Rückschlüsse auf die Interpretation des Grundgesetzes erlaubt diese Beschreibung der Elfes-Bedingung und ihrer Rechtsfolge selbstredend nicht.

Zulässigkeit (Sachentscheidungsvoraussetzungen), die Tatbestandselemente der (Nicht-)Derogationspflichten sind die Voraussetzungen der Begründetheit. Sie können sich voneinander unterscheiden, und das ist bei der Verfassungsbeschwerde auch der Fall.

Aus strukturanalytischer Sicht sind im Bereich der Begründetheit ferner verschiedene Rechtspflichten des Bundesverfassungsgerichts zu unterscheiden, die sich auf die Derogation von Normen beziehen, soweit mit der Verfassungsbeschwerde Normen angegriffen werden. So wie es in der Zulässigkeitsprüfung Sachentscheidungspflichten und Nicht-Sachentscheidungspflichten geben kann, kann es auch im Rahmen der Begründetheit Derogations- und Nichtderogationspflichten geben.

5.3.2.2. Die Derogationspflicht des Bundesverfassungsgerichts

Ob Derogationspflichten existieren, ist Interpretationsfrage. Das Grundgesetz regelt Derogationspflichten auf den ersten Blick überhaupt nicht, wenngleich man Formulierungen wie „Das Bundesverfassungsgericht entscheidet" in Art. 93 I Nr. 4a GG als Derogationspflicht interpretieren mag. Deutlicher scheinen – jedenfalls vor einem juristisch geprägten Sprachhorizont – § 95 III 1 und § 95 III 2 i. V. m. § 95 II BVerfGG formuliert, sowohl für den selteneren Fall der Gesetzesverfassungsbeschwerde als auch für die Urteilsverfassungsbeschwerde. Nach § 95 III 1 BVerfGG „ist das Gesetz für nichtig zu erklären".[577]

Werden die genannten Bestimmungen so verstanden, dass sie eine Derogationspflicht statuieren, kann die Derogationspflicht jedoch durch näher definierte Ausnahmen begrenzt sein. Es gibt dann neben der Derogationspflicht noch andere Rechtsfolgen, wie es Rechtsprechung und Literatur befürworten, nämlich insbesondere die Verpflichtung des Gesetzgebers zur Neuregelung ohne Derogation. Die Neuregelungspflicht ihrerseits kann vergangenheits- oder zukunftsbezogen sein, teils wird auch eine Übergangsfrist gewährt.[578] Je nach Verständnis kann man dem Gericht eine echte Wahl zwischen den verschiedenen Rechtsfolgen zubilligen oder aber lediglich verschiedene Tatbestandsvoraussetzungen

577 Die Interpretationsfrage, ob das Gericht insbesondere bei Gleichheitsverstößen auf die Derogation verzichten kann, soll hier dahinstehen. Der Gesetzgeber setzt diese Möglichkeit in §§ 31 II 3, 79 I BVerfGG inzwischen voraus, ohne dies zum Anlass für eine Änderung des § 95 BVerfGG genommen zu haben.

578 Vgl. Maunz/Schmidt-Bleibtreu/*Hömig*, § 95 Rn. 41, 49, 51. Das Bundesverfassungsgericht hat die Alternativen zur Nichtigerklärung später auch aus den schon erwähnten, inzwischen geänderten Vorschriften des Bundesverfassungsgerichtsgesetzes abgeleitet: BVerfGE 91, 186 (207); 107, 27 (57).

der Pflicht zur Wahl der einen oder der anderen Rechtsfolge unterscheiden. Unabhängig davon gehört aber die Derogation der grundrechtswidrigen Norm zum Kreis der möglichen Rechtsfolgen. Die je nach Interpretation anderen möglichen Rechtsfolgen sind strukturell weitgehend analog zur Derogationspflicht zu behandeln.

Rechtstheoretische Zweifel daran, dass überhaupt eine Derogationspflicht existiert, könnte die schwach ausgestaltete Sanktion für den Pflichtverstoß wecken. Denn es gibt zwar Sanktionsmöglichkeiten, beispielsweise § 105 I Nr. 2 BVerfGG, der an eine Pflichtverletzung anknüpft. Dazu könnte je nach Interpretation durchaus auch die Verletzung verfassungsrechtlicher Pflichten gehören. Allerdings sind die bestehenden Sanktionsmöglichkeiten sehr schwach ausgestaltet und praktisch ohne Bedeutung. Dies ist typisch für die Pflichten aller Organe, die letztverbindliche Entscheidungen treffen. Es macht eben die Stellung eines letztverbindlich entscheidenden Organs aus, dass es mit *Gadamer* „seine Worte auch wider die Regeln gemeiner Auslegung erklären“ kann.[579] Oder mit *Eisenhower*: „The meaning of the Constitution is what the Supreme Court says it is.“[580] Das gilt auch für die prozessualen Verfassungsnormsätze; das heißt, das Bundesverfassungsgericht bestimmt faktisch sein eigenes Verfahren. Für die Rechtsnormqualität der Derogationspflichten sind die schwachen Sanktionen aber unbeachtlich, jedenfalls nach dem hier zugrunde gelegten sanktionstheoretischen Modell. Denn nach hiesiger Auffassung ist der Begriff der Rechtsnorm – anders als bei *Kelsen* – nicht von der Existenz einer Sanktion abhängig.[581]

5.3.2.3. Tatbestandselement der Derogationspflicht

Tatbestand der Derogationspflicht ist nach § 95 III 1 BVerfGG der Verfassungsverstoß. Verfassungsverstoß wiederum bedeutet, dass der Inhalt oder das Zustandekommen einer Norm mit Verfassungsnormen unvereinbar ist. Der Verfassungsverstoß ist also ein Oberbegriff für die Summe möglicher Verstöße gegen Verfassungsnormen, zu denen auch die Grundrechte gehören. Als Tatbestandselemente einer Derogationspflicht wären die Grundrechte folgendermaßen zu beschreiben: Sofern es einen nicht gerechtfertigten Grundrechtseingriff feststellt (Tatbestand), ist das Bundesverfassungsgericht verpflichtet, die grundrechtswidrige Norm zu derogieren (Rechtsfolge).

---

579 *Gadamer*, Gesammelte Werke. Band 1. Hermeneutik I. Wahrheit und Methode. Grundzüge einer philosophischen Hermeneutik, 334.

580 *Eisenhower*, in: Galambos/van Ee, The Papers of Dwight David Eisenhower, Absatz 2.

581 Dazu Abschnitt 2.2.2.3.

5.3.2.4. *Tatbestandselement der Nicht-Derogationspflicht (Derogationsberechtigung)*

Wenn man davon ausgeht, dass das Bundesverfassungsgericht im Verfassungsbeschwerdeverfahren verpflichtet ist, *nur* im Fall eines Grundrechtsverstoßes Normen zu derogieren, ist ihm anderenfalls eine Derogation verboten. Es bedarf dann der Elfes-Bedingung, um auch Verstöße gegen andere Verfassungsnormen unter Grundrechtsverstöße fassen zu können.

Ganz so selbstverständlich, wie es zunächst scheinen mag, ist es aber nicht, dass das Bundesverfassungsgericht im Verfassungsbeschwerdeverfahren eine Norm nur wegen eines Grundrechtsverstoßes verwerfen darf. Es ist vielmehr Interpretationsfrage, ob eine solche Begrenzung des Prüfungsumfangs im Verfassungsbeschwerdeverfahren existiert oder nicht. Art. 93 I Nr. 4a GG ist insoweit sehr offen formuliert.

Einerseits setzt das Gericht selbst eine Begrenzung voraus, wenn es im Verfassungsbeschwerdeverfahren die formelle Verfassungsmäßigkeit meist in die Grundrechtsprüfung einbindet. Die bereits erwähnte neuere Tendenz, die formelle Verfassungsmäßigkeit wie im Verwaltungsrecht „vor die Klammer" zu ziehen,[582] ändert zwar die Prüfungsreihenfolge. Dennoch dürfte das Gericht seine Prüfungsberechtigung weiterhin aus der Elfes-Konstruktion ableiten, und es ist durchaus möglich, dass das Gericht diese Prüfungsberechtigung für sonstiges Verfassungsrecht inzwischen *allein* auf die Elfes-Konstruktion stützt.

Andererseits hat das Gericht, wie *Schwabe* aufzeigt,[583] in seiner frühen Rechtsprechung die Auffassung vertreten, es sei im einmal eröffneten Verfassungsbeschwerdeverfahren von Amts wegen befugt, sämtliche Verfassungsverstöße zu prüfen.[584] Diesen Anspruch hat das Gericht nicht ausdrücklich aufgegeben. Durch die Elfes-Entscheidung ist die Frage nach der Prüfungsbefugnis lediglich weitgehend obsolet geworden. Daraus mag man ableiten, dass das Gericht heute eine Prüfungsbefugnis von Amts wegen nicht mehr befürwortet. Denn würde man weiterhin eine umfassende Prüfungsbefugnis von Amts wegen befürworten, wäre die Elfes-Bedingung als Tatbestandsmerkmal einer Nicht-Derogationspflicht überflüssig und wirkungslos.

---

582 BVerfG NJW 2015, 44 (44); BVerfG, Nichtannahmebeschluss vom 23.12.2005 – 2 BvR 1779/05 –, juris; BVerfG NVwZ 2015, 582 (583).

583 *Schwabe*, DÖV 1973, 623 (624 f.).

584 BVerfGE 1, 264 (271); 3, 58 (74); 3, 383 (390 f.); 4, 294 (295); 6, 376 (385); ebenso auch noch BVerfGE 17, 319 (329); 31, 314 (333).

Umgekehrt hebelt aber die Elfes-Bedingung auch fast jegliche Begrenzungen der Prüfungsbefugnis des Gerichts von Amts wegen sogleich wieder aus.[585] Der

585 Die beiden beschriebenen Zusammenhänge lassen sich in der Aussagenlogik darstellen: Ein Normensystem N‘ bestehe aus drei Normen n^1, n^2 und n^3. n^1 stehe wie im obigen Beispielsystem N (Abschnitt 5.1.3.2.) für eine als Normierungsverbot beschriebene Norm des formalen Verfassungsrechts, n^2 für ein Grundrecht, das als sanktionierte Norm (Normierungsverbot) beschrieben wird. n^3 stehe für die Derogationspflicht des Gerichts. n^1 und n^2 seien jeweils durch n^3 sanktioniert und zudem n^1 durch n^2. p und q seien die Tatbestandselemente von n^3. Das Tatbestandselement p setze sich zusammen aus dem Nichterfüllungssatz von n^1 und dem Tatbestand von n^1. Es entspricht also dem Verstoß gegen die formale Verfassungsnorm. Das Tatbestandselement q setze sich zusammen aus dem Nichterfüllungssatz von n^2 und dem Tatbestand von n^2. Es steht also für den Grundrechtsverstoß. Nach den Vorannahmen müssen p und q alternative Bedingungen von n^3 sein und sind folglich durch den Disjunktor zu verknüpfen. Der Einfachheit halber sei angenommen, dass p und q die einzigen Bedingungen von n^3 sind, also

$p \vee q$

Der Tatbestand von n^2 habe die Elemente p (siehe oben) und r, wobei r den Verstoß gegen die spezifisch grundrechtlichen Anforderungen an einen rechtmäßigen Eingriff bezeichnet. Jedes der beiden Tatbestandselemente löst für sich genommen die Rechtsfolge von n^2 aus. Folglich sind p und r mit dem Disjunktor zu verknüpfen. Es gilt also für den Tatbestand von n^2:

$p \vee r$

Das Tatbestandselement q umfasst neben dem Tatbestand von n^2 noch den Nichterfüllungssatz von n^2 (s^2). Dieser ist nach den im Abschnitt 2 erläuterten Maßgaben mit den übrigen Tatbestandselementen mit dem Konjunktor zu verknüpfen.

Es gilt also:

$s^2 \wedge (p \vee r) \Leftrightarrow q$

Nach dem Distributivgesetz gilt daher auch:

$(s^2 \wedge p) \vee (s^2 \wedge r) \Leftrightarrow q$

Setzt man $(s^2 \wedge p) \vee (s^2 \wedge r)$ nun für q in $p \vee q$ ein, ergibt sich als Tatbestand von n^3:

$p \vee (s^2 \wedge p) \vee (s^2 \wedge r)$

Dies ist nach dem Absorptionsgesetz gleichbedeutend mit

$p \vee (s^2 \wedge r)$

Das Tatbestandselement p, soweit es auf dem „Umweg“ über n^2 Tatbestandselement von n^3 wurde, lässt sich somit kürzen. Auf s^2, den Nichterfüllungssatz von n^2, kommt es für die Rechtsfolge von n^3 nicht an.

Variante

Nunmehr sei der Tatbestand von n^3 nur noch q und nicht $p \vee q$. Dann ist mit

$s^2 \wedge (p \vee r) \Leftrightarrow q$

Tatbestand von n^3:

Prüfungsumfang des Bundesverfassungsgerichts ließe sich nur dann im Ergebnis einengen, wenn sowohl eine Prüfungsbefugnis von Amts wegen verneint als auch die Elfes-Bedingung beschränkt würde. Wie im Abschnitt 3.2.3.2. erwähnt, hat das Bundesverfassungsgericht aber bisher kaum, wie teils in der Literatur gefordert,[586] explizit bestimmte Verfassungsverstöße wie etwa Verstöße gegen die Grundrechte Dritter generell von der Prüfung ausgenommen. Es lässt sich bislang noch keine klare Tendenz des Gerichts beobachten, einzelfallabhängig seinen Prüfungsumfang zu begrenzen. Wie noch zu erläutern sein wird, begrenzt das Bundesverfassungsgericht seinen Prüfungsumfang nur, soweit es Normen und Realakte auf ihre Vereinbarkeit mit *unterkonstitutionellem* Recht prüft.

Insofern ist es sowohl Interpretationsfrage, ob überhaupt eine Nicht-Derogationspflicht existiert, als auch Interpretationsfrage, welche Tatbestandsvoraussetzungen sie hat. Beide Fragen hat das Bundesverfassungsgericht bislang nicht abschließend beantwortet. Es hat aber faktisch, indem es sich die Prüfung des gesamten Verfassungsrechts mittels der Elfes-Bedingung offen gehalten hat, den Tatbestand einer potenziellen Nicht-Derogationspflicht eng begrenzt. Zum verbleibenden Anwendungsbereich gehört vor allem die Begrenzung der Prüfung auf spezifisches Verfassungsrecht (dazu Abschnitt 5.5.).

5.3.2.5. Tatbestandselement der Derogationsermächtigung?

Die Elfes-Bedingung kann je nach Interpretation des Grundgesetzes zum Tatbestand der Pflicht des Bundesverfassungsgerichts gehören, verfassungswidrige Normen zu derogieren. Doch ist auch das rechtliche Können des Gerichts (Derogationsermächtigung) durch die Elfes-Bedingung begrenzt?

$s^2 \wedge (p \vee r)$

Nach dem Distributivgesetz ist dies gleichbedeutend mit

$(s^2 \wedge p) \vee (s^2 \wedge r)$

Hier ist p nur über n^2 Tatbestandselement von n^3 geworden, und s^2 ist stets Voraussetzung dafür, dass p geprüft werden kann.

Am Vergleich des Ausgangsnormensystems mit der Variante zeigt sich: Nur dann, wenn p nicht ohnehin schon Tatbestandselement von n^3 ist, wirkt sich der Sanktionszusammenhang zwischen n^1 und n^2 begrenzend auf den Tatbestand von n^3 aus. Zugleich ist es irrelevant, ob nur q (keine Prüfungsbefugnis von Amts wegen) oder $p \vee q$ (umfassende Prüfungsbefugnis von Amts wegen) der Tatbestand von n^3 ist, solange n^1 durch n^2 sanktioniert wird. (Ist nur q der Tatbestand von n^3, fehlt dem Bundesverfassungsgericht die Prüfungsbefugnis von Amts wegen. Ist hingegen $p \vee q$ der Tatbestand von n^3, kann das Bundesverfassungsgericht von Amts wegen umfassend prüfen.)

586 *Alexy*, Theorie der Grundrechte, 348, 355; *Kube*, DVBl. 2005, 721 (724 f.).

Die Derogationsermächtigung des Bundesverfassungsgerichts ist eine Rechtsgestaltungsfähigkeit. Eine Rechtsgestaltungsfähigkeit ist, wie im Abschnitt 2.3.3. erläutert, eine Position. Sie beschreibt Verhaltenspflichten Dritter aus der Perspektive desjenigen, dessen Verhalten Tatbestandselement dieser Verhaltenspflichten ist. Konkret für die Derogationsermächtigung heißt das: Die Entscheidung des Bundesverfassungsgerichts, ein Gesetz sei nichtig, ist Tatbestand der Pflicht der Rechtsanwenderin, das Gesetz nicht anzuwenden.

Weitere Tatbestandselemente hat diese Pflicht nicht. Das ergibt sich aus den § 31 I, II 2 BVerfGG. Demnach haben Entscheidungen des Bundesverfassungsgerichts in den näher bezeichneten Fällen Gesetzeskraft. Sie sind also wie Gesetze zu befolgen. Rechtsanwender sind nach § 31 I BVerfGG auch unabhängig von der Gesetzeskraft verpflichtet, Entscheidungen des Bundesverfassungsgerichts umzusetzen. Eine Inzidentprüfung, ob die Voraussetzungen der Derogation vorlagen, ist ihnen verwehrt. Sie haben allein festzustellen, ob und wie das Bundesverfassungsgericht entschieden hat. Demgemäß ist die Pflicht Dritter, die vom Bundesverfassungsgericht verworfenen Normen nicht mehr anzuwenden, nicht davon abhängig, ob – vermittelt durch die Elfes-Bedingung – ein Grundrechtsverstoß vorgelegen hat.

5.3.3. Tatbestandselement der Rechtsfolgen für Realakte

Bislang unberücksichtigt geblieben ist der Grundrechtseingriff durch Realakte, also durch tatsächliche Handlungen staatlicher Amtswalter ohne Rechtsnormcharakter. Es seien hier wiederum (wie bei Eingriffen durch Normen) zweierlei Rechtsfolgen beschrieben: Erstens die Sanktion des verfassungswidrigen Eingriffs, also die daran geknüpfte Pflicht des Bundesverfassungsgerichts, zweitens das Verbot des verfassungswidrigen Eingriffs.

5.3.3.1. Rechtsfolge bei verfassungswidrigen Realakten (Sanktionsnorm)

Beschreibt man die Grundrechte als Tatbestandselemente einer Pflicht des Bundesverfassungsgerichts, ist dies bei Realakten unproblematisch.

Zunächst kann sich der verfassungsprozessuale Angriff unmittelbar gegen den Realakt, aber mittelbar gegen ein Gesetz richten, das den Realakt regelt. Dies sind die Fälle des § 94 IV BVerfGG. Dieser Fall weist keine Besonderheiten auf. Der Realakt ist nur Zulässigkeitsvoraussetzung der Verfassungsbeschwerde, insofern er die unmittelbare individuelle Betroffenheit vermittelt. Die Verfassungsmäßigkeit des Realakts hingegen steht und fällt mit der Verfassungsmäßigkeit seiner Grundlage. Nur diese Grundlage, die Rechtsnorm, ist eigentlicher Prüfungsgegenstand des Verfahrens. Hält das Bundesverfassungsgericht die

Rechtsgrundlage für verfassungswidrig, so derogiert es diese Rechtsgrundlage und stellt zugleich die Verfassungswidrigkeit des Realakts fest.

Der Realakt kann auch einen eigenständigen Fehler aufweisen, der nicht auf der Verfassungswidrigkeit seiner Rechtsgrundlage beruht. Gegenstand des verfassungsprozessualen Angriffs ist dann unter Umständen[587] der Realakt allein. Ein Angriff allein auf den Realakt kommt beispielsweise in Betracht, wenn dieser einer gesetzlichen Grundlage entbehrt oder mit seiner Rechtsgrundlage nicht übereinstimmt oder wenn die Rechtsgrundlage Ermessen einräumt, von dem in verfassungswidriger Weise Gebrauch gemacht wurde. In all diesen Fällen kommt als Rechtsfolge nicht die Aufhebung einer Norm infrage, sondern nur eine förmliche Feststellung des Bundesverfassungsgerichts, dass der Realakt verfassungswidrig sei.

Der Tatbestand dieser Rechtsfolge entspricht weitgehend dem Tatbestand der Derogationspflicht des Gerichts bei normativen Eingriffen. Auch beim Tatbestand der Sachentscheidungspflicht (Zulässigkeit) gibt es keinen wesentlichen Unterschied zu normativen Eingriffen. Es gibt nur zwei Unterschiede: Erstens kommt es auf den Eingriff durch einen Realakt an, nicht auf den Eingriff durch eine Norm. Zweitens lautet die Elfes-Bedingung anders, nämlich „wenn der Realakt nicht verfassungsmäßig ist".[588]

Im Ergebnis ist die Rechtsfolge der Elfes-Bedingung bei Begründetheit der Verfassungsbeschwerde wegen Verfassungswidrigkeit eines Realakts eine Feststellungspflicht des Bundesverfassungsgerichts. Rechtsfolge der zulässigen Verfassungsbeschwerde ist die Sachentscheidungspflicht, die der Unzulässigkeit gegebenenfalls die Pflicht, die Sachentscheidung zu unterlassen.

5.3.3.2. Beeinträchtigungsverbot (sanktionierte Norm) und Folgenbeseitigungsgebot

Es stellt sich die Frage, ob die Grundrechte mit Blick auf Realakte auch als staatliche Unterlassungspflichten beschrieben werden können. Prinzipiell wäre dies – entgegen der von *Kelsen* vertretenen Auffassung[589] – strukturanalytisch möglich,

---

587 Der Angriff kann sich auch gegen den Realakt und seine Rechtsgrundlage zugleich richten, wenn beide schon jeweils unabhängig voneinander verfassungswidrig sind.

588 Dazu Abschnitte 3.3. und 3.2.2.2.

589 *Kelsen* begründete seine Auffassung zunächst damit, dass gesetzlose Eingriffe dem Staat nicht zuzurechnen seien und ihr Verbot daher sinnlos sei: *Kelsen*, Hauptprobleme der Staatsrechtslehre, 155, 532 f. Später stellte er darauf ab, dass ein Beeinträchtigungsverbot als unsanktionierte lex imperfecta nicht als Rechtsnorm zu begreifen sei:

und zwar aus denselben Gründen, aus denen es möglich ist, die Grundrechte als Normierungsverbote zu beschreiben.[590]

Bei der Beschreibung eines Gebots, grundrechtswidrige Realakte zu unterlassen, zeigen sich aber ähnliche Probleme, wie sie oben für die Darstellung eines Grundrechts als Normierungsverbot beschrieben wurden.

Das gilt zunächst für einen Realakt, der deshalb verfassungswidrig ist, weil er ein verfassungswidriges Gesetz ausführt. Denn wenn die gesetzliche Grundlage eines Realakts verfassungswidrig ist, sind die ausführenden Organe bis zu einer Entscheidung des Bundesverfassungsgerichts dennoch an diese gesetzliche Grundlage gebunden. Wenn die gesetzliche Grundlage den Realakt gebietet, muss das ausführende Organ diesen also vornehmen. Würde man die Grundrechte dennoch hinsichtlich des Realakts als Beeinträchtigungsverbote beschreiben, müsste man staatliche Organe als verpflichtet ansehen, Grundrechtseingriffe zu unterlassen, selbst wenn ein Gesetz sie gebietet. Die Annahme kollidierender Pflichten ist nur vermeidbar, wenn man darauf verzichtet, die Grundrechte als Verbotsnormen zu beschreiben.

Bei einem Realakt, der unabhängig von seiner Rechtsgrundlage verfassungswidrig ist, gibt es kein Normenkollisionsproblem. Denn wenn das Bundesverfassungsgericht beispielsweise der Auffassung ist, bei der Vornahme des Realakts sei dessen Rechtsgrundlage in verfassungswidriger Weise falsch interpretiert worden, erklärt es diese Interpretation für falsch.[591] In seiner alternativen, verfassungskonformen Deutung steht das gesetzliche Gebot nicht in Widerspruch zur Verfassung.

Ein generelles Normenkollisionsproblem tritt ferner nicht auf, soweit man davon ausgeht, dass die Grundrechte auch verfassungsunmittelbare Folgenbeseitigungspflichten[592] beinhalten. Denn das Gebot, die Folgen verfassungswidriger Realakte zu beseitigen, ist nicht inkompatibel mit dem einfach-rechtlichen Gebot, den Realakt (zunächst) vorzunehmen.

Speziell mit Blick auf die Elfes-Bedingung hat ein Verbot verfassungswidriger Realakte dieselbe Konsequenz, die bereits für Normierungsverbote beschrieben

---

Kelsen, Reine Rechtslehre (2. Aufl.), 307 f., 309. Beides ist mit dem hier vertretenen Sanktionsbegriff (dazu Abschnitt 2.2.2.2.) nicht vereinbar.

590 Dazu Abschnitt 5.1.2.

591 Und zwar rückwirkend im Sinne des Abschnitts 2.2.3.2.

592 Zu den Freiheitsrechten und dem Vorbehalt des Gesetzes als Sitz des staatshaftungsrechtlichen Folgenbeseitigungsanspruchs Maunz/Dürig/*Papier*, Art. 34 Rn. 62. Zur Herleitung unmittelbar aus den Grundrechten ferner BeckOK GG/*Grzeszick*, Art. 34 Rn. 43 mit weiteren Nachweisen.

wurde: Ein Realakt, der bereits aufgrund eines Verstoßes gegen sonstiges Verfassungsrecht verboten ist, wäre zugleich auch aufgrund der Elfes-Bedingung als Grundrechtsverstoß verboten. Diese tatbestandliche Redundanz ist logisch kürzbar, was die Elfes-Bedingung als Tatbestandselement eines Verbots verfassungswidriger Realakte überflüssig macht (nicht hingegen auf verfassungsprozessualer Ebene).

Dasselbe gilt für Folgenbeseitigungsansprüche allerdings nur, sofern man annimmt, dass auch andere Normen als die Grundrechte Folgenbeseitigungspflichten des Staates beinhalten. Nicht relevant ist, ob mit solchen Folgenbeseitigungspflichten auch eine Klagefähigkeit der Betroffenen korrespondiert. Allein die Existenz einer staatlichen Pflicht zieht bereits eine Redundanz im Tatbestand der Folgenbeseitigungspflicht nach sich. In diesem Fall hat die Elfes-Bedingung wiederum nur verfassungsprozessuale Bedeutung.

5.4. Wirkungsweise der Elfes-Bedingung

5.4.1. Rein prozessuale Bedeutung der Elfes-Bedingung

Zusammenfassend lässt sich konstatieren, dass vielfach erst die Elfes-Bedingung dazu führt, dass ein Verfassungsverstoß zugleich einen Grundrechtsverstoß nach sich zieht. Soweit wiederum ein Grundrechtverstoß Tatbestandsvoraussetzung einer verfassungsrechtlichen Rechtsfolge ist, bedarf es der Elfes-Bedingung, damit der Verfassungsverstoß diese Rechtsfolge auslösen kann. Echte Alternativen dazu gibt es nicht; nur die Herleitung der Elfes-Bedingung kann sehr unterschiedlich aussehen. Beispielsweise wäre es schwierig, den Grundrechtsverstoß unmittelbar aus dem Gesetzesvorbehalt abzuleiten. Denn da eine verfassungswidrige Norm erst durch die Entscheidung des Bundesverfassungsgerichts derogiert wird und zum Zeitpunkt der Verfahrenseröffnung noch gilt, liegt bei einem Eingriff aufgrund einer verfassungswidrigen Norm insbesondere kein gesetzloser und schon deshalb grundrechtswidriger Eingriff vor.[593] Anderes würde nur gelten, wenn man in die Gesetzesvorbehalte die Anforderung der Verfassungsmäßigkeit interpretativ hineinlesen wollte – was aber letztlich nur eine alternative Herleitung der Elfes-Bedingung wäre.[594]

593 Diesen Schluss müssten Vertreter der Nichtigkeitslehre auf interpretativer Ebene ziehen, sofern sie unter einem Gesetz im Sinne der grundrechtlichen Gesetzesvorbehalte ein geltendes Gesetz verstehen. Hinsichtlich der Geltung eines Gesetzes wäre die Elfes-Bedingung demnach überflüssig; sie würde nur den Zugang zu dem Verfahren eröffnen, in dem das Bundesverfassungsgericht die Nichtigkeit deklaratorisch feststellt.

594 Dazu Abschnitt 6.3.

Doch nicht hinsichtlich aller Rechtsfolgen, die man den Grundrechten zuordnen kann, stellt die Elfes-Bedingung die einzige Verbindung zwischen dieser Rechtsfolge und einem Verstoß gegen sonstiges Verfassungsrecht her. Vielmehr sind es allein die verfassungsprozessualen Rechtsfolgen, für die die Elfes-Bedingung Bedeutung hat. So ist die Elfes-Bedingung erforderlich, um eine Sachentscheidungspflicht und gegebenenfalls eine Sachentscheidungsberechtigung des Bundesverfassungsgerichts im Verfassungsbeschwerdeverfahren zu erreichen, wenn ein Verstoß gegen Verfassungsbestimmungen gerügt wird, die keine Grundrechte sind. Je nachdem, wie die Prüfungsbefugnis des Gerichts von Amts wegen beurteilt wird, ist die Elfes-Bedingung ferner auch als Tatbestandselement der Derogationspflicht und der Derogationsberechtigung des Gerichts erforderlich. Gleiches gilt für die Pflicht, die Verfassungswidrigkeit eines Realakts festzustellen.

Die Elfes-Bedingung muss also postulieren, wer dem Bundesverfassungsgericht die Möglichkeit eröffnen möchte, im Rahmen der Verfassungsbeschwerde mehr oder minder sämtliche Verfassungsverstöße zu überprüfen. Diese Erkenntnis ist einerseits banal, weil sie jedem Verfassungsrechtler und jeder Verfassungsrechtlerin bekannt ist. Sie ist aber andererseits darin bedeutsam, dass die Elfes-Bedingung keine *andere* operative Funktion hat als die prozessuale. Der Grund dafür ist nicht allein, dass man aus strukturanalytischer Sicht alle Grundrechte als Tatbestandselemente prozessualer Rechtsfolgen beschreiben kann. Denn ebenso zulässig wäre es aus strukturanalytischer Sicht, die Grundrechte als Verhaltenspflichten zu beschreiben, die an den Gesetzgeber gerichtet sind – ungeachtet der Probleme, die daraus für die Verfassungsinterpretation resultieren.[595] Aber wenn man die Grundrechte als Pflichten des Gesetzgebers beschreibt, ist die Elfes-Bedingung im Tatbestand dieser Pflichten schlicht überflüssig.[596] Es bleiben also nur die prozessualen Rechtsfolgen übrig.

Dass die traditionelle Rechtslehre die Grundrechte als Abwehrrechte beschreibt, verdeckt diesen Umstand etwas, weil der Begriff des Abwehrrechts auf der Lehre vom subjektiven Recht basiert und folglich das Abwehrrecht nicht trennscharf in eine gesetzgeberische Pflicht einerseits und eine Klagefähigkeit des Grundrechtsträgers andererseits aufspaltet. Doch dass sich die Elfes-Bedingung ausschließlich im Verfassungsbeschwerdeverfahren auswirkt, daran kann die Lehre vom subjektiven Recht nichts ändern.

---

595 Zu diesen Problemen siehe Abschnitt 5.1.3.1.

596 Dazu Abschnitt 5.1.3.2.

5.4.2. Die Elfes-Bedingung als spezielle Form des Sanktionszusammenhangs

Somit lässt sich die Hypothese bestätigen, die oben im Abschnitt 3.5.2. aufgestellt wurde: Die Elfes-Bedingung begründet eine spezielle Form des Sanktionszusammenhangs, weil die Verletzung einer Norm (z. B. des Gesetzgebungsverfahrens)

1. die Verletzung einer anderen Norm (z. B. des Art. 2 I GG) begründet *und*
2. die erstgenannte Norm (die des Gesetzgebungsverfahrens) in einem bestimmten normativen Kontext (im Verfassungsbeschwerdeverfahren) – *nur* als Verletzung der zweitgenannten Norm (des Art. 2 I GG) zu prüfen ist und nicht eigenständig.

Ergänzen lässt sich die bereits erwähnte Besonderheit der Elfes-Bedingung, nämlich dass sich ihre Funktion auf das Verfassungsbeschwerdeverfahren beschränkt. Diese Besonderheit ist verallgemeinerbar: Ihre operative Funktion ist auf den spezifischen normativen Kontext beschränkt, für den sie allein den Zusammenhang zwischen einer Normverletzung und einer Rechtsfolge dieses spezifischen normativen Kontexts herstellt. Diese Besonderheit hat die Elfes-Bedingung beispielsweise mit dem Untreuetatbestand des § 266 StGB in der Variante des Verstoßes gegen eine rechtsgeschäftliche Vermögensbetreuungspflicht gemeinsam. Sofern man die Strafrechtsnormen auch als Verbotsnormen interpretiert und daher § 266 StGB ein eigenständiges strafrechtliches Verbot entnehmen wollte, gegen zivilrechtliche Pflichten aus einem Rechtsgeschäft zu verstoßen, wäre dieses Verbot redundant. Die operative Bedeutung dieser Variante des Untreuetatbestandes liegt ausschließlich darin, dass sie an den Verstoß gegen zivilrechtliche Pflichten unter weiteren Voraussetzungen eine spezifisch strafrechtliche Sanktion (Freiheitsstrafe oder Geldstrafe) knüpft.

5.4.3. Entstehungsgeschichtlicher Hintergrund der prozessualen Funktion

Dass die Elfes-Bedingung eine rein verfassungsprozessuale Funktion hat, deckt sich mit der Entstehungsgeschichte der Elfes-Konstruktion. Denn vor der Elfes-Entscheidung hatte sich das Bundesverfassungsgericht, wie erwähnt, für eine umfassende Prüfungsbefugnis von Amts wegen im Verfassungsbeschwerdeverfahren ausgesprochen. Aber diese Prüfungsbefugnis hatte nur im Rahmen der Begründetheit Bedeutung, also für die Derogationsberechtigung. In der Verfassungsbeschwerdebefugnis hingegen blieb zu prüfen, ob ein Grundrechtseingriff behauptet wurde. Über diese Schwelle hilft bei vielen Verfassungsverstößen allein die Elfes-Bedingung hinweg. Nur aus diesem Grund war es für das Bundesverfassungsgericht überhaupt erforderlich, die Elfes-Konstruktion zu entwickeln. Historisch betrachtet lässt sich ihre Funktion daher darauf zuspitzen, dass sie die Beschwerdebefugnis erweitern sollte.

5.5. Elfes-Bedingung und Grundrechtseingriff durch einfachen Rechtsverstoß

Die Elfes-Bedingung kann auch für normwidrige Eingriffe durch untergesetzliche Normen von Belang sein. Gemeint ist nicht der Fall des mittelbaren Angriffs auf ein verfassungswidriges Gesetz im Sinne der §§ 94 IV, 95 III 2 BVerfGG, sondern die rechtswidrige Ausführung eines seinerseits verfassungsgemäßen Gesetzes.

Sofern die Elfes-Bedingung nicht nur Verfassungsverstöße, sondern auch Verstöße gegen einfaches Recht erfasst, hat sie verfassungsrechtlich in beiden Fällen dieselben Rechtsfolgen: die Sachentscheidungspflicht sowie die Derogationspflicht (bei Normen) und die Feststellungspflicht (bei Realakten). Auch etwaige Unterlassungspflichten des Gerichts bei fehlenden Sachentscheidungsvoraussetzungen (mit Blick auf den Einstieg in die Sachprüfung) und bei fehlendem Verfassungsverstoß (mit Blick auf die Derogation beziehungsweise die Feststellung) wären identisch.

5.5.1. Der einfache Rechtsverstoß als Verfassungsverstoß

Ist das zugrunde liegende Parlamentsgesetz verfassungsgemäß, kann ein Realakt, der dieses ausführt, dennoch gesetzeswidrig sein. Gleiches gilt für eine ausführende untergesetzliche Norm. Schließlich kann auch der Realakt mit einer ihrerseits gesetzesgemäßen untergesetzlichen Norm unvereinbar sein. Allen diesen Fällen gemeinsam ist, dass nur ein Verstoß gegen einfaches Recht vorliegt.

Dieser Verstoß kann je nach Interpretation des Grundgesetzes zugleich einen Verfassungsverstoß begründen. Eine Gleichsetzung von einfachem Rechtsverstoß und Verfassungsverstoß wird zwar gegenwärtig kaum noch diskutiert. Denn es ist nicht mehr umstritten, dass im Verfassungsprozess nur spezifisches Verfassungsrecht zu prüfen ist.[597] Insbesondere durch die Rechtsprechung des Bundesverfassungsgerichts zur Prüfung spezifischen Verfassungsrechts scheint die Frage nach der Gleichsetzung von einfachem Rechtsverstoß und Verfassungsverstoß praktisch obsolet geworden zu sein.

---

597 Dazu sogleich.

Aber zum einen kann die Beschränkung auf spezifisches Verfassungsrecht durchaus als prozessuales Spezifikum des Verfassungsprozesses verstanden werden,[598] während sie in anderen Prozessarten – etwa im Verwaltungsgerichtsprozess – fehlen kann.[599] Dann wäre der einfache Rechtsverstoß (materiell-rechtlich) als Verfassungsverstoß anzusehen, der lediglich im Verfassungsbeschwerdeverfahren (prozessual) nicht gerügt werden kann. Unter diesen Voraussetzungen ist auch die erwähnte Interpretationsfrage alles andere als obsolet.

Zum anderen ist der Umstand, dass eine bestimmte Interpretationsmöglichkeit zurzeit nicht vertreten wird, kein Anlass, auf eine Beschreibung ihrer normativen Struktur zu verzichten.[600] Das gilt zumal dann, wenn die Entscheidung gegen die verworfene Interpretationsmöglichkeit eine grundlegende Interpretationsfrage beantwortet, die einen klaren Bezug zur Elfes-Bedingung aufweist: So hat das Bundesverfassungsgericht in früheren Entscheidungen unter Bezugnahme auf die Elfes-Konstruktion die Vereinbarkeit untergesetzlicher Normen mit ihrer Ermächtigungsgrundlage geprüft.[601]

Es gilt deshalb, zunächst die Interpretationsansätze zu beschreiben, die zu dem Ergebnis führen können, dass ein einfacher Rechtsverstoß zugleich Verfassungsverstoß ist. Erst in der Folge lässt sich untersuchen, wie sich die jeweiligen Ansätze auf die Normstruktur auswirken.

5.5.1.1. Der Gesetzesverstoß als Verstoß gegen das Rechtsstaatsprinzip

Für den ersten denkbaren Interpretationsansatz ist es eine weite Auslegung des Rechtsstaatsprinzips, die den einfachen Rechtsverstoß zum Verfassungsverstoß „hochzont". Soweit auch die Einhaltung des Rechtsstaatsprinzips in den Prüfungsumfang der Elfes-Bedingung fällt, eröffnet sie damit die Prüfung einfachrechtlicher Rechtsverstöße („Gesetz und Recht").

Dieser Ansatz knüpft daran an, dass auch Art. 20 III zur „verfassungsmäßigen Ordnung" gehört, wenn man diese mit dem Verfassungsrecht gleichsetzt. Anknüpfend an die Formulierung des Art. 20 III GG, der von einer Bindung der Exekutive und Rechtsprechung an „Gesetz und Recht" spricht, ist es möglich, die Einhaltung der Gesetze durch staatliche Organe als verfassungsrechtliches Gebot zu verstehen. Denn „Gesetz und Recht" ist nicht nur das Verfassungsrecht,

598 So etwa *Kube*, JuS 2003, 111 (117).

599 Dazu Abschnitt 5.6.5.1.

600 Vgl. dazu auch Abschnitt 1.7.2.2.

601 BVerfGE 9, 3 (14 f.); 13, 181 (197). Vgl. dazu näher *Hutzelmann*, Die prozessuale Bedeutung, 196 f.

sondern auch das einfache Recht. Der Bezug auf „Gesetz und Recht“ wäre folglich nicht nur klarstellender Art.

Hinsichtlich der Folgen dieser Interpretation ist strikt zwischen der Ebene der sanktionierten Norm und der Ebene der Sanktionsnorm zu unterscheiden.

Auf der Ebene der sanktionierten Norm gilt Folgendes: Will man das Rechtsstaatsprinzip als Verbotsnorm beschreiben, die an die Exekutive gerichtet ist, wäre diese Verbotsnorm redundant, soweit sie Verstöße gegen einfaches Recht verbietet. Denn dass die Verwaltung an das einfache Recht gebunden ist, folgt aus Inhalt und Geltung jener einfach-rechtlichen Normen. Die Normen des Verwaltungsrechts richten sich an die Verwaltung, teils direkt, teils indem die Verwaltung bestimmte Verhaltensweisen Dritter zu sanktionieren gehalten ist. Diesen Verwaltungspflichten kann auch ein Verfassungsgebot normativ nichts hinzufügen; es kann allenfalls die Norm (logisch redundant) verdoppeln. Dass an den Verstoß andere Sanktionen geknüpft sein können oder der Zugang zu einer anderen Gerichtsbarkeit eröffnet sein kann, betrifft die Ebene der Sanktionsnorm und nicht die Ebene der sanktionierten Norm. Auf der Ebene der sanktionierten Norm bleibt es bei der Redundanz. Als *sanktionierte Norm* kann das Rechtsstaatsprinzip somit die Gesetzesbindung der Verwaltung nicht normativ „verstärken“, sondern allenfalls symbolisch hervorheben.

Dass die Rechtsbindung der Verwaltung zugleich Verfassungsrang besitzt, wird folglich normativ erst auf der Ebene der *Sanktionsnorm* relevant. Voraussetzung dafür ist, dass die Rechtsordnung an die Verletzung verfassungsrechtlicher Pflichten andere Rechtsfolgen knüpft als an die Verletzung einfach-rechtlicher Pflichten. Eine solche Unterscheidung macht etwa das Recht der Verfassungsbeschwerde, wenn – mit der Elfes-Bedingung – ein *Verfassungs*verstoß als Eingangsvoraussetzung gefordert wird. Eine solche Differenzierung nehmen aber auch alle anderen Verfahren des Verfassungsprozessrechts vor, aufgrund derer Verstöße gegen Verfassungsrecht zu prüfen sind. Insoweit ist das Rechtsstaatsprinzip jeweils Tatbestandselement einer Sanktionsnorm.

Das heißt: Nur weil an Verfassungsrechtsverstöße andere Rechtsfolgen geknüpft sind als an Verstöße gegen einfaches Recht, macht es einen Unterschied, ob die Verwaltung an einfaches Recht nur einfach-rechtlich oder zusätzlich auch kraft Verfassungsrecht gebunden ist.

Gerade auf der Ebene der verfassungsprozessualen Sanktionen wird aber allgemein verneint, dass einfach-rechtliche Rechtsverstöße verfassungsrechtlich sanktioniert seien. Der einschlägige Topos ist, dass das Bundesverfassungsgericht keine „Superrevisionsinstanz“ sei, mithin also die Nachprüfung einfachen

Rechts zu begrenzen sei.[602] Gemeint ist, dass im verfassungsgerichtlichen Prozess die Überprüfung einfachen Rechts, die Art. 20 III GG je nach Interpretation eröffnen kann, nicht oder nur begrenzt, und zwar am Maßstab „spezifischen Verfassungsrechts",[603] stattfinden soll. Diese Einschränkung schließt aber *jede* oder in der zweiten Form nahezu jede verfassungsrechtliche Sanktionierung rein einfacher Rechtsverstöße aus. Folglich ist sie (genauso wie eine weite Lesart des Art. 20 III GG) kein Spezifikum der Verfassungsbeschwerde. Dennoch wird die potenzielle Kontrolle einfacher Rechtsverstöße in der Literatur in einer Weise mit der Elfes-Konstruktion in Verbindung gebracht, als handle es sich dabei um eine Besonderheit der Elfes-Bedingung.[604]

5.5.1.2. Der Gesetzesverstoß als Verstoß gegen Art. 2 I GG

Ein zweiter denkbarer Interpretationsansatz wird in der Literatur kurz angerissen, wenngleich im Ergebnis klar abgelehnt. Für ihn kommt es auf die Auslegung des Begriffs „verfassungsmäßige Ordnung" an. Zunächst wird die Elfes-Bedingung wie in der Elfes-Entscheidung aus Art. 2 I GG abgeleitet. Nach der verfassungsgerichtlichen Rechtsprechung gehört das gesamte einfache Recht zur „verfassungsmäßigen Ordnung" im Sinne des Art. 2 I GG.[605] Daraus lässt sich einzelnen Literaturstimme zufolge potenziell ableiten, dass Akte, die in die allgemeine Handlungsfreiheit eingriffen, nicht nur der Verfassung genügen müssten, sondern auch den Anforderungen des einfachen Rechts.[606] Dieser Ansatz ist auf den ersten Blick schwer nachvollziehbar, soweit er sich auf die Elfes-Entscheidung bezieht. Denn „Ordnung" ist für das Bundesverfassungsgericht die Gesamtheit der potenziell eingreifenden Normen, „verfassungsgemäß" der Maßstab, dem

---

602 BVerfGE 7, 198 (207) („‚Superrevisions'-Instanz"); ähnlich auch BVerfGE 18, 85 (92): Das Bundesverfassungsgericht prüfe nicht „ähnlich wie eine Revisionsinstanz" gerichtliche Entscheidungen unbeschränkt rechtlich nach. Vgl. auch HdStR (3. Aufl.) III/*Löwer*, § 70 Rn. 191.

603 BVerfGE 18, 85 (92 f.); 59, 231 (256 f.); *Schumann*, Verfassungs- und Menschenrechtsbeschwerde gegen richterliche Entscheidungen, 206 f.

604 So beispielsweise von *Hesse*, Grundzüge des Verfassungsrechts der Bundesrepublik Deutschland, Rn. 427; *Hutzelmann*, Die prozessuale Bedeutung, 196; *Bethge*, in: Depenheuer, Staat im Wort, 613 (628 f.). Für *Bethges* Auffassung ist das insofern konsequent, als er nur in Art. 2 I GG den im Ergebnis verworfenen Ansatzpunkt für die Prüfung einfacher Rechtsverstöße sieht.

605 BVerfGE 112, 1 (21).

606 Zu dieser Deutung (jeweils ablehnend) *Bethge*, in: Depenheuer, Staat im Wort, 613 (628 f.) und HdStR (3. Aufl.) III/*Löwer*, § 70 Rn. 190.

diese Normen ihrerseits zu genügen haben. Und dieser Maßstab fordert nur genau dann die Beachtung einfachen Rechts, wenn anderen Verfassungsnormen eine solche Anforderung zu entnehmen ist, etwa aufgrund entsprechender Interpretation des Art. 20 III GG. Die erwähnten Stimmen begründen aber auf andere Weise, wie es zu der von ihnen abgelehnten, potenziellen Gleichsetzung von einfachem Recht und Verfassungsrecht kommen könnte. Dies ergebe sich aus einem Zusammenspiel von Elfes-Entscheidung und Lüth-Entscheidung, weil infolge des Lüth-Urteils die einfache Rechtsordnung grundrechtlich aufgeladen sei.[607] Das einfache Recht wird also, ähnlich wie durch Art. 20 III GG, gleichsam zu Verfassungsrecht „hochgezont".

5.5.1.3. Einfacher Rechtsverstoß und Eingriffsvorbehalt „aufgrund eines Gesetzes"

Für viele Spezialgrundrechte bietet deren jeweiliger Eingriffsvorbehalt einen Ansatzpunkt für die Auffassung, die Rechtmäßigkeit untergesetzlicher Rechtsakte sei von Verfassungs wegen geboten. Wenn man den Vorbehalt „aufgrund eines Gesetzes" so versteht, dass jeder Realakt oder nachgeordnete Rechtsakt gegen das Gesetz verstößt, der auf einer „unrichtigen" Auslegung des Gesetzes beruht, dann ist das Ergebnis gleichfalls, dass Verstöße gegen einfaches Recht vollumfänglich nachprüfbar werden,[608] wenn das Bundesverfassungsgericht über die Unrichtigkeit der Auslegung entscheidet. Der gesetzeswidrige Eingriff steht dann dem gesetzlosen gleich, weil ihm die normative Grundlage fehlt.[609] Er kann zwar prinzipiell an jeder beliebigen gesetzlichen Grundlage gemessen werden, genügt aber keiner einzigen. Wenn zudem die Auslegung des Begriffs „verfassungsmäßige Ordnung" mit den anderen Eingriffsvorbehalten synchronisiert wird, kann man zu dem Ergebnis kommen, alle nachgeordneten Rechtsakte einschließlich der Gerichtsurteile müssten „ihre Grundlage in der

---

607 *Bethge*, in: Depenheuer, Staat im Wort, 613 (628 f.) ist deshalb der Auffassung, es könne zu Synergie-Effekten mit der Elfes-Entscheidung und infolgedessen zur Überprüfung des gesamten einfachen Rechts im Verfassungsbeschwerdeverfahren kommen. Diese Kritik an der Lüth-Entscheidung berücksichtigt indes nicht, dass gerade die Lüth-Entscheidung den Topos der Superrevisionsinstanz geprägt hat, vgl. BVerfGE 7, 198 (207).

608 Ernsthaft vertreten wird diese Deutungsmöglichkeit nicht. Kurz angesprochen, aber verworfen wird sie von *Schumann*, Verfassungs- und Menschenrechtsbeschwerde gegen richterliche Entscheidungen, 197.

609 So BVerwG NJW 1954, 734 (735).

verfassungsmäßigen Ordnung finden".[610] Auch andere Verständnismöglichkeiten von „aufgrund eines Gesetzes" sind denkbar. Weil aber in Rechtsprechung und Literatur im Ergebnis ein Konsens darüber besteht, dass das Bundesverfassungsgericht einfache Rechtsverstöße nicht vollumfänglich nachprüfen soll, findet keine Diskussion darüber statt, was die Auslegung des Begriffs für die Überprüfung einfachen Rechts im Verfassungsprozess bedeuten könnte.

5.5.1.4. Mögliche Eingrenzungen des Prüfungsumfangs

Das Bundesverfassungsgericht hat, nachdem es in älteren Entscheidungen noch eine höhere Kontrolldichte favorisiert hatte, hinsichtlich der Überprüfung einfacher Rechtsverstöße das von *Schumann* entwickelte Abgrenzungskriterium des „spezifischen Verfassungsrechts" übernommen, wenngleich es den Begriff „spezifisches Verfassungsrecht" in seiner jüngeren Rechtsprechung kaum noch explizit verwendet.[611] *Schumann* zufolge ist „spezifisches Verfassungsrecht" dann verletzt, wenn eine gerichtliche Entscheidung „eine Rechtsfolge annimmt, die der einfache Gesetzgeber nicht als Norm erlassen dürfte".[612] Das „spezifische Verfassungsrecht" schließt also die einfachen Rechtsverstöße nach Art. 20 III GG aus. Das Kriterium des „spezifischen Verfassungsrechts" gewährleistet zugleich eine Minimalkontrolle der Interpretation des einfachen Rechts anhand verfassungsrechtlicher Maßstäbe,[613] die hier jedoch außer Betracht bleiben kann.

---

610 Ebenso, jedoch ohne auf die anderen Grundrechte abzustellen HdStR (3. Aufl.) III/*Löwer*, § 70 Rn. 191. *Löwer* spricht sich im *Ergebnis* nicht dafür aus, einfaches Recht im Verfassungsprozess zu prüfen.

611 BVerfGE 18, 85 (92 f.); 59, 231 (256 f.) – ohne Verwendung des Begriffs; 81, 29 (31 f.); 99, 129 (139) – die beiden letztgenannten Entscheidungen jeweils ohne den Begriff „spezifisches Verfassungsrecht", aber unter Verwendung der Formel *Schumanns*. Ferner prüft das Gericht regelmäßig, ob einer Entscheidung eine „grundsätzlich unrichtige Anschauung von der Bedeutung der Grundrechte" zugrunde liegt, so etwa BVerfGE 89, 315 (323); 132, 99 (132). Damit prüft es der Sache nach gleichfalls die Auslegung einfachen Rechts auf die Verletzung spezifischen Verfassungsrechts hin, jedoch begrenzt auf die Ausstrahlungswirkung der Grundrechte auf das einfache Recht.

612 *Schumann*, Verfassungs- und Menschenrechtsbeschwerde gegen richterliche Entscheidungen, 206 f.

613 Im Strafrecht ist die Kontrolle mit Blick auf Art. 103 II GG streng, vgl. BVerfGE 71, 108 (115). Auch sonst stellt das Bundesverfassungsgericht auf die Wortlautgrenze ab und führt den Willen des Gesetzgebers als weitere Grenze an: BVerfGE 18,97 (111); 71,81 (105). Ferner werden die Standards juristischen Argumentierens überprüft, so etwa BVerfGE 113, 88 (104). Zum Konzept der Wortlautgrenze aus Sicht der analytischen Rechtslehre vgl. oben Abschnitte 1.3.3.2., 1.4.1.

Mit wenigen Ausnahmen sind also nach Auffassung des Bundesverfassungsgerichts Verstöße gegen einfaches Recht nicht zu prüfen. Das heißt: Je nach interpretativer Begründung sind sie entweder von vornherein nicht Prüfungsgegenstand der Elfes-Bedingung oder sie scheiden aus prozessualen Gründen aus dem Prüfungsprogramm wieder aus. Wie soeben dargelegt, lässt sich auf verschiedenen Wegen interpretativ rechtfertigen, dass auch im Falle eines Verstoßes gegen einfaches Recht Grundrechte verletzt sind. Auf ebenso vielen Wegen lässt sich rechtfertigen, dass das Bundesverfassungsgericht einfaches Recht nicht prüfen dürfe. Dazu können Art. 20 III GG oder die jeweiligen Grundrechtsartikel entsprechend eng ausgelegt werden. Nur eine dritte Möglichkeit der Begrenzung ist rein prozessualer Art: Es bleibt bei der jeweils weiten Auslegung, aber ein zusätzliches Tatbestandselement tritt hinzu, das den Prüfungsumfang sogleich wieder begrenzt.[614]

5.5.2. Auswirkungen der Interpretationsvarianten

Es ist nicht irrelevant, aus welchem Grund das einfache Recht im Rahmen der Verfassungsbeschwerde nicht zum Prüfungsprogramm der Elfes-Bedingung gehört.

Die verschiedenen Gründe, aus denen einfaches Recht nicht zum Prüfungsprogramm der Elfes-Bedingung gehören kann, wirken sich nur *auf verfassungsrechtlicher Ebene* nicht auf Inhalt und Struktur des Grundrechtstatbestandes aus. Nur insoweit kommt es nicht darauf an, ob das Prüfungsprogramm materiellrechtlich oder prozessual eingegrenzt wird, weil die Kombination aus einer weiten Auslegung, die durch ein korrigierendes Tatbestandselement im Ergebnis wieder zurückgenommen wird, ein Nullsummenspiel bleibt.[615]

Aber zwischen der „prozessualen" und der „materiellen" Herleitungsvariante für den Ausschluss einfachen Rechts aus dem Prüfungsprogram der Elfes-Bedingung könnte es inhaltliche und strukturelle Unterschiede für eine Elfes-Bedingung des Verwaltungsrechts geben, weil diese naturgemäß nicht aus verfassungsprozessualen Gründen auf spezifisches Verfassungsrecht beschränkt

614 So *Schumann*, Verfassungs- und Menschenrechtsbeschwerde gegen richterliche Entscheidungen, 198; *Schenke*, DÖV 1986, 305 (309). Ähnlich dürften auch *Hesse*, Grundzüge des Verfassungsrechts der Bundesrepublik Deutschland, Rn. 427, und BVerfGE 18, 85 (92 f.) zu verstehen sein.

615 Zum Zusammenspiel materiell-rechtlicher und prozessualer Beschränkungen der Elfes-Konstruktion im Verfassungsprozess *Kube*, JuS 2003, 111 (117).

wäre.[616] Dazu gilt es aber zu untersuchen, ob und mit welchem Inhalt eine Elfes-Bedingung des Verwaltungsrechts existiert.

5.6. Die verwaltungsrechtlichen Rechtsfolgen der Elfes-Bedingung

Außerhalb des Verfassungsrechts finden sich zahlreiche Sanktionszusammenhänge, die Gemeinsamkeiten mit der Elfes-Bedingung aufweisen.[617] Eine besonders deutliche Parallele zum Verfassungsrecht weist das Verwaltungsrecht auf: Wendet sich die Adressatin gegen einen sie belastenden Verwaltungsakt, dann wird im Verwaltungsgerichtsverfahren die formelle und materielle Rechtmäßigkeit des Verwaltungsakts geprüft, wenn auch mit gewissen Einschränkungen. Ferner wird ein rechtswidriger Verwaltungsakt regelmäßig aufgehoben. Je nach Interpretation der verwaltungsrechtlichen Normen lässt sich dieses Ergebnis erklären, wenn man – wie das Bundesverwaltungsgericht und Teile der Literatur[618] – annimmt, dass die Elfes-Bedingung auch im Verwaltungsrecht gilt, und zwar mit einem Inhalt, der auch die Prüfung einfachen Rechts ermöglicht.[619]

Die Rechtsfolgen des Verwaltungsrechts, zu deren Tatbestandselementen je nach Interpretation die Elfes-Bedingung gehören kann, ähneln denen des Verfassungsrechts. Vergleichbar ist insbesondere der verfassungsprozessuale Angriff auf die grundrechtswidrige Norm mit der Anfechtung eines gebundenen Verwaltungsakts. Aufgrund des verfassungsrechtlichen Schwerpunkts der Untersuchung konzentrieren sich die nachfolgenden Überlegungen deshalb auf die Anfechtungssituation.

5.6.1. Derogationsplicht und Sachentscheidungspflicht

Die deutlichste Parallele zum Verfassungsrecht ist in der Anfechtungssituation die Zweistufigkeit des Derogationsverfahrens, also die Unterteilbarkeit in Zulässigkeit und Begründetheit beziehungsweise in die Sachentscheidungs- und Derogationspflicht des Gerichts. Auf beiden Ebenen kann die Elfes-Bedingung eine Rolle spielen. Beide Ebenen gilt es daher auch für das Verwaltungsrecht

616 Vgl. zu den Auswirkungen eines prozessualen Verständnisses der Begrenzung auf spezifisches Verfassungsrecht *Kube*, JuS 2003, 111 (117) am Beispiel der amtsgerichtlichen Prüfung eines Bußgeldbescheids.

617 Dazu bereits Abschnitt 3.5.2.

618 Nachweise in den Abschnitten 5.6.3. und 5.6.4.

619 Dazu siehe für das Verfassungsrecht Abschnitt 5.5., für das Verwaltungsrecht Abschnitt 5.6.5.1.

strukturanalytisch zu beschreiben, damit anschließend erläutert werden kann, wie sich die Elfes-Bedingung gegebenenfalls jeweils normativ einfügt.

Eine Derogationspflicht des Gerichts besteht, wenn die Klage begründet ist. Sie kann aus der Perspektive des Klägers als Recht auf Normaufhebung beschrieben werden;[620] traditionell ist insoweit von einem „prozessualen Beseitigungsanspruch" die Rede.[621] Die Derogationspflicht des Verwaltungsgerichts für rechtswidrige Verwaltungsakte ist in § 113 I 1 VwGO formuliert, sofern man den Aussagesatz wie üblich als Ausdruck einer Norm versteht.

Problematisch ist aus analytischer Sicht hingegen die Auffassung, es gebe daneben noch einen „materiellen Beseitigungsanspruch",[622] der auf die Beseitigung von Verwaltungsakten gerichtet[623] und nicht aus § 113 I 1 VwGO herzuleiten sei.[624] Für einen materiellen Beseitigungsanspruch gegenüber dem Gericht bleibt in den Kategorien der analytischen Rechtslehre kein Raum. Als Anspruch gegenüber der Behörde ist ein materieller Beseitigungsanspruch hingegen zunächst denkbar. Das Konzept des materiellen Beseitigungsanspruchs basiert auf der Lehre vom subjektiven Recht. Aus strukturanalytischer Sicht handelt es sich bei einem Anspruch um das konverse Gegenstück zu einer Pflicht. Der materielle Beseitigungsanspruch könnte also eine Pflicht der Behörde sein, einen fehlerhaften Verwaltungsakt zu beseitigen, das heißt zu derogieren. Eine solche Aufhebungspflicht mag man interpretativ postulieren,[625] aber sie wirkt sich nicht auf das Verfahren aus. Denn sie stünde unter der Bedingung eines Rechtsverstoßes der Behörde. Es würde sich also nur eine weitere Normebene zwischen die Unterlassungspflicht der Behörde (sanktionierte Norm) und die Derogationspflicht des Gerichts (Sanktionsnorm) schieben. Diese zusätzliche Ebene ließe sich strukturanalytisch zwar beschreiben, wäre aber regelungstechnisch überflüssig.[626] Ob das Gericht infolge eines Verstoßes gegen die Unterlassungspflicht einen Verwaltungsakt aufhebt oder ob es die Beseitigungspflicht der Behörde

620 Recht meint hier den im Abschnitt 2.3.3. eingeführten Begriff eines Rechts als konverses Gegenstück zur Pflicht und schließt nicht die Klagefähigkeit ein.

621 Sodan/Ziekow/*Wolff*, § 113 Rn. 10; Posser/Wolff/*Decker*, § 113 Rn. 1.

622 *Baumeister*, Der Beseitigungsanspruch, 9 f.; Quaas/Zuck/*Sennekamp*, § 3 V Rn. 136; Sodan/Ziekow/*Wolff*, § 113 Rn. 12.

623 Es handelt sich also um einen Anspruch auf die Beseitigung von Normen. Nicht problematisch ist ein etwaiger, ergänzender *Folgen*beseitigungsanspruch, der auf die Änderung tatsächlicher Zustände gerichtet ist.

624 *Schenke*, DÖV 1986, 305 (310); *Baumeister*, Der Beseitigungsanspruch, 9 f.

625 Vgl. zu Beseitigungspflichten *Baumeister*, Der Beseitigungsanspruch, 25, 27 ff.

626 Vgl. dazu auch Abschnitt 2.2.2.3.

hinsichtlich des Verwaltungsakts im Wege der Ersatzvornahme erfüllt, macht im Ergebnis keinen Unterschied: Der Verwaltungsakt wird derogiert, wenn er so nicht hätte erlassen werden dürfen.

Zurück zu den Pflichten des Gerichts: Zur Derogationspflicht tritt die Sachentscheidungspflicht hinzu. Aus Sicht des Klägers kann sie als Klagefähigkeit beschrieben werden.[627] Die Sachentscheidungspflicht verpflichtet das Gericht dazu, sich mit der behaupteten Rechtspflichtverletzung zu befassen. Ihre Voraussetzungen werden bereits im Vorfeld der Derogation geprüft, nämlich bei der Prüfung der Zulässigkeit der Anfechtungsklage, die nach § 42 II VwGO voraussetzt, dass der Kläger die Verletzung in eigenen Rechten geltend macht. Auch die Sachentscheidungspflicht setzt keinen Beseitigungsanspruch voraus, sondern die mögliche Verletzung eines Rechts auf Unterlassung des beanstandeten Verwaltungsakts, also einer Pflicht der Behörde, diesen Verwaltungsakt nicht zu erlassen.

5.6.2. Zur üblichen Interpretation der §§ 42 II, 113 I 1 VwGO

Von Interesse bleibt die Frage, welchen Tatbestand die beiden Pflichten des Gerichts, die Sachentscheidungs- und die Derogationspflicht, haben. Denn zum Tatbestand dieser Pflichten kann, wie sogleich darzulegen sein wird, auch die Elfes-Bedingung gehören.

Die Antwort auf die Frage erfordert viele interpretative Weichenstellungen. Dies hängt mit der Regelungstechnik von VwGO, VwVfG bzw. Landes-VwVfG und besonderem Verwaltungsrecht zusammen. Wer unter welchen Voraussetzungen vor Gericht die Einhaltung welcher Voraussetzungen erzwingen kann, regelt die VwGO in den §§ 42 II und 113 I 1 nur rudimentär. Es ist die potenzielle Verletzung in eigenen Rechten, die den Einstieg in die Sachprüfung eröffnet. Eine stattgebende Entscheidung setzt voraus, dass das Gericht eine Verletzung in eigenen Rechten durch einen rechtswidrigen Verwaltungsakt feststellt. Wann eigene Rechte bestehen, bleibt damit dem allgemeinen und besonderen Verwaltungsrecht sowie dem Verfassungsrecht zu entnehmen, wo indes explizite Regelungen gleichfalls weitgehend fehlen.

In Rechtsprechung und Literatur ist mit den „eigenen Rechten“ in § 42 II VwGO und § 113 I VwGO mehr gemeint als nur die potenzielle Verletzung einer drittbezogenen Pflicht. Zur interpretativen Begründung wird vor allem darauf

627 Eine Klagefähigkeit ist, wie im Abschnitt 2.3.3. erläutert, die Sachentscheidungs- und Prüfungspflicht des Gerichts, beschrieben aus der Perspektive des Klägers.

verwiesen, dass der Kreis der Klageberechtigten gegenüber der Popularklage,[628] aber auch gegenüber einer nicht zur Rechtsverletzung erstarkenden Betroffenheit[629] eingegrenzt werden soll. Das „Mehr" eines „Rechts" im Verhältnis zu einer Pflicht wird daher, wie im Abschnitt 2.3.2. erläutert, traditionell durch die Lehre vom subjektiven Recht konzeptionalisiert. Auf interpretativer Ebene zieht die verwaltungsrechtliche Literatur insbesondere das Schutznormkriterium zur Abgrenzung subjektiver Rechte heran;[630] daneben wird der bereits erwähnte „materiell-rechtliche Abwehranspruch" bemüht. Dieser wird vereinzelt auf Art. 2 I GG in seiner Erweiterung durch die Elfes-Entscheidung gestützt.[631] Aus analytischer Sicht ist, wie erläutert, das subjektive Recht als Kombination aus Pflicht und Klagefähigkeit zu definieren. Mithin geht es bei der Abgrenzung subjektiver Rechte darum, welche Pflichten in einem Rechtsschutzverfahren in welchem Maße erzwingbar sein sollen. Das interpretative Abgrenzungsproblem wird durch die analytische Definition nicht beseitigt, sondern es tritt nur klarer hervor, an welcher Stelle eine interpretative Entscheidung zu treffen ist.

Dass § 113 I VwGO neben der Rechtswidrigkeit der geprüften Norm auch die Verletzung in eigenen Rechten als Voraussetzung der gerichtlichen Derogationspflicht[632] fordert, erklärt sich daraus, dass die VwGO die Lehre vom subjektiven Recht voraussetzt. Übersetzt in analytische Kategorien ist die Verletzung in eigenen Rechten der Verstoß gegen eine Norm, bei deren Nichterfüllung dem Kläger nach der Rechtsinterpretation des Gerichts eine Klagefähigkeit eingeräumt ist. Wenn das Gericht dies bereits in der Zulässigkeit geprüft hat, kann es auf eine erneute Prüfung in der Begründetheit verzichten. § 113 I VwGO begrenzt den Prüfungsumfang und die Derogationspflicht des Gerichts auf die Rechtsverstöße, deretwegen die Klage eröffnet werden konnte.[633]

---

628 BVerwGE 17, 87 (91); BVerwGE 36, 192 (199); BVerwGE 83, 182 (196); Quaas/Zuck/*Sennekamp*, § 3 V Rn. 131 f.; Kopp/Schenke/*Schenke/Schenke*, § 42 Rn. 60.

629 Schoch/Schmidt-Aßmann/Pietzner/*Wahl/Schütz*, § 42 II Rn. 7.

630 Eyermann/Fröhler/*Schmidt*, § 113 Rn. 18; Sodan/Ziekow/*Wolff*, § 113 Rn. 38; Posser/Wolff/*Decker*, § 113 Rn. 151 ff.

631 Sodan/Ziekow/*Wolff*, § 113 Rn. 35.

632 Die Voraussetzungen einer Derogationspflicht können, wie oben für das Verfassungsrecht dargelegt, je nach Interpretation der maßgeblichen Rechtsnormen zugleich als Tatbestandselemente einer Derogationsberechtigung verstanden werden.

633 So – ohne die Verwendung des Begriffs Derogationspflicht – Quaas/Zuck/*Sennekamp*, § 3 V Rn. 134; Schoch/Schmidt-Aßmann/Pietzner/*Wahl/Schütz*, § 42 II Rn. 1, 10; Posser/Wolff/*Decker*, § 113 Rn. 16.

Vor dem Hintergrund der etablierten Interpretation der §§ 42 II, 113 I 1 VwGO stellt sich die Frage, welche Rolle die Elfes-Bedingung in der Anfechtungssituation für beide Ebenen, Zulässigkeit (Sachentscheidungspflicht) und Begründetheit (Derogationspflicht), spielt.

5.6.3. Die Elfes-Bedingung als Tatbestandselement der Sachentscheidungspflicht

In der Zulässigkeit steht die Elfes-Bedingung im Zusammenhang mit der so genannten Adressatentheorie. Die Adressatentheorie spielt zwar in Rechtsprechung und Literatur keine hervorgehobene Rolle. Ihre vorschnelle Anwendung wird im Gegenteil teils als unsauber kritisiert,[634] teils wird sie allgemein skeptisch betrachtet.[635] Denn in der Regel ist es ohne größeren Aufwand möglich, in der Prüfung der Klagebefugnis auf das einschlägige Grundrecht abzustellen. Dass die Adressatentheorie in der Rechtsprechung des Bundesverwaltungsgerichts dennoch gelegentlich angewendet wird,[636] zeigt aber zunächst, dass sie als prüfungstechnischer Behelf durchaus anerkannt ist.

Die gelegentliche Verwendung der Adressatentheorie hat ferner eine Bedeutung, die über prüfungstechnische Fragen hinausreicht. Denn dass überhaupt behauptet werden kann, der Adressat eines belastenden Verwaltungsakts sei stets klagebefugt, setzt voraus, dass jeder belastende Verwaltungsakt in Rechte des Adressaten im Sinne des § 42 II VwGO eingreift. Dies wird in Rechtsprechung und Literatur vereinzelt teils explizit,[637] teils der Sache nach[638] mithilfe der

---

634 Quaas/Zuck/*Sennekamp*, § 3 V Rn. 151; BVerwGE 89, 69 (78) für Art. 14 GG in baurechtlichen Streitigkeiten.

635 *Rupp*, Die auf Art. 2 Abs. 1 gestützte Klagebefugnis, 230.

636 BVerwGE 79, 110 (114); BVerwG DÖV 2004, 166 (166); BVerwG, Beschluss vom 19.07.2010 (6 B 20/10), http://www.bverwg.de/entscheidungen/entscheidung.php?ent=190710B6B20.10.0, Rn. 16; BVerwG, Beschluss vom 05.05.2014 (6 B 46/13), http://www.bverwg.de/entscheidungen/entscheidung.php?ent=050514B6B46.13.0, Rn. 17; BVerwG, Urteil vom 20.10.2015 (3 C 15/14), http:// www.bverwg.de/ent scheidungen/entscheidung.php?ent201015U3C15.14.0 = DVBl. 2016, 192, dort jedoch ohne die Zulässigkeitsprüfung abgedruckt.

637 In der Rechtsprechung detailliert BVerwG, Beschluss vom 19.07.2010 (6 B 20/10), http://www.bverwg.de/entscheidungen/entscheidung.php?ent=190710B6B20.10.0, Rn. 16. In der Literatur grundlegend *Baumeister*, Der Beseitigungsanspruch, 209 f., ferner auch Quaas/Zuck/*Sennekamp*, § 3 V Rn. 136.

638 Vgl. etwa Schoch/Schmidt-Aßmann/Pietzner/*Wahl/Schütz*, § 42 II Rn. 11; die Begründung mittels des Schutzzweck- und Rechtswidrigkeitszusammenhangs ähnelt den alternativen Modellen der Literatur zur Begründung der Elfes-Bedingung.

Elfes-Konstruktion begründet. Als Grundlage der erwähnten Adressatentheorie soll die Elfes-Konstruktion begründen, dass der Adressat eines belastenden Verwaltungsakts stets oder zumindest in der Regel klagebefugt sei, das Gericht also die Sachprüfung zu eröffnen habe. Dies beruhe darauf, dass der Adressat stets zumindest Art. 2 I GG als Schutznorm anführen könne, die infolge der Elfes-Bedingung bei nahezu jeglicher Rechtsverletzung potenziell verletzt sei.[639] Der belastende Verwaltungsakt sei für seinen Adressaten stets Freiheitseingriff.[640] Demnach wäre die Elfes-Bedingung – wie im Verfassungsrecht – ein Tatbestandselement der Pflicht des Gerichts, in die inhaltliche Prüfung einzusteigen.

Bei näherer Betrachtung hängt es aber von den genauen Anforderungen an die Klagebefugnis ab, ob die Elfes-Bedingung sich auf die Klagebefugnis auswirken kann oder ob die Adressatentheorie auch ohne die Elfes-Bedingung auskommt. Denn die Anforderungen an die „mögliche Verletzung" eines Rechts werden, um nicht der Begründetheitsprüfung vorzugreifen, hinsichtlich des Beeinträchtigungsaspekts sehr großzügig gehandhabt.[641] Es wird also nicht geprüft, ob beispielsweise materielle Fehler des beanstandeten Verwaltungsakts wirklich vorliegen.

Verlangte man lediglich die Behauptung einer Rechtsverletzung, weil die Darlegungspflicht sich nicht auf die rechtliche Seite des Klagevortrags erstrecke,[642] wäre die Elfes-Bedingung überflüssig. Denn dann hätte das Gericht selbst das in Frage kommende Recht zu prüfen.[643] Wenn aber der Kläger Adressat eines belastenden Verwaltungsakts ist und – durch tatsächliche Darlegungen untermauert – dessen Rechtswidrigkeit behauptet, könnte potenziell durch einen beliebigen inhaltlichen Fehler eines seiner Grundrechte unzulässig eingeschränkt sein. Wird dies rechtlich nicht näher geprüft, genügt die pauschale Behauptung, ein an den Kläger adressierter Verwaltungsakt sei fehlerhaft, für die Klagebefugnis in der Anfechtungsklage.[644] So verstanden muss die Adressatentheorie nicht die Elfes-Entscheidung bemühen.[645]

---

639 *Baumeister*, Der Beseitigungsanspruch, 209 f.; Quaas/Zuck/*Sennekamp*, § 3 V Rn. 136; vgl. auch Kopp/Schenke/*Schenke/Schenke*, § 42 Rn. 124 ff.

640 BVerwG, Beschluss vom 19.07.2010 (6 B 20/10), http://www.bverwg.de/entscheidungen/entscheidung.php?ent=190710B6B20.10.0, Rn. 16.

641 Quaas/Zuck/*Sennekamp*, § 3 V Rn. 133; BVerwGE 44, 1 (4).

642 So Eyermann/Fröhler/*Happ*, § 42 Rn. 94.

643 Ebenda, § 42 Rn. 94.

644 So etwa *Hufen*, Verwaltungsprozessrecht, § 14 Rn. 60.

645 Darauf verzichtet etwa BVerwGE 79, 110 (114). Ähnlich auch *Bleckmann*, VBlBW 1985, 361(363).

Versteht man hingegen das „Geltendmachen" als Behauptungspflicht, könnte man einen Kläger abweisen, der sich nicht einmal auf die Verletzung von Vorschriften *beruft*, die als subjektive Rechte angesehen werden. Das kann etwa der Fall sein, wenn der Kläger nicht darlegt, inwiefern seine Rechtssphäre betroffen ist oder warum er den Verwaltungsakt für rechtswidrig hält. Gleiches gilt, wenn das Recht, auf das sich der Kläger beruft, nicht existiert.[646] Wer eine solche minimale rechtliche Darlegungslast des Klägers postuliert, wird daraus auch schließen, dass es nicht genügt, wenn der Kläger Adressat eines belastenden Verwaltungsakts ist und lediglich pauschal dessen Rechtswidrigkeit behauptet. Demnach könnte dann, wenn der Kläger etwa nur formelle Fehler rügt, nicht auf seine Adressatenstellung und die dadurch eröffnete mögliche Grundrechtsverletzung zurückgegriffen werden. Die Folge daraus wäre, dass es der Elfes-Bedingung bedürfte, um aus dem formellen Fehler eine Rechtsverletzung ableiten zu können.

Es ist also die Prüfungsintensität der Klagebefugnis, die darüber entscheidet, ob die Elfes-Bedingung in den Adressatenfällen für die Sachentscheidungspflicht eine Rolle spielt oder nicht.

5.6.4. Die Elfes-Bedingung als Tatbestandselement der Derogationspflicht

Meist wird die Elfes-Konstruktion des Bundesverfassungsgerichts im Verwaltungsrecht nur mit der Klagebefugnis in Verbindung gebracht. Die Elfes-Bedingung hat je nach Interpretation der VwGO aber auch Einfluss auf den Prüfungsumfang des Gerichts.

5.6.4.1. Umfassende Prüfungsbefugnis von Amts wegen

Wie erwähnt begrenzt § 113 I VwGO den Prüfungsumfang und die Derogationspflicht des Gerichts auf die Rechtsverstöße, deretwegen die Klage eröffnet werden konnte.[647] Folgt man einem weiten Verständnis der Klagebefugnis und macht man ferner den Prüfungsumfang des Gerichts von der Klagebefugnis abhängig, folgt aus der weiten Klagebefugnis ein weiter gerichtlicher Prüfungsumfang. Sofern man es befürwortet, dass jeder beliebige Rechtsfehler des gerügten belastenden Verwaltungsakts die Klagebefugnis der Adressatin begründen soll, wäre die Begründetheitsprüfung demnach auf alle Rechtsfehler auszudehnen, solange nur die Klägerin im Rahmen der Zulässigkeit in einem eigenen Recht betroffen

---

646 So Sodan/Ziekow/*Sodan*, § 42 Rn. 380.

647 Quaas/Zuck/*Sennekamp*, § 3 V Rn. 134; Schoch/Schmidt-Aßmann/Pietzner/*Wahl/Schütz*, § 42 II Rn. 1, 10; Posser/Wolff/*Decker*, § 113 Rn. 16.

ist.[648] Dasselbe Ergebnis ließe sich interpretativ auch dadurch begründen, dass man die Prüfungsbefugnis des Gerichts in der Begründetheit auf Rechtsverstöße ausdehnt, die die Zulässigkeit nicht begründen konnten. Darin zeigt sich eine Parallele zu der Auffassung, die das Bundesverfassungsgericht vor der Elfes-Entscheidung für die Ebene des Verfassungsprozesses vertreten hat: Das Bundesverfassungsgericht ging zunächst davon aus, es sei von Amts wegen zur Prüfung zahlreicher, wenn nicht aller Verfassungsverstöße befugt.[649]

Eine weite Prüfungsbefugnis passt zu dem üblichen Prüfungsschema im Rahmen der Begründetheit (formelle und materielle Rechtmäßigkeit des Verwaltungsakts). Alle Rechtmäßigkeitsanforderungen an Verwaltungsakte wären, sofern nur die Voraussetzungen für die Verfahrenseröffnung vorliegen, im Verfahren unmittelbar sanktioniert.

5.6.4.2. Verletzung in eigenen Rechten

Die weit überwiegend vertretene Auffassung lehnt aber einen unbegrenzten Prüfungsumfang ab.[650] Während die Klagebefugnis eher großzügig gehandhabt wird, soll in der Begründetheit nur die Verletzung eigener Rechte zu prüfen sein.[651] Die in § 113 I VwGO erwähnte Verletzung eigener Rechte wird also (erst) in der Begründetheit näher geprüft. Die Begrenzung der Prüfung auf eigene Rechte wirft die Anschlussfrage auf, warum auch formelle Rechtsmäßigkeitserfordernisse zu prüfen sind.

Denn in der Literatur werden die formellen Anforderungen an Verwaltungsakte überwiegend nicht als eigenständige subjektive Rechte verstanden,[652] sondern allenfalls als Beeinträchtigung anderer subjektiver Rechte, nämlich der Grundrechte. Grundrechte sind beeinträchtigt, soweit durch eine Verfahrensnorm ein bestimmtes Grundrecht verwirklicht wird.[653] Das Bundesverwaltungsgericht sieht ebenfalls nicht alle Verfahrensrechte als subjektive Rechte an.[654] Es differenziert zwar in seiner älteren Rechtsprechung und behandelt Verfahrensrechte

648 So *Bleckmann*, VBlBW 1985, 361 (364 f.); dagegen stellvertretend für viele Schoch/Schmidt-Aßmann/Pietzner/*Wahl/Schütz*, § 42 II Rn. 10.

649 Dazu siehe Abschnitt 5.3.2.4.

650 Schoch/Schmidt-Aßmann/Pietzner/*Wahl/Schütz*, § 42 II Rn. 10; Posser/Wolff/*Decker*, § 113 Rn. 16; Quaas/Zuck/*Sennekamp*, § 3 V Rn. 134.

651 Posser/Wolff/*Decker*, § 113 Rn. 16; Quaas/Zuck/*Sennekamp*, § 3 V Rn. 134.

652 *Wolf*, Drittschutz im Bauplanungsrecht, 15; Nachweise für die Gegenauffassung bei *Rupp*, Die auf Art. 2 Abs. 1 gestützte Klagebefugnis, 194.

653 *Hufen*, NJW 1982, 2160 (2164); *Degenhart*, NJW 1981, 2666 (2667).

654 BVerwGE 41, 58 (64 f.).

(in der Zulässigkeitsprüfung) ausnahmsweise dann als eigenständig durchsetzbare Rechtspositionen, wenn die gesetzliche Regelung angesichts ihres Schutzzwecks darauf angelegt sei, solche Positionen zu gewähren.[655] Im Übrigen stellt es aber auf die Verletzung materiellen Rechts ab.[656] Insgesamt spielt das Problem – wohl weil es wegen der Betroffenheit materiellen Rechts vielfach in der Klagebefugnis darauf nicht ankommt – in der Rechtsprechung keine bedeutende Rolle.

Doch wer Verfahrensvorschriften nicht oder nicht immer als eigene Rechte im Sinne des Gesetzes genügen lassen will, benötigt aufgrund des § 113 I VwGO ein normatives Bindeglied, um Verfahrens- und Formfehler in der Begründetheit der Klage dennoch prüfen und sanktionieren zu können. Sie zu prüfen entspricht der verwaltungsgerichtlichen Praxis. Dass formelle Rechtsverstöße – ebenfalls aufgrund von § 113 I 1 VwGO – nur geprüft werden, wenn ein subjektives Recht verletzt wird, ersetzt ein solches Bindeglied nicht. Denn wenn ausschließlich formelle Rechtsverstöße im Raum stehen, müssten gerade sie die subjektive Rechtsverletzung begründen. Nach § 113 I 1 VwGO wird der Verwaltungsakt nur aufgehoben, „soweit der Verwaltungsakt rechtswidrig und der Kläger *dadurch* in seinen Rechten verletzt ist.

Als normatives Bindeglied zwischen Verfahrensvorschriften und eigenen Rechten eignet sich nur ein (durch § 113 I 1 VwGO sanktioniertes) eigenes Recht, das seinerseits Sanktionsnorm der Form- und Verfahrensvorschriften ist. Der im Abschnitt 5.6.1. erwähnte „materielle Beseitigungsanspruch“, der in der Literatur postuliert wird, eignet sich nicht als ein solches Bindeglied. Denn beschreibt man ihn konvers als Pflicht der Behörde, den rechtswidrigen Verwaltungsakt zu beseitigen, unterscheidet er sich im *strukturellen* Bezug zum Adressaten des Verwaltungsaktes nicht von der Pflicht, von vornherein keinen rechtswidrigen Verwaltungsakt zu erlassen.[657]

Einen geeigneten Sanktionszusammenhang stellt hingegen auf verfassungsrechtlicher Ebene die Elfes-Bedingung her. Sie verbindet formelle Verfassungsvorschriften mit den Rechtsfolgen des Art. 93 GG: Wenn man die Grundrechte

655 BVerwGE 9, 69 (72 f.); 41, 58 (64 f.); 44, 235 (239).

656 BVerwGE 41, 58 (65); BVerwGE 62, 243 (248); BVerwG NJW 1983, 1507 (1508).

657 Das heißt: Entweder man akzeptiert auch die Pflicht, keine rechtswidrigen Verwaltungsakte zu erlassen, als eigenes Recht im Sinne des § 113 I 1 VwGO, weil jedermann Objekt dieser Pflicht sei und mithin auch der Verwaltungsaktadressat. Dann ist der „materielle Beseitigungsanspruch“ überflüssig. Oder aber man sieht einen solchen strukturellen Bezug nicht als hinreichend an. Dann fehlt er aber auch der Pflicht, rechtswidrige Verwaltungsakte wieder zu beseitigen, sodass der „materielle Beseitigungsanspruch“ die ihm zugedachte Funktion nicht erfüllen kann.

als Verhaltensnormen beschreibt, dann sind sie im Verhältnis zu den Verfahrensvorschriften des Grundgesetzes Sanktionsnormen, sofern zu deren Tatbestand die Elfes-Bedingung gehört. Die Grundrechte wiederum sind im Verhältnis zu den prozessualen Rechtsfolgen des Art. 93 GG, zu deren Tatbestand ihre Nichterfüllungssätze[658] gehören, sanktionierte Normen. Mithin hat die Elfes-Bedingung eine normative Struktur, die eine Prüfung von Verfahrens- und Formvorschriften in der verwaltungsrechtlichen Anfechtungsklage erklären könnte.

Daher bemüht die Adressatentheorie, die ursprünglich für die Klagebefugnis entwickelt wurde, die Elfes-Konstruktion auch für das einfache Recht.[659] Die Rechtmäßigkeitsanforderungen des einfachen Rechts stehen demnach in einem Sanktionszusammenhang mit der allgemeinen Handlungsfreiheit, und zwar unabhängig davon, ob sich der Adressat des Verwaltungsakts auch im verfassungsgerichtlichen Verfahren darauf berufen könnte. Die allgemeine Handlungsfreiheit (und die anderen Grundrechte) wiederum stehen ihrerseits in einem Sanktionszusammenhang zu den Rechtsfolgen des Verwaltungsprozessrechts.

Dieser Sanktionszusammenhang würde sich aber, wenn nicht aus interpretativen Gründen ein Ausschlusstatbestand ergänzt wird, auf *alle* verwaltungsrechtlichen Rechtsfolgen erstrecken, die an eine Verletzung eigener Rechte anknüpfen. Das gilt nicht nur für die Sachentscheidungspflicht des Verwaltungsgerichts, sondern auch für die Derogationspflicht, die in § 113 I VwGO gleichfalls an eigene Rechte anknüpft. Und dazu gehören auch die Grundrechte.

Logisch zu Ende gedacht ist die Adressatentheorie daher geeignet, die Prüfung formellen Rechts in der Begründetheit der Anfechtungsklage zu erklären. So hat das Bundesverwaltungsgericht in einer jüngeren Entscheidung argumentiert, auf Grundlage der Elfes-Konstruktion müsse „eine als Eingriff in die Freiheit ihres Adressaten zu bewertende behördliche Verfügung regelmäßig nach § 113 Abs. 1 Satz 1 VwGO aufgehoben werden, wenn die Sach- und Rechtsprüfung ergibt, dass der grundrechtliche Anspruch auf Gesetzmäßigkeit durch die Eingriffsverwaltung verletzt wurde“.[660]

---

658 Sofern man die Grundrechte als Normierungsverbote liest, ist ihr Nichterfüllungssatz Tatbestandselement der Sachentscheidungspflicht und der Derogationspflicht des Bundesverfassungsgerichts.

659 Dazu für die Sachentscheidungsvoraussetzungen Abschnitt 5.6.3.

660 BVerwG, Beschluss vom 19.07.2010 (6 B 20/10), http://www.bverwg.de/entscheidungen/entscheidung.php?ent=190710B6B20.10.0, Rn. 16.

Wenngleich dieser Ansatz des Bundesverwaltungsgerichts noch nicht als gefestigt angesehen werden kann, ist er bruchlos mit der bisherigen Rechtsprechung kompatibel und liefert eine einfache Erklärung für den Prüfungsgegenstand der Anfechtungsklage. Zudem kann er an eine bereits etablierte Interpretation des Grundgesetzes und der VwGO anknüpfen. Denn in der Rechtsprechung des Bundesverwaltungsgerichts ist die Elfes-Konstruktion anerkannt und einfache Rechtsverstöße werden – im *Verwaltungs*recht – als Grundrechtsverstöße verstanden.[661] Damit sind bereits alle nötigen interpretativen Weichen dafür gestellt, formelles Verwaltungsrecht in der Begründetheit als Grundrechtsverstoß zu prüfen. Auch ohne die erwähnte Einzelentscheidung des Bundesverwaltungsgerichts ergibt sich also die Elfes-Bedingung des Verwaltungsrechts aus der bereits gefestigten Rechtsprechung des Bundesverfassungsgerichts und des Bundesverwaltungsgerichts, nämlich aus der Zusammenführung von Elfes-Konstruktion und Adressatentheorie.

Interpretative Zusatzannahmen würde es erfordern, zu einem gegenteiligen Ergebnis zu gelangen. Solche Zusatzannahmen sind bisher in der Rechtsprechung des Gerichts nicht formuliert worden. Es ist daher strukturanalytisch nicht nur zulässig, sondern auch geboten, davon auszugehen, dass der Begründetheitsprüfung, wie sie der Rechtsprechung des Bundesverwaltungsgerichts entspricht, die Elfes-Bedingung zugrunde liegt, obwohl dies noch nicht explizit in einer gefestigten Rechtsprechung bekräftigt worden ist, sondern nur in einer Einzelentscheidung.

Durch dieses Ergebnis der Strukturanalyse wird nicht eine bestimmte Interpretation gerechtfertigt oder vorgegeben, sondern es werden vielmehr bereits vorhandene Interpretationsergebnisse – hier die gefestigte Rechtsprechung des Bundesverwaltungsgerichts und des Bundesverfassungsgerichts – vorausgesetzt und auf ihre Strukturen untersucht. Wenn sich aufgrund logischer Umformungen daraus eine Konsequenz ziehen lässt, die vom Urheber des Interpretationsergebnisses nicht bedacht war, dann ist damit diese Konsequenz keineswegs als „richtige" Interpretation bewiesen. Es wird lediglich der argumentative Aufwand bestimmt, mit dem unter Beibehaltung der übrigen Prämissen ein abweichendes Ergebnis interpretativ hergeleitet werden müsste.

Legt man nur die bisherige Rechtsprechung des Bundesverwaltungsgerichts zugrunde, dann kann man deshalb mit dem Blick durch die strukturanalytische Brille[662] behaupten, dass die Prüfung einfachen Rechts in der Anfechtungsklage

661 Dazu Abschnitt 5.6.3.

662 Dazu Abschnitt 1.7.2.1.

als Prüfung der Elfes-Bedingung und damit als Grundrechtsprüfung zu beschreiben ist. Dass die materiellen Anforderungen des einfachen Rechts vielfach über diejenigen der Grundrechte hinausreichen, ändert daran nichts, weil das einfache Recht mittels der Elfes-Bedingung zum Grundrechtsverstoß hochgezont wird.

5.6.5. Unterschiede zur Elfes-Bedingung des Verfassungsrechts im Überblick

Die Elfes-Bedingung ist im Verwaltungsrecht, wie dargelegt, Tatbestandselement der Sachentscheidungspflicht *und* der Derogationspflicht der Verwaltungsgerichte. Im Detail unterscheidet sich die Elfes-Bedingung im Verwaltungsrecht aber von der Elfes-Bedingung im Verfassungsrecht. Trotz dieser Unterschiede genügt sie den Definitionsmerkmalen einer Elfes-Bedingung, wie sie im Abschnitt 3.3. festgelegt wurden. Es treten im Verwaltungsrecht lediglich – ähnlich wie im Verfassungsrecht an anderer Stelle – Tatbestandselemente hinzu. Teils ist die Elfes-Bedingung des Verwaltungsrechts enger, teils weiter als die des Verfassungsrechts.

5.6.5.1. Spezifische Verfassungsmäßigkeit versus allgemeine Rechtmäßigkeit

Rechtsprechung und Literatur sind sich im Ergebnis inzwischen nahezu einig, dass auf verfassungsrechtlicher Ebene nicht jeder einfache Rechtsverstoß auch als Verfassungsverstoß zu prüfen ist. Doch bleibt auch die gegenteilige Sichtweise möglich.[663] Sieht man jeden einfachen Rechtsverstoß als Verfassungsverstoß an, dann unterscheidet sich die Elfes-Bedingung des Verwaltungsrechts mit Blick auf die Prüfung einfacher Rechtsverstöße nicht von der Elfes-Bedingung des Verfassungsrechts.

Befürwortet man im Verfassungsrecht hingegen, wie die ganz herrschende Auffassung, eine Einschränkung im Sinne des bereits erwähnten „spezifischen Verfassungsrechts", ist danach zu unterscheiden, ob diese Einschränkung materiell oder prozessual begründet wird.

Beruht die Einschränkung (materiell) auf einer engen Auslegung des Art. 20 III GG oder der grundrechtlichen Gesetzesvorbehalte, wirkt sich diese enge Auslegung des Art. 20 III GG oder der grundrechtlichen Gesetzesvorbehalte auch im Verwaltungsrecht aus, sofern derselbe Verfassungsnormsatz stets denselben Sinn haben soll. Die Elfes-Bedingung würde dann auch im Verwaltungsrecht

663 Zu den beiden Auffassungen siehe Abschnitt 5.5.

nicht die Prüfung einfacher Rechtsverstöße eröffnen. Wer dieses Ergebnis ablehnt, aber das „spezifische Verfassungsrecht" materiell-rechtlich begründet, kann es nicht vermeiden, dieselben Verfassungsnormen im Verwaltungsprozess anders auszulegen als im Verfassungsprozess.

Wenn hingegen die Figur des „spezifischen Verfassungsrechts" als rein prozessuales Instrument zur Begrenzung der Kontrolldichte des Bundesverfassungsgerichts hergeleitet wird, beschränkt sie zwar im Ergebnis die Elfes-Bedingung des Verfassungsrechts auf spezifische Verfassungsverstöße. Aber das gilt eben nur für die Elfes-Bedingung als Tatbestandselement *verfassungsrechtlicher* Rechtsfolgen. Im Verwaltungsprozess ist im Ergebnis unumstritten, dass nicht nur spezifische Verfassungsverstöße zu prüfen sind. Denn es soll schließlich Verwaltungsrecht geprüft werden. Wenn also im Verfassungsrecht die Elfes-Bedingung auf spezifische Verfassungsverstöße begrenzt wird und im Verwaltungsrecht nicht, dann ist die Elfes-Bedingung des Verwaltungsrechts insoweit weiter gefasst als die Elfes-Bedingung des Verfassungsrechts.

5.6.5.2. Die Einschränkung des § 46 VwVfG

Die Elfes-Bedingung des Verwaltungsrechts ist aber in vielerlei anderer Hinsicht enger als die Elfes-Bedingung des Verfassungsrechts.

Erheblich eingeschränkt wird sie zunächst durch die in §§ 45 und 47 VwVfG ermöglichte Heilung und Umdeutung sowie durch Präklusionsvorschriften des besonderen Verwaltungsrechts,[664] vor allem aber durch § 46 VwVfG, der Verfahrens- und Formfehler für unbeachtlich erklärt, wenn sie die Entscheidung in der Sache offensichtlich nicht beeinflusst haben.

Für die logische Struktur der Elfes-Bedingung bedeutet dies eine erhebliche Modifikation. Ein Sanktionszusammenhang besteht nur zwischen der allgemeinen Handlungsfreiheit als Sanktionsnorm einerseits und andererseits den verwaltungsrechtlichen Form- und Verfahrensvorschriften *in Konjunktion mit* dem Tatbestandselement des § 46 VwVfG, das fordert, der Fehler müsse die Entscheidung in der Sache beeinflusst haben.[665]

---

664 Dazu *Rupp*, Die auf Art. 2 Abs. 1 gestützte Klagebefugnis, 242 ff.

665 In der Aussagenlogik lässt sich die modifizierte Struktur folgendermaßen darstellen: Im Normensystem N" {n^1, n^2, n^3}, stehe n^1 nun für eine Rechtsnorm des *einfachen* Rechts, n^2 für ein Grundrecht, das als sanktionierte Norm (Normierungsverbot) beschrieben wird, und n^3 für die Derogationspflicht des Gerichts. N" stimme im Übrigen mit N' (siehe Abschnitt 5.3.2.4.) überein. Das Tatbestandselement p, eines der Tatbestandselemente von n^2, setze sich weiterhin zusammen aus dem Nichterfüllungssatz von n^1 und dem Tatbestand von n^1. Es entspricht also der Elfes-Bedingung

Der Sanktionszusammenhang der Elfes-Bedingung des Verwaltungsrechts ist somit gelockert, insofern die Verletzung der sanktionierten Norm allein nicht genügt, um die Rechtsfolge der Sanktionsnorm (Derogation des normwidrigen Rechtsakts) auszulösen. Für die sanktionierte Norm bedeutet das, dass sie – jedenfalls in der maßgeblichen Verfahrensart – einen Zwittercharakter hat. Sie ist im Verhältnis zur Sanktionsnorm eine bedingt sanktionierte Norm.[666] Ist die zusätzliche Voraussetzung des § 46 VwVfG nicht erfüllt, bleibt die Norm

---

des Verwaltungsrechts. Das Tatbestandselement q stehe weiterhin für den Nichterfüllungssatz von n^2 zuzüglich der anderen Tatbestandselemente von n^2, also für den Grundrechtsverstoß. Es entspricht aber nicht automatisch dem vollständigen Tatbestand der Derogationspflicht bezüglich eines Verwaltungsakts. Die übrigen Zeichen seien gleichbedeutend mit den Festlegungen für das Beispielsystem N' (Abschnitt 5.3.2.4.). Im Verwaltungsrecht ist aber für die Derogation einer Norm aufgrund eines formellen Fehlers nach § 46 VwVfG stets auch Voraussetzung, dass sich der Fehler auf die Sachentscheidung ausgewirkt hat. Dieses Tatbestandselement heiße t.
Will man die komplette formelle und materielle Prüfung im Verwaltungsprozess mit der Elfes-Bedingung erklären, ergibt sich als vollständiger Tatbestand des Derogationsgebots dann speziell für eine formelle Norm n^1 nicht wie bei materiellen Normen
$(s^2 \wedge p) \vee (s^2 \wedge r) \Leftrightarrow q$
sondern
$(s^2 \wedge p \wedge t) \vee (s^2 \wedge r)$
Das heißt: Die Derogation des Verwaltungsakts ist geboten unter der Bedingung [(Grundrechtseingriff und Verletzung der formellen Norm und Auswirkung des formellen Fehlers) oder (Grundrechtseingriff und Eintritt einer der sonstigen Grundrechtsbedingungen)], wobei eine sonstige Bedingung beispielsweise die Unverhältnismäßigkeit des Verwaltungsakts sein kann.
Man mag bestreiten, dass $(s^2 \wedge r)$ im Verwaltungsrecht überhaupt unvermittelt zu prüfen ist. Dies würde die Herleitung der Prüfung formellen und materiellen Rechts über die Elfes-Konstruktion infrage stellen, weil die Elfes-Bedingung nur als Teil einer (prinzipiell) vollständigen Grundrechtsprüfung auch die Rechtsfolgen des Verwaltungsrechts bedingt. Umgekehrt gilt: Wenn eine vollständige Grundrechtsprüfung stattfindet, dann umfasst sie neben der Prüfung formeller Rechtsfehler auch die unmittelbare Prüfung von Grundrechtsverstößen. Um dies zu vermeiden, müsste im Verwaltungsrecht ein weiteres einschränkendes Zusatz-Tatbestandselement hinzutreten, das eine unvermittelte Grundrechtsprüfung ausschließt. Diese interpretative Frage kann hier dahinstehen, weil sie sich nicht auf die Struktur des Tatbestandsteils auswirkt, dem die Elfes-Bedingung angehört, nämlich $(s^2 \wedge p)$ beziehungsweise $(s^2 \wedge p \wedge t)$.

666 *Baumeister*, Der Beseitigungsanspruch, 213 spricht in den Kategorien der Lehre vom subjektiven Recht davon, dass eine Rechtsverletzung im Sinne des § 113 I 1 VwGO mehr als eine subjektive Rechtsverletzung erfordere, nämlich einen rechtlichen

unsanktionierte lex imperfecta. Ist diese zusätzliche Voraussetzung hingegen erfüllt, ist sie sanktioniert.

Gegenüber der Elfes-Bedingung des Verfassungsrechts bedeutet § 46 VwVfG insofern eine erhebliche Einschränkung. Art. 2 I GG begründet im Verwaltungsrecht nicht das umfassende Recht, nicht mit rechtswidrigen Verwaltungsakten belastet zu werden. Vielmehr wird die Rechtswidrigkeit teils für unbeachtlich erklärt.[667] Art. 2 I GG wird infolge des § 46 VwVfG lediglich zum Recht, als Adressat nicht mit Verwaltungsakten belastet zu werden, deren Rechtsfehler sich auf die Sachentscheidung ausgewirkt haben.[668]

Vor diesem Hintergrund erübrigt sich aus strukturanalytischer Sicht der in der Literatur auf Grundlage der Lehre vom subjektiven Recht geführte Streit, ob § 46 VwVfG eine subjektive Rechtsverletzung ausschließe oder nicht.[669] Dieser Streit ist keiner Interpretationsfrage geschuldet, sondern betrifft eine deskriptive Frage. Er hängt mit den bereits erwähnten Problemen zusammen, die die deskriptive Komponente der Lehre vom subjektiven Recht aufweist. Das Recht als konverse Beschreibung einer Pflicht ist trotz § 46 VwVfG durchaus verletzt, weil die Form- und Verfahrensvorschriften des VwVfG, soweit sie als Verhaltensnormen verstanden werden, von § 46 VwVfG nicht außer Kraft gesetzt werden. Aber § 46 VwVfG schließt für den Fall, dass der Fehler im Ergebnis unbeachtlich war, eine Sanktion der Pflichtverletzung im Verfahren aus. Anders gesagt: § 46 VwVfG schließt die Rechtsgestaltungsfähigkeit des Klägers für den Fall aus, dass die Pflichtverletzung die Sachentscheidung nicht beeinflusst hat.

Im Verfassungsrecht hat das Bundesverfassungsgericht in die Elfes-Konstruktion keine dem § 46 VwVfG ähnliche Einschränkung integriert, sieht man einmal von einem etwaigen Ausschluss bloßer Ordnungsvorschriften ab. Dieser Befund passt zwar nicht zur Funktionsäquivalenz der normsetzenden Tätigkeit von Gesetzgebung und Verwaltung.[670] Doch die Elfes-Konstruktion wäre im Verfassungsrecht nahezu

---

Zusammenhang zwischen Verfahrensrechtsverletzung und subjektiver Rechtsverletzung. Die Anforderungen an diesen Zusammenhang bestimme § 46 VwVfG.

667 *Rupp*, Die auf Art. 2 Abs. 1 gestützte Klagebefugnis, 238.

668 Ebenda, 233. Demgemäß ist die Verfassungsmäßigkeit des § 46 VwVfG umstritten, vgl. ebenda, 234 f. mit Nachweisen für die beiden Positionen. *Rupp* (ebenda, 238 f.) und *Hufen*, NJW 1982, 2160 (2168 f.) plädieren für die Verfassungsmäßigkeit mit der Begründung, dass es sich bei § 46 VwVfG um eine Ausprägung der „verfassungsmäßigen Ordnung“ handle.

669 Ausführliche Nachweise bei *Baumeister*, Der Beseitigungsanspruch, 212; siehe auch *Schenke*, DÖV 1986, 305 (309).

670 *Kelsen*, Reine Rechtslehre (1. Aufl.), 83.

überflüssig, wenn sie durch eine derart weit gehende Einschränkung sogleich wieder relativiert würde. Daher würde eine echte Parallele zu § 46 VwVfG im Verfassungsrecht der Aufgabe der Elfes-Konstruktion gleichkommen.

5.6.5.3. Verletzung der Rechte Dritter als Rechtsverletzung des Adressaten-Klägers

Eine weitere Abweichung von der Elfes-Bedingung des Verfassungsrechts ergibt sich durch den Problemkomplex der Rechte Dritter.

Die erste Variante des dreipoligen Verhältnisses von Verwaltung, Normadressat und Drittem betrifft Normen, die von ihrem Adressaten angegriffen werden und deren Rechtswidrigkeit ausschließlich auf der Verletzung der Rechte Dritter beruht. Diese Konstellation kann im Verfassungsrecht (z. B. drittbelastendes Gesetz) ebenso wie im Verwaltungsrecht (z. B. drittbelastender Verwaltungsakt) auftreten. Für das Verwaltungsrecht lehnt die Literatur eine Rechtsverletzung durch Verletzung der Rechte Dritter mangels Schutzzweckzusammenhangs überwiegend ab.[671] Überwiegend wird dies wohl als selbstverständlich angesehen[672] und nicht näher thematisiert, weil es sich aus dogmatischer Sicht um den denkbar deutlichsten Fall eines fehlenden Schutzzweckzusammenhangs handelt. Im Verwaltungsrecht folgt die Rechtsprechung dieser Linie im Ergebnis, sodass eine auf die Verletzung der Rechte Dritter gestützte Klage als unzulässig behandelt wird[673] oder, wenn sie noch auf andere Rechtsverletzungen gestützt werden kann, die Belange Dritter jedenfalls nicht in die Prüfung eingestellt werden.[674]

Eine Begrenzung der Elfes-Bedingung, wenn es um die Verletzung der Rechte Dritter geht, fordern Teile der Literatur auch für das Verfassungsrecht.[675] Die in der Literatur zu beobachtende Tendenz, die Elfes-Bedingung des Verfassungsrechts einzuschränken, könnte durch ihre Parallele im Verwaltungsrecht inspiriert sein. Das Bundesverfassungsgericht hingegen setzt diese Forderung

---

671 Schoch/Schmidt-Aßmann/Pietzner/*Wahl/Schütz*, § 42 II Rn. 12; a. A. Kopp/Schenke/*Schenke/Schenke*, § 42 Rn. 126.

672 Diese Selbstverständlichkeit hängt allerdings nicht damit zusammen, dass § 113 I 1 VwGO eine Verletzung des Klägers in seinen Rechten fordert. Denn zu diesen Rechten gehört auch die allgemeine Handlungsfreiheit, die wiederum in Folge der Elfes-Bedingung auch verletzt ist, wenn ein eingreifender Akt gegen Grundrechte Dritter verstößt. Wer dieses Ergebnis ablehnt, muss die Elfes-Bedingung insoweit einschränken.

673 BVerwG NVwZ 2011, 1257 (1269) für das Selbstverwaltungsrecht der Gemeinde.

674 BVerwG 48, 56 (66).

675 Siehe Abschnitt 6.4.3.

der Literatur bislang nur vereinzelt um, aber nicht generell.[676] Zumindest in Einzelfällen hat das Bundesverfassungsgericht die Verletzung der Rechte Dritter als Verstoß gegen die verfassungsmäßige Ordnung anerkannt. In ihrer bisherigen Ausformung durch die Rechtsprechung ist daher die Elfes-Bedingung des Verfassungsrechts in diesem Aspekt tendenziell weiter als die des Verwaltungsrechts. Weil man die Rechtsprechung des Bundesverfassungsgerichts in dieser Frage aber noch nicht als gefestigt ansehen kann – es mag sich auch um eine größere Zahl verstreuter Einzelentscheidungen gehandelt haben – muss dieser Befund unter Vorbehalt bleiben.

5.6.5.4. Einfache Rechtsfehler als Grundrechtsverletzung des drittbetroffenen Klägers

Von der Konstellation des Abschnitts 5.6.5.3. zu unterscheiden ist eine andere Art der Norm mit Doppelwirkung: Dies ist eine Norm, die neben dem Regelungsadressaten zusätzlich auch einen Dritten belastet, der sich gegen die Norm wenden will. Im Verwaltungsrecht ist dies die Konstellation des drittbelastenden, vom Dritten angegriffenen Verwaltungsakts.

Für diese Konstellation lehnt die Literatur, soweit sie die Frage aufwirft, überwiegend bereits die Anwendbarkeit der Elfes-Bedingung ab.[677] Einfach-rechtlich rechtswidrige Verwaltungsakte stellten für sich genommen keine Grundrechtseingriffe für Personen dar, die nicht Adressaten dieser Verwaltungsakte seien.[678] Das Bundesverwaltungsgericht teilt diese Auffassung.[679] Die Verletzung der Rechte eines Dritten – in diesem Fall des Adressaten des Verwaltungsakts – soll nicht die Klagebefugnis für den drittbetroffenen Kläger eröffnen. In dieser Hinsicht ähnelt die Konstellation der Klage des Drittbetroffenen, gestützt auf Verletzung der Rechte des Adressaten, der Konstellation der Klage des Adressaten, gestützt auf Verletzung der Rechte des Drittbetroffenen.

Im Fall der Drittbetroffenenklage wird aber – anders als in der Konstellation des Abschnitts 5.6.5.3. – mit der Adressatenstellung argumentiert. Doch sofern man die Klagebefugnis für Adressaten belastender Verwaltungsakte aus Art. 2 I

676 Siehe Abschnitt 3.2.3.2.

677 Quaas/Zuck/*Sennekamp*, § 3 V Rn. 138; *Baumeister*, Der Beseitigungsanspruch, 210; Kopp/Schenke/*Schenke/Schenke*, § 42 Rn. 126.

678 *Baumeister*, Der Beseitigungsanspruch, 210 f.; Kopp/Schenke/*Schenke/Schenke*, § 42 Rn. 126.

679 BVerwGE 54, 211 (220 f.).

GG (und gegebenenfalls den Spezialgrundrechten) herleitet, stellt sich die Frage, warum diese Herleitung bei Nicht-Adressaten versagen soll. Denn auch sie sind in ihrem grundrechtlich geschützten Verhalten durch einen rechtswidrigen Verwaltungsakt betroffen, woraus sich zusammen mit der Elfes-Bedingung konsequenterweise ein Verstoß gegen Art. 2 I GG ergeben müsste. Eine Einschränkung der Klagebefugnis wegen formeller Rechtsfehler auf Adressaten lässt sich deshalb nicht mit der Elfes-Bedingung rechtfertigen.[680] Sie muss anderweitig begründet werden.

Im Verfassungsrecht gibt es kein Vorbild für eine solche Einschränkung, denn dem Verfassungsrecht ist eine Differenzierung nach der Adressatenstellung weitgehend fremd. Auch Personen, die nicht Regelungsadressaten eines Parlamentsgesetzes sind, können sich gegen mittelbar-normative und mittelbar-faktische Beeinträchtigungen ihrer allgemeinen Handlungsfreiheit zur Wehr setzen, und zwar auch dann, wenn eine Grundrechtsverletzung sich nur aus der Elfes-Bedingung ergibt.

Dieser Unterschied zwischen Verwaltungsrecht und Verfassungsrecht deutet darauf hin, dass die begrenzte Klagebefugnis des Drittbetroffenen im Verwaltungsrecht nicht durch die Interpretation der Grundrechtsartikel erklärt werden kann. Vielmehr wird im Verwaltungsrecht die Klagebefugnis einfach-rechtlich eingeschränkt. Es tritt neben die Grundrechte als Tatbestandselement der verwaltungsgerichtlichen Sachentscheidungspflicht ein weiteres Tatbestandselement. Dieses zweite Tatbestandselement schränkt das Tatbestandselement „Grundrechtsverletzung“ folgendermaßen ein: Ist der Kläger ein Drittbetroffener, kann er sich in der Klagebefugnis (doch) nicht auf Grundrechte berufen. Für Nicht-Adressaten werden Grundrechte also von vornherein nicht als „eigene Rechte“ des Drittbetroffenen für die Klagebefugnis akzeptiert.[681] Die Elfes-Bedingung kann deshalb gar nicht erst zur Anwendung kommen.

5.6.6. Unterschiede in der gerichtlichen Prüfungspraxis

Die Unterschiede zwischen Verfassungs- und Verwaltungsrecht sind mithin, was den Sanktionszusammenhang zwischen den Vorgaben des Verwaltungsrechts und Art. 2 I GG angeht, erheblich. Dennoch kann die Prüfungspraxis des Verwaltungsrechts, wie erläutert, mittels der Elfes-Bedingung erklärt werden.[682]

---

680 Aus diesem Grund insgesamt kritisch gegen die Übertragung der Elfes-Bedingung ins Verwaltungsrecht: *Rupp*, Die auf Art. 2 Abs. 1 gestützte Klagebefugnis, 230 f.

681 Vgl. *Mampel*, Nachbarschutz im öffentlichen Baurecht, Rn. 156 ff.

682 Dazu Abschnitte 5.6.3. und 5.6.4.

Es stellt sich die Frage, ob sich die Unterschiede der beiden Varianten der Elfes-Bedingungen in einem unterschiedlichen Prüfungsaufbau wiederspiegeln (müssen).

5.6.6.1. Der Prüfungsaufbau der Zulässigkeit

Anders als das Bundesverfassungsgericht rückt die verwaltungsgerichtliche Prüfungspraxis den Sanktionszusammenhang zwischen Form- und Verfahrensvorschriften einerseits und Grundrechten andererseits nicht in den Vordergrund. Nur wenn auf Grundlage der Adressatentheorie in der Zulässigkeit offenbleibt, welches Recht genau verletzt sein könnte, wird erkennbar, dass die Existenz der Elfes-Bedingung vorausgesetzt wird.

Dass das Bundesverwaltungsgericht es gelegentlich mit Verweis auf die Adressatentheorie bei der möglichen Verletzung von Art. 2 I GG bewenden lässt, ist mit Blick auf die oben erwähnte Rechtsprechung zur Klagebefugnis nicht notwendigerweise „unsauber". Obgleich im Verwaltungsrecht der Anwendungsvorrang einfach-rechtlicher subjektiver Rechte betont und das vorschnelle Abstellen auf Grundrechte bemängelt wird,[683] kann es durchaus folgerichtig sein, in der Zulässigkeit nur Art. 2 I GG zu prüfen und nicht ein einschlägiges Spezialgrundrecht oder ein anderes subjektives öffentliches Recht. Das gilt sogar dann, wenn die allgemeine Handlungsfreiheit als ausschließendes Auffanggrundrecht verstanden wird. Denn in der Zulässigkeit wird nicht die Verletzung von Rechten geprüft, sondern nur ihre *mögliche* Verletzung. Je weniger intensiv diese Voraussetzung geprüft wird, desto weniger lässt sich beurteilen, ob die Voraussetzungen vorliegen, unter denen das Auffanggrundrecht von einem Spezialgrundrecht verdrängt wird.[684] Umso eher lässt sich bejahen, dass *möglicherweise* die allgemeine Handlungsfreiheit betroffen ist. Demnach kann es bei einer nur kursorischen Prüfung der Klagebefugnis genügen, nur auf die allgemeine Handlungsfreiheit abzustellen, wenn der Kläger Adressat des ihn belastenden Verwaltungsakts ist.

683 Quaas/Zuck/*Sennekamp*, § 3 V Rn. 151; BVerwGE 89, 69 (78) für Art. 14 GG in baurechtlichen Streitigkeiten.

684 Zu der umstrittenen Frage, unter welcher Voraussetzung ein als ausschließend verstandenes Auffanggrundrecht hinter die Spezialgrundrechte zurücktreten soll, siehe Abschnitte 4.2.2.2. und 4.2.2.4.

5.6.6.2. Der Prüfungsaufbau der Begründetheit

In der Begründetheit wird die formelle und materielle Rechtmäßigkeit des Verwaltungsakts geprüft sowie – nicht immer ausdrücklich – die Verletzung in eigenen Rechten.

Die Prüfungsreihenfolge unterscheidet sich erheblich von dem Aufbau, der seit der Elfes-Entscheidung in der Rechtsprechung des Bundesverfassungsgerichts dominiert. Im Verfassungsbeschwerdeverfahren prüft das Bundesverfassungsgericht beispielsweise die formelle Verfassungsmäßigkeit von Gesetzen meist als Teil der Grundrechtsprüfung, teils unter explizitem Verweis auf die Elfes-Konstruktion. In den Normenkontrollverfahren prüft es formelle und materielle Verfassungsmäßigkeit. Demgegenüber prüfen Verwaltungsgerichte eher nach dem Normenkontrollaufbau, auch im subjektiven Rechtsschutzverfahren. Diese Diskrepanz ist bemerkenswert, weil die Elfes-Bedingung des Verfassungsrechts der des Verwaltungsrechts trotz aller Unterschiede in ihrer semantischen Struktur sehr ähnlich ist. Ein vergleichbarer Prüfungsaufbau läge deshalb nahe.

Es spricht einiges dafür, dass die Unterschiede im Prüfungsaufbau historisch bedingt sind. Nach Einführung der Verfassungsbeschwerde fand das Bundesverfassungsgericht mit der Elfes-Entscheidung eine Möglichkeit, auch in dieser quantitativ bedeutsamsten Verfahrensart eine Vollprüfung von Gesetzen auf ihre Vereinbarkeit mit dem Grundgesetz vornehmen zu können. Weil dieses Vorgehen ebenso wie die Verfassungsbeschwerde selbst ein Novum in der deutschen Rechtsgeschichte war und auch international nur wenige Vorbilder hatte, war der Prüfungsaufbau nicht schon durch historisch gewachsene Konventionen vorgezeichnet. Vielmehr orientierte sich der Aufbau an der interpretativen Begründung des neuen Konstrukts.

Demgegenüber entspringt der Prüfungsaufbau im Verwaltungsrecht einer längeren Tradition. Zwar ist eine Übernahme der Elfes-Konstruktion in das Verwaltungsrecht geeignet, die gefestigte Prüfungspraxis als Anwendung der Elfes-Bedingung zu erklären. Es handelt sich aber um eine nachträgliche Begründung einer Praxis, die sich ohne Rückgriff auf die Elfes-Konstruktion etabliert hat. Das zeigt sich in der Formulierung des § 113 I VwGO, der sowohl die Verletzung in eigenen Rechten als auch die Rechtswidrigkeit des gerügten Akts erwähnt. Diese Dopplung ist überflüssig, wenn man annimmt, dass auf Grundlage der Elfes-Bedingung ohnehin einfache Rechtsverstöße als Verletzungen des Rechts aus Art. 2 I GG zu prüfen sind. Aber offenbar ging der Gesetzgeber nicht davon aus, dass im Verwaltungsrecht der Verstoß gegen formelles Recht als Grundrechtsverstoß zu prüfen sei.

Dass die Verwaltungsgerichtsbarkeit auch später nicht zu einem Prüfungsaufbau übergegangen ist, der sich an der Elfes-Entscheidung orientiert, könnte auch damit zusammenhängen, dass die Herleitung der Elfes-Bedingung des Verwaltungsrechts mittels der Elfes-Konstruktion nicht ganz unproblematisch ist. Denn die zahlreichen und massiven einfach-rechtlichen Einschränkungen der Elfes-Bedingung bedeuten dann, dass Verfassungsrecht durch einfaches Recht überlagert und modifiziert wird, jedenfalls im Verwaltungsprozess.

Dass etwa Dritte sich nicht auf die formelle Rechtswidrigkeit eines sie belastenden Verwaltungsakts berufen können sollen, lässt sich nur schwer erklären, wenn man die einfach-rechtliche Rechtmäßigkeit zuvor als Teil der Grundrechtsprüfung angesehen hat. Konsequent ist eine solche Einschränkung hingegen, wenn man die Regeln des Verwaltungsverfahrens als Schutznormen für die Verfahrensbeteiligten (und nur für diese) auffasst.[685]

5.6.6.3. *Angleichung des Verfassungsrechts an das Verwaltungsrecht*

Interessanterweise prüft das Bundesverfassungsgericht inzwischen gelegentlich, vor allem in einzelnen Kammerentscheidungen, auch im Rahmen der Verfassungsbeschwerde zuerst die formelle und dann die materielle Verfassungsmäßigkeit von Gesetzen.[686] Damit weicht es von dem tradierten Aufbau ab, der auf die Elfes-Entscheidung zurückgeht. Schon seit längerem verzichtet das Gericht zudem, auch wenn es den an der Elfes-Entscheidung orientierten Aufbau wählt, auf eine Begründung für die Prüfung sonstigen Verfassungsrechts und verweist auch nicht mehr auf die Elfes-Entscheidung.

Vermutlich weist diese Entwicklung lediglich darauf hin, dass die Elfes-Konstruktion inzwischen zum gewohnheitsmäßigen Bestand des richterrechtlichen Verfassungsrechts gehört und nicht mehr weiter hinterfragt wird. Man könnte den abweichenden Aufbau der erwähnten, bislang nur vereinzelten Entscheidungen aber auch als eine Angleichung an das Verwaltungsrecht einordnen.

Noch gibt es dafür nicht hinreichend Anhaltspunkte. Jedoch hat bereits die Elfes-Entscheidung in der Sache das Verfassungsrecht dem Verwaltungsrecht angenähert, nämlich durch die Prüfung formeller und materieller Fehler von Normen in einem Verfahren, das auf die Prüfung eigener Rechte ausgelegt ist. Gerade diese Parallele dürfte Anlass dafür gegeben haben, dass auf interpretativer Ebene im Rahmen der verwaltungsrechtlichen Adressatentheorie die Elfes-Bedingung des Verwaltungsrechts nunmehr teils auf die Elfes-Konstruktion zurückgeführt wird.

---

685 Diese Sichtweise klingt etwa in der Begründung des fehlenden Schutzzweckzusammenhangs an bei: Schoch/Schmidt-Aßmann/Pietzner/*Wahl/Schütz*, § 42 II Rn. 12.

686 Nachweise siehe Abschnitte 4.4.2. und 5.3.2.4.

6. Die Elfes-Bedingung als mögliche Bedeutung des Verfassungstextes

Abstract: This chapter explores the range of meanings of certain constitutional provisions that may be understood to imply the Elfes condition.
The federal constitutional court draws upon Art. 2 Sect. 1 for its Elfes construction in order to deduce the Elfes condition from the Basic Law. Since the "interpretative path" branches several times, the Elfes construction is only one of many possible ways of interpreting Art. 2 Sect. 1 of the Basic Law. The first branching concerns the phrase "verfassungsmäßige Ordnung" (constitutional order). It could refer to constitutional law itself or to ordinary law in accordance with constitutional law. If understood as referring to constitutional ordinary law, it sets up a requirement which norms and real acts interfering with the general freedom of action must meet in order to remain constitutional. In this case, the question of what exactly is required needs to be answered next. The term "verfassungsmäßige Ordnung" may include customary law (as opposed to other basic rights that specifically require acts of parliament), it may demand a norm or an act to pursue a constitutional goal or else it may also require an interfering norm or real act to comply with constitutional law in general – which is the interpretation preferred by the federal constitutional court.
The question of whether the general freedom of action excludes the range of applicability of more specific freedom rights has been explored in chapter 4. Depending on the interpretative answer to this question, the Elfes condition may or may not automatically apply to all freedom rights. However, it is also a (more fundamental) matter of interpretation whether Art. 2 Sect. 2 of the Basic Law warrants the general freedom of action at all or rather a more limited personal right.
As opposed to Art. 2 Sect. 1 of the Basic Law, other Articles stating basic rights offer few possibilities of justifying the Elfes condition by means of interpretation. However, the predominant current within academic literature attempts to derive the Elfes condition from overall principles underlying basic rights in general, especially from the principle of freedom. Little can be said on these attempts from the perspective of linguistic analysis other than that they heavily draw on legal tradition as well as on interpretative creativity. This approach is distinct from other approaches insofar as it can argue for an Elfes condition that is limited a priori. It thereby excludes the basic rights of third parties without requiring an additional explanation for this limitation. Whether or not this is considered necessary is a purely political question.

Nach der Strukturanalyse der Elfes-Bedingung und ihrer Rechtsfolgen bleiben die Bedeutungsmöglichkeiten einiger der Verfassungsbestimmungen aufzuzeigen, aus denen die Elfes-Bedingung hergeleitet wird oder hergeleitet werden kann. Wie im Abschnitt 1 dargelegt, wechseln sich dazu methodisch eine introspektive Analyse des Sprachgebrauchs, einschließlich des historischen und des juristischen Sprachgebrauchs, und Beschreibungen der Entstehungsgeschichte bestimmter Passagen des Verfassungstextes ab. Ferner werden auch, insbesondere im Abschnitt 6.4., überblicksartig Interpretationsansätze vorgestellt, die nur mittelbar auf Bedeutungsmöglichkeiten des Verfassungstextes beruhen.

Interpretations*ergebnisse* im Sinne der Begründung eines bestimmten Interpretationsvorschlags bringen diese deskriptiven Methoden naturgemäß nicht hervor, wie bereits im Abschnitt 1 dargelegt wurde. Sie zielen auf das genaue Gegenteil ab, nämlich die ganze Breite möglicher Bedeutungen aufzuzeigen. Dabei geht es um mehr als die triviale Feststellung, dass infolge der Vagheit natürlicher Sprache verschiedene Bedeutungsmöglichkeiten existieren. Ziel ist vielmehr aufzuzeigen, *welche* Verständnismöglichkeiten des Verfassungstextes es gibt, und zwar aus methodischen Gründen ohne Vollständigkeitsanspruch,[687] aber so umfassend wie möglich.

Die Elfes-Bedingung ist in der interpretativen Diskussion bislang auf dreierlei Weise hergeleitet worden. Das Bundesverfassungsgericht entnimmt sie Art. 2 I GG, wobei es vor allem an den Begriff „verfassungsmäßige Ordnung" anknüpft (Abschnitt 6.1.) und Art. 2 I GG als Grundrecht der allgemeinen Handlungsfreiheit versteht (6.2.). Für die speziellen Freiheitsrechte hat das Bundesverfassungsgericht, wie im Abschnitt 4 erläutert, bislang keine andere Herleitung entwickelt; jedoch ist eine Herleitung aus Art. 2 I GG unter den im Abschnitt 4 genannten Voraussetzungen möglich. In der Literatur wird eine Herleitung aus anderen Grundrechtsartikeln (6.3.) oder aus Prinzipien, die allen Grundrechten gemeinsam sind (6.4.3.), diskutiert. Aber auch eine Herleitung über das Rechtsstaatsprinzip (6.4.2.) wird erwogen, in der Regel aber nur ergänzend zur Herleitung aus dem Grundrechtsteil des Grundgesetzes.

6.1. Der Eingriffsvorbehalt des Art. 2 I GG als Ausgangspunkt der Elfes-Konstruktion

Die Elfes-Konstruktion knüpft die Elfes-Bedingung zunächst an Art. 2 I GG.[688] Dafür muss nicht zwingend vorausgesetzt werden, dass Art. 2 I GG die allgemeine Handlungsfreiheit normiert, wie es das Bundesverfassungsgericht getan hat. Die Elfes-Bedingung könnte auch auf ein Einzelfreiheitsrecht beschränkt sein, das in Art. 2 I GG verortet ist. Entscheidend ist für die Elfes-Konstruktion zunächst nur, dass die „verfassungsmäßige Ordnung" als qualifizierter Eingriffsvorbehalt im Sinne einer „verfassungsgemäßen Ordnung" zu verstehen ist, sodass jede

687 Dazu Abschnitt 1.4.2.
688 BVerfGE 6, 32 (41).

Begrenzung des Grundrechts aus Art. 2 I GG mit der Verfassung vereinbar sein muss. Welche Verständnismöglichkeiten des Begriffs „verfassungsmäßige Ordnung“ denkbar sind, soll im Folgenden dargelegt werden.

6.1.1. Entstehung der Formulierung im Parlamentarischen Rat

Zunächst zu den historischen Bedeutungsmöglichkeiten anhand der Entstehungsgeschichte: Aufgrund der Ergebnisse des Abschnitts 5 besteht die Vermutung, dass der Parlamentarische Rat bei seiner Formulierung des Art. 2 I GG noch nicht die Elfes-Bedingung vor Augen hatte. Denn die Elfes-Bedingung, obwohl als Bedeutungsmöglichkeit des Begriffs „verfassungsmäßige Ordnung“ möglicherweise schon vorher gegeben, konnte erst in der Klagebefugnis des Verfassungsbeschwerdeverfahrens eine operative Funktion erlangen. Die Elfes-Bedingung wäre demnach nicht die historisch „ursprüngliche“ Bedeutung der Formulierung „verfassungsmäßige Ordnung“. Diese Vermutung lässt sich überprüfen.

Die Formulierung des Art. 2 I GG ist an ältere Entwürfe einer generellen Schrankenklausel angelehnt, die lautete: „Die Grundrechte sind, soweit sich aus ihrem Inhalt nichts anderes ergibt, im Rahmen der allgemeinen Rechtsordnung zu verstehen.“ Diese Klausel wurde jedoch im Verlauf der Diskussion verworfen und von einem System spezieller qualifizierter Eingriffsvorbehalte der einzelnen Grundrechte abgelöst, um diese Einzelgrundrechte stärker zu schützen.[689] Die generelle Schrankenklausel wurde also aus demselben Grund verworfen, aus dem überhaupt Spezialgrundrechte normiert wurden: Die einzelnen Freiheitsrechte sollten jeweils ein spezifisches Schutzniveau verwirklichen. Eigenständiger Schutzbereiche bedurfte es nur, um an den Eingriff in diese Schutzbereiche jeweils qualifizierte Anforderungen stellen zu können. In den qualifizierten Eingriffsvorbehalten liegt der eigentliche Nutzen spezieller Freiheitsgewährleistungen.

Der Parlamentarische Rat konzipierte weder die frühere, allgemeine Schranke noch die später Verfassungsrecht gewordene Schranke des Art. 2 I GG mit dem Ziel, die Verfassungsmäßigkeit des Eingriffs zu verlangen. Vermutlich wurde die Formulierung des Art. 2 I GG vielmehr nur aus sprachästhetischen Gründen mehrfach überarbeitet; dieser Überarbeitung ist auch die endgültige Formulierung der Schrankentrias zuzuschreiben. Der Entwurf der Ministerkonferenz

---

689 *Deutscher Bundestag/Bundesarchiv* (Hrsg.), Der Parlamentarische Rat 1948 - 1949, Bd. 5/I, Nr. 4, 41. Vgl. auch die Ablehnung eines allgemeinen Gesetzesvorbehalts, *Deutscher Bundestag/Bundesarchiv* (Hrsg.), Der Parlamentarische Rat 1948 - 1949, Bd. 5/I, Nr. 9, 215 sowie ebenda Nr. 3, 27. Auf die Formulierung „Schranken der Rechtsordnung“ verweist auch *Kube*, JuS 2003, 111 (115).

nach Abschluss des Herrenchiemseer Konvents nennt nur die „Schranken der Rechtsordnung“ und die „guten Sitten“.[690] Der vorläufige Entwurf der Fachausschüsse des Parlamentarischen Rats vom 18.11.1948 wiederum nennt nur die „Rechte anderer“ und „die verfassungsmäßige Ordnung des Gemeinwesens“.[691] Der Redaktionsausschuss schließlich änderte die Schrankenklausel erneut und gab ihr annähernd die endgültige Form.[692] Inhaltsbezogene Überlegungen waren damit aber kaum verbunden. Nur die Diskussion um die ursprüngliche Fassung des Schutzbereichs – „Jedermann ist frei, zu tun und zu lassen (…)“ – war von rechtlichen Erwägungen geprägt. Der Relativsatz „was anderen nicht schadet“ wurde aus der Erwägung heraus gestrichen, dass auch die Freiheit zur Schädigung anderer prima facie bestehe und lediglich durch die Schranken des Grundrechts begrenzt werde.[693] Für die Wahl der Formulierung „verfassungsmäßige Ordnung“ und auch für den übrigen Text des Art. 2 I GG fehlen hingegen entsprechende Argumentationsansätze.

Vermutlich hat der Parlamentarische Rat also dem Wort „verfassungsmäßig“ keine spezifische Bedeutung zugemessen, sondern nur den Eingriffsvorbehalt des Art. 2 I GG angesichts der hervorgehobenen Stellung dieses Grundrechts anders formuliert als die Eingriffsvorbehalte der anderen Grundrechtsartikel. Vielleicht wollte der Rat auch allgemein zum Ausdruck bringen, dass die Rechtsordnung eine verfassungsgemäße zu sein habe. Dafür spricht, dass er das Nichtigkeitsdogma als selbstverständlich vorausgesetzt haben dürfte.[694] Er könnte also davon

---

690 *Deutscher Bundestag/Bundesarchiv* (Hrsg.), Der Parlamentarische Rat 1948 – 1949, Bd. 2, Nr. 14, 580.

691 *Deutscher Bundestag/Bundesarchiv* (Hrsg.), Der Parlamentarische Rat 1948 – 1949, Bd. 7, Nr. 1, 2.

692 Ebenda Nr. 2, 36.

693 *Deutscher Bundestag/Bundesarchiv* (Hrsg.), Der Parlamentarische Rat 1948 – 1949, Bd. 2, Nr. 14, 580.

694 Vgl. *Böckenförde*, Die sogenannte Nichtigkeit verfassungswidriger Gesetze, 49 f.; *Schneider*, Die Funktion der Normenkontrolle und des richterlichen Prüfungsrechts im Rahmen der Rechtsfolgenbestimmung verfassungswidriger Gesetze, 69 f. Allerdings vermied der Parlamentarische Rat eine Diskussion über die Fehlerfolgenlehre und konzentrierte sich auf das richterliche Prüfungsrecht. Dazu vgl. den schriftlichen Bericht des Abgeordneten *Zinn* über den Abschnitt „IX. Die Rechtsprechung“ in: *Parlamentarischer Rat* (Hrsg.), Schriftlicher Bericht zum Entwurf des Grundgesetzes für die Bundesrepublik Deutschland (Drucksachen Nr. 850, 854) erstattet von den Berichterstattern des Hauptausschusses für das Plenum, 45. Aus strukturanalytischer Sicht ist dieser Fokus naheliegend, weil allein die Verwerfungskompetenz rechtlich geregelt werden kann.

ausgegangen sein, dass eine aus anderen Gründen verfassungswidrige und daher nichtige Norm Grundrechte ohnehin nicht wirksam einschränken könne.

Dass sich Art. 2 I GG aufgrund seiner besonderen Formulierung im operativen Verhalten von anderen Grundrechten unterscheiden könnte, wurde hingegen vermutlich nicht bedacht. Es kann deshalb bezweifelt werden, dass der Parlamentarische Rat derart weitreichende Konsequenzen wie die Elfes-Konstruktion im Blick hatte. Denn er entschied sich bewusst gegen die Verfassungsbeschwerde, die in Art. 98 Nr. 8 des Herrenchiemseer Entwurfs noch vorgesehen war. Aber nur im Rahmen der Verfassungsbeschwerde hat die Elfes-Bedingung eine operative Funktion.[695] Der Rat musste also voraussetzen, dass das Bundesverfassungsgericht Grundrechte nur im Rahmen der abstrakten oder konkreten Normenkontrolle prüfen würde. Beide Verfahren sind auf eine vollumfängliche Prüfung der Verfassungsmäßigkeit von Normen ausgelegt. Ein operativer Anwendungsbereich für ein Konstrukt wie die Elfes-Bedingung wurde erst 1951 mit der einfach-rechtlichen Einführung der Verfassungsbeschwerde in das Bundesverfassungsgerichtsgesetz auf Grundlage des Art. 93 III GG geschaffen. Es ist deshalb konsequent, dass die Elfes-Bedingung erst nach diesem Zeitpunkt erstmals postuliert wurde. In das Grundgesetz fand die Verfassungsbeschwerde sogar erst mit dem 19. Gesetz zur Änderung des Grundgesetzes vom 29.1.1969 Eingang.

Mit Blick auf die Entstehungsgeschichte kann man somit die besondere Formulierung des Art. 2 I GG als sprachästhetisch motiviert auffassen. Dazu wird auch vertreten, die Formulierung der Grundrechtsschranken sei insgesamt funktional gesehen erratisch.[696]

Aus der Entstehungsgeschichte des Art. 2 I GG lässt sich aber nur schwer ein interpretatives Argument gegen die Elfes-Konstruktion gewinnen.[697] Was der Parlamentarische Rat getan hätte, hätte er selbst die Verfassungsbeschwerde eingeführt und die Elfes-Konstruktion als Interpretationsvariante des Art. 2 I GG bedacht, lässt sich nur mutmaßen. Tatsächlich wollte der Parlamentarische Rat keine Verfassungsbeschwerde zulassen und musste über die Konsequenzen der Verfassungsbeschwerde demgemäß nicht diskutieren. Der Gesetzgeber, der die Verfassungsbeschwerde einfach-rechtlich einführte, könnte die Elfes-Konstruktion als mögliche Interpretationsvariante des Art. 2 I GG schlicht übersehen haben. Der verfassungsändernde Gesetzgeber wiederum konnte die Elfes-Konstruktion bereits voraussetzen.

695 Dazu Abschnitt 5.4.

696 Vgl. *Bettermann*, Grenzen der Grundrechte, 3.

697 So aber beispielsweise *Schwabe*, DÖV 1973, 623 (624 f.).

6.1.2. Weites und enges Verständnis der „verfassungsmäßigen Ordnung"

Die vieldeutige Formulierung „verfassungsmäßige Ordnung" fand das Bundesverfassungsgericht vor. Es diskutierte in der Elfes-Entscheidung – unter Bezugnahme auf die Literatur – zwei Bedeutungsmöglichkeiten dieser Formulierung, eine enge und eine weite.

Das enge Verständnis, wie es vom Bundesverfassungsgericht in der Elfes-Entscheidung beschrieben, aber verworfen wird, setzt die „verfassungsmäßige Ordnung" mit dem Verfassungsrecht oder Teilen davon gleich.[698] Nur soweit kollidierendes Verfassungsrecht verwirklicht wird, wären also Eingriffe in die allgemeine Handlungsfreiheit gestattet. Die allgemeine Handlungsfreiheit würde damit einem schrankenlosen Grundrecht angenähert. Das Bundesverfassungsgericht erklärt diese Auslegung damit, dass mit ihr ein enges Verständnis des Schutzbereichs des Art. 2 I GG korrespondiere und dass ihre Vertreter danach strebten, den Begriff der verfassungsmäßigen Ordnung im gesamten Verfassungstext gleich auszulegen, ihn also wie beispielsweise in Art. 20 III GG zu verstehen.[699]

Kehrt man diese Argumentation um, dann spricht ein weites Verständnis des Art. 2 I GG für ein weites Verständnis der „verfassungsmäßigen Ordnung" als Gesamtheit des verfassungs*gemäßen* Rechts,[700] weil das Auffanggrundrecht nicht schwerer als die Spezialgrundrechte einschränkbar sein soll.[701] Diese Interpretationsvariante stützt sich also auf eine rechtspolitische Folgerichtigkeitserwägung.

Beide Verständnismöglichkeiten, die enge und die weite, entsprechen dem allgemeinen Gebrauch des Begriffs verfassungsmäßig.

6.1.3. „Verfassungsmäßige Ordnung" als Verfassungsrecht

Die Identifikation der „verfassungsmäßigen Ordnung" mit dem Verfassungsrecht entspricht der allgemein üblichen Interpretation des Art. 20 III GG.[702] Die Differenzierung zwischen Recht und Gesetz auf der einen und verfassungsmäßiger Ordnung auf der anderen Seite legt für Art. 20 III GG diese Deutung nahe, weil anderenfalls das einfache Recht zweimal erwähnt würde. Weil sich aber das Bundesverfassungsgericht schon früh für eine kontextabhängige Interpretation

---

698 *Huber*, Wirtschaftsverwaltungsrecht, 661 ff.; zu dieser Interpretationsmöglichkeit auch BVerfGE 6, 32 (37 f.) sowie drei Jahrzehnte später noch *Doehring*, Staatsrecht der Bundesrepublik Deutschland, 287.

699 BVerfGE 6, 32 (37 f.).

700 Dreier/*Dreier*, Art. 2 I Rn. 53; *Kube*, DVBl. 2005, 721 (723).

701 *Degenhart*, JuS 1990, 161 (164); *Kube*, JuS 2003, 111 (115).

702 Von Mangoldt/Klein/Starck/*Sommermann*, Art. 20 III Rn. 250.

des Begriffs ausgesprochen hat, hat der Begriff „verfassungsmäßige Ordnung“ in der Bedeutung als Gesamtheit des Verfassungsrechts ansonsten nicht Eingang in die gegenwärtige juristische Fachterminologie gefunden.

Im gegenwärtigen allgemeinen Sprachgebrauch entspräche es gleichfalls nicht der üblichen Verwendungsweise des Wortbestandteils „-mäßig“, „verfassungsmäßig“ als „der Verfassung angehörend“ zu verstehen. Aber im älteren Sprachgebrauch wurde das Gliedwort verwendet, um auszudrücken, dass etwas von einer bestimmten Art sei.[703]

Die sprachästhetischen Erwägungen des Verfassungsgebers lassen für die Formulierung des Art. 2 I GG eine bewusst antiquierte Ausdrucksweise[704] als möglich erscheinen. Das Wort „verfassungsmäßig“ könnte daher als Äquivalent zu „von Verfassungsmaß“, das heißt „von Verfassungsqualität“, verwendet worden sein.[705] Man kann die Wahl einer gesonderten Formulierung in Art. 2 I GG zugleich als Indiz dafür werten, dass der Verfassungsgeber keinen „gewöhnlichen“ Eingriffsvorbehalt wie bei den anderen Grundrechten statuieren wollte.[706] In der älteren Literatur ist daher – mit unterschiedlichem Akzent im Detail – auch diskutiert worden, unter der verfassungsmäßigen Ordnung grundlegende Verfassungsentscheidungen zu verstehen.[707]

6.1.4. „Verfassungsmäßige Ordnung“ als Ordnung im Einklang mit dem Verfassungsrecht

Ebenso ist eine zu „gesetzmäßig“ analoge Wortbildung denkbar, wobei jeweils das Gliedwort „-mäßig“ im Sinne von „gemäß“ verwendet wird.[708] Wenn „gesetzmäßig“ nicht im naturwissenschaftlichen Sinne als „regelhaft“, sondern als „gesetzesgemäß“ verstanden wird, kann „verfassungsmäßig“ also auch „der Verfassung

---

703 *Grimm/Grimm*, Deutsches Wörterbuch, 1854–1961 (http://woerterbuchnetz.de/DWB/), Eintrag mäszig, Punkt 2).

704 *Huber*, Wirtschaftsverwaltungsrecht, 664 spricht von einer „feierlichen Anrufung“.

705 Die Regeln des Sprachgebrauchs stark strapazieren würde hingegen die ergebnisgleiche Herleitung, wonach eine von der Verfassung *geforderte* Ordnung gemeint sei. Diese Herleitung befürwortet *Dürig*, JZ 1957, 169 (172), der aber sprachliche Aspekte nur ergänzend berücksichtigt, um seine Interpretation zu stützen.

706 *Huber*, Wirtschaftsverwaltungsrecht, 664.

707 Nachweise bei *Wülfing*, Grundrechtliche Gesetzesvorbehalte und Grundrechtsschranken, 113.

708 *Grimm/Grimm*, Deutsches Wörterbuch, 1854–1961 (http://woerterbuchnetz.de/DWB/), Eintrag mäszig, Punkt 2).

gemäß" bedeuten.[709] Dies ist die vom Bundesverfassungsgericht und auch vom größten Teil der Literatur favorisierte Interpretation.[710]

Es bleibt die Frage, welcher Grad der Übereinstimmung gemeint ist. Neben dem Verständnis der Elfes-Entscheidung, welches eine vollständige Übereinstimmung mit dem Grundgesetz fordert, kann auch eine Übereinstimmung nur mit Teilen des Grundgesetzes gemeint sein.

6.1.4.1. „Verfassungsmäßige Ordnung" als qualifizierter Eingriffsvorbehalt

Die „verfassungsmäßige Ordnung" kann zugleich als Eingriffsvorbehalt und als dessen Qualifikation, also als Maßstab des Eingriffsakts, verstanden werden.

Die Formulierung weicht von den Eingriffsvorbehalten der übrigen Grundrechte ab. Für die übrigen Eingriffsvorbehalte gilt: Wenn zu dem Vorbehalt „durch Gesetz" oder „aufgrund eines Gesetzes" keine qualifizierenden zusätzlichen Voraussetzungen hinzutreten, gestatten sie dem Gesetzgeber zunächst jedwede Regelung, begrenzt nur durch die Qualifikationen des Eingriffsvorbehalts sowie durch die teils kontrovers diskutierte Wesensgehaltsgarantie. Um zu weitreichenden Eingriffen vorzubeugen, haben Rechtsprechung und Literatur deshalb den Grundsatz der Verhältnismäßigkeit[711] als dogmatische Figur in das Verfassungsrecht eingeführt.[712]

Während die meisten anderen Eingriffsvorbehalte mit den Formulierungen „durch Gesetz" und „aufgrund eines Gesetzes" ausgedrückt werden, ist dies in Art. 2 I GG nicht der Fall. Diese abweichende Formulierung könnte vor diesem Hintergrund als ein Eingriffsvorbehalt gelesen werden, der sich auch inhaltlich von den anderen Eingriffsvorbehalten unterscheidet oder unterscheiden soll. Wenn die Formulierungsdifferenz als Indiz für einen Bedeutungsunterschied zwischen der „verfassungsmäßigen Ordnung" einerseits und „durch Gesetz" andererseits gewertet wird, ist die Elfes-Bedingung eine mögliche, aber nicht die einzig mögliche Deutung dieser Differenz.

---

709 Ebenso, wenngleich im Ergebnis ablehnend, *Dürig*, JZ 1957, 169 (172).

710 HdStR (3. Aufl.) VII/*Cornils*, § 168 Rn. 83.

711 Zum Grundsatz der Verhältnismäßigkeit vgl. Maunz/Dürig/*Herzog/Grzeszick*, Art. 20 Rn. 108; Maunz/Dürig/*Dürig/Klein*, Art. 18 Rn. 52.

712 Zu den Qualifikationen des Eingriffsvorbehalts bei Art. 2 I GG vgl. *Alexy*, Theorie der Grundrechte, 112 f.; *Ehmke*, VVDStRL 1963, 53 (83); *Hesse*, Grundzüge des Verfassungsrechts der Bundesrepublik Deutschland, Rn. 426; *Schulz-Schaeffer*, Der Freiheitssatz des Art. 2 Abs. 1 Grundgesetz, 29.

6.1.4.2. „Verfassungsmäßige Ordnung" als Sitz der Elfes-Bedingung

Damit Art. 2 I GG die Elfes-Bedingung statuiert, muss die „verfassungsmäßige Ordnung" so verstanden werden, dass sie die Verfassungsmäßigkeit des eingreifenden Gesetzes verlangt.

In dieser Herleitung bleibt kein Spielraum für mehr oder minder einengende Modifikationen der Elfes-Bedingung, wie sie in der Literatur gefordert werden.[713] Verfassungsrecht ist jede Norm der Verfassung. Auch der Verstoß gegen Grundrechte Dritter kann daher – prima facie – einen Verstoß gegen Art. 2 I GG begründen.[714] Natürlich lässt sich ein abweichendes Ergebnis dennoch interpretativ begründen. Doch gelingt dies nicht über den Begriff „verfassungsmäßige Ordnung". Wer die Elfes-Bedingung begrenzt wissen will, um Grundrechte Dritter oder andere Normen des Verfassungsrechts auszuklammern, muss dies interpretativ vielmehr anderweitig herleiten. Dafür gibt es zwei Möglichkeiten.

Ansätze, die die Elfes-Konstruktion ganz ablehnen, leiten die Elfes-Bedingung nicht aus Art. 2 I GG her. Sie können in ihrer alternativen Herleitung eine Elfes-Bedingung entwickeln, die von vornherein nicht die Prüfung des gesamten Verfassungsrechts eröffnet.

Diejenigen Stimmen, die an der Elfes-Konstruktion des Bundesverfassungsgerichts festhalten und die Herleitung an Art. 2 I GG anbinden wollen, müssen Begrenzungen hingegen gleichsam „von außen" aus anderen Verfassungsartikeln als Art. 2 I GG herleiten oder aber aus einem Rechtsgedanken, der allen Grundrechten gemeinsam sein soll. Der Begriff der „verfassungsmäßigen Ordnung" wird in dieser Variante also zunächst umfassend verstanden, das heißt er verweist auf das *gesamte* Verfassungsrecht. Doch sodann wird eine Einschränkung hinzugefügt. Dieses eingrenzende Zusatz-Tatbestandselement, das den Prüfungsumfang der Elfes-Bedingung im Ergebnis begrenzt, beruht dann auf einer interpretativen Herleitung, die nichts mit dem Begriff „verfassungsmäßige Ordnung" zu tun hat.

Dass sich die Elfes-Bedingung für die allgemeine Handlungsfreiheit aus dem Begriff „verfassungsmäßige Ordnung" herleiten lässt, hat vor allem in der älteren Literatur Anlass gegeben, den Eingriffsvorbehalt des Art. 2 I GG *interpretativ* auch den anderen Freiheitsrechten zuzuordnen. Mit einer interpretativen Zuordnung ist gemeint, dass sich die Zuordnung nicht als logische Konsequenz aus einem einschließenden Verständnis der allgemeinen Handlungsfreiheit ergibt, sondern im Wege einer interpretativen Übertragung der Schranken der

713 Dazu Abschnitt 6.4.3.

714 HdStR (3. Aufl.) VII/*Cornils*, § 168 Rn. 86.

allgemeinen Handlungsfreiheit auf die speziellen Freiheitsrechte hergeleitet wird. Die letztgenannte Herleitung ist das im Abschnitt 4.1.2.2. angesprochene Konzept der Schrankenübertragung.

Um die Elfes-Bedingung den Spezialgrundrechten gerade mittels Art. 2 I GG zuordnen zu können, bedarf es aber, wie im Abschnitt 4 dargelegt wurde, nicht zwingend einer *interpretativen* Verknüpfung zwischen der allgemeinen Handlungsfreiheit und den Spezialgrundrechten. Unter der interpretativen Prämisse, dass die allgemeine Handlungsfreiheit als einschließendes Auffanggrundrecht verstanden wird, ist die Elfes-Bedingung aus *logischen* Gründen allen speziellen Freiheitsrechten zugeordnet. Dass diese Prämisse aus Sicht der traditionellen Rechtslehre sehr voraussetzungsreich ist, hat grundrechtsdogmatische, nicht sprachliche Gründe. Denn zum Verhältnis zwischen Auffanggrundrecht und speziellen Grundrechten bietet der Verfassungstext keine brauchbaren Anhaltspunkte.

6.1.4.3. „Verfassungsmäßige Ordnung" als Oberbegriff für Gesetz und Gewohnheitsrecht

Die besondere Qualifikation des Eingriffsvorbehalts des Art. 2 I GG könnte auch darin bestehen, dass ein (nur) von Art. 2 I GG geschütztes Verhalten auch durch verfassungsmäßiges untergesetzliches Recht ohne gesetzliche Grundlage und durch Gewohnheitsrecht, nicht nur durch „Gesetz" oder „aufgrund eines Gesetzes", eingeschränkt werden kann.[715]

Manche Stimmen lehnen grundrechtseinschränkendes Gewohnheitsrecht ab,[716] weil jeder Eingriffsvorbehalt zumindest ein Parlamentsgesetz verlangen müsse. Dass das Grundgesetz die Gewohnheit als rechtserzeugenden Tatbestand einsetzt, lässt sich schwer mit einer Bedeutungsmöglichkeit des Verfassungstextes erklären, wenngleich Formulierungen wie „Gesetz und Recht" in Art. 20 III GG durchaus als Verweis auf Gewohnheitsrecht gelesen werden können. Jedoch ist nicht entscheidend, ob das Grundgesetz selbst Gewohnheitsrecht als rechtserzeugenden Tatbestand *einsetzt*. Entscheidend ist nur, ob das Grundgesetz *ausschließt*, dass es neben den Normen der Verfassung einen

---

715 *Kube*, JuS 2003, 111 (115) schlägt vor, eingreifendes Gewohnheitsrecht bis zur Grenze des Wesentlichkeitsvorbehalts zuzulassen. Auch HdStR (3. Aufl.) VII/*Cornils*, § 168 Rn. 85 räumt ein, dass eine solche Deutung einem möglichen Wortsinn entspricht, wenngleich er sie im Ergebnis mit der herrschenden Auffassung ablehnt.

716 *Erichsen*, Jura 1987, 367 (371) spricht davon, ein bloßer Rechtsvorbehalt lasse sich „nicht mit der auf die Gewährleistung einer Mitwirkung eines Parlaments zielenden Auffassung vereinbaren, daß das grundrechtsrelevante Netzwerk der staatlichen Rechtsordnung durch Gesetz oder aufgrund eines Gesetzes entstanden sein muss".

weiteren rechtserzeugenden Tatbestand geben könne. Bestünde die gemeinsame Überzeugung der Rechtsanwendenden, die Gewohnheit trete als Rechtserzeugungstatbestand neben die Regelungen des Grundgesetzes,[717] würde die Grundnorm, die im Sinne des hiesigen Verständnisses der Anerkennung einer Rechtsordnung entspricht, auf zwei verschiedene Rechtsquellen bezogen.

Was untergesetzliches Recht angeht, steht nach allgemeiner Auffassung speziell bei Verordnungen Art. 80 I GG der Annahme entgegen, ein Eingriff in die allgemeine Handlungsfreiheit erfordere keine gesetzliche Grundlage.[718] Wer weitergehend einen allgemeinen Parlamentsvorbehalt, also einen Gleichlauf der grundrechtlichen Eingriffsvorbehalte mit dem allgemeinen Vorbehalt des Gesetzes, befürwortet,[719] dürfte auch im Übrigen dafür plädieren, dass Eingriffe in die allgemeine Handlungsfreiheit zwingend einer gesetzlichen Grundlage bedürfen. Ob dieses Ergebnis unmittelbar aus Art. 2 I GG oder aus Art. 80 I GG abgeleitet wird, wirkt sich auf den jeweils interpretativ hergeleiteten Norminhalt nicht aus. Wer für Eingriffe in Grundrechte eine gesetzliche Grundlage fordert, behauptet damit also, dass das Grundgesetz zumindest *insoweit* einen zweiten rechtserzeugenden Tatbestand neben der Verfassung nicht dulde. Unter dieser Prämisse ist es ausgeschlossen, anzunehmen, die allgemeine Handlungsfreiheit könne auch durch Gewohnheitsrecht eingeschränkt werden.

6.1.4.4. „Verfassungsmäßige Ordnung" als Ordnung mit verfassungsmäßigem Ziel

Das Erfordernis der Übereinstimmung mit der Verfassung könnte schließlich auch auf das „legitime Ziel" des Eingriffs beschränkt sein. Demnach wäre für einen Eingriff in Art. 2 I GG nur zu fordern, dass die mit dem Eingriff verfolgten Zwecke verfassungsgemäß sein müssen. Die „verfassungsmäßige Ordnung" wäre also die Ordnung der unterverfassungsrechtlichen Normen, die „verfassungsmäßige" Ziele verfolgen. Je nach Interpretation wären verfassungsmäßig solche Ziele, die entweder von der Verfassung geboten oder von der Verfassung nicht verboten sind. Dies hängt mit den bereits erwähnten zwei denkbaren Bedeutungen des Wortteils „-mäßig" zusammen.

Ein entsprechender Sprachgebrauch lässt sich für den Begriff „verfassungsmäßige Ordnung" für sich genommen kaum nachweisen. Wenn aber „verfassungsmäßige

717 Vgl. zur Gewohnheit als rechtserzeugendem Tatbestand *Kelsen*, Reine Rechtslehre (2. Aufl.), 232.

718 HdStR (3. Aufl.) VII/*Cornils*, § 168 Rn. 85.

719 So etwa *Seiler*, Der einheitliche Parlamentsvorbehalt, 90.

Ordnung", „Rechte anderer" und „Sittengesetz" die freie Entfaltung der Persönlichkeit potenziell begrenzen, dann kann man diese drei Gesichtspunkte als Gründe verstehen, aus denen die freie Entfaltung der Persönlichkeit durch Normen oder Realakte beschränkt werden darf. Sofern dies durch eine Norm geschieht, kann man die drei Elemente der „Schrankentrias" als zulässige Normierungsziele begreifen. Ziel von Eingriffen in die allgemeine Handlungsfreiheit müsste es dann sein, die verfassungsmäßige Ordnung, die Rechte anderer oder das Sittengesetz zu verwirklichen oder zu schützen.

Speziell die „verfassungsmäßige Ordnung" wäre dann, je nach Lesart des Wortteils „-mäßig", entweder die Gesamtheit der Verfassungsziele oder aber die Gesamtheit aller verfassungs*gemäßen* Ziele. Erstgenannte Lesart entspräche der bereits erwähnten Gleichsetzung von „verfassungsmäßiger Ordnung" und „Verfassungsrecht", würde also dem gesetzgeberischen Eingriff enge Grenzen setzen. Zweitgenannte Lesart hingegen würde sogar weniger verlangen als die vollständige Verfassungsmäßigkeit des Eingriffs, nämlich nur die Verfassungsmäßigkeit des Regelungsziels.

Diese zweite Deutungsmöglichkeit hat eine Parallele zu einer etablierten dogmatischen Figur, dem Grundsatz der Verhältnismäßigkeit. Denn wenn eingreifendes Recht der Verwirklichung eines verfassungsgemäßen Ziels dienen müsste, würde der erste Prüfungsschritt des Grundsatzes der Verhältnismäßigkeit eingefordert: das legitime Ziel. Speziell für Art. 2 I GG wäre also die „verfassungsmäßige Ordnung" ein denkbarer interpretativer Anknüpfungspunkt für entweder – aus Sicht der traditionellen Rechtslehre – den Grundsatz der Verhältnismäßigkeit oder – aus Sicht der Prinzipientheorie – den Prinzipiencharakter[720] dieses Grundrechts. Gerade deshalb aber dürfte diese Deutungsvariante in der Literatur nicht näher in Erwägung gezogen worden sein. Denn der Grundsatz der Verhältnismäßigkeit ist in der interpretativen Diskussion bislang nicht auf Art. 2 I GG gestützt worden, auch nicht für den Bereich der allgemeinen Handlungsfreiheit.[721]

6.1.5. Zwischenergebnis

Die Worte „verfassungsmäßige Ordnung" lassen sich somit auf recht unterschiedliche Weise verstehen. Die erste Weichenstellung besteht darin, ob mit der „verfassungsmäßigen Ordnung" das Verfassungsrecht selbst oder aber das einfache Recht gemeint ist.

---

720 *Alexy*, Theorie der Grundrechte, 112 f., 290 ff., 312 und insbesondere 316 ff.

721 Zum Grundsatz der Verhältnismäßigkeit allgemein Maunz/Dürig/*Herzog/Grzeszick*, Art. 20 Rn. 108; Maunz/Dürig/*Dürig/Klein*, Art. 18 Rn. 52.

Sofern die „verfassungsmäßige Ordnung" als verfassungsgemäßes einfaches Recht verstanden wird, so wird der Eingriffsvorbehalt des Art. 2 I GG durch den Begriff „verfassungsmäßig" näher qualifiziert: „Verfassungsmäßig" ist eine Anforderung an die eingreifenden Rechtsakte. Somit gilt es eine zweite Weiche zu stellen, denn es stellt sich die Frage, in welcher Hinsicht der Eingriffsvorbehalt qualifiziert wird. Es stehen mindestens drei Varianten zur Auswahl. Mit der „verfassungsmäßigen Ordnung" können dann gemeint sein:

1. eingreifende Rechtsakte, sofern sie mit Verfassungsrecht übereinstimmen
2. eingreifende Rechtsakte in Form von Gesetzen, untergesetzlichem Recht und Gewohnheitsrecht
3. eingreifende Rechtsakte mit verfassungsmäßigem Ziel.

Die erste Variante entspricht der Elfes-Bedingung.

6.2. Art. 2 I GG als Auffanggrundrecht

Während die Interpretation des Begriffs „verfassungsmäßige Ordnung" tragendes Element der Elfes-Konstruktion ist, trifft das, wie dargelegt, auf die Auffangfunktion des Art. 2 I GG nicht zu.

Die Auffangfunktion kann aber – je nach Interpretationsansatz – bedeutsam werden, wenn es darum geht, warum die Elfes-Bedingung (auch) den speziellen Auffanggrundrechten zugeordnet wird. Im Abschnitt 4 wurde dargelegt, dass dies interpretativ auch damit begründet werden kann, dass Art. 2 I GG als einschließendes Auffanggrundrecht verstanden wird, weil in diesem Fall die Elfes-Bedingung aus logischen Gründen auch zum Tatbestandselement der speziellen Freiheitsrechte wird. Dazu müsste aber zunächst vorausgesetzt werden, dass Art. 2 I GG überhaupt als Auffanggrundrecht zu verstehen ist.

6.2.1. Die freie Entfaltung der Persönlichkeit

Erster Anknüpfungspunkt dafür ist die Formulierung „freie Entfaltung seiner Persönlichkeit" in Art. 2 I GG.

6.2.1.1. Verzicht auf eine Geistesgeschichte des Persönlichkeitsbegriffs

Sowohl der entstehungsgeschichtliche als auch der nach Inkrafttreten des Grundgesetzes beobachtbare Gebrauch des Begriffs „Persönlichkeit" sind vielfältig. Denn Begriff und Konzept der Persönlichkeit sind in eine Geistes- und Diskursgeschichte eingebettet, die sich von der Abgrenzung vom nationalsozialistischen Menschenbild nach dem Zweiten Weltkrieg über Aufklärung, Reformation und

Renaissance bis hin in die Antike zurückverfolgen ließe. Gerade in den 50er Jahren wurde der Streit über das Menschenbild des Grundgesetzes sehr intensiv geführt. Diese Entwicklung ließe sich nachzeichnen. Aber mit jedem Persönlichkeitsbegriff ließe sich eine philosophische Anthropologie[722] verbinden, und derer gibt es so viele, wie es mögliche Selbstverständnisse des Menschen gibt.[723] Der Sprachgebrauch, der sich mittels einer Geistesgeschichte des Persönlichkeitsbegriffs nachweisen ließe, wäre also stets nur der Sprachgebrauch eher kleiner Personengruppen und Denkschulen.

Vorliegend soll deshalb soll nur der Sprachgebrauch derjenigen untersucht werden, denen der Verfassungstext als Kommunikationsmittel dient, also der Sprachgebrauch des Verfassungsgebers auf der einen, der Rezipienten der Gegenwart auf der anderen Seite. Dabei ist nach den im Abschnitt 1 dargelegten methodischen Grundsätzen introspektiv vorzugehen und nur bei der Analyse des entstehungsgeschichtlichen Sprachgebrauchs empirisch.

Bei diesem Vorgehen wird die Geistesgeschichte nicht ausgeblendet. Mittelbar finden viele der geistesgeschichtlichen Einflüsse, die nachweisbar die Intentionen des Parlamentarischen Rats geprägt haben, sowie die Spuren derjenigen Denktraditionen, die den heutigen Sprachgebrauch des Begriffs bestimmen, Berücksichtigung.

6.2.1.2. Der Begriff „Persönlichkeit" im Sprachgebrauch

Der Begriff „freie Entfaltung der Persönlichkeit" legt auf den ersten Blick – jedenfalls aus Sicht mancher Rezipienten – ein eher enges, nur in besonderer Weise das Ausleben von Persönlichkeitsmerkmalen schützendes Verständnis des Art. 2 I GG nahe.[724] Gewiss können die individuellen Assoziationen variieren und sind von den jeweiligen Vorverständnissen geprägt. Aber das Pathos des Verfassungstextes und das Hintergrundwissen um die gesellschaftlichen Auseinandersetzungen rund um den Schutz der Privatsphäre mögen dazu beitragen, dass zunächst der Eindruck entsteht, es müsse sich bei Art. 2 I GG um ein herausgehoben hohes Rechtsgut handeln. Man könnte daher bei einem ersten, intuitiven Zugang zum Verfassungstext durchaus *nur* die enge Bedeutungsmöglichkeit wahrnehmen. Nimmt man hingegen die ganze Verwendungsbreite des Wortes in den Blick, ist „Persönlichkeit" ein vieldeutiger Begriff; die enge Verständnismöglichkeit erweist sich als nur eine von vielen.

---

722 *Hesse*, Die Bindung des Gesetzgebers, 27.

723 Ebenda, 27.

724 So etwa *Ehmke*, VVDStRL 1963, 53 (82 f.); *Hochhuth*, JZ 2002, 743 (746).

Denn der Begriff Persönlichkeit wird im alltäglichen Sprachgebrauch recht unterschiedlich verwendet. Wenn jemand besonders eindrucksvolle Charakterzüge aufweist und sich entsprechend verhält, wenn er „in sich gefestigt" und „reif" ist oder wenn er im öffentlichen Leben eine bestimmte Stellung einnimmt, dann ist es üblich zu formulieren, dieser Mensch *sei* eine Persönlichkeit.[725] In diesem Sinne kann „Persönlichkeit" die Person in ihrer Gesamtheit bezeichnen.[726] Wenn es hingegen heißt, jemand *habe* (eine) Persönlichkeit, dann sind zwar auch besondere Charakterzüge gemeint, aber sie müssen nicht notwendigerweise hervorgehobener Art sein. „Persönlichkeit" bezeichnet demnach das spezifische „Wesen einer Person",[727] die „Gesamtheit der besonderen Eigenschaften, die einem Menschen sein individuelles Gepräge geben",[728] und diese Definitionsmöglichkeit schlägt bereits die Brücke zur freien Entfaltung eben jener Persönlichkeit. Wenn jemand eine eigenwillige Persönlichkeit haben kann, wenn man eine Persönlichkeit entwickeln oder die eines anderen respektieren oder aber, wie es auch Art. 2 I GG formuliert, die freie Entfaltung der Persönlichkeit fördern kann,[729] dann ist jeweils die Persönlichkeit als die Gesamtheit jener besonderen, individuellen Eigenschaften gemeint.

Aber was besondere, individuelle Eigenschaften sind, ist eine Wertungsfrage. Das Bundesverfassungsgericht hatte sich auf Grundlage des Art. 2 I GG mit dem Führen von Tagebüchern,[730] dem Taubenfüttern[731] und dem Reiten im Walde[732] auseinanderzusetzen. Dies sind gewiss keine herausragend originellen Tätigkeiten. Aber gerade die Summe ihrer für sich genommen banalen und alltäglichen Verhaltensmerkmale kann einer Person im Zusammenspiel mit weiteren Eigenschaften das individuelle Gepräge verleihen. Kaum eine Tätigkeit oder Eigenschaft wird sich also finden, die nicht in einem geeigneten sprachlich-situativen Kontext als Merkmal der Persönlichkeit bezeichnet werden könnte. Die Verwendung des Begriffs „Persönlichkeit" ist hinsichtlich der Eigenschaften und Verhaltensweisen,

725 *Drosdowski*, Stilwörterbuch der deutschen Sprache, Eintrag Persönlichkeit, 530.

726 *Grimm/Grimm*, Deutsches Wörterbuch, 1854–1961 (http://woerterbuchnetz.de/DWB/), Eintrag Persönlichkeit, Punkt 2).

727 Ebenda, Eintrag Persönlichkeit, Punkt 1).

728 *Drosdowski*, Stilwörterbuch der deutschen Sprache, Eintrag Persönlichkeit, 530.

729 Ebenda, 530.

730 BVerfGE 80, 367 (373 f.) ordnet das Tagebuch dem allgemeinen Persönlichkeitsrecht aus Art. 2 I i. V. m. Art. 1 I GG zu.

731 Vgl. BVerfGE 54, 143 (143 ff., 146).

732 Vgl. BVerfGE 80, 137 (152 f., 154 f.).

auf die er sich erstreckt, radikal subjektiv, wohl gerade weil der Begriff als Umschreibung der Individualität eines Menschen verwendet wird.

Hinreichend abgrenzungsscharf zu bestimmen, was der Persönlichkeitsentfaltung angehört und was nicht, kann deshalb nur gelingen, wenn entweder jedes menschliche Verhalten als Persönlichkeitsentfaltung verstanden wird[733] oder aber wenn konkret festgelegt wird, was als Persönlichkeitsentfaltung zu gelten habe und was nicht.[734] Oder, wie es *Kube* überzeugend formuliert: „Jede konkretere Definition persönlichkeitsrelevanter Lebenssphären (...) hätte (...) unweigerlich bestimmte positive Vorstellungen darüber vorauszusetzen, welche Inhalte einer angemessenen Persönlichkeitsentfaltung dienlich sind".[735]

6.2.1.3. Drei Verständnismöglichkeiten des Begriffs „Persönlichkeit"

Den erstgenannten Weg, jedes menschliche Verhalten als Persönlichkeitsentfaltung einzuordnen, wählt das Bundesverfassungsgericht, indem es Art. 2 I GG als Grundrecht der allgemeinen Handlungsfreiheit versteht. Den zweiten Weg wählen beispielsweise *Peters'*[736] Persönlichkeitskernlehre und ihre neueren, tendenziell etwas weniger strengen Varianten.[737] Weil sie die Entscheidung für ein bestimmtes Persönlichkeitsbild begründen müssen, wurde der frühe Streit um das Verständnis des Art. 2 I GG von Seiten der Befürworter eines engen Persönlichkeitsbegriffs mit rechtsphilosophischen und geistesgeschichtlichen Argumenten geführt.[738]

---

733 Auch dies ist selbstverständlich Ergebnis einer Wertung.

734 Vgl. HdStR (3. Aufl.) VII/*Cornils*, § 168 Rn. 38.

735 *Kube*, JuS 2003, 111 (112).

736 *Peters*, Das Recht auf freie Entfaltung der Persönlichkeit in der höchstrichterlichen Rechtsprechung, 48.

737 Gegen die Persönlichkeitslehre, aber für ein engeres Verständnis des Art. 2 I GG etwa das Sondervotum Dieter *Grimms* zum „Reiten im Walde", BVerfGE 80, 137 (165 ff.). Einen etwas anderen Weg beschreitet *Volkmann*, JZ 2005, 261 (268), der Sympathien mit der Persönlichkeitskernlehre anklingen lässt, aber letztlich dafür plädiert, Art. 2 I GG nur außerhalb des Regelungsbereichs der Spezialgrundrechte anzuwenden. *Hochhuth*, JZ 2002, 743 (746, 752) wiederum will Art. 2 I GG unterschiedlich verstehen, im Sinne *Grimms* bei der Überprüfung von Gesetzen, im Sinne des Bundesverfassungsgerichts bei untergesetzlichen Eingriffen.

738 Diese werden von *Peters*, Das Recht auf freie Entfaltung der Persönlichkeit in der höchstrichterlichen Rechtsprechung, 48, ausdrücklich benannt.

Die vom Bundesverfassungsgericht vertretene Auffassung ist hinsichtlich des Menschen- und Persönlichkeitsbildes indifferent. Sie befürwortet nicht einen umfassenden Grundrechtsschutz, sondern verlagert die Frage, welche Verhaltensweisen schützenswert sind und welche nicht, auf die Abwägungsebene. Dort taucht sie zwar wieder auf, aber in Form einer offenen Güterabwägung und nicht in Form einer Begriffsdefinition. Die notwendige Wertung, wie weit der grundrechtliche Schutz reichen soll, wird also nicht abstrakt-generell, sondern situationsabhängig getroffen. Dies muss nicht notwendigerweise streng einzelfallbezogen geschehen, sondern es kann in Form einer gefestigten Fallgruppen-Rechtsprechung auch zu Generalisierungen kommen. Im Ergebnis werden die Weichen aber nicht bei dem Begriff „Persönlichkeit" gestellt – mit einer Ausnahme: Die Entscheidung für den weiten Persönlichkeitsbegriff begründet eine Rechtfertigungslast für jegliche Regelung menschlichen Verhaltens.

Eine Sonderstellung nimmt eine dritte Auffassung ein, die Art. 2 I GG als ein Sammelgrundrecht für ungeschriebene, vom Bundesverfassungsgericht zu entwickelnde und in irgendeiner Weise bedeutsame Aspekte der allgemeinen Handlungsfreiheit ansieht.[739] Sie sieht die allgemeine Handlungsfreiheit als ein Grundrecht, das in besonderer Weise zum Feld der Rechtsfortbildung bestimmt ist. Die Begriffsbestimmung des Persönlichkeitsrechts wird also an das bundesverfassungsgerichtliche case law delegiert. Konsequenterweise werden nur richterrechtlich verselbstständigte Teil-Grundrechte des Art. 2 I GG als Ausformung der allgemeinen Handlungsfreiheit akzeptiert.

Mit dem heterogenen Sprachgebrauch hinsichtlich des Wortes „Persönlichkeit" lassen sich alle drei Deutungsmöglichkeiten in Einklang bringen. Die weitestmögliche ist in der Lage, jeder denkbaren Verwendungsweise des Begriffs „Persönlichkeit" gerecht zu werden. Die anderen beiden Möglichkeiten beschränken sich bewusst auf einen Ausschnitt des Sprachgebrauchs. Diese Eingrenzungen entsprechen im Fall des engen Persönlichkeitsverständnisses dem Sprachgebrauch der jeweiligen Interpretin, der nicht zuletzt durch eine philosophische und politische Auseinandersetzung mit der Materie geformt wird. Der Weg einer „dynamischen Verweisung" auf die verfassungsgerichtliche Rechtsprechung fokussiert auf Aspekte der Persönlichkeitsentfaltung, die das Bundesverfassungsgericht als besonders schützenswert erachtet hat oder in Zukunft erachten mag.

---

739 *Schmidt*, AöR 1966, 42 (71 ff., 75).

6.2.1.4. *Gründe für die Formulierung des Art. 2 I GG im Parlamentarischen Rat*

Die Entstehungsgeschichte des Art. 2 I GG weist eine klare Tendenz auf. Deutlich ist sie von dem Motiv geprägt, eine umfassende Handlungsfreiheit zu normieren.[740] Dass einzelne Stimmen einer allgemeinen Handlungsfreiheit entgegen getreten sind – möglicherweise schon im Parlamentarischen Rat, wie von *Peters* impliziert,[741] vielleicht aber auch erst retrospektiv –, ändert nichts an der allgemeinen Tendenz der Quellenlage. Auch das Bundesverfassungsgericht bezieht sich in der Elfes-Entscheidung zu Recht darauf, die feierliche Formulierung sei gewählt worden, um die enge Verknüpfung des Art. 2 I GG mit der Menschenwürde zu betonen,[742] habe jedoch nicht bezweckt, von der ursprünglichen Entwurfsfassung abzuweichen, die erkennbar die allgemeine Handlungsfreiheit schützen wolle.[743]

Zwar zitiert das Bundesverfassungsgericht in der Elfes-Entscheidung die Entwurfsfassung des Normsatzes mit „Jeder kann tun und lassen, was er will"[744] ungenau. Dies ist in der Literatur teils bemängelt[745] und als vermeintlicher Schwachpunkt des Arguments identifiziert worden. Tatsächlich unterscheidet sich die Formulierung des Gerichts aber inhaltlich nur dadurch von der vollständigen Formulierung, dass die Schranken nicht benannt sind. Im Übrigen zitiert das Gericht sowohl den Entwurf des Redaktionsausschusses und den Entwurf des Hauptausschusses als auch den Herrenchiemsee-Entwurf korrekt.[746] Die Formulierung des Entwurfs des Allgemeinen Redaktionsausschusses lautet: „Jedermann ist frei, zu tun und zu lassen, was die Rechte anderer nicht verletzt und nicht gegen die verfassungsmäßige Ordnung oder das Sittengesetz

---

740 Anderer Auffassung, jedoch ohne Beleg, ist *Peters*, Das Recht auf freie Entfaltung der Persönlichkeit in der höchstrichterlichen Rechtsprechung, 19. Ebenso *Grimm*, Sondervotum zu „Reiten im Walde", BVerfGE 80, 137 (165) und ihm folgend *Hochhuth*, JZ 2002, 743 (746).

741 *Peters*, Das Recht auf freie Entfaltung der Persönlichkeit in der höchstrichterlichen Rechtsprechung, 19.

742 BVerfGE 6, 32 (36).

743 Ebenda (36).

744 Ebenda (36).

745 Vgl. etwa *Peters*, Das Recht auf freie Entfaltung der Persönlichkeit in der höchstrichterlichen Rechtsprechung, 17; von Münch/*von Münch*, Art. 2 Rn. 18.

746 BVerfGE 6, 32 (39). Dies übersieht *Peters*, Das Recht auf freie Entfaltung der Persönlichkeit in der höchstrichterlichen Rechtsprechung, 17.

verstößt."[747] Der Hauptausschuss hingegen hatte die im Grundgesetz verwirklichte Fassung vorgeschlagen.

Das Argument des Bundesverfassungsgerichts wird daher durch den einmaligen Zitierfehler, der wohl eher als sinngemäße Zusammenfassung zu verstehen ist, nicht entwertet, sondern findet in den Protokollen des Parlamentarischen Rates Bestätigung.[748] Der Allgemeine Redaktionsausschuss hielt zunächst an der Herrenchiemseer Formel fest, in der er die allgemeine Handlungsfreiheit verbürgt sah, wie aus seinen Stellungnahmen zur zweiten Lesung des Hauptausschusses hervorgeht.[749] Demgegenüber wurde im Hauptausschuss, insbesondere von Hermann *von Mangoldt*, die Formulierung „freie Entfaltung der Persönlichkeit" aus sprachästhetischen Gründen bevorzugt,[750] gleichwohl aber mit dem Inhalt eines allgemeinen Freiheitsrechts verstanden.[751] Die Abkehr von der ursprünglichen Formulierung und die Wahl der schließlich Verfassung gewordenen Formulierung sind also dem Betreiben des Hauptausschusses zuzuschreiben, ohne dass damit eine inhaltliche Änderung beabsichtigt war.[752]

Dadurch ist zugleich die Argumentation *Grimms* entkräftet, der aus jener, wie er selbst einräumt, sprachästhetisch motivierten Umformulierung auf eine Veränderung des Bedeutungsgehaltes schließen möchte, da nicht die ursprüngliche, sondern die jetzige Formulierung letztlich Verfassungsrecht geworden sei.[753] Dass nicht die Formulierung „tun und lassen", sondern die „freie Entfaltung der Persönlichkeit" Verfassungswortlaut geworden ist,[754] kann vernünftigerweise niemand bestreiten wollen. Eine andere Frage ist, welche Schlüsse daraus auf die Intention des Parlamentarischen Rats zu ziehen sind. Dort mögen die Auffassungen durchaus divergiert haben. Aus den Quellen ersichtlich ist aber nur das Anliegen, die allgemeine Handlungsfreiheit zu normieren. Wenn die neue, endgültige Formulierung nicht mit der Vorstellung verbunden wurde, dass ihr

---

747 *Deutscher Bundestag/Bundesarchiv* (Hrsg.), Der Parlamentarische Rat 1948 - 1949, Bd. 7, Nr. 2, 36; Maunz/Dürig/*Di Fabio*, Art. 2 Rn. 13; von Münch/*von Münch*, Art. 2 Rn. 18.

748 *Alexy*, Theorie der Grundrechte, 337, Fn. 119.

749 *Deutscher Bundestag/Bundesarchiv* (Hrsg.), Der Parlamentarische Rat 1948 - 1949, Bd. 7, Nr. 5, 205.

750 Ebenso *Kube*, JuS 2003, 111 (111).

751 Die Debatte zu diesem Punkt ist wiedergegeben in *Deutscher Bundestag/Bundesarchiv* (Hrsg.), Der Parlamentarische Rat 1948 - 1949, Bd. 2, Nr. 42, 918 f. und 924 ff.

752 Ebenso von Münch/*von Münch*, Art. 2 Rn. 18.

753 *Grimm*, Sondervotum, BVerfGE 80, 137 (165); ihm folgend *Hochhuth*, JZ 2002, 743 (746).

754 *Hochhuth*, JZ 2002, 743 (746).

Sinn von der früheren Formulierung abweiche, dann kann kein Wille zur Veränderung des Sinngehalts unterstellt werden. Selbstverständlich kann ungeachtet der historischen Quellenlage den beiden Formulierungen durch Interpretation ein unterschiedlicher Sinn zugeordnet werden. Dieser Umstand steht aber nicht in Zusammenhang mit den Vorstellungen, die im Parlamentarischen Rat mit der Bedeutung der beiden Formulierungen verbunden wurden.

Die vom Parlamentarischen Rat intendierte Bedeutung des Art. 2 I GG, soweit sie sich nachweisen lässt, ist somit die allgemeine Handlungsfreiheit im umfassenden Sinne.

6.2.2. Die Diskussion um ein geschlossenes Grundrechtssystem

Neben dem Verständnis des Begriffs „Persönlichkeit" wird auch der Aspekt der Systembildung, der mit einem Auffanggrundrecht als Interpretationsergebnis einhergeht, bis heute diskutiert. Dabei geht es darum, inwieweit das Grundgesetz als ein geschlossenes Grundrechtssystem verstanden werden kann. Die jeweiligen Argumente knüpfen vielfach an den allgemeinen Sprachgebrauch und an die Entstehungsgeschichte des Grundgesetzes an. Auch lässt sich der Zusammenhang zwischen der Interpretation des Begriffs „Persönlichkeit" und der jeweiligen Haltung zur Systembildung veranschaulichen.

6.2.2.1. Zwei kollidierende Ansätze der Systembildung

Das Grundgesetz bietet zwei Anknüpfungspunkte für eine Systembildung, von denen der eine auf ein geschlossenes Grundrechtssystem, der andere auf ein einheitliches Verständnis des Begriffs „verfassungsmäßige Ordnung" gerichtet ist.

Die Formulierung des Art. 2 I GG kann mit Blick auf Sprachgebrauch und Entstehungsgeschichte als Auffanggrundrecht verstanden werden, das die Einzelgewährleistungen der Spezialgrundrechte ergänzt. Daraus ergäbe sich je nach Reichweite der Auffangwirkung ein mehr oder minder geschlossenes System, mittels dessen jeder potenziell belastende Rechtsakt der Überprüfung zugeführt werden könnte. Die Elfes-Bedingung entscheidet darüber, ob dazu schon ein beliebiger Verfassungsverstoß des beschränkenden Aktes genügt.

Das Bundesverfassungsgericht entscheidet sich in der Elfes-Entscheidung dafür, den Systematisierungsgedanken umfassend zu verwirklichen, also Art. 2 I GG als umfassendes Auffanggrundrecht zu verstehen. Konsequenterweise lehnt es die Gegenauffassung mit Erwägungen ab, die auf ein Grundrechtssystem hinauslaufen: die (weite) allgemeine Handlungsfreiheit dürfe nicht schwerer beschränkbar sein als die spezielleren Grundrechte mit ihren strengeren

Eingriffsvorbehalten; die Grundrechte bildeten ein abgestuftes Schutzsystem;[755] Art. 2 I GG trete hinter andere Grundrechte zurück.[756]

Ein alternativer Systembildungsansatz knüpft an den Begriff der „verfassungsmäßigen Ordnung" an, der sich mehrfach im Verfassungstext wiederfindet. Ausgehend von der Annahme, der Parlamentarische Rat habe in dem eher überschaubaren Text des Grundgesetzes dieselben Begriffe auch in derselben Bedeutung verwenden wollen, könnte man für ein einheitliches Verständnis des Begriffs plädieren. Das Bundesverfassungsgericht hat diesen Systematisierungsansatz in der Elfes-Entscheidung abgelehnt[757] und sich wie erwähnt dafür ausgesprochen, den Begriff kontextabhängig unterschiedlich zu interpretieren.[758]

Beide Systematisierungsansätze sind plausibel und entsprechen den Erfahrungen mit dem Sprachgebrauch in Kodifizierungsprozessen, aber auch in der zur Systembildung neigenden juristischen Interpretationskultur. Inwieweit der Parlamentarische Rat aber tatsächlich eines der beiden Systematisierungsanliegen verfolgt hat, ist fraglich. Die Argumentation des Bundesverfassungsgerichts kann sich zwar darauf berufen, der Parlamentarische Rat habe ein Auffanggrundrecht schaffen wollen. Wie bereits erwähnt, dürfte der Parlamentarische Rat dabei aber kaum an die Konsequenzen gedacht haben, die das Bundesverfassungsgericht gezogen hat. Die Gegenauffassung, die auf eine einheitliche Verwendung des Begriffs „verfassungsmäßig" abstellt, muss sich entgegenhalten lassen, dass eine uneinheitliche Verwendung desselben Begriffs in demselben Gesetzestext schwer zu vermeiden ist. Gesetzgebungswerke entstehen unter Mitwirkung mehrerer Personen, von denen typischerweise jede einzelne nicht zu jedem Zeitpunkt den gesamten Text überblicken kann. Beim Grundgesetz kommt noch hinzu, dass manche Formulierungen teils nicht mit Blick auf ihre Anwendung im verfassungsgerichtlichen Verfahren, sondern (wie bereits erwähnt) eher aus sprachästhetischen Gründen gewählt wurden. Es kann daher keine generelle Regel formuliert werden, dass derselbe Begriff in demselben normativen Text stets gleichbedeutend oder stets kontextabhängig zu verstehen sei.

755 Maunz/Dürig/*Di Fabio*, Art. 2 Rn. 39. BVerfGE 6, 32 (37) spricht von „abgestuften Gesetzesvorbehalten".

756 BVerfGE 6, 32 (37).

757 Ebenda (37).

758 Ebenda (38).

6.2.2.2. *Systembildung als Anliegen des Parlamentarischen Rats*

Nachweisen lässt sich nur, dass es sich bei der allgemeinen Vorstellung eines Grundrechtssystems nicht um einen neuen Denkansatz des Bundesverfassungsgerichts handelte, sondern dass auch der Parlamentarische Rat das Ziel verfolgte, ein Grundrechtssystem zu schaffen.

Mit den in der älteren Literatur vorgebrachten Argumenten hatte sich der Parlamentarische Rat bereits auseinandergesetzt. Wenn die älteren Literaturstimmen die Auslegung des Art. 2 I GG anhand eines bestimmten Persönlichkeitsbildes fordern,[759] ein umfassendes System des Grundrechtsschutzes ablehnen[760] oder behaupten, ein Grundrecht mit so umfassendem Schutzbereich wie die allgemeine Handlungsfreiheit könne es nicht geben,[761] steht dahinter die Befürchtung, die allgemeine Handlungsfreiheit ermögliche einen übermäßigen Freiheitsschutz oder laufe im Gegenteil leer.[762]

Während die Befürchtung übermäßigen Freiheitsschutzes im Parlamentarischen Rat wenig Beachtung fand, setzte er sich mit der Problematik des Leerlaufens näher auseinander.[763] Hintergrund war die Annahme, dass im Bereich eines Auffanggrundrechts unvermeidlich freie Wertungen über Schutz oder Einschränkbarkeit eines Verhaltens entscheiden würden. Es sollte deshalb verhindert werden, dass der Staat *jedes* Verhalten allein aufgrund einer bestimmten Wertung im Einzelfall verbieten oder behindern kann. Man entschied sich letztlich bewusst gegen die zunächst diskutierte[764] Generalklausel und stattdessen für

---

759 Am pointiertesten *Peters*, Das Recht auf freie Entfaltung der Persönlichkeit in der höchstrichterlichen Rechtsprechung, 48.

760 *Hesse*, Grundzüge des Verfassungsrechts der Bundesrepublik Deutschland Rn. 300.

761 *Schulz-Schaeffer*, Der Freiheitssatz des Art. 2 Abs. 1 Grundgesetz, 52 f.

762 *Ehmke*, VVDStRL 1963, 53 (83); *Schulz-Schaeffer*, Der Freiheitssatz des Art. 2 Abs. 1 Grundgesetz, 28; *Ridder*, AöR 1962, 311 (329).

763 *Deutscher Bundestag/Bundesarchiv* (Hrsg.), Der Parlamentarische Rat 1948 – 1949, Bd. 5/I, Nr. 4, 41.

764 So im Entwurf des Unterausschusses I auf dem Verfassungskonvent von Herrenchiemsee in Artikel U Satz 3, 4 und 5: *Deutscher Bundestag/Bundesarchiv* (Hrsg.), Der Parlamentarische Rat 1948 – 1949, Bd. 2, Nr. 6, 227. Ebenso noch Art. 21 des Entwurfs der Ministerpräsidentenkonferenz, der allerdings auch schon Einzelschranken enthielt: *Deutscher Bundestag/Bundesarchiv* (Hrsg.), Der Parlamentarische Rat 1948 – 1949, Bd. 2, Nr. 14, 582. Im Parlamentarischen Rat wurde die bereits erwähnte Formulierung diskutiert: „Die Grundrechte sind, soweit sich aus ihrem Inhalt nichts anderes ergibt, im Rahmen der allgemeinen Rechtsordnung zu verstehen." Diskutiert wurde auch ein allgemeiner Gesetzesvorbehalt: „Eine Einschränkung der Grundrechte ist nur durch Gesetz und unter der Voraussetzung zulässig, dass

spezifische Eingriffsvorbehalte der Einzelgrundrechte, um diese zu stärken und zu sichern.[765]

Diese Entscheidung nahm für bestimmte Lebensbereiche Wertungen abstrakt vorweg, die anderenfalls einzelfallabhängig bei Anwendung eines generellen Eingriffsvorbehalts hätten entwickelt werden müssen. Es sollte also beispielsweise ein die Meinungsfreiheit beschränkendes Gesetz immer schon dann abgewehrt werden können, wenn es nicht die in Art. 5 GG aufgeführten Zwecke verfolgte. Eine Vereinigung sollte nur dann verboten werden können, wenn sie strafrechts- oder verfassungswidrig agierte.

Mit der Einführung von Spezialgrundrechten hielt *von Mangoldt* im Parlamentarischen Rat das Problem des Leerlaufens für behoben.[766] Vor dem Hintergrund, dass er Art. 2 I GG explizit als Auffanggrundrecht verstanden wissen wollte,[767] überrascht dieses Fazit. Denn genau genommen konnte nur die Reichweite des Problems verringert werden. Während viele Spezialgrundrechte spezielle Eingriffsvorbehalte erhielten, wurde Art. 2 I GG mit einer Schranke bzw. einem Eingriffsvorbehalt ausgestattet, der dem zuvor diskutierten generellen Gesetzesvorbehalt sehr ähnlich war. Es wäre wenig plausibel, dass die Wahl einer ähnlichen Formulierung, über die zuvor mehrfach diskutiert worden war, nicht auch mit der Vorstellung einer ähnlichen Bedeutung verbunden wurde. Konsequenterweise müsste der Parlamentarische Rat davon ausgegangen sein, Art. 2 I GG sei leichter einschränkbar als andere Grundrechte. Wenn *von Mangoldt* dennoch davon ausging, auch das Auffanggrundrecht könne nicht auf Null eingeschränkt werden, setzte er offenbar stillschweigend Schrankenschranken voraus. Die Funktion, die heute der Grundsatz der Verhältnismäßigkeit einnimmt, könnte aus seiner Sicht die Wesensgehaltsgarantie übernommen haben.

Trotzdem ergibt sich aus den differenzierenden Eingriffsvorbehalten ein abgestuftes Schutzniveau. Das Zusammenspiel von leicht einschränkbarem Auffanggrundrecht und schwerer einschränkbaren Spezialgrundrechten – und damit

---

es die öffentliche Sicherheit, Sittlichkeit oder Gesundheit zwingend erfordert", vgl. *Deutscher Bundestag/Bundesarchiv* (Hrsg.), Der Parlamentarische Rat 1948 – 1949, Bd. 5/I, Nr. 9, 215. Vgl. auch schon die Kritik des Berichterstatters *Bergsträsser*, ebenda Nr. 3, 27.

765 Vgl. *Deutscher Bundestag/Bundesarchiv* (Hrsg.), Der Parlamentarische Rat 1948 – 1949, Bd. 5/I, Nr. 4, 41.

766 Ebenda Nr. 4, 41.

767 Vgl. *Deutscher Bundestag/Bundesarchiv* (Hrsg.), Der Parlamentarische Rat 1948 – 1949, Bd. 2, Nr. 42, 918 f. und 924 ff.

der Kern eines Grundrechtssystems – war folglich bereits in den Diskussionen des Parlamentarischen Rat angelegt.

6.2.2.3. *Historische Vorbilder des Auffanggrundrechts*

Vor diesem Hintergrund kann es nicht überzeugen, wenn sich die Ablehnung eines geschlossenen Grundrechtssystems auf die Entstehungsgeschichte berufen will.

Das gilt nicht nur für die Diskussionen im Parlamentarischen Rat, sondern auch für die historischen Vorläufer des Grundgesetzes. Die Ablehnung eines geschlossenen Grundrechtsystems speist sich, worauf *Ehmke* hinweist,[768] auch aus der Auffassung, die historische Tradition der Grundrechtskataloge gehe nicht auf die Kataloge des 18. Jahrhunderts zurück. Ob diese Prämisse überzeugt, kann offenbleiben. Denn jedenfalls hatte ein Auffanggrundrecht mit Art. 4 und 5 der französischen Erklärung der Menschen- und Bürgerrechte von 1789[769] ein *potenzielles* historisches Vorbild, das den Vorwurf eines „unhistorischen Grundrechtsverständnisses"[770] infrage stellen würde. Zwar war die Entwicklung hin zu einem Grundrecht der allgemeinen Handlungsfreiheit in der Weimarer Verfassungsrechtslehre und den deutschen Länderverfassungen bereits angedeutet.[771] Doch kennt die deutsche Verfassungstradition im Übrigen kein Pendant zu Art. 2 I GG. Der Bezug zur französischen Tradition liegt somit nahe.[772] Die Grundrechte sind daher nicht „ihrer geschichtlichen Entwicklung nach" nur „punktuelle Gewährleistungen".[773] Sie sind es allenfalls dann, wenn man nur bestimmte Traditionslinien berücksichtigt. Neben die Traditionslinie eines konkret zugeschnittenen Grundrechtsschutzes tritt eine eigenständige Tradition eines abstrakten, geschlossenen Grundrechtsschutzes, etwa in Nachfolge der französischen Menschenrechtserklärung[774] und des *Kant*schen Freiheitsbegriffs.[775]

---

768 *Ehmke*, VVDStRL 1963, 53 (82).

769 *Ministère de la Justice (République Française)*, Déclaration des droits de l'Homme et du citoyen de 1789, 2001 (http://www.textes.justice.gouv.fr/textes-fondamentaux-10086/droits-de-lhomme-et-libertes-fondamentales-10087/declaration-des-droits-de-lhomme-et-du-citoyen-de-1789-10116.html).

770 *Ehmke*, VVDStRL 1963, 53 (82).

771 HdStR (3. Aufl.) VII/*Cornils*, § 168 Rn. 3.

772 Vgl. HdStR (3. Aufl.) VII/*Cornils*, § 168 Rn. 4.

773 So aber *Hesse*, Grundzüge des Verfassungsrechts der Bundesrepublik Deutschland, Rn. 300.

774 *Alexy*, Theorie der Grundrechte, 337.

775 *Kant*, Die Metaphysik der Sitten, 45; *Alexy*, Theorie der Grundrechte, 337.

6.2.2.4. *Verwirklichung des Systematisierungsanliegens im Verfassungstext*

Im Verfassungstext finden sich, auch wenn man verschiedene Verständnismöglichkeiten berücksichtigt, kaum Anhaltspunkte für die Systematisierungsbestrebungen des Parlamentarischen Rats.

Daher wird teils aus der Anordnung der Grundrechtsartikel darauf geschlossen, dass ein Grundrechtssystem im Grundgesetz nicht verwirklicht sein könne.[776] Die Normierung von Grundrechten beziehungsweise grundrechtsgleichen Rechten auch außerhalb des ersten Abschnitts des Grundgesetzes spreche ebenso gegen ein geschlossenes System wie die Tatsache, dass sich im Abschnitt I auch andere Rechtsinhalte als Grundrechte finden, so etwa Art. 7 I GG,[777] der sich freilich als einzige Vorschrift neben den später hinzugefügten Artikeln 12a und 17a GG als Beleg heranziehen lässt. Das Argument verwechselt zudem Normensystem (semantische Systematik) und Gesetzessystematik: Nicht alles, was inhaltlich zusammengehört, muss auch im Gesetzestext zusammenhängend angeordnet sein. Ein Grundrechtssystem ergibt sich auch ohne eine systematische, übergeordnete Textstruktur, wenn eine bestimmte Interpretationsvariante des Art. 2 I GG – die allgemeine Handlungsfreiheit – konsequent weitergedacht wird.

Aber der Hinweis darauf, dass alternative Deutungen des Verfassungstextes neben einem geschlossenen Grundrechtssystem möglich bleiben, bleibt berechtigt. Wenngleich nur noch wenige Stimmen heute ein Auffanggrundrecht generell ablehnen, bleibt eine Skepsis gegenüber einer allzu weitreichenden Systematisierung präsent.[778]

Diese Skepsis macht aus analytischer Sicht auf einen entscheidenden Aspekt der Diskussion um die Systemnatur der Grundrechte aufmerksam: Es geht hier letztlich nicht um technische Details und nicht um eine historisch „authentische“ oder sprachlich „richtige“ Deutung, sondern um rechtspolitische Fragen. Ob und wie weitreichend die Grundrechte ein System bilden, wirkt sich darauf aus, ob Wertungen im Einzelfall oder abstrakt vorgenommen werden, ob sie eher offen oder eher verdeckt erfolgen. Auch die Reichweite des Grundrechtsschutzes, zumindest soweit Eingriffe am Verhältnismäßigkeitsgrundsatz gemessen werden, ist berührt. Diese Fragen stellen sich bereits ohne die Elfes-Bedingung.

Die Elfes-Bedingung gibt aber der interpretativen Antwort auf diese Fragen eine erheblich größere Reichweite. Dass die Elfes-Konstruktion die praktische

776 *Hesse*, Grundzüge des Verfassungsrechts der Bundesrepublik Deutschland, Rn. 300.

777 Ebenda, Rn. 300.

778 Beispielsweise *Kube*, JuS 2003, 111 (114) bezüglich des Verhältnisses von allgemeiner Handlungsfreiheit und Spezialgrundrechten.

Bedeutung eines systembildenden Grundrechtsverständnisses erheblich gesteigert, konstatiert etwa *Hochhuth* in seiner Argumentation gegen eine umfassende Überprüfung von Gesetzen am Maßstab der allgemeinen Handlungsfreiheit.[779] Dass ein Zusammenhang zwischen Elfes-Konstruktion und Grundrechtssystem besteht, ist aber auch für die Diskussion um die Schrankenübertragung entscheidend, die gerade unter Berufung auf das Grundrechtssystem abgelehnt wird.[780]

6.2.3. Zwischenergebnis

Ob Art. 2 I GG als Auffanggrundrecht der allgemeinen Handlungsfreiheit zu interpretieren ist, ist potenziell bedeutsam für Interpretationsansätze, die die Elfes-Bedingung aus Art. 2 I GG herleiten. Das gilt insbesondere für die im Abschnitt 4 beschriebene Möglichkeit, Art. 2 I GG als einschließendes Auffanggrundrecht zu verstehen, wodurch die Elfes-Bedingung aus logischen Gründen auch Tatbestandselement der übrigen Freiheitsrechte wird.

Die Interpretationsmöglichkeiten des Art. 2 I GG setzen hinsichtlich der Reichweite seines Schutzbereichs beim Begriff „Persönlichkeit" an. Der Begriff ist aufgrund seiner langen Begriffsgeschichte schillernd. Jedoch lassen sich drei Interpretationsmöglichkeiten unterscheiden. Die erste konkretisiert ein bestimmtes Persönlichkeitsbild, mittels dessen bestimmt wird, welche menschlichen Verhaltensweisen Art. 2 I GG schützt. Diese erste Interpretationsmöglichkeit hat naturgemäß zahlreiche Untervarianten. Die zweite Interpretationsmöglichkeit besteht darin, jegliches menschliche Verhalten als Persönlichkeitsentfaltung anzusehen. Art. 2 I GG wird dadurch zum Grundrecht der allgemeinen Handlungsfreiheit. Die dritte Interpretationsmöglichkeit begreift Art. 2 I GG als ein konkretisierungsbedürftiges Grundrecht, das genau diejenigen menschlichen Verhaltensweisen schützt, die das Bundesverfassungsgericht in seiner Rechtsprechung zu abgrenzbaren Teil-Grundrechten verselbstständigt hat. Der Parlamentarische Rat setzte ausweislich der Quellenlage die zweite Interpretationsmöglichkeit voraus.

Neben dem Begriff „Persönlichkeit" hat auch die Frage nach der Existenz eines Grundrechtssystems Einfluss darauf, ob Art. 2 I GG als Auffanggrundrecht interpretiert wird. Wer ein geschlossenes Grundrechtssystem ablehnt, wird nicht dazu tendieren, Art. 2 I GG als Auffanggrundrecht zu verstehen. Was ein Grundrechtssystem angeht, gibt es zwei Interpretationsansätze.

---

779 *Hochhuth*, JZ 2002, 743 (746 f., 752).

780 Vgl. etwa *Bachof*, in: Bettermann/Nipperdey/Scheuner, Die Grundrechte, 155 (167); *Erichsen*, Jura 1987, 367 (370); *Volkmann*, JZ 2005, 261 (268).

Man kann einerseits ein geschlossenes Grundrechtssystem postulieren, das jegliches menschliche Verhalten entweder über die Spezialgrundrechte oder über das Auffanggrundrecht schützt. Die Elfes-Bedingung ist in diesem System der Schlussstein, weil sie es ermöglicht, eingreifende Rechtsakte mehr oder minder vollumfänglich zu überprüfen. Diese Interpretationsmöglichkeit entsprach auch den Intentionen des Parlamentarischen Rats. Die Konzeption eines Grundrechtssystems, das ein Auffanggrundrecht einschließt, verweist zudem auf historische Vorbilder von Auffanggrundrechten (vornehmlich außerhalb der deutschen Verfassungstradition).

Alternativ ist es auch möglich, den ersten Abschnitt des Grundgesetzes nicht als geschlossenes System zu verstehen. Diese Interpretationsmöglichkeit verwirft entweder den Systematisierungsgedanken an sich oder plädiert an anderer Stelle für eine Systembildung, zum Beispiel indem der Begriff „verfassungsmäßige Ordnung" im gesamten Verfassungstext gleich interpretiert wird.

6.3. Herleitung der Elfes-Bedingung aus anderen Grundrechtsartikeln

Neben oder anstelle des Eingriffsvorbehalts des Art. 2 I GG wurden gelegentlich auch die Eingriffsvorbehalte der übrigen Grundrechte herangezogen, um die Elfes-Bedingung zu begründen, wobei zu unterscheiden ist zwischen einer Herleitung nur für die Spezialgrundrechte und einer Herleitung aus den Spezialgrundrechten, die sich auch auf Art. 2 I GG erstreckt.

Schwabe etwa leitet die Elfes-Bedingung für die Spezialgrundrechte aus deren Gesetzesvorbehalten ab. Der Begriff „Gesetz" müsse als „verfassungsmäßiges Gesetz" verstanden werden.[781] Weitergehend will *Starck* aus dem Umstand, dass der Gesetzesvorbehalt der Spezialgrundrechte zumindest die Überprüfung des Eingriffsakts auf die Gesetzesform gebiete, darauf schließen, dass die Elfes-Bedingung auch Art. 2 I GG zuzuordnen sei.[782]

Ansonsten wird die Elfes-Bedingung in der Literatur nicht explizit aus den Gesetzesvorbehalten der Spezialgrundrechte hergeleitet. Grund dafür ist, dass sowohl in der älteren als auch in der neueren Literatur der Fokus auf anderen Interpretationsfragen lag: Während in der älteren Literatur die bereits erwähnte Schrankenübertragung diskutiert wurde, steht in der neueren Literatur das Freiheitsschutzprinzip (dazu unten) als gemeinsames Prinzip der Grundrechte

---

781 *Schwabe*, DÖV 1973, 623 (623 f.). Vgl. aus der neueren Literatur mit ähnlicher Stoßrichtung auch von Mangoldt/Klein/Starck/*Starck*, Art. 2 I Rn. 27.

782 Von Mangoldt/Klein/Starck/*Starck*, Art. 2 I Rn. 27.

und anderer verfassungsrechtlicher Normen im Fokus. Dennoch ist es nicht unwahrscheinlich, dass Vertreterinnen und Vertreter der beiden genannten Auffassungen voraussetzen, die Gesetzesvorbehalte der Spezialgrundrechte seien zumindest interpretationsoffen, sodass „Gesetz" als „verfassungsmäßiges Gesetz" gelesen werden könne.

Dies lässt sich allerdings nicht an einer Bedeutungsmöglichkeit des Begriffs „Gesetz" festmachen. Den Begriff „Gesetz" auf verfassungsmäßige Gesetze zu beschränken ist weder im Alltagssprachgebrauch noch im fachlichen Sprachgebrauch üblich. Ganz im Gegenteil ist auch von verfassungswidrigen Gesetzen die Rede. Entscheidend ist deshalb auch bei *Schwabe* ein rechtspolitisches Argument, nämlich dass nicht schon der bloße Gesetzesbeschluss freiheitsbeschränkend wirken dürfe.[783]

Dass hingegen Rechtsakte, die in die Spezialgrundrechte eingreifen, unter anderem auf die Gesetzesform („durch Gesetz") zu prüfen seien, lässt sich durchaus an einer Bedeutungsmöglichkeit des Begriffs „Gesetz" festmachen: Dazu muss unter einem Gesetz ein Parlamentsgesetz verstanden werden.[784] Die Schlussfolgerung *Starcks*, eine formelle Eingriffsprüfung sei geboten, und zwar auch im Rahmen des Art. 2 I GG, lässt sich daraus aber nicht ziehen. Denn die Prüfung der Gesetzesform ist wesentlich enger als die Prüfung, ob der Eingriffsakt mit der gesamten Verfassung in Einklang steht.

Demgegenüber eröffnet die Formulierung „aufgrund eines Gesetzes" durchaus die Möglichkeit, den Spezialgrundrechten ein der Elfes-Bedingung strukturell verwandtes Tatbestandselement zuzuordnen.[785] Allerdings erfasst diese Deutung des Eingriffsvorbehalts nur die Kontrolle einfachen Rechts, die von der Rechtsprechung und dem überwiegenden Teil der Literatur im Verfassungsprozess gerade abgelehnt wird. Die Kontrolle von Normen und Realakten auf ihre *Verfassungsmäßigkeit* ist hingegen von dieser Interpretationsmöglichkeit nicht erfasst. Weil die Formulierung der Spezialgrundrechte somit keinen belastbaren Anhaltspunkt dafür gibt, ihnen die Elfes-Bedingung zuzuordnen, haben die Spezialgrundrechte konsequenterweise in der Diskussion um die Elfes-Bedingung keine nennenswerte Rolle gespielt.

---

783 *Schwabe*, DÖV 1973, 623 (623 f.).

784 Das ist nicht selbstverständlich, aber interpretativ begründbar. Vgl. dazu *Seiler*, Der einheitliche Parlamentsvorbehalt, 90.

785 Vgl. hierzu auch Abschnitt 5.5.1.3.

6.4. Herleitung der Elfes-Bedingung aus Verfassungsprinzipien

Die Elfes-Bedingung wird in der rechtswissenschaftlichen Literatur, soweit sie sich näher mit dem Problem befasst, meist nicht oder nicht nur mittels der Elfes-Konstruktion aus Art. 2 I GG hergeleitet. Auch die Gesetzesvorbehalte der Spezialgrundrechte spielen kaum eine Rolle. Häufiger stehen allgemeine Grundsätze der Grundrechtslehre sowie staatsorganisationsrechtliche Prinzipien im Vordergrund.

6.4.1. Grenzen der Sprachgebrauchsanalyse für die Herleitung aus allgemeinen Prinzipien

Deshalb wird zu diesen Ansätzen auch hier Stellung zu nehmen sein. Doch vorab bedarf es einer kurzen Bemerkung zur Methodik dieser Stellungnahme.

Denn wenn Verfassungsprinzipien als Anknüpfungspunkt der Interpretation dienen, stößt eine Analyse des Sprachgebrauchs aufgrund der extremen Vagheit solcher Prinzipien notwendigerweise an ihre Grenzen. Wenn ein allgemeines Prinzip zudem noch erst von den konkreten Verfassungsbestimmungen abgeleitet wurde, abstrahiert die Interpretation noch stärker vom Sprachgebrauch bezüglich einzelner Bestandteile des Verfassungstextes.

Für beide Varianten, Verfassungsprinzipien und abgeleitete Prinzipien, gilt: Die jeweiligen Argumente, die an das zentrale Konzept der Argumentation anknüpfen, stehen in einer rechtsdogmatischen und philosophischen Diskurstradition. Nur innerhalb der jeweiligen Diskurse lässt sich von einem analysierbaren Sprachgebrauch sprechen. Hinsichtlich der beteiligten Personenzahl ist dieser Sprachgebrauch naturgemäß weitaus begrenzter als der Sprachgebrauch der Alltagssprache oder selbst der allgemeinen juristischen Fachsprache. Solche Diskurse sind zudem komplex und von dem Bemühen geprägt, Sinn und Grenzen eines Verfassungsprinzips *bewusst* zu bestimmen. Dies unterscheidet sie vom allgemeinen Sprachgebrauch, dessen Regeln typischerweise unbewusst befolgt werden.[786] Schließlich ist jeder Versuch, aus einem bestimmten Verständnis eines allgemeinen Prinzips eine konkrete Norm abzuleiten, notwendigerweise weitgehend durch die Vorverständnisse des Autors oder der Autorin geprägt.

Eine deskriptive Analyse könnte also nur einen Überblick über die Diskursgeschichte bestimmter Konzepte wie etwa der Rechtsstaatlichkeit sowie einen Überblick über die aktuelle Diskussion dieser Konzepte in verschiedenen Strömungen der Rechtswissenschaft bieten und diese Strömungen sodann

786 Dazu Abschnitt 1, insbesondere 1.3.5.1.

(politikwissenschaftlich und historisch) einordnen. Sie würde zu dem eher banalen Ergebnis kommen, dass unterschiedliche Denkschulen unterschiedliche Konkretisierungen des jeweiligen Konzepts hervorbringen und dass selbst innerhalb derselben Denktradition Argumente für wie auch gegen die Elfes-Konstruktion auf dasselbe Konzept gestützt werden können.

Der nachfolgende kurze Überblick will deshalb nicht eine wissenschaftliche Beschreibung des Sprachgebrauchs sein, sondern soll nur knapp den interpretativen Diskussionsstand mit Blick auf allgemeine Verfassungsprinzipien wiedergeben.

6.4.2. Das Rechtsstaatsprinzip als Anknüpfungspunkt der Elfes-Bedingung

Vereinzelt wird im Rechtsstaatsgebot – mehr als in Art. 2 I GG –[787] der Grund für die Prüfung außergrundrechtlicher Normen in der Grundrechtsprüfung gesehen. Behauptet wird auch, dass ohne Prüfung formeller Verfassungsnormen bei der Rechtmäßigkeit des Grundrechtseingriffs eine Lücke im Rechtsstaat entstünde.[788]

Hinzu kommen Auffassungen, die nicht direkt und nicht ausschließlich an das Rechtsstaatsprinzip anknüpfen, aber bei der Herleitung der Elfes-Bedingung dort den Schwerpunkt setzen. *Hutzelmann* etwa stützt seine Auffassung nicht auf das Rechtsstaatsprinzip allein, sondern stellt in einem rechtshistorischen und normativen Bogen den „Vorrang der Verfassung" auf eine breite Basis. Doch die Suche endet letztlich bei Art. 20 III GG,[789] der neben den Grundrechten selbst[790] mit der Bindung des Gesetzgebers an die Verfassung den Vorrang der Verfassung statuiere. Darin wird deutlich, dass *Hutzelmann* den für ihn zentralen Vorrang der Verfassung als einen Aspekt des Rechtstaatsprinzips begreift. Auch der Topos der Einheit der Verfassung, der in der Literatur im Kontext der Elfes-Konstruktion eigenständig diskutiert wird, kann als besondere Ausprägung des Rechtsstaatsprinzips begriffen werden. So argumentiert beispielsweise *Scholz*, durch den Grundsatz der Einheit der Verfassung verschmölzen die Grundrechte mit der Schranke der verfassungsmäßigen Ordnung und ihrer auch objektivrechtlichen Seite einerseits und das Rechtsstaatsprinzip andererseits zum

787 Von Münch/*von Münch*, Art. 2 Rn. 23.
788 *Alexy*, Theorie der Grundrechte, 348.
789 *Hutzelmann*, Die prozessuale Bedeutung, 37 ff.
790 Insbesondere normiert Art. 1 III GG den Vorrang der Grundrechte, vgl. Beck-OK GG/*Hillgruber*, Art. 1 Rn. 63.

„bürgerlichen Freiheitsschutz".[791] Schließlich knüpft auch die Freiheitsschutzthese[792] an das Rechtsstaatsprinzip an, wenn sie Verfahrens- und Formvorschriften als freiheitsschützende Konkretisierungen des Rechtsstaatsprinzips begreift.[793]

Jenseits von Konkretisierungen wie „Eingriffsfreiheit" und „Verfassungsvorrang" kann auch die Elfes-Bedingung selbst als Ausdruck von Rechtsstaatlichkeit eingestuft werden. So lässt sich beispielsweise das bereits erwähnte Argument verstehen, im Gesetzesvorbehalt der Spezialgrundrechte müsse „Gesetz" „verfassungsmäßiges Gesetz" bedeuten, weil sonst der reine Gesetzesbeschluss genüge.[794]

Die Schwierigkeit dabei, das Rechtsstaatsprinzip argumentativ nutzbar zu machen, liegt in seiner Unschärfe und der unklaren normativen Verortung. Rechtsstaatlichkeit als Topos beinhaltet rechtsphilosophische Vorstellungen, die bestimmte Inhalte positiven Rechts betreffen. Selbst wenn das Rechtsstaatsprinzip die Verfassungsbeschwerde gebieten sollte, worüber man naturgemäß streiten kann, wird die Reichweite dieses Prinzips noch mehr ausgedehnt, wenn ihm darüber hinaus auch noch die Elfes-Bedingung entnommen werden soll. Plausibel wird ein so weit reichendes, konkretes Verständnis des Rechtsstaatsprinzips vor allem, wenn man es (wie die Grundrechte in der Prinzipientheorie) als Optimierungsgebot behandelt und die Elfes-Bedingung wiederum als Optimierung von Rechtsstaatlichkeit begreift.

Allerdings wird dem Rechtsstaatsprinzip üblicherweise auch die Verfassungsbindung der staatlichen Gewalt zugerechnet, wodurch der Weg zu einem strukturell eher einfachen Gegenargument eröffnet wird: Wenn das Rechtsstaatsprinzip die Beachtung der übrigen Verfassung gebietet und wenn die Verfassung so zu verstehen ist, dass sie die Elfes-Bedingung *nicht* enthält, dann kann die Elfes-Bedingung nicht aus dem Rechtsstaatsprinzip abgeleitet werden. Anders gesagt: Die Elfes-Bedingung mittels des Rechtsstaatsprinzips begründen zu wollen hat eine zirkuläre Tendenz, die sich auch durch unterschiedliche Akzentuierungen des Rechtsstaatsprinzips nicht ganz ausräumen lassen dürfte.

Dass das Rechtsstaatsprinzip in der Literatur nicht als *alleinige* Begründung der Elfes-Bedingung genutzt wird, hat aber vermutlich einen anderen Grund:

---

791 *Scholz*, AöR 1975, 80 (109 f.).

792 Dazu Abschnitt 6.4.3.

793 *Frotz*, Die Reichweite des grundrechtlichen Abwehranspruchs, 158. Ähnlich auch von Mangoldt/Klein/Starck/*Starck*, Art. 2 I Rn. 28, der rechtsstaatliche Argumente mit dem Argument des Schutzes der Bürger verbindet.

794 *Schwabe*, DÖV 1973, 623 (623 f.).

Die Elfes-Bedingung wird nicht, wie es ihrem operativen Verhalten[795] entspricht, dem prozessualen Recht, sondern, wie es ihrer überwiegend vertretenen interpretativen Herleitung entspricht, dem materiellen Gehalt der Grundrechte zugeordnet.[796] Mit der Auffassung, die Elfes-Bedingung entstamme dem materiellen Gehalt der Grundrechte, wäre es schwer zu vereinbaren, sie überwiegend aus dem Rechtsstaatsprinzip herzuleiten. Wohl deshalb hat sich eine Herleitung aus dem Rechtsstaatsprinzip nicht durchgesetzt.

6.4.3. Die Grundrechte insgesamt als Anknüpfungspunkt der Elfes-Bedingung

Der weit überwiegende Teil der neueren Literatur setzt bei den Grundrechten selbst an, um die Elfes-Bedingung zu rechtfertigen. Dies geschieht in der Regel in Form der so genannten Freiheitsschutzthese.

Diese setzt zunächst voraus, dass neben den Grundrechten auch außergrundrechtliche Normen einen freiheitsschützenden Zweck verfolgen. So dienten etwa die Kompetenzvorschriften auch der Qualitätssicherung der Gesetzgebung[797] und dem Schutz der Bürger,[798] die Verfahrensvorschriften dienten der (freiheitsschützenden) Gewaltenteilung,[799] die Formvorschriften setzten einen Merkposten für den Gesetzgeber und schüfen Rechtsklarheit für die Grundrechtsträgerin.[800] Außergrundrechtliche Normen beinhalteten „formelle Positionen“, die aufgrund ihrer freiheitsschützenden Funktion als grundrechtliche Positionen verstanden werden könnten;[801] ihr freiheitsschützender Zweck genüge dafür, dass sich der grundrechtliche Abwehranspruch auf die Einhaltung dieser Normen erstrecke.[802]

Hingegen ergebe sich die Überprüfung der Grundrechte Dritter „nicht aus der Freiheitsfunktion des eigenen Grundrechts“.[803] Ein Grundrecht habe nicht

795 Dazu Abschnitt 5.4.

796 So besonders deutlich *Kube*, JuS 2003, 111 (117 f.), wenngleich primär in Abgrenzung zur prozessualen Beschränkung des gerichtlichen Prüfungsumfangs auf spezifisches Verfassungsrecht.

797 *Frotz*, Die Reichweite des grundrechtlichen Abwehranspruchs, 139 f.

798 Von Mangoldt/Klein/Starck/*Starck*, Art. 2 I Rn. 28 – ohne Erwähnung des Begriffs „Freiheit“.

799 *Frotz*, Die Reichweite des grundrechtlichen Abwehranspruchs, 149.

800 Ebenda, 149, 154, 158.

801 *Alexy*, Theorie der Grundrechte, 348.

802 *Hutzelmann*, Die prozessuale Bedeutung, 26.

803 *Kube*, DVBl. 2005, 721 (725).

den Zweck, die Freiheit *anderer* Grundrechtsträger zu schützen.[804] In strukturanalytischer Terminologie ausgedrückt: Die Freiheitsschutzthese stellt darauf ab, dass die Grundrechte menschliches Verhalten nur streng relativ schützen. Die Elfes-Bedingung soll diese Relativität nicht auf der Rechtsfolgenebene mittelbar durchbrechen, indem die Betroffenheit eigener Verhaltensmöglichkeiten den Zugang zu einer eingeschränkten Popularklage eröffnet.

Als Interpretations-Brücke zwischen Grundrechten und sonstigem Verfassungsrecht[805] dient die Freiheitsschutzthese schließlich, wenn argumentiert wird, dass sowohl die Grundrechte als auch außergrundrechtliche Verfassungsgrundsätze einem freiheitsschützenden Zweck dienten, dass also „objektive" und „subjektive" Garantien, „formelle" und „materielle Positionen" zusammenwirkten.[806] Daran wird zugleich deutlich, dass die Freiheitsschutzthese letztlich darauf verzichtet, die Elfes-Bedingung im Verfassungstext an einem bestimmten Punkt zu verorten. Sie wird vielmehr aus einer Gesamtinterpretation des Verfassungsrechts und insbesondere der Grundrechte gewonnen, eben aus dem Prinzip des Freiheitsschutzes. Aus diesem Prinzip wird sodann, weil es Grundrechten und außergrundrechtlichen Verfassungsbestimmungen gemeinsam sei, darauf geschlossen, der Schutz eigener Freiheit müsse jeweils als Grundrechtsschutz geltend gemacht werden können. Dies ist nichts anderes als der Inhalt der Elfes-Bedingung, wenn auch in den meisten Varianten mit leichten Einschränkungen.

Die Freiheitsschutzthese wird somit teils als Alternative zur Elfes-Konstruktion des Bundesverfassungsgerichts verwendet, teils nur als modifizierend-korrigierender Eingriff in diese Konstruktion. In beiden Fällen kommt es in der Regel zu einer Eingrenzung der Elfes-Bedingung im Ergebnis.[807] Gemeinsam ist diesen Begrenzungsansätzen, dass nur oder hauptsächlich die Grundrechte Dritter aus dem Prüfungsprogramm ausscheiden.[808]

---

804 *Alexy*, Theorie der Grundrechte, 355.

805 *Alexy*, Theorie der Grundrechte, 348 und *Frotz*, Die Reichweite des grundrechtlichen Abwehranspruchs, 57 sprechen davon, der Freiheitsschutz „vermittle" zwischen Grundrechten und objektivem Verfassungsrecht.

806 *Scholz*, AöR 1975, 80, 107; *Alexy*, Theorie der Grundrechte, 348.

807 Vgl. etwa *Erichsen*, Jura 1987, 367 (368); *Krebs*, in: Erichsen/Hoppe/von Mutius, System des verwaltungsgerichtlichen Rechtsschutzes, 191 (204); *Scherzberg*, DVBl. 1989, 1128 (1130 f., 1135 f.); *Kube*, JuS 2003, 111 (116); *Kube*, DVBl. 2005, 721 (724); *Hutzelmann*, Die prozessuale Bedeutung, 27 ff.; *Frotz*, Die Reichweite des grundrechtlichen Abwehranspruchs, 91 ff. Dezidiert a. A. *Degenhart*, JuS 1990, 161 (163, 169).

808 Nur die Grundrechte Dritter scheiden beispielsweise aus bei *Alexy*, Theorie der Grundrechte, 348 und *Kube*, DVBl. 2005, 721 (724). Bei *Frotz*, Die Reichweite des

Diese Einschränkungen sind aber für das Freiheitsschutzargument nicht konstitutiv.[809] Das Freiheitsschutzargument kann auch verwendet werden, wenn damit nicht zugleich das Anliegen verfolgt wird, die Elfes-Bedingung zu begrenzen.[810] Daraus folgt zwar nicht im Umkehrschluss, dass Alternativen zum Freiheitsschutzargument bei der Herleitung der Elfes-Bedingung überflüssig und deshalb überholt wären. Dennoch kann die Freiheitsschutzthese inzwischen als die relative Mehrheitsauffassung in der Literatur angesehen werden, was die interpretative Herleitung der Elfes-Bedingung angeht.

---

grundrechtlichen Abwehranspruchs, 175, 188 f., 216 kommen nur noch einzelne Ausprägungen des Rechtsstaatsprinzips hinzu.

809 So zu Recht *Kube*, JuS 2003, 461 (461); *Kube*, JuS 2003, 111 (116).

810 So etwa bei *Degenhart*, JuS 1990, 161 (163, 169).

7. Ergebnisse der Analyse

Abstract: This chapter summarizes the findings of chapters 3 to 6 using the methods and concepts laid out in chapters 1 and 2. The contents of chapter 7 are adequately summarized in the abstracts of chapters 3 to 6.

Die Elfes-Bedingung wurde mit den im Abschnitt 1 vorgestellten deskriptiven Methoden – Strukturanalyse einerseits, Analyse des Sprachgebrauchs andererseits – und unter Einsatz der im Abschnitt 2 entwickelten rechtstheoretischen Kategorien untersucht. Untersucht wurden einerseits die normative Struktur der Elfes-Bedingung und ihre Einbettung in andere normative Strukturen (dazu Abschnitte 7.1. und 7.2.), andererseits die Interpretationsmöglichkeiten des Verfassungstextes, aus denen sich die Elfes-Bedingung als Tatbestandselement bestimmter Grundrechte ergibt (dazu Abschnitt 7.3.).

7.1. Definition der Elfes-Bedingung

Die Elfes-Bedingung ist ein Tatbestandselement einer Grundrechts-Rechtsfolge. Ihr Inhalt kann je nach Interpretation des Grundgesetzes verschieden sein, die Grundzüge der semantischen Struktur sind aber stets gleich. Elfes-Bedingungen weisen folgende Merkmale auf:

1. Eine Elfes-Bedingung ist ein Tatbestandselement einer Grundrechts-Rechtsfolge.
2. Eine Elfes-Bedingung ist durch den Konjunktor mit einem weiteren Tatbestandselement verbunden. Dieses weitere Tatbestandselement hat die Regelung oder Beeinträchtigung menschlichen Verhaltens durch eine Norm oder durch einen Realakt zum Inhalt, wobei als Regelung jede Rechtsfolge zu verstehen ist, die an das Verhalten geknüpft wird.
3. Eine Elfes-Bedingung hat die Feststellung der Verfassungswidrigkeit dieser Norm oder dieses Realakts zum Inhalt.
4. Es lassen sich je nach dem Inhalt des Prüfungsprogramms unterschiedliche Elfes-Bedingungen unterscheiden. Im Verhältnis zu einem weiteren Verständnis der Elfes-Bedingung kann ein engeres Verständnis als Konjunktion aus dem weiten Verständnis und einem einschränkenden Zusatz-Tatbestandselement beschrieben werden.

Die übrigen Tatbestandselemente des Art. 2 I GG sind mit der Elfes-Bedingung durch den Disjunktor verknüpft.

Die Elfes-Bedingung verweist auf Normen des Verfassungsrechts (Merkmal 3) und kann deshalb in viele Teil-Tatbestandselemente aufgespalten werden kann. Diese Teil-Tatbestandselemente sind untereinander mit dem Disjunktor verknüpft. Alle Tatbestandselemente sind damit logisch gleichgeordnet und vertauschbar.

7.2. Strukturanalyse der Elfes-Bedingung

7.2.1. Die Elfes-Bedingung im Tatbestand der Grundrechte

7.2.1.1. Die Elfes-Bedingung als Tatbestandselement der Freiheitsrechte

In der Literatur gibt es verschiedene Begründungsansätze dafür, dass die Elfes-Bedingung allen Freiheitsrechten zuzuordnen sei. Sie unterscheiden sich in dieser Zuordnung naturgemäß nicht. Jedoch unterscheiden sie sich bezüglich anderer normativer Strukturen des Grundrechtstatbestands durchaus voneinander. Insbesondere wurde deshalb geprüft, wie es sich auf die semantischen Strukturen des Grundrechtstatbestands auswirkt, falls Art. 2 I GG als einschließendes Auffanggrundrecht interpretiert werden kann – obgleich diese Interpretationsmöglichkeit in der Literatur verbreitet abgelehnt wird und auch vom Bundesverfassungsgericht bislang abgelehnt wird.

Für eine Interpretation als einschließendes Auffanggrundrecht muss auf die Subsidiarität der allgemeinen Handlungsfreiheit verzichtet werden. Wird die allgemeine Handlungsfreiheit als einschließend verstanden, sind ihre weiteren Tatbestandselemente nicht nur an einen Eingriff in den Schutzbereich der allgemeinen Handlungsfreiheit geknüpft, sondern aus logischen Gründen zugleich an den Eingriff in den Schutzbereich jedes anderen Freiheitsgrundrechts. Eine gesonderte interpretative Rechtfertigung dafür, die Elfes-Bedingung auch den übrigen Grundrechten zuzuordnen, ist dann entbehrlich.

Das gilt auch für das Eigentumsgrundrecht und das Grundrecht aus Art. 38 I GG, sofern man jede Abänderung der Rechtsfolgen menschlichen Handelns als dessen Regelung versteht. Denn der Entzug des Eigentums und die Übertragung von Hoheitsrechten haben eines gemeinsam: Es ändern sich die Rechtsfolgen menschlichen Verhaltens, und *dadurch* wird das Eigentumsgrundrecht beziehungsweise das Recht auf demokratische Selbstbestimmung verletzt. Soweit es vor der Abänderung der Rechtsfolgen menschlichen Verhaltens schützt, ist daher auch das Recht auf demokratische Selbstbestimmung – obwohl traditionell dem status activus zugeordnet – als Abwehrrecht zu verstehen. Versteht man jede Abänderung der Rechtsfolgen menschlichen Verhaltens als Regelung dieses Verhaltens, greift eine Abänderung der Rechtsfolgen in die – als einschließend verstandene – allgemeine Handlungsfreiheit ein, und zwar selbst wenn man den klassischen Eingriffsbegriff zugrunde legt.

Versteht man als Regelung nur ein direktes Gebot oder Verbot, dann lassen sich manche Eingriffe in das Eigentum nur als mittelbare Eingriffe in die – einschließend verstandene – allgemeine Handlungsfreiheit qualifizieren. Voraussetzung dafür, die Elfes-Bedingung über Art. 2 I GG dem Eigentumsgrundrecht zuzuordnen, ist dann, dass man bei der allgemeinen Handlungsfreiheit einen weiten Eingriffsbegriff befürwortet.

Entgegen einer in der Literatur verbreiteten Befürchtung führt ein einschließendes Verständnis der allgemeinen Handlungsfreiheit nicht zu größeren Verwerfungen im Grundrechtssystem. Die allgemeine Handlungsfreiheit als einschließendes Auffanggrundrecht zu verstehen schmälert den Schutz der Spezialgrundrechte und ihrer Eingriffsvorbehalte nicht, sofern die Grundrechtstatbestände untereinander mit dem Disjunktor verknüpft werden. Das heißt: Soll der Verstoß gegen die Anforderungen eines der Grundrechte genügen, um die Rechtsfolge der Grundrechte auszulösen, dann steht ein einschließendes Verständnis der allgemeinen Handlungsfreiheit diesem Interpretationsziel nicht im Weg. Umgekehrt kann das einschließende Verständnis jedoch zu einem erweiterten Grundrechtsschutz für Verhaltensweisen führen, die durch die Spezialgrundrechte nicht geschützt sind. Dieser zusätzliche Schutz wird indes stärker als bei den Spezialgrundrechten relativiert, weil die allgemeine Handlungsfreiheit keine besonderen Eingriffsanforderungen stellt. Der zusätzliche Schutz ist dem personellen Auffang-Grundrechtsschutz für Ausländerinnen und Ausländer vergleichbar. Er ist im Übrigen aber ein Spezifikum des einschließenden Auffanggrundrechts und daher potenziell ein Spezifikum solcher Interpretationsansätze, die die Elfes-Bedingung den speziellen Freiheitsrechten mittels Art. 2 I GG zuordnen wollen.

Weil das einschließende Verständnis des Art. 2 I GG möglich ist, müssen Interpretationsansätze, die eine eigenständige Herleitung der Elfes-Bedingung für die Spezialgrundrechte verlangen, die Vorfrage beantworten, ob und warum die allgemeine Handlungsfreiheit einschließend oder ausschließend verstanden werden soll. Denn würden sie einem einschließenden Verständnis zustimmen, wäre es nicht mehr erforderlich, die Elfes-Bedingung für die Spezialgrundrechte gesondert herzuleiten. Das gilt freilich auch umgekehrt: Wenn aus anderen Gründen die Elfes-Bedingung allen Grundrechten zuzuordnen ist, kommt es nicht darauf an, ob sie zugleich auch über Art. 2 I GG den übrigen Grundrechten zugeordnet werden kann. Jedenfalls kann auf interpretativer Ebene der Interpretationsansatz, der sich auf Art. 2 I GG konzentriert, nicht mehr unter Verweis auf Aspekte der Grundrechtssystematik vorschnell ad acta gelegt werden. Es bedarf also einer offenen Diskussion des Für und Wider beider Alternativen.

Die Weichenstellung hinsichtlich der Frage, ob die allgemeine Handlungsfreiheit als einschließendes oder als ausschließendes Auffanggrundrecht zu verstehen ist, hat noch eine andere Konsequenz: Der Ansatz, Art. 2 I GG als Schlüsselgrundrecht zu verstehen, hat nur dann eine Sonderstellung im Vergleich mit den übrigen (auch den neueren) Interpretationsansätzen, wenn man die allgemeine Handlungsfreiheit als ausschließendes Auffanggrundrecht versteht. Denn nur dann ist es aus logischen Gründen überhaupt möglich, die Elfes-Bedingung auf Art. 2 I GG zu beschränken. Ansonsten ist die logische Struktur aller Ansätze, wie eingangs erwähnt, mit Blick auf die Zuordnung der Elfes-Bedingung zu allen Freiheitsrechten identisch.

Innerhalb der Gruppe der Freiheitsgrundrechte wirken sich die logischen Beziehungen zwischen einem einschließenden Auffanggrundrecht und den Spezialgrundrechten auf die Prüfungsreihenfolge aus: Es ist aus logischen Gründen gleichwertig, Verfassungsverstöße im Rahmen einer Prüfung der allgemeinen Handlungsfreiheit oder des einschlägigen Spezialgrundrechts zu prüfen oder sie als formelle Prüfung vor die Klammer zu ziehen. Weil alle drei Varianten in der Prüfungspraxis des Bundesverfassungsgerichts auftreten und weil das Gericht keine andere Begründung der Elfes-Bedingung vorgeschlagen hat als die Elfes-Konstruktion, ließe sich die Prüfungspraxis des Gerichts wesentlich besser erklären, wenn das Gericht die allgemeine Handlungsfreiheit als einschließend verstünde. Indes lehnt es dies bislang unter Berufung auf das Spezialitätsargument explizit ab. Insofern fehlt bislang in der Rechtsprechung des Bundesverfassungsgerichts eine widerspruchsfreie Erklärung dafür, warum die Elfes-Bedingung einerseits allen Spezialfreiheitsrechten zuzuordnen ist, andererseits aber doch vielfach im Rahmen des Art. 2 I GG oder als Vorprüfung der eigentlichen Grundrechtsprüfung geprüft werden kann.

7.2.1.2. Elfes-Bedingungen im Tatbestand anderer Rechte

Elfes-Bedingungen im Sinne der Definition des Abschnitts 7.1. finden sich teils auch dort, wo das Bundesverfassungsgericht die Elfes-Konstruktion nicht anwendet. Das gilt zwar nicht für das allgemeine Gleichheitsrecht, jedoch für das Grundrecht auf demokratische Selbstbestimmung aus Art. 38 I GG und das kommunale Selbstverwaltungsrecht aus Art. 28 II GG.

Eine Zuordnung der allgemeinen Handlungsfreiheit zum allgemeinen Gleichheitsrecht wird weder vom Bundesverfassungsgericht vertreten noch lässt sie sich herstellen, wenn man die allgemeine Handlungsfreiheit – gegen die Spezialitäts-Rechtsprechung des Bundesverfassungsgerichts – als einschließendes Auffanggrundrecht versteht. Dies ist darin begründet, dass die beiden Grundrechte zwar ein Tatbestandselement – die Regelung menschlichen Verhaltens – gemeinsam haben, im Übrigen aber die Tatbestände getrennt bleiben und auch durch Umformung die Elfes-Bedingung nicht dem Tatbestand des allgemeinen Gleichheitsrechts zugeordnet werden kann.

Die Tatbestandselemente, die das Bundesverfassungsgericht in seiner Rechtsprechung für Art. 38 I GG – als Grundrecht auf demokratische Selbstbestimmung – und Art. 28 II GG entwickelt hat, entsprechen in ihrer Struktur der Elfes-Bedingung, obgleich das Bundesverfassungsgericht sie nicht mittels der Elfes-Konstruktion begründet. Bei dem Tatbestandselement des Art. 38 I GG handelt es sich um eine Elfes-Bedingung, bei dem des Art. 28 II GG nur dann, wenn man das Recht auf kommunale Selbstverwaltung als Grundrecht ansieht. Die jeweiligen Elfes-Bedingungen sind deutlich enger als die Elfes-Bedingung der allgemeinen Handlungsfreiheit beziehungsweise der speziellen Freiheitsrechte. Ihr Prüfungsprogramm ist eng begrenzt, bei Art. 38 I GG auf das änderungsfeste Verfassungsrecht, bei Art. 28 II GG auf zwei Gruppen formeller Vorschriften.

Diese Elfes-Bedingungen ließen sich allerdings nur dann mittels der Elfes-Konstruktion interpretativ herleiten, wenn man Art. 2 I GG als einschließendes Auffanggrundrecht verstünde und sofern man die Tatbestände der Art. 38 I und 28 II GG als Spezialfälle der allgemeinen Handlungsfreiheit ansähe – was mit der etablierten Grundrechtsdogmatik nicht zu vereinbaren wäre, insbesondere nicht im Fall des kommunalen Selbstverwaltungsrechts. Die Einschränkungen der jeweiligen Elfes-Bedingungen ließen sich mit einer solchen Herleitung nicht erklären, wären also eigenständig zu begründen.

Obwohl das Bundesverfassungsgericht die Elfes-Bedingung des Grundrechts auf demokratische Selbstbestimmung und des Rechts auf kommunale Selbstverwaltung dezidiert nicht mit der Elfes-Konstruktion begründet, zeigen sich Parallelen zur Elfes-Konstruktion für Art. 2 I GG sowohl in der interpretativen Herleitung als auch im Inhalt und im Prüfungsaufbau dieser Elfes-Bedingungen.

7.2.2. Die Rechtsfolgen der Elfes-Bedingung

Die Rechtsfolgen der Elfes-Bedingung sind mit den Rechtsfolgen der Grundrechte identisch und ebenso differenziert. Zu unterscheiden ist zwischen verfassungsrechtlichen und verwaltungsrechtlichen Rechtsfolgen.

7.2.2.1. Verfassungsrechtliche Rechtsfolgen der Elfes-Bedingung

Das konventionelle Verständnis der Grundrechte als Abwehrrechte lässt sich strukturanalytisch dadurch darstellen, dass die Grundrechte auf verfassungsrechtlicher Ebene als Normierungs- und Beeinträchtigungsverbote beschrieben werden. Im Verhältnis zu den Fehlerfolgen verfassungswidriger Akte sind Grundrechte in dieser Beschreibung sanktionierte Normen. Werden die Grundrechte in dieser Weise beschrieben, ist die Elfes-Bedingung redundant, soweit andere Tatbestände dieselbe Rechtsfolge nach sich ziehen. Wird beispielsweise eine staatliche Pflicht bejaht, keine Gesetze unter Verstoß gegen die Vorschriften über das Gesetzgebungsverfahren zu erlassen, dann verdoppelt die Elfes-Bedingung ein Tatbestandselement dieser Pflicht, wenn sie nunmehr auch unter der Bedingung eines Grundrechtseingriffs besteht. (Dass die Elfes-Bedingung eine zusätzliche Klagefähigkeit hinsichtlich dieser Pflicht schafft, betrifft die Ebene der Sanktionsnorm, nicht der sanktionierten Norm, und kann auf der Ebene der sanktionierten Norm an der Redundanz nichts ändern.)

Ergiebiger ist die Beschreibung der Grundrechte als Tatbestandselemente von Sanktionsnormen. Dazu gilt es zwischen den Fehlerfolgen des positiven Rechts zu differenzieren. Aus Sicht der analytischen Rechtslehre hat die Verfassungswidrigkeit einer Norm stets deren Vernichtbarkeit zufolge. Denn die Voraussetzungen einer vermeintlichen Nichtigkeit ipso iure sind negative Tatbestandselemente jeder Norm eines Normensystems, deren Eintritt irgendjemand feststellen muss. Daher kann das Recht nicht Nichtigkeit oder Vernichtbarkeit regeln, sondern nur nach der Verwerfungs- oder Derogationskompetenz differenzieren. Diese weist das Grundgesetz in Verbindung mit dem Bundesverfassungsgerichtsgesetz für nachkonstitutionelle Parlamentsgesetze allein dem Bundesverfassungsgericht zu.

Innerhalb des Derogationsverfahrens gibt es mehrere Rechtsfolgen der Elfes-Bedingung.

Zunächst eröffnet die Elfes-Bedingung den Zugang zur Sachentscheidung, weil je nach Interpretation die Sachentscheidungspflicht und/oder Sachentscheidungsberechtigung des Bundesverfassungsgerichts von der qualifizierten Rüge eines Grundrechtsverstoßes abhängt. Sonstige Verfassungsrechtsverstöße werden erst durch die Elfes-Bedingung zu Verfassungsverstößen.

Als einem Tatbestandselement der Derogationspflicht oder -berechtigung kommt der Elfes-Bedingung nur dann eine eigenständige normative Funktion zu, wenn man eine Prüfungsbefugnis des Bundesverfassungsgerichts von Amts wegen bestreitet. Umgekehrt wäre eine Prüfungsbefugnis von Amts wegen – je nach Umfang – geeignet, etwaige Einschränkungen der Elfes-Bedingung zumindest auf der Ebene der Begründetheit auszuhebeln.

Wird die Verfassungswidrigkeit von Realakten gerügt, sind die Rechtsfolgen denen der Verfassungswidrigkeit von Normen vergleichbar, nur dass im zweiten Schritt der Realakt nicht derogiert wird, sondern nur seine Verfassungswidrigkeit förmlich festgestellt wird. Auch die normative Funktion der Elfes-Bedingung für die Sachentscheidung und die Feststellung der Verfassungswidrigkeit entspricht der Funktion im Derogationsverfahren.

Zusammenfassend ist die Elfes-Bedingung also redundant, wenn man die Grundrechte als Abwehrrechte beschreibt, aber sie allein eröffnet in bestimmten Fällen den Zugang zur Verfassungsbeschwerde, wenn man sie als Tatbestandselement der Sachentscheidungspflicht des Bundesverfassungsgerichts beschreibt. In diesem Sinne hat sie eine rein prozessuale Funktion. Eine weitere rein prozessuale Funktion kommt hinzu, wenn man die Elfes-Bedingung als Schlüssel zur Derogationsbefugnis des Bundesverfassungsgerichts wegen etwaiger Verstöße gegen sonstiges Verfassungsrecht ansieht.

Die Elfes-Bedingung stellt somit eine spezielle Form des Sanktionszusammenhangs her, weil

1. die Verletzung einer Norm (z. B. des Gesetzgebungsverfahrens) die Verletzung einer anderen Norm (z. B. des Art. 2 I GG) nach sich zieht, indem die Verletzung der ersten, sanktionierten Norm Tatbestandselement der zweiten Norm, der Sanktionsnorm, ist, und
2. die erstgenannte Norm (z. B. die des Gesetzgebungsverfahrens) in einem bestimmten normativen Kontext (im Verfassungsbeschwerdeverfahren) *nur* als Verletzung der zweitgenannten Norm (des Art. 2 I GG) zu prüfen ist und
3. die operative Funktion des Sanktionszusammenhangs sich auf den spezifischen normativen Kontext (das Verfassungsbeschwerdeverfahren) beschränkt, für den die Sanktionsnorm den Zusammenhang zwischen einer Verletzung der sanktionierten Norm und einer Rechtsfolge dieses spezifischen normativen Kontexts herstellt.

Das zweite und dritte Merkmal gehören nicht zum Grundmodell des Sanktionszusammenhangs, charakterisieren also eine spezielle Gruppe von Sanktionszusammenhängen. Diese spezielle Art des Sanktionszusammenhangs ist im deutschen Rechtssystem eine verbreitete Regelungstechnik. So begründen beispielsweise über § 823 II BGB Verstöße gegen Strafgesetze Schadensersatzpflichten, und Verstöße gegen zivilrechtliche Pflichten sind Teil des Untreuetatbestandes des § 266 StGB. Erst über die jeweilige Sanktionsnorm (§ 823 II BGB, § 266 StGB) werden Rechtsverstöße aus einem anderen Rechtsgebiet im jeweils einschlägigen Rechtsgebiet sanktioniert. Und nur mit Blick auf die Sanktion hat der Tatbestand der Sanktionsnorm operative Bedeutung, indem er zwischen der sanktionierten Norm und der Sanktion vermittelt. Die Elfes-Bedingung reiht sich in diese Gruppe von Sanktionszusammenhängen ein.

Die prozessuale Funktion der Elfes-Bedingung auf der Ebene der Sachentscheidungspflicht lässt sich rechtstheoretisch näher einordnen.

Zum einen verleiht die Elfes-Bedingung dem Antragsteller im Verfassungsbeschwerdeverfahren insoweit eine Rechtsgestaltungsfähigkeit, als sein Antrag Tatbestand der Pflicht des Bundesverfassungsgerichts ist, in der Sache zu entscheiden – und zwar auch dann, wenn beispielsweise nur ein formeller Fehler gerügt wird. Die Elfes-Bedingung verleiht dem Antragsteller also ein umfassendes Initiativrecht in einem Verfahren zur negativen Normsetzung, sofern er nur selbst durch die angegriffene Norm betroffen ist.

Zum anderen eröffnet die Elfes-Bedingung eine eingeschränkte verfassungsgerichtliche Popularklage, wenn man den Begriff der Popularklage dadurch definiert, dass ein Individuum eine Pflicht durchsetzt, die nicht unmittelbar auf dieses Individuum bezogen ist („isolierte Klagefähigkeit" oder „isolierte Klagebefugnis"). Denn einen unmittelbaren strukturellen Bezug zum Grundrechtsträger weisen die gesetzgeberischen Pflichten des sonstigen Verfassungsrechts nicht auf. Erst die Elfes-Bedingung stellt diesen Bezug her. Dass der Elfes-Bedingung aus analytischer Sicht ein entscheidendes Merkmal „subjektiver Rechte" fehlt – nämlich der Bezug der verletzten Pflicht zu der Person, die sie durchsetzt –, erklärt die Schwierigkeiten der traditionellen Rechtslehre, das Ergebnis der Elfes-Konstruktion dogmatisch einzuordnen.

Die Beschränkungen der Popularklage ergeben sich aus den Anforderungen der Klagebefugnis, die zumindest eine Betroffenheit durch den beanstandeten Akt verlangen. Aber dieser Unterschied der eingeschränkten Popularklage zur regulären Popularklage ist geringer als der Unterschied eines typischen subjektiven Rechtsschutzverfahrens zu den beiden Arten der Popularklagen. Zudem verlangen die meisten Popularklageverfahren eine qualifizierte Klageberechtigung, wenngleich meist nicht in Form eigener Betroffenheit, und sind insoweit eingeschränkt. Dies haben sie mit der Verfassungsbeschwerde unter Berücksichtigung der Elfes-Bedingung gemeinsam.

7.2.2.2. Verwaltungsrechtliche Rechtsfolgen der Elfes-Bedingung

Neben den verfassungsrechtlichen Rechtsfolgen hat die Elfes-Bedingung auch, je nach Interpretation der Verwaltungsgerichtsordnung, verwaltungsrechtliche Rechtsfolgen. Mit gewissen Modifikationen eignet sich die Elfes-Bedingung in ihrer Herleitung über die Elfes-Konstruktion, um zu erklären, warum in der verwaltungsgerichtlichen Anfechtungsklage die formelle und die materielle Rechtswidrigkeit von Verwaltungsakten geprüft werden und warum beispielsweise die Rüge der formellen Rechtswidrigkeit die Klagebefugnis begründen kann.

Dass die Elfes-Konstruktion hierfür entscheidend sei, wird nicht nur in der Literatur, sondern auch vom Bundesverwaltungsgericht vertreten. Die Elfes-Konstruktion begründe, dass der Adressat eines belastenden Verwaltungsakts stets oder zumindest in der Regel klagebefugt sei, das Gericht also die Sachprüfung zu eröffnen habe. Dies beruhe darauf, dass der Adressat stets zumindest Art. 2 I GG als Schutznorm anführen könne, die infolge der Elfes-Bedingung bei nahezu jeglicher Rechtsverletzung potenziell verletzt sei. Der belastende Verwaltungsakt sei für seinen Adressaten stets Freiheitseingriff. Im Sinne dieser Auffassung ist die Elfes-Bedingung – wie im Verfassungsrecht – ein Tatbestandselement der Pflicht des Gerichts, in die inhaltliche Prüfung einzusteigen.

Sie hat auch Bedeutung in der Begründetheit der Anfechtungsklage: Denn nach § 113 I 1 VwGO wird der Verwaltungsakt nur aufgehoben, „soweit der Verwaltungsakt rechtswidrig und der Kläger *dadurch* in seinen Rechten verletzt ist". Liegen nur formelle Rechtsverstöße vor und haben diese sich im Sinne des § 46 VwVfG auf die Entscheidung ausgewirkt, dann müssen diese also eine Verletzung in eigenen Rechten begründen, damit der Verwaltungsakt nach § 113 I 1 VwGO aufgehoben werden kann. Als normatives Bindeglied zwischen Verfahrensvorschriften und eigenen Rechten eignet sich ein (durch § 113 I 1 VwGO sanktioniertes) eigenes Recht, das seinerseits Sanktionsnorm der Form- und Verfahrensvorschriften ist. Einen solchen Sanktionszusammenhang stellt auf verfassungsrechtlicher Ebene die Elfes-Bedingung zwischen formellen Verfassungsvorschriften und den Rechtsfolgen des Art. 93 GG her. Die gleiche Funktion kann sie auch auf verwaltungsrechtlicher Ebene übernehmen. In einer Einzelentscheidung hat auch das Bundesverwaltungsgericht die Prüfung formellen Verwaltungsrechts in der Begründetheit der Anfechtungsklage mittels der Elfes-Konstruktion gerechtfertigt.

Sofern man der in Literatur und Rechtsprechung vertretenen Auffassung folgt, gibt es also eine Elfes-Bedingung des Verwaltungsrechts, und zwar (wie im Verfassungsrecht) auf Zulässigkeitsebene und auf Begründetheitsebene. Die Elfes-Bedingung des Verwaltungsrechts unterscheidet sich jedoch von der Elfes-Bedingung des Verfassungsrechts, und zwar nicht nur mit Blick auf ihre Rechtsfolgen (Verfassungsprozessrecht beziehungsweise Verwaltungsprozessrecht). Auch mit Blick auf die Weite der Elfes-Bedingung gibt es Unterschiede.

Die Elfes-Bedingung des Verwaltungsrechts ist weiter als die Elfes-Bedingung des Verfassungsrechts, sofern man annimmt, dass im Verwaltungsprozess die einfache Rechtswidrigkeit als Grundrechtsverstoß geprüft werden kann und muss. Denn im Verfassungsprozess ist dies nach der Rechtsprechung des Bundesverfassungsgerichts weitgehend ausgeschlossen, weil nur spezifisches

Verfassungsrecht geprüft wird. Weiter sein kann die Elfes-Bedingung des Verwaltungsrechts insoweit allerdings nur, wenn die Begrenzung der Prüfung auf *verfassungs*rechtlicher Ebene rein prozessual begründet wird. Denn wäre die Elfes-Bedingung schon aus materiell-verfassungsrechtlichen Gründen auf spezifisches Verfassungsrecht beschränkt, dann müsste dies unabhängig davon gelten, ob die Rechtsfolge der Elfes-Bedingung eine verfassungsrechtliche oder eine verwaltungsrechtliche ist. Deshalb ist die verfassungsrechtliche Interpretationsfrage, ob jeder Verstoß gegen einfaches Recht zumindest materiell-rechtlich auch Verfassungsverstoß ist, nicht obsolet. Diese Frage zu bejahen ist im Gegenteil eine Möglichkeit zu begründen, warum formelle Rechtsverstöße im Verwaltungsprozess überhaupt zu prüfen sind.

Die Elfes-Bedingung des Verwaltungsrechts ist enger als die Elfes-Bedingung des Verfassungsrechts, soweit zahlreiche einfach-rechtliche Regelungen der VwGO und des VwVfG (beziehungsweise der Landes-VwVfG) den Prüfungsumfang eingrenzen. Wichtigste Einschränkungen sind die des § 46 VwVfG sowie die Rüge von Rechtsverletzungen Dritter in Dreieckskonstellationen.

Beobachten lassen sich schließlich Unterschiede in der Prüfungsreihenfolge der Verwaltungsgerichte einerseits und des Bundesverfassungsgerichts andererseits, wobei sich der Prüfungsaufbau des Bundesverfassungsgerichts in der Tendenz dem verwaltungsrechtlichen Aufbau annähert. Unter der Annahme, dass beide Gerichte Rechtsverstöße jeweils als Grundrechtsverletzungen prüfen, wenn auch in unterschiedlichem Umfang, besteht für eine unterschiedliche Prüfungsreihenfolge kein zwingender Grund. Logisch besteht zwischen den verschiedenen Aufbauvarianten allerdings kein Unterschied, sodass die jeweiligen Eigenheiten sich auf das Prüfungsergebnis nicht auswirken können.

7.2.3. Funktion der Elfes-Bedingung

Die Elfes-Bedingung erweist sich im Ergebnis als eine rechtliche Struktur, die sowohl im Verfassungsrecht als auch im Verwaltungsrecht eine zentrale normative Funktion erfüllen kann, wenn man sie interpretativ postuliert.

Im Verfassungsrecht ermöglichst sie in mehreren unterschiedlichen Konstellationen, insbesondere formelle Verfassungsverstöße, aber je nach Interpretationsansatz auch die Verletzung der Grundrechte Dritter als Verstöße gegen eigene Rechte eines Verfassungsbeschwerdeführers zu rügen und dadurch den angegriffenen Rechtsakt zu Fall zu bringen. Dies sind die Verfassungsbeschwerde wegen Verletzung eines Freiheitsrechts, die Verfassungsbeschwerde wegen Verletzung des Rechts auf demokratische Selbstbestimmung sowie die Kommunalverfassungsbeschwerde wegen Verletzung des kommunalen Selbstverwaltungsrechts.

Im Verwaltungsrecht eröffnet die Elfes-Bedingung die Prüfung formeller Rechtsverstöße in der Anfechtungsklage sowie die Aufhebung von Verwaltungsakten wegen solcher Verstöße.

Sowohl die Diskussion in der Literatur, die derzeit insbesondere eine Eingrenzung der Elfes-Bedingung in den Fokus nimmt, als auch die einfach-rechtlichen Beschränkungen im Verwaltungsrecht sind rechtspolitisch vor dem Hintergrund dieser normativen Bedeutung sowie des potenziell weiten Prüfungsumfangs der Elefs-Bedingung zu sehen (dazu näher Abschnitt 8).

7.3. Analyse von Interpretationsmöglichkeiten

Wenn es um mögliche Bedeutungen von Verfassungssätzen geht, aus denen sich die Elfes-Bedingung ergibt, ist der bedeutendste Anknüpfungspunkt Art. 2 I GG, aus dem das Bundesverfassungsgericht mittels der Elfes-Konstruktion die Elfes-Bedingung erstmals hergeleitet hat.

Das Spektrum der Interpretationsmöglichkeiten des Art. 2 I GG umfasst auch die Elfes-Bedingung. Bildhaft gesprochen muss man aber auf dem Weg der Interpretationsentscheidungen die „richtige“ Abzweigung nehmen, damit am Ende des Interpretationsweges gerade die Elfes-Bedingung steht. Der sich daraus ergebende Argumentationspfad entspricht im Wesentlichen der Elfes-Konstruktion des Bundesverfassungsgerichts. Daneben gibt es an den jeweiligen Gabelungen viele weitere Deutungsmöglichkeiten, die nicht zur Elfes-Bedingung führen. Die erste Weichenstellung besteht darin, ob mit der „verfassungsmäßigen Ordnung“ das Verfassungsrecht selbst oder aber das einfache Recht gemeint ist.

Sofern die „verfassungsmäßige Ordnung“ als verfassungsgemäßes einfaches Recht verstanden wird, so wird der Eingriffsvorbehalt des Art. 2 I GG durch den Begriff „verfassungsmäßig“ näher qualifiziert: „Verfassungsmäßig“ ist eine Anforderung an die eingreifenden Rechtsakte. Somit gilt es eine zweite Weiche zu stellen, denn es stellt sich die Frage, in welcher Hinsicht der Eingriffsvorbehalt qualifiziert wird. Es stehen mindestens drei Varianten zur Auswahl. Mit der „verfassungsmäßigen Ordnung“ können dann gemeint sein:

1. eingreifende Rechtsakte, sofern sie mit Verfassungsrecht übereinstimmen
2. eingreifende Rechtsakte in Form von Gesetzen, untergesetzlichem Recht und Gewohnheitsrecht
3. eingreifende Rechtsakte mit verfassungsmäßigem Ziel

Die erste Variante entspricht der Elfes-Bedingung.

Wenn man nun die Elfes-Bedingung als Tatbestandselement des Art. 2 I GG ansieht, sind zwei weitere Weichen zu stellen. Die erste besteht darin, ob Art. 2

I GG als Auffanggrundrecht der allgemeinen Handlungsfreiheit zu verstehen ist – alternativ wäre es auch möglich, Art. 2 I GG als ein mehr oder minder enges Spezialgrundrecht des Persönlichkeitsschutzes oder als ein kasuistisches Sammelgrundrecht für gerichtlich näher konkretisierte Teil-Schutzbereiche zu verstehen.

Fällt die Entscheidung für das Auffanggrundrecht, ist weiterhin zu entscheiden, ob das Auffanggrundrecht einschließend oder ausschließend interpretiert wird, also ob – und unter welchen Voraussetzungen – es von den Spezialgrundrechten verdrängt wird. Wird das Auffanggrundrecht als einschließend verstanden, dann ist die Elfes-Bedingung auch Tatbestandselement der übrigen Freiheitsrechte, wie im Abschnitt 7.2.1. beschrieben.

Die Spezialgrundrechte bieten für die Elfes-Bedingung kaum einen geeigneten Anhaltspunkt. Sie spielen deshalb in der interpretativen Diskussion eine untergeordnete Rolle.

Prinzipien, die im Verfassungstext nur knapp beschrieben oder ihm nur in einer Gesamtschau entnommen werden, sind aufgrund ihrer extremen Offenheit geeignet, mit einer entsprechenden Interpretation daraus die Elfes-Bedingung herzuleiten, und zwar nicht nur für Art. 2 I GG, sondern für alle Freiheitsgrundrechte. Diskutiert werden in der Literatur vor allem das Rechtsstaatsprinzip und das Freiheitsschutzprinzip. Die auf solche Prinzipien gegründeten Argumentationsstränge sind äußerst voraussetzungsreich. Selbst bei ähnlichen Vorverständnissen kann das Argumentationsergebnis sehr unterschiedlich ausfallen, wenn es darum geht, aus den Prinzipien konkrete Rechtsinhalte wie die Elfes-Bedingung abzuleiten. Aufgrund der größeren Freiheit, die mit der Loslösung von konkreten Textpassagen verbunden ist, ermöglichen es die prinzipiengestützten Argumentationsstränge, für eine maßgeschneiderte Elfes-Bedingung „aus einem Guss“ zu plädieren, der von vornherein bestimmte Begrenzungen immanent sind. Mit Mitteln der deskriptiven Sprachanalyse lässt sich zu diesen Interpretationsansätzen allerdings nur konstatieren, dass sie in schöpferischer Weise neue Bedeutungen des Verfassungstextes hervorbringen, wobei sie an etablierte Diskurstraditionen anknüpfen.

8. Politischer Ausblick

Abstract: By describing logical structures and meaning varieties without making suggestions as to the interpretation of law, descriptive methods of academic jurisprudence help to understand legal decision-making as a political process rather than a heuristic process. A descriptive approach thereby questions the persistence of institutional conservatism in the interpretation of law and suggests interpreting legal texts openly based on political grounds. Structural analysis and linguistic analysis may also form the basis of another descriptive method of jurisprudence, a socio-political analysis of law and jurisprudence. While such methods cannot be pursued within this study, this chapter seeks to give a brief overview over the political implications of the positions and arguments found in traditional jurisprudence with regard to the Elfes condition.

The Elfes condition has extended and strengthened the powers of the federal constitutional court since it endorses the constitutional complaint procedure. (However, the court has also practised judicial self-restraint in that it deliberately refrains from reviewing the decisions of other courts with regard to infringements of ordinary law.) The extension of judicial power may be seen as a threat to parliamentary autonomy by proponents of British parliamentarism or – in contrast – as the pinnacle of the rule of law, based on American or German concepts of checks and balances.

The Elfes condition has furthermore enabled any citizen affected by a law to bring it before the court on grounds other than his or her basic rights. These grounds may include the basic rights of others. The federal constitutional court has remained undecided on this question, allowing for complainants to claim a violation of third-party basic rights occasionally.

A strong current in academic literature, however, strives to exclude third-party rights completely from the scope of the Elfes condition. This is remarkable in so far as the Elfes condition transforms the constitutional complaint into a limited popular action anyhow. Moreover, cases exclusively considering third-party basic rights have remained rare. Nonetheless, the expansion of the scope of constitutional complaints is mostly criticized with regard to third-party basic rights only.

The reason for this somewhat peculiar focus might be found in German legal history. On the one hand, law suits and legal actions have historically been understood to serve individual interests only. The concept of basic rights shares these roots, also focusing on individual freedoms. Popular actions and class actions, on the other hand, are fairly new and quite rare phenomena in German law, and many jurists prefer them to remain restricted. The possibility of claiming a violation of third-party basic rights seems incompatible with these more traditional views on legal action, rooted in classical liberalism.

In contrast, advocates of strategic litigation might wish to retain the possibility of claiming violations of third-party basic rights. While they may appreciate the Elfes condition in general, they might also be aware of its limits: The Elfes condition allows individuals to initiate an annihilation procedure, thereby initiating negative legislation and therefore exercising political power. Yet the abilities of the socially disadvantaged to make use of this power effectively should not be overrated: It usually takes the assistance of experienced lawyers to issue a successful constitutional complaint. Furthermore, legal action is neither apt to compensate for the deficits of parliamentary democracy nor is jurisdiction on basic rights neatly compatible with a strongly democratic stance. Still, as this jurisdiction is established under the Basic Law, it seems advisable to make good use of it. This especially includes strategic litigation on behalf of those who may back away from individual legal action.

Ein politischer Ausblick – im Anschluss an eine interpretative Fragestellung mag dies ein Vorschlag für die Gestaltung des Rechts (de lege ferenda) sein. Im Anschluss an eine deskriptive Analyse hingegen geht es bei einem politischen Ausblick vorrangig um den juristischen Diskurs, der den Gegenstand der Analyse – die Elfes-Bedingung – hervorgebracht hat. Einen politischen Ausblick zu wagen heißt hier also, die interpretative Diskussion um die Elfes-Konstruktion als politischen Prozess sichtbar zu machen, die vertretenen Standpunkte einzuordnen und Vorschläge für die künftige Gestaltung dieses Diskurses – nicht seines Ergebnisses – zu machen.

8.1. Deskriptive Rechtswissenschaft als Ausgangspunkt

Eine deskriptive Rechtswissenschaft kann das Politische des Rechts nicht ausblenden. Sie muss das Recht als soziales Verhältnis und soziale Interaktion begreifen, den Interpretationsakt als politischen Akt. Sie hat aber zu diesem politischen Charakter des Rechts ihren eigenen, spezifischen Zugang.

Das im Abschnitt 1.5. dargelegte Postulat der Methodenreinheit fordert eine Trennung zwischen verschiedenen Gegenständen der Beschreibung des Rechts. Solche Gegenstände sind die tatsächliche oder nach den Regeln des Sprachgebrauchs mögliche Verwendung von Sprache (Abschnitt 6), die semantisch-logischen Strukturen verschiedener Interpretationsmöglichkeiten (Abschnitte 3 bis 5) und – wenngleich nicht in dieser Untersuchung – die sozialen Prozesse, in die eine bestimmte Verwendung von Sprache eingebettet ist und die ihrerseits nicht nur, aber auch mittels Sprache gestaltet werden. Jeder dieser Gegenstände ist mit jeweils anderen Mitteln zu beschreiben. Analyse des Sprachgebrauchs, Strukturanalyse und soziologische oder politikwissenschaftliche Analyse sind methodisch zu trennen.

Die mit den jeweiligen Methoden gewonnenen *Ergebnisse* können und sollten aber durchaus zusammengeführt und produktiv verwertet werden. Sie können beispielsweise Ausgangspunkt für sozialwissenschaftliche Untersuchungen sein: Eine sozialwissenschaftliche Analyse der Rechtspraxis oder der Rechtswissenschaft muss Interpretationsmöglichkeiten und semantische Strukturen des Rechts kennen, um erforschen zu können, wie und warum sich im Rechtsdiskurs bestimmte Interpretationsmöglichkeiten durchsetzen. Auch eine reflektierte Rechtsgestaltung kann sich beides zunutze machen, ein differenziertes Spektrum von Interpretationsmöglichkeiten und die Kenntnis ihrer semantischen Strukturen.

Auch Erkenntnisse über die Elfes-Bedingung könnten politisch und sozialwissenschaftlich verwertet werden. Im Diskurs um die Elfes-Bedingung haben die unterschiedlichen Interpretationsvorschläge politische Implikationen, die genug Stoff für eigenständige Untersuchungen böten.[811] Nachfolgend soll es nur bei einem knappen, holzschnittartigen Überblick über diese Implikationen bleiben, ergänzt um Vorschläge zur Gestaltung des interpretativen Diskurses.

8.2. Erweiterung und Begrenzung von Rechtsbehelfen

Die Elfes-Bedingung erweitert einerseits den Prüfungsgegenstand der Verfassungsbeschwerde, andererseits zeigt die neuere Diskussion um deren Herleitung in der Literatur eine Tendenz auf, diesen Prüfungsgegenstand durch Modifikationen der Elfes-Bedingung zu begrenzen.

8.2.1. Erweiterung

Wie dargelegt, erweitert die Elfes-Bedingung die Prüfungskompetenz des Bundesverfassungsgerichts, zunächst beim Zugang zur inhaltlichen Prüfung (Zulässigkeit) und sodann – je nach Interpretationsvariante – bei der Normverwerfung (Begründetheit). Nur insoweit ist die Elfes-Bedingung operativ wirksam. Es ist deshalb plausibel, dass die prozessualen Wirkungen in der Auseinandersetzung um die Elfes-Bedingung und ihre Herleitung den rechtspolitischen Ausschlag

811 Im Sinne dieser Untersuchung wären die politischen Implikationen mit sozialwissenschaftlichen Methoden zu untersuchen. Der im Abschnitt 1.5. skizzierte Methodenpluralismus einer deskriptiven Rechtswissenschaft würde es aber erlauben, diese Untersuchungen innerhalb der Rechtswissenschaft vorzunehmen, wie es etwa im Rahmen der Critical Legal Studies geschieht.

geben, was in einer interpretativen Diskussion nichts Ungewöhnliches wäre. Doch welche rechtspolitische Bedeutung haben diese prozessualen Auswirkungen der Elfes-Bedingung?

8.2.1.1. Ausbau verfassungsgerichtlicher Gestaltungsmacht

Dass es dem Bundesverfassungsgericht bei der Elfes-Konstruktion um die verfahrensrechtlichen Folgen ging, wird bereits im Elfes-Urteil deutlich.[812] Schon die Einführung der Verfassungsbeschwerde hatte die Prüfungsmöglichkeiten des Gerichts erheblich erweitert, denn die mit Abstand meisten Verfahren waren und sind Verfassungsbeschwerdeverfahren.[813] Die Elfes-Bedingung erweitert die Prüfungsbefugnis des Gerichts auf (nahezu) alle Normen, die es auch im Rahmen einer abstrakten Normenkontrolle prüfen könnte. Mit der Begründung der Elfes-Bedingung durch die Elfes-Konstruktion eröffnete das Gericht somit einen weiteren Weg zur vollumfänglichen Prüfung von Gesetzen, nachdem es anfänglich dasselbe Ergebnis noch auf eine Prüfungsbefugnis von Amts wegen gestützt hatte.[814]

Doch zugleich versuchte das Bundesverfassungsgericht schon früh den Eindruck zu vermeiden, es wolle nicht nur als Kontrollorgan der Gesetzgebung, sondern in Form einer „Superrevisionsinstanz"[815] auch als Kontrollorgan der Gerichtsbarkeit agieren. Infolge der Begrenzung seiner verfassungsrechtlichen Prüfung auf „spezifisches Verfassungsrecht"[816] macht das Gericht von der enormen Kontrolldichte, die ihm Art. 20 III GG im Bereich der Anwendung einfachen Rechts potenziell eröffnen könnte, nicht Gebrauch. Das Gericht grenzt damit nicht nur, aber auch die Verfassungsbeschwerde in ihrer durch die Elfes-Bedingung erweiterten Form ein. Dadurch hat das Bundesverfassungsgericht eine Konkurrenz zur Fachgerichtsbarkeit gemieden. Mit der Abgrenzung von der Fachgerichtsbarkeit geht die Betonung der eigenen Rolle als Verfassungsorgan einher.

Nicht nur die Erweiterung der Prüfungsbefugnis mittels der Elfes-Konstruktion, sondern auch ihre Beschränkung auf spezifisches Verfassungsrecht waren geeignet, die spezifische Stellung des Bundesverfassungsgerichts als Gericht,

---

812 BVerfGE 6, 32 (41); vgl. auch *Hutzelmann*, Die prozessuale Bedeutung, 116 f.

813 96,58 % der Verfahrenseingänge 1951 bis 2015: Jahresstatistik 2015, www.bundesverfassungsgericht.de/DE/Verfahren/Jahresstatistiken/2015/gb2015/A-I-1.pdf?__blob=publicationFile&v=1 (Abruf 14.5.2016).

814 Dazu Abschnitt 5.3.2.4.

815 BVerfGE 7, 198 (207).

816 Dazu Abschnitt 5.5.1.4.

gleichberechtigtes Verfassungsorgan und Verfassungskontrollorgan („Hüter der Verfassung“[817]) zugleich zu festigen.

8.2.1.2. Allgemeiner Zugang zur Verfassungsgerichtsbarkeit

Die Einführung der Verfassungsbeschwerde weitete das Tätigkeitsfeld des Bundesverfassungsgerichts erheblich aus. Zugleich eröffnete sie jedermann den Zugang zur gerichtlichen Prüfung von Gesetzen. Es wurde also nicht nur ein Kontrollorgan gegenüber dem Gesetzgeber etabliert, sondern zugleich den jeweils Betroffenen auch ein faktisches Initiativrecht zur Kontrolle von Parlamentsgesetzen zugebilligt. Erweitert um die Elfes-Bedingung hat die Verfassungsbeschwerde Einzelpersonen die Möglichkeit eröffnet, für verfassungswidrig gehaltene Gesetze auch dann – etwa aufgrund formeller Fehler – zu Fall zu bringen, wenn der jeweilige Grundrechtseingriff im Übrigen als verhältnismäßig anzusehen wäre. Zumindest in einigen Fällen konnte die Verfassungsbeschwerde nicht nur auf die Verletzung formellen Verfassungsrechts, sondern sogar auf die Verletzung der Grundrechte Dritter gestützt werden.[818]

Die verfassungsrechtlichen Rechtsschutzmöglichkeiten gehen damit über die des Verwaltungsprozesses hinaus.[819]

8.2.2. Begrenzung

Die neuere Literatur begründet die Elfes-Bedingung, soweit sie sich mit ihr näher auseinandersetzt, überwiegend nicht mehr oder nicht mehr nur mittels der Elfes-Konstruktion, sondern mittels allgemeiner Verfassungs- und Grundrechtsprinzipien, insbesondere mit dem Prinzip des Freiheitsschutzes. Zugleich sucht sie – mit einer bereits erwähnten Ausnahme[820] – im Zuge dieses interpretativen Ansatzes die Elfes-Bedingung gegenüber der Rechtsprechung des Bundesverfassungsgerichts zu begrenzen. Diese Vorgehensweise wirft erstens die Frage auf, wie leistungsfähig die Elfes-Konstruktion auf interpretativer Ebene ist, und

---

817 Zum Selbstverständnis des Gerichts BVerfGE 40, 88 (93). Der Begriff „Hüter der Verfassung“ ist zwei Schriften *Schmitts* und *Kelsens* im Streit um die Rolle des Reichspräsidenten sowie um die Funktion einer Verfassungsgerichtsbarkeit entlehnt, vgl. jeweils im Titel *Schmitt*, Der Hüter der Verfassung; *Kelsen*, Wer soll der Hüter der Verfassung sein?

818 Nachweise im Abschnitt 3.2.3.2.

819 Dazu Abschnitt 5.6.5.1.

820 *Degenhart*, JuS 1990, 161 (163, 169).

zweitens die Frage, welche rechtstechnischen und rechtspolitischen Erwägungen hinter dieser sich herausbildenden Mehrheitsmeinung in der Literatur stehen könnten.

8.2.2.1. Zur Leistungsfähigkeit der Elfes-Konstruktion

Der Ansatzpunkt des Bundesverfassungsgerichts, die Elfes-Bedingung nur für Art. 2 I GG interpretativ herzuleiten, ist unter bestimmten Prämissen leistungsfähiger, als es die neuere Literatur mehrheitlich anzunehmen scheint. Allerdings gilt dies nur, wenn das Bundesverfassungsgericht seine Rechtsprechung in anderer Hinsicht korrigiert.

Wie im Abschnitt 4 gezeigt wurde, genügt es, die Elfes-Bedingung der allgemeinen Handlungsfreiheit zuzuordnen, wenn sie zugleich Tatbestandselement der übrigen Grundrechte sein soll. Dies gelingt weitgehend auf der Basis allgemein anerkannter Argumentationsmuster und Topoi. Es bedarf aber zweier „besonderer" interpretativer Weichenstellungen. Deren erste ist der Verzicht auf die Subsidiarität der allgemeinen Handlungsfreiheit. Die zweite Prämisse ist, dass die allgemeine Handlungsfreiheit allgemein vor normativen Eingriffen schützt, auch soweit die Rechtsfolgen menschlichen Verhaltens unmittelbar verändert werden oder menschliches Verhalten mittelbar-normativ oder faktisch beeinträchtigt wird. Insbesondere die erste Prämisse bricht mit der etablierten Grundrechtsdogmatik und auch mit der Rechtsprechung des Bundesverfassungsgerichts selbst. Doch die operativ-rechtlichen Konsequenzen der beiden Prämissen sind sehr begrenzt und führen kaum zu Friktionen mit den in Rechtsprechung und Literatur dominierenden Linien der Grundrechtsinterpretation.[821] Es wäre daher durchaus in Erwägung zu ziehen, die Spezialitätsfrage neu zu diskutieren.

Eine Präferenz für diesen Interpretationsansatz lässt sich mit deskriptiven Untersuchungsergebnissen natürlich nicht rechtfertigen. Wer die Subsidiarität des Art. 2 I GG bejaht, kann die Elfes-Bedingung für die übrigen Grundrechte nicht mittels der Elfes-Konstruktion herleiten. Es ist insofern folgerichtig, wenn Ansätze der neueren Literatur nach anderen Begründungen der Elfes-Bedingung suchen, vornehmlich gestützt auf allgemeine grundrechtliche Prinzipien. Allerdings vermag die Art und Weise, wie der auf Art. 2 I GG gestützte Interpretationsansatz abgelehnt wird, nicht in jeder Hinsicht zu überzeugen.

Erstens sollte der Entscheidung für eine bestimmte Interpretationsmöglichkeit zunächst eine Auseinandersetzung mit einem möglichst breiten Spektrum von Interpretationsmöglichkeiten vorangehen. Das bedeutet konkret, dass die

821 Dazu Abschnitt 4.3.

Frage der Subsidiarität des Art. 2 I GG offen diskutiert und nicht als vermeintlich überholtes Problem übergangen werden sollte.

Zweitens sollte die Interpretationsentscheidung auf einer fundierten Entscheidungsgrundlage beruhen. Zwar kann und sollte sich die Interpretation von Rechtstexten aus analytischer Sicht in erster Linie an den politischen Konsequenzen ausrichten. Denn wer Normen verbindlich interpretiert, setzt nachgeordnetes Recht, und wer sie – wie die Rechtswissenschaft – ohne Verbindlichkeitsanspruch interpretiert, macht Vorschläge zur nachgeordneten Rechtssetzung. Doch neben den politischen Konsequenzen sollte die Interpretation auch die semantisch-logischen Strukturen berücksichtigen, welche die Verfassungsnormen in der jeweils diskutierten Interpretationsvariante haben. Denn sonst könnten schlimmstenfalls Fehlannahmen über diese Strukturen den Ausschlag für eine Interpretationsentscheidung mit erheblichen politischen Konsequenzen geben. Aspekte der semantischen Struktur sind zwar in der Diskussion um die Elfes-Konstruktion durchaus präsent, doch die Art des Umgangs mit ihnen kann aus Sicht der Strukturanalyse nicht zufrieden stellen, gerade weil die Strukturanalyse nicht Teil des interpretativen Diskussionsprozesses ist.

Ein Beispiel dafür ist, dass Rechtsprechung und Literatur die interpretative Entscheidung, das Auffanggrundrecht ausschließend zu verstehen, nicht mehr hinterfragen. Diese interpretative Weichenstellung wirkt sich erheblich auf die semantische Struktur aus, wenngleich nur begrenzt auf das Interpretationsergebnis. Jedoch wird sie, weil sie im rechtswissenschaftlichen Konsens allgemein anerkannt ist, als Weichenstellung unsichtbar.[822] Dadurch scheint es, als sei überhaupt nur eine semantische Struktur – die des ausschließenden Auffanggrundrechts – möglich.

Ein weiteres Beispiel sind die Argumente gegen eine Schrankenübertragung.[823] So wird behauptet, die Übertragung der Eingriffsvorbehalte des Art. 2 I GG auf die Spezialgrundrechte sei geeignet, deren Schutz zu schwächen, obwohl diese Wirkung nur eintreten kann, wenn man den Eingriffsvorbehalt des Art. 2 I GG und den Eingriffsvorbehalt des Spezialgrundrechts mit dem falschen Junktor verknüpft. Ferner wird umgekehrt behauptet, ein einschließendes Auffanggrundrecht erweitere den Grundrechtsschutz für Tatbestände, die vom Schutz der Spezialgrundrechte ausdrücklich ausgeschlossen seien, obwohl dieser zusätzliche Schutz lediglich in einer ergebnisoffenen Verhältnismäßigkeitsprüfung und einer Prüfung des Eingriffsakts mittels der Elfes-Bedingung besteht.

822 Dazu Abschnitt 4.2.2.4.

823 Dazu Abschnitt 4.3.1.

Es könnte deshalb ein praktischer Nutzen der analytischen Rechtswissenschaft für die interpretative Diskussion sein, dass sie einen Weg aufzeigt, interpretative Aspekte und Aspekte der semantischen Struktur klar voneinander zu trennen.[824]

8.2.2.2. Dogmatische Hintergründe der aktuellen Diskussion

Wenn es unter bestimmten Prämissen möglich wäre, die Elfes-Konstruktion als interpretative Rechtfertigung der Elfes-Bedingung für alle Grundrechte zu nutzen, stellt sich die Frage, warum sich die gegenwärtige Diskussion auf andere Begründungsansätze konzentriert. Drei Aspekte der interpretativen Herleitung streiten für die gegenwärtig mehrheitlich favorisierte Lösung.

Erstens müsste der Grundsatz der Subsidiarität der allgemeinen Handlungsfreiheit aufgegeben werden, wenn die Elfes-Bedingung für alle Grundrechte nur aus Art. 2 I GG hergeleitet werden sollte. Die rechtlichen Auswirkungen dieses Schritts wären zwar begrenzt, weil das Bundesverfassungsgericht die Subsidiarität ohnehin nicht strikt handhabt. Wichtigstes Beispiel ist der Grundrechtsschutz für Ausländerinnen und Ausländer im Bereich der Deutschengrundrechte über Art. 2 I GG. Neu wäre also nur, dass jegliche Beeinträchtigung menschlichen Verhaltens zumindest einer Verhältnismäßigkeitsprüfung standhalten und im Einklang mit sonstigem Verfassungsrecht stehen müsste. Doch hält das Bundesverfassungsgericht, von weiten Teilen der Literatur unterstützt, prinzipiell an der Subsidiarität der allgemeinen Handlungsfreiheit fest. Teilen der Literatur gehen zudem schon die jetzigen Durchbrechungen zu weit.[825] Interpretationsansätze, die von einem einschließenden Verständnis der allgemeinen Handlungsfreiheit ausgehen, sind deshalb bislang nicht in der interpretativen Diskussion präsent.

Zweitens müssen alternative Begründungsansätze auch im Übrigen nicht Stellung zum Verhältnis von Art. 2 I GG zu den anderen Grundrechten beziehen, sondern können sich auf allgemeine Verfassungsprinzipien stützen. Dadurch lässt sich der Problemschwerpunkt von systematischen Fragen hin zu Fragen der Konkretisierung von Rechtsprinzipien verlagern. Der Argumentationsgang wird dadurch flexibler. Er stützt sich eher auf ein wertendes Verständnis von Prinzipien, das sich naturgemäß etwas freier entwickeln lässt als eine Argumentation, die an die Bedeutungsmöglichkeiten einer bestimmten Formulierung des Verfassungstextes anknüpft.

---

824 Das heißt allerdings nicht, dass der Erkenntnisgewinn der analytischen Rechtswissenschaft anhand des Nutzens für die interpretative Rechtswissenschaft zu bewerten wäre.

825 Insbesondere im Bereich des Grundrechtsschutzes für Ausländer. Dazu näher Abschnitt 4.2.2.4.

Drittens eignen sich Herleitungen über allgemeine Verfassungsprinzipien eher, um Einschränkungen der Elfes-Bedingung zu begründen. Denn die Elfes-Konstruktion enthält, wie gezeigt, keinen Ansatzpunkt für solche Begrenzungen. Allgemeine Verfassungsprinzipien können hingegen von vornherein so konkretisiert werden, dass ihnen eine Begrenzung der Elfes-Bedingung immanent ist.

Dieser dritte Aspekt leitet über zu den rechtspolitischen Hintergründen der Begründungsansätze, die in der neueren Literatur überwiegen.

8.2.2.3. Hinnahme der eingeschränkten Popularklage

Indem die Elfes-Bedingung die Zulässigkeit der Verfassungsbeschwerde erweitert, setzt sie sich dem Einwand aus, eine Popularklage zu eröffnen. Diese Einschätzung ist nicht unberechtigt, da man in der Tat in einem weiteren Sinne von einer (eingeschränkten) Popularklage sprechen kann.[826] Das gilt allerdings dem Grunde nach für alle Herleitungen der Elfes-Bedingung, auch für die neueren Literaturstimmen, die die Elfes-Bedingung aufgrund ihrer popularklageähnlichen Wirkung beschränkt wissen wollen.[827] Denn sie verengen zwar die Zulässigkeit und Begründetheit der Verfassungsbeschwerde, indem sie begrenzende Tatbestandselemente zur Elfes-Bedingung hinzufügen, belassen es aber dennoch bei einer sehr weitreichenden, nahezu umfassenden Rechtsprüfung, die am hiesigen Befund nur wenig ändert.[828]

Auf politischer Ebene geht es bei diesen Begrenzungsansätzen also nicht um einen qualitativen Sprung, durch den die Verfassungsbeschwerde wieder zu ihrer eigentlichen prozessualen Rolle zurechtgestutzt würde. Trotz des teils harschen Tons der Kritik – Art. 93 I Nr. 4a GG i. V. m. § 90 I BVerfGG werde „jeglicher Wirkung beraubt",[829] die Ausweitung der Verfassungsbeschwerde laufe dem Enumerationsprinzip des Art. 93 GG zuwider[830] – geht es denjenigen, die die Elfes-Bedingung eingeschränkt wissen wollen, nicht um eine Revision der Elfes-Entscheidung. Im Gegenteil: Dass der Prüfungsumfang der

---

826 Dazu Abschnitt 5.3.1.3.

827 Explizit Bezug nehmend auf die Erweiterung zur Popularklage: *Frotz*, Die Reichweite des grundrechtlichen Abwehranspruchs, 99 und *Alexy*, Theorie der Grundrechte, 349.

828 A. A. aber *Alexy*, Theorie der Grundrechte, 348 f.: Die Freiheitsschutzthese führe zwar bei formellen Verfassungsnormen zu keiner Beschränkung des Prüfungsumfangs, immunisiere aber gegen den Vorwurf, die Verfassungsbeschwerde ufere zur Popularklage aus, weil bei formellen Verfassungsnormen aufgrund ihrer freiheitsschützenden Funktion ein Bezug zu einem materiellen subjektiven Verfassungsrecht bestehe.

829 *Frotz*, Die Reichweite des grundrechtlichen Abwehranspruchs, 99.

830 *Hesse*, Grundzüge des Verfassungsrechts der Bundesrepublik Deutschland, Rn. 427.

Verfassungsbeschwerde durch die Elfes-Bedingung erheblich erweitert wird, wird als gerechtfertigt angesehen.[831] Nicht nur, wer die Elfes-Konstruktion im Grundsatz billigt, sondern auch, wer eine andere interpretative Herleitung befürwortet, aus der sich eine von vornherein begrenzte Elfes-Bedingung ergibt, plädiert im Ergebnis für eine erhebliche Ausweitung der Verfassungsbeschwerde gegenüber dem Rechtszustand ganz ohne Elfes-Bedingung.

Allerdings lässt selbst eine Elfes-Bedingung ohne jede einschränkende Modifikation die Verfassungsbeschwerde nicht unbegrenzt „ausufern". Die Betroffenheit des Beschwerdeführers nach § 90 I BVerfGG dient als wichtiger Zulässigkeitsfilter.[832] Deshalb ist die erweiterte Verfassungsbeschwerde nur als *eingeschränkte* Popularklage zu bezeichnen.

Trotz aller Kritik an der Elfes-Entscheidung wird also in der aktuellen Diskussion nicht (mehr) jede Erweiterung der Verfassungsbeschwerde abgelehnt, sondern ein bestimmtes Maß dieser Erweiterung.

Im Zentrum der Diskussion steht deshalb eine andere Frage, und zwar die Frage nach den zulässigen Prüfungsgegenständen individuellen Rechtsschutzes.

8.3. Freiheitsschutzthese und Subjektivierung des Rechtsschutzes

Dieser prozessuale Fokus auf den individuellen Rechtsschutz ist in die Freiheitschutzthese eingeschrieben. Zwar kann sie sich auf den Freiheitsschutz als Zweck aller Grundrechte berufen. Die geforderte Einschränkung der Elfes-Bedingung erscheint dadurch eher als Korrektur eines Versäumnisses der Elfes-Entscheidung und nicht als eine Ergänzung: Es soll von vornherein der richtige Umfang des Prüfungsumfangs bestimmt werden. Aber bei der Anwendung des Freiheitsschutzkriteriums scheiden im Ergebnis meist nur die Grundrechte Dritter aus der Prüfung aus,[833] weil kaum einer anderen Verfassungsnorm die freiheitsschützende Funktion abgesprochen wird.[834] Dass nur die Grundrechte Dritter ausscheiden, ist kein Zufall, sondern notwendige Konsequenz daraus, dass gerade die „eigene

---

831 *Alexy*, Theorie der Grundrechte, 349.

832 BVerfGE 99, 1 (8); *Bethge*, in: Depenheuer, Staat im Wort, 613 (618). Entsprechend für den Verwaltungsprozess *Zuleeg*, DVBl. 1976, 509 (516).

833 HdStR (3. Aufl.) VII/*Cornils*, § 168 Rn. 98.

834 Vgl. *Alexy*, Theorie der Grundrechte, 348; im Ergebnis ebenso *Kube*, DVBl. 2005, 721 (724). Für mehr Ausnahmen, insbesondere bei kodifizierten Ausprägungen des Rechtsstaatsprinzips: *Frotz*, Die Reichweite des grundrechtlichen Abwehranspruchs, 179 ff., 188 f. Normen des formellen Verfassungsrechts als reinen Ordnungsvorschriften die freiheitsschützende Funktion abzusprechen, wird hingegen in der Literatur bislang nicht erwogen.

Freiheit" der Grundrechtsträgerin als Abgrenzungskriterium gewählt wird. Das Ausscheiden der Grundrechte Dritter aus der Prüfung ist zugleich der einzige Aspekt, in dem sich die mittels des Freiheitsschutzkriteriums begründete Elfes-Bedingung von der mittels der Elfes-Konstruktion begründeten Elfes-Bedingung unterscheidet.[835] Auswirken kann sich diese Begrenzung nur im Verfassungsbeschwerdeverfahren – materiell-rechtlich muss der Gesetzgeber die Grundrechte aller Grundrechtsträger achten.

Anhängerinnen und Anhänger der Freiheitsschutzthese betonen dennoch, es handle sich beim Freiheitsschutz um ein rein materiell-rechtliches Kriterium mit prozessualer Konsequenz.[836] Doch dass eine Grundrechtsträgerin nur ihre eigene Freiheit durchsetzen können soll, ist ein prozessualer Gedanke. Dies kommt auch in einer bereits erwähnten neuen Entscheidung des Bundesverfassungsgerichts zum Ausdruck. In dieser Entscheidung lehnt das Gericht eine Prüfung der Grundrechte Dritter bereits in der Klagebefugnis ab, weil die Verfassungsbeschwerde nur der Verteidigung eigener subjektiver Rechte diene.[837] Dieser Gedanke stimmt überein mit dem traditionellen Argument gegen die Popularklage, niemand solle die Interessen Dritter vor Gericht geltend machen können. Dabei geht es um die Funktion des Verfassungsbeschwerdeverfahrens, nicht um die Funktion des Grundrechts. Dass das Freiheitsschutzargument in der Literatur gegen eine unbegrenzte Elfes-Bedingung in Stellung gebracht wird, ist somit konsequent, erweitert doch die Elfes-Bedingung die Verfassungsbeschwerde zur eingeschränkten Popularklage.

Indes stammt das deutsche Prozessrecht zwar aus der Zeit des Liberalismus und ist daher im Kern immer noch der Vorstellung verpflichtet, dass Individuen nur ihre jeweils eigenen rechtlich geschützten Interessen vor Gericht durchsetzen sollten. Doch dieses Konzept ist längst durch Ausnahmen durchbrochen.[838]

835 Als bloße Verstärkung der Elfes-Konstruktion wäre das Freiheitsschutzkriterium argumentativ überflüssig: *Bethge*, in: Depenheuer, Staat im Wort, 613 (619). Als Ersatz für die Elfes-Konstruktion ist es zwar nicht überflüssig, sondern kann die Zuordnung der Elfes-Bedingung zu allen Grundrechten begründen. Aber dies gelingt auch mit anderen Topoi, vgl. dazu Abschnitt 6.4.

836 So etwa HdStR (3. Aufl.) VII/*Cornils*, § 168 Rn. 98.

837 BVerfG, Beschluss vom 8.11.2016 (1 BvR 935/14), https://www.bundesverfassungsgericht.de/SharedDocs/Entscheidungen/DE/2016/11/rk20161108_1bvr093514.html, Rz. 7 ff.

838 Eine umfassende Darstellung von Popular- und Verbandsklagen im deutschen Recht auf dem Rechtsstand von 2006 findet sich bei *Halfmeier*, Popularklagen im Privatrecht, 51 ff. Verbandsklagemöglichkeiten sind seitdem noch erweitert und gestärkt worden, zuletzt durch die Reform des Behindertengleichstellungsgesetzes.

Eine Elfes-Bedingung, die die Grundrechte Dritter einschließt, fügt dieser Reihe von Ausnahmen eine weitere Ausnahme hinzu. Eine weit gefasste Elfes-Bedingung lässt sich also nicht als systemwidriger Fremdkörper in der deutschen Rechtsordnung begreifen, sondern als eine von mehreren Gestaltungsmöglichkeiten. Die Antwort auf die Frage, wie weit das Prüfungsprogramm der Elfes-Bedingung reichen soll, beruht daher auf politischen Präferenzen, die sich in unterschiedlichen Vorverständnissen niederschlagen.

In der Diskussion um die Begrenzung der Elfes-Bedingung spiegeln sich mindestens drei unterschiedliche Sichtweisen auf das Prozessrecht wieder: Deren erste ist eine klassisch-liberale Sicht des Gerichtsprozesses als Instrument individueller Interessendurchsetzung („subjektive Funktion").[839] Von ihr sind die deutschen Prozessordnungen, wenngleich in sehr unterschiedlich starkem Maße, weiterhin geprägt. Die zweite, eher staatszentrierte Sichtweise begreift den Gerichtsprozess als Forum zur individuellen Durchsetzung des Rechts in einer Rechtsordnung, die das Zusammenleben von Menschen organisiert („objektive Funktion").[840] Diese Sichtweise klingt etwa auch im Bundesverfassungsgerichtsgesetz an, wenn § 93a II die Annahme einer Verfassungsbeschwerde zur Entscheidung aus zwei Gründen gebietet: wegen grundsätzlicher verfassungsrechtlicher Bedeutung[841] oder[842] wenn es zur Durchsetzung eigener Rechte erforderlich ist. Eine dritte, funktionale Sicht des Gerichtsprozesses schließlich versteht diesen als eines von mehreren Instrumenten zur Durchsetzung individueller, aber auch überindividueller („strategic litigation") Interessen und Ziele. Spezifisch für den Gerichtsprozess im Vergleich mit anderen Verfahren der Interessendurchsetzung ist aus Sicht dieses Prozessverständnisses die Art und Weise der Interessendurchsetzung: Die Interessen und Ziele werden nur vermittelt artikuliert, nämlich indem eine bestimmte Bedeutung der für entscheidungserheblich gehaltenen Normen behauptet wird.[843]

Die Freiheitsschutzthese tendiert eher zu der erstgenannten, die Rechtsprechung des Bundesverfassungsgerichts eher zu der zweitgenannten Sichtweise. Anders als das Verwaltungs- und Verwaltungsprozessrecht, das eine Prozessführung im

839 Dazu darstellend *Halfmeier*, Popularklagen im Privatrecht, 220 f., 377.

840 Für diese Sicht plädiert *Halfmeier*, Popularklagen im Privatrecht, 251, 380.

841 Womit freilich das Verfahren nicht von der Durchsetzung eigener Rechte entkoppelt wird.

842 Zum „oder" vgl. BVerfGE 90, 22 (24 ff.).

843 Vgl. in diese Richtung etwa *Müller/Christensen/Sokolowski*, Rechtstext und Textarbeit, 61, 63.

Interesse Dritter weitgehend ausschließt[844] (teils durch Bestimmungen des VwVfG, teils durch Richterrecht), hält das Verfassungsrecht in seiner Auslegung durch das Bundesverfassungsgericht bislang noch die Möglichkeit offen, mittelbar die Interessen Dritter durchzusetzen.[845] Nur in einzelnen Entscheidungen hat das Gericht die Prüfung der Grundrechte Dritter ausdrücklich abgelehnt.[846] Das Bundesverfassungsgericht behält sich ansonsten mit seiner Rechtsprechung zu dieser Frage die Überprüfung der Grundrechte Dritter vor, ohne in jedem geeigneten Fall davon Gebrauch zu machen. Damit entscheidet das Gericht einzelfallabhängig, ob es in die inhaltliche Prüfung einer verfassungsrechtlichen Frage einsteigen will oder (noch) nicht, und es ist nicht allzu wahrscheinlich, dass sich das Gericht diese Flexibilität nehmen will. Ähnliches lässt sich beispielsweise für die Anforderungen an die Zulässigkeit einer konkreten Normenkontrolle[847] konstatieren, die das Gericht entwickelt hat: Je nachdem, wie streng diese Zulässigkeitskriterien gehandhabt werden, kann das Gericht in die inhaltliche Prüfung einsteigen oder davon absehen. Solche flexibel handhabbaren Maßstäbe kann man als Indiz dafür werten, dass das Bundesverfassungsgericht den entsprechenden Verfahrensarten – konkrete Normenkontrolle und Verfassungsbeschwerde – eine objektive Funktion zuschreibt.

Die Befürworter der Freiheitsschutzthese plädieren nun einerseits für eine weit gefasste Elfes-Bedingung. Zugleich halten sie andererseits an einem strengen Maßstab subjektiven Rechtsschutzes fest. Daher können sie die Elfes-Bedingung nicht per se als Umgehung des subjektiven Rechtsschutzprinzips begreifen. Stattdessen attestieren sie dem formellen Verfassungsrecht eine freiheitsschützende Funktion, die einen Bezug zu subjektiven Rechten herstelle.[848] Aber diese freiheitsschützende Funktion wirkt konstruiert. Dem formellen Verfassungsrecht wird ein *inhaltlicher* Bezug zum Freiheitsschutz zugeschrieben, um den *strukturellen* Bezug zu einem freiheitsschützenden Grundrecht interpretativ zu begründen. Die Spannung zwischen einem streng subjektiven Prozessverständnis und dem Nutzen der Elfes-Bedingung wird entschärft, indem der Fokus von der Funktion des Verfassungsprozesses auf die Teleologie des materiellen Verfassungsrechts verlagert wird.

844 Dazu Abschnitt 5.6.5.

845 Dazu Abschnitt 3.2.3.2.

846 Nachweise im Abschnitt 3.2.3.2.

847 Zu den Anforderungen an die Zulässigkeit einer Normenkontrolle vgl. beispielsweise BVerfG, Beschluss vom 23. Januar 2014 (1 BvL 2/13), http://www.bverfg.de/entscheidungen/ls20140123_1bvl000213, Rz. 21 f.

848 *Alexy*, Theorie der Grundrechte, 348 f.

Dennoch geht es im Ergebnis ausschließlich um den Prüfungsumfang des Bundesverfassungsgerichts. Die Elfes-Bedingung erweitert ihn ganz erheblich und die Freiheitsschutzthese schränkt ihn ein Stück weit wieder ein. Die Frage nach dem richtigen Prüfungsumfang verweist wiederum auf die Frage nach der Funktion der Verfassungsgerichtsbarkeit.

8.4. Die Funktion der Verfassungsgerichtsbarkeit

Diese Funktion lässt sich unter zwei miteinander verbundenen Aspekten näher beleuchten: Der erste Aspekt spricht die Rolle eines Verfassungsgerichts in der Verfassungsordnung an, der zweite die Frage nach einer partizipativen und emanzipatorischen Wirkung eines Initiativrechts zur umfassenden Kontrolle insbesondere von Gesetzen.

8.4.1. „Wer soll Hüter der Verfassung sein?"

Der erste Aspekt ruft die alte Streitfrage „Wer soll Hüter der Verfassung sein?" in Erinnerung,[849] wenngleich bezogen auf neue „Kontrahenten". Diese Frage bezieht sich auf unterschiedliche Schwerpunktsetzungen im Modell der repräsentativen Demokratie mit Gewaltenteilung. Wer die Verfassungsgerichtsbarkeit im Sinne des US-amerikanischen Verfassungsmodells als Teil eines Systems von „checks and balances" begreift oder wer Verfassungsgerichtsbarkeit als Ausprägung des Rechtsstaats versteht, könnte eher für eine weite Prüfungskompetenz des Bundesverfassungsgerichts plädieren.[850] Wer im Sinne des britischen Verfassungsmodells eher ein starkes und unabhängiges Parlament als Garanten der Verfassung ansieht, könnte hingegen eher für eine eng begrenzte Kontrollbefugnis der Verfassungsgerichtsbarkeit streiten.[851] Keine der beiden Sichtweisen kann aber für sich beanspruchen, dass das von ihr jeweils befürwortete Modell den Bestand verfassungsrechtlicher Prinzipien situationsunabhängig besser gewährleiste.[852] Denn beide Seiten müssen konstatieren, dass keines der beiden Modelle schwere Verfassungsverstöße verhindern kann, aber auch keines der Modelle unabhängig vom politischen Kontext Verfassungsverstößen Vorschub leistet. Selbst wenn man berücksichtigt, dass die Frage, wann ein Verfassungsverstoß vorliegt, ihrerseits

849 *Kelsen*, Wer soll der Hüter der Verfassung sein? – als Antwort auf *Schmitt*, Der Hüter der Verfassung.

850 So im Ergebnis *Schumann*, Verfassungs- und Menschenrechtsbeschwerde gegen richterliche Entscheidungen, 183; *Degenhart*, JuS 1990, 161 (163).

851 So etwa *Hochhuth*, JZ 2002, 743 (746 f.).

852 *Limbach*, Vorrang der Verfassung oder Souveränität des Parlaments?, 24.

hochpolitisch ist und in beiden Systemen mittels sehr unterschiedlicher Verfahren beurteilt wird, lässt sich keine Überlegenheit eines der beiden Modelle ausmachen. Denn inhaltliche Entscheidungen lassen sich nicht über die jeweilige Organisationsform determinieren. Deshalb hängt die Durchsetzungskraft des Verfassungsrechts gesamtgesellschaftlich gesehen nicht in erster Linie davon ab, wie weit die Prüfungsbefugnis des Verfassungsgerichts gefasst ist.

8.4.2. Kollektive und individuelle Partizipation

Doch die Funktion der Verfassungsgerichtsbarkeit erschöpft sich nicht in der Frage, wie sich die Verfassung am besten durchsetzen lässt. Sie hat auch einen demokratiebezogenen Aspekt, der über die Spezifika verschiedener Modelle der parlamentarischen Demokratie hinausweist. Je nach Betrachtungsweise kann man eine hohe verfassungsgerichtliche Kontrolldichte gerade als Garantie der demokratischen Partizipation oder im Gegenteil als demokratiefremdes Element im Verfassungsgefüge begreifen.[853] Partizipation meint hierbei die Mitwirkung an der Gestaltung der Rechtsordnung über den Einzelfall hinaus.

Für die erste Sichtweise spricht, dass die repräsentative Demokratie in einer Gesellschaft mit hoher sozialer Ungleichheit[854] geeignet ist, große gesellschaftliche Gruppen von der Partizipation am demokratischen Willensbildungsprozess mehr oder minder auszuschließen, sei es in Form eines steigenden Desinteresses an Wahlen und einer sinkenden Wahlbeteiligung, sei es aufgrund des Ausschlusses von informellen Einflussmechanismen.

Demgegenüber scheint die Verfassungsbeschwerde auf den ersten Blick außerordentlich niedrigschwellig und wirkungsvoll zugleich zu sein, da sie jedermann offen steht und dazu geeignet ist, Gesetze zu Fall zu bringen. Prinzipiell können auch vereinzelte Personen ohne anderweitigen gesellschaftlichen Einfluss auf diesem Weg ihre Interessen geltend machen. Solange und soweit die Überprüfung der Grundrechte Dritter möglich bleibt, können sogar die Interessen derjenigen gerichtlich geltend gemacht werden, die selbst nicht in der Lage oder willens sind, für diese Interessen im Rahmen eines Verfassungsgerichtsverfahrens zu streiten,

853 Zu diesen beiden Sichtweisen sogleich.

854 Deutschland wies 2014, gemessen am Gini-Koeffizienten, die höchste Vermögensungleichheit in der Eurozone auf: *Grabka/Westermaier*, DIW Wochenbericht 2014, 151 (156). Bei der Einkommensungleichheit lag der Gini-Koeffizient 2014 und 2015 ungefähr im Durchschnitt der Eurozone: *Eurostat*, Gini coefficient of equivalised disposable income – EU-SILC survey, 2016 (http://ec.europa.eu/eurostat/tgm/table.do?tab=table&init=1&language=en&pcode=tessi190&plugin=1).

wodurch diese mittelbar Zugang zur Verfassungsgerichtsbarkeit erhalten. Auch darin liegt ein emanzipatorisches Moment.[855] Überdies ist eine Popularklage – und damit auch die Verfassungsbeschwerde seit der Elfes-Entscheidung – auch insoweit ein Partizipationsinstrument, als jedermann auf diesem Wege Belange der Gesamtgesellschaft geltend machen kann,[856] etwa ein fehlerfreies Gesetzgebungsverfahren.

Jedoch ist ein individuelles Partizipationsinstrument kein adäquater Ersatz für die Einbindung in kollektive Partizipationsformen. Der individuelle Zugang zur Gerichtsbarkeit kann Krisen und Legitimationsdefizite der parlamentarischen Demokratie nicht auffangen. Denn er verschiebt lediglich Entscheidungskompetenzen von einem Organ auf ein anderes. Was ohne eine niedrigschwellig zugängliche Verfassungsgerichtsbarkeit das Parlament letztverbindlich entscheiden würde, wird stattdessen letztverbindlich von einem Verfassungsgericht entschieden. Wenngleich dessen Befassung mit einer Angelegenheit leichter zu erreichen ist als ein Tätigwerden des Parlaments, hat der Verfassungsbeschwerdeführer wenig Einfluss auf den Ausgang des Verfahrens. Allenfalls wer – was für gesellschaftlich Benachteiligte typischerweise gerade nicht gilt – professionelle Unterstützung von Verfassungsrechtlern erhält, mag inhaltlich Einfluss auf die Entscheidung des Gerichts nehmen können.

Aus demselben Grund ist auch die Schwelle zur Verfassungsbeschwerde nicht so niedrig, wie sie scheint. Eine zulässige Verfassungsbeschwerde ohne verfassungsrechtliche Kenntnisse zu formulieren ist schwer möglich, sodass auch insoweit professionelle Unterstützung erforderlich ist. Wer nicht einmal zur Sachentscheidungsebene durchdringt, kann gleichfalls keinen politischen Einfluss nehmen.

Auch der Einfluss Einzelner auf parlamentarische Entscheidungen ist zwar gering. Immerhin aber haben Wahlberechtigte zumindest etwas größeren Einfluss auf die Zusammensetzung des Bundestages als auf die Zusammensetzung des Bundesverfassungsgerichts; für die jeweiligen Sachentscheidungsmaximen der beiden Organe gilt dasselbe.[857] Und immerhin werden politische Fragen im parlamentarischen Kontext vielfach – wenngleich längst nicht immer – als politische Fragen diskutiert, während das Bundesverfassungsgericht zwar hochpolitische Fragen behandelt, doch gemäß der ihm von der Verfassung zugewiesenen Rolle in einer äußerlich entpolitisierten Form. In dieser gerichtsförmigen Verfahrensweise werden Interessen nicht unmittelbar als Interessen thematisiert, sondern stets

855 Vgl. zu dieser Wirkung von Popular- und Verbandsklagen *Halfmeier*, Popularklagen im Privatrecht, 224 f.

856 *Halfmeier*, Popularklagen im Privatrecht, 47 f., 50.

857 Vgl. *Limbach*, Vorrang der Verfassung oder Souveränität des Parlaments?, 11.

in die Regeln der juristischen Argumentationskultur eingeordnet. Dass zentrale Fragen des gesellschaftlichen Zusammenlebens von Verfassungs wegen in einem gerichtsförmigen Verfahren entschieden werden (müssen), trägt zu einem Mehr an Partizipation nicht bei; sondern schließt eher vom Entscheidungsprozess aus.

Diese Probleme sind allerdings keine Spezifika der Elfes-Bedingung. Sie charakterisieren das Verhältnis von Parlament und Verfassungsgerichtsbarkeit in der parlamentarischen Demokratie allgemein. Wie *Kelsen* zu Recht betont, geht eine potenzielle Gefahr für die demokratische Partizipation, was die Verfassungsgerichtsbarkeit betrifft, nicht von der Kontrolle formellen Verfassungsrechts, sondern von einer Grundrechtsgerichtsbarkeit aus, die potenziell alle Fragen des gesellschaftlichen Zusammenlebens erfasst und Wertungen des Gerichts an die Stelle der Wertungen des Parlaments oder der gesellschaftlichen Mehrheitsüberzeugungen setzt.[858] Eine solche Kritik an der Rolle der Verfassungsgerichtsbarkeit trifft gerade die Elfes-Bedingung nicht. Diese eröffnet zwar in vielen Fällen erst den Zugang zum Verfassungsbeschwerdeverfahren. Aber gerade wenn echte Grundrechtsfragen zu prüfen sind, ist der Zugang zur Verfassungsbeschwerde auch ohne die Elfes-Bedingung eröffnet.

Die Elfes-Bedingung dient in erster Linie als Instrument, um auch sonstige verfassungsrechtliche Fragen im Verfahren der Verfassungsbeschwerde zur Prüfung zu stellen. Ergänzend schafft sie in einem System, das ohnehin eine Grundrechtsgerichtsbarkeit vorsieht, die Möglichkeit, die Verfassungskonformität einer Norm umfassend zu prüfen, statt die Prüfung auf die Grundrechte der Beschwerdeführerin zu beschränken. Die Elfes-Bedingung stellt insofern keine zusätzliche Gefahr für kollektive Partizipationsmöglichkeiten dar, erweitert aber individuelle Handlungsspielräume gegen belastende Gesetze, untergesetzliches Recht und Gerichtsentscheidungen. Damit können beispielsweise diejenigen, die von einem formell verfassungswidrigen Gesetz in ihren Handlungsmöglichkeiten beschränkt werden, dieses Gesetz auch dann zu Fall bringen, wenn sich im Bundestag nicht einmal die qualifizierte Minderheit von einem Viertel der Parlamentsmitglieder für eine abstrakte Normenkontrolle ausspricht.

Innerhalb des Rahmens, den das geltende Recht individueller und kollektiver Partizipation setzt, überwiegt daher der emanzipatorische Effekt der Elfes-Bedingung.

858 *Kelsen*, VVDStRL 1929, 30 (69 f.); im Grundsatz a. A., aber nicht ohne kritischen Unterton bzgl. der eigenen Machtfülle BVerfGE 2, 79 (96 f.). In *Kelsens* Kritik zeigt sich eine Parallele zu den Verfechtern der Parlamentssouveränität im Sinne des britischen Demokratiemodells.

8.5. Fazit

Die Kernfrage, ob und inwieweit die Prüfungskompetenz des Bundesverfassungsgerichts im Verfassungsbeschwerdeverfahren ausgeweitet werden soll, ist eine politische Frage. Sie ist, wie überblicksartig skizziert, gewiss komplex, aber nicht mehr oder minder als andere politische Grundsatzfragen. Zu einer Angelegenheit für Expertinnen und Experten wird sie nicht zuletzt dadurch, dass der übliche rechtswissenschaftliche Fokus auf der interpretativen Rechtfertigung der Elfes-Bedingung liegt. Dieser Fokus verunklart den eigentlich recht einfachen rechtlichen Gehalt der Elfes-Bedingung und erschwert eine rechtspolitische Debatte.

Ein deskriptiver Zugang zum Verfassungsrecht schafft insoweit Abhilfe. Zwar ist auch eine deskriptive juristische Untersuchung nicht auf Laienverständlichkeit angelegt. Sie zielt aber darauf ab, den normativen Gehalt der Elfes-Bedingung herauszuarbeiten und ihn von seiner interpretativen Herleitung zu trennen. Sie zeigt zugleich auf, dass das Grundgesetz vielfältige Interpretations- und damit Entscheidungsmöglichkeiten offenhält. Dadurch reduziert sich die Auseinandersetzung um das Ob und Wie der Elfes-Bedingung auf die oben skizzierten rechtspolitischen Weichenstellungen. Damit ist nichts und zugleich alles gewonnen.

Nichts ist gewonnen, weil eine deskriptive Rechtswissenschaft, die auf eine Rechtfertigung bestimmter Interpretationsmöglichkeiten verzichtet, nicht einmal eine scheinbare Entscheidungshilfe bieten kann. Sie setzt keine Grenzen, sondern zeigt nur Interpretationsmöglichkeiten und ihre Strukturen auf. Auch eine tiefere Analyse gesellschaftlich-politischer Zusammenhänge, als sie hier geleistet werden kann, könnte der Entscheidung nur eine weitere Grundlage verschaffen, aber sie nicht anleiten.

Alles ist gewonnen, weil die Interpretation von Rechtstexten, wenn sie sich von den Regeln der juristischen Argumentationskultur freimacht, in einer offenen Diskussion von Bedeutungsmöglichkeiten die gesellschaftlich-politische Bedeutung der diskutierten Fragen in den Mittelpunkt stellen kann. Soweit die Interpretation die Elfes-Bedingung betrifft, berührt sie Grundsatzfragen der politischen Organisation. Sie kann und sollte deshalb nicht nur eine Debatte unter juristischen Expertinnen und Experten, sondern eine gesellschaftliche Debatte sein.[859]

---

859 Vgl. zur Öffnung des juristischen Diskurses im Sinne einer Demokratisierung des interpretativen Konsenses *Busse*, in: Müller, Untersuchungen zur Rechtslinguistik, 93 (148). Eine solche Öffnung kann langfristig nicht ohne Auswirkungen auf den institutionellen und verfahrenstechnischen Rahmen bleiben, in dem diese Fragen entschieden werden.

Literaturverzeichnis

Adomeit, Klaus, Rechtstheorie für Studenten – Normlogik – Methodenlehre – Rechtspolitologie, Heidelberg 1979.

Adomeit, Klaus/Hähnchen, Susanne, Rechtstheorie für Studenten, 5. Aufl., Heidelberg 2008.

Albert, Hans, Traktat über kritische Vernunft, 5. Aufl., Tübingen 1991.

Aleksandrov, Pavel S., Lehrbuch der Mengenlehre, Frankfurt am Main 2001.

Alexy, Robert, Theorie der juristischen Argumentation – Die Theorie des rationalen Diskurses als Theorie der juristischen Begründung, Frankfurt am Main 1983.

—, Theorie der Grundrechte, Frankfurt am Main 1986.

—, Begriff und Geltung des Rechts, Freiburg/München 1992.

Arndt, Adolf, Die Nichtigkeit verfassungswidriger Gesetze, Die öffentliche Verwaltung 1959, S. 81 ff.

Bachof, Otto, Freiheit des Berufs, in: Bettermann, Karl August/Nipperdey, Hans Carl/ Scheuner, Ulrich (Hrsg.), Die Grundrechte – Handbuch der Theorie und Praxis der Grundrechte, Berlin 1972, S. 155 ff.

Baumeister, Peter, Der Beseitigungsanspruch als Fehlerfolge des rechtswidrigen Verwaltungsakts, Tübingen 2006 (zit. *Baumeister*, Der Beseitigungsanspruch).

Beckermann, Ansgar, Einführung in die Logik, 3. Aufl., Berlin 2011.

Bentham, Jeremy, Of Laws in General, London 1970.

Bernhardt, Rudolf, Zur Anfechtung von Verwaltungsakten durch Dritte, JuristenZeitung 1963, S. 302 ff.

von Bernstorff, Jochen, Der Glaube an das universale Recht – Zur Völkerrechtstheorie Hans Kelsens und seiner Schüler, Baden-Baden 2001.

Bethge, Herbert, Der Grundrechtseingriff, Veröffentlichungen der Vereinigung der Deutschen Staatsrechtslehrer 1998, S. 7 ff.

—, Die Grenzen grundrechtlicher Subjektivierung objektiven Verfassungsrechts – Zum aktuellen Stellenwert der Elfes-Konstruktion, in: Depenheuer, Otto et al (Hrsg.), Staat im Wort – Festschrift für Josef Isensee, Heidelberg 2007, S. 613 ff.

Bettermann, Karl August, Grenzen der Grundrechte – Vortrag gehalten vor der Berliner Juristischen Gesellschaft am 4. November 1964, 2. Aufl., Berlin 1976.

Bittner, Claudia, Urteilsanmerkung zu BVerfG, Beschluss vom 8.11.2016, Neue Zeitschrift für Sozialrecht 2017, S. 76 ff.

Bleckmann, Albert, Die Klagebefugnis im verwaltungsgerichtlichen Anfechtungsverfahren – Entwicklung der Theorie des subjektiven öffentlichen Rechts, Verwaltungsblätter für Baden-Württemberg 1985, S. 361 ff.

Böckenförde, Christoph, Der Allgemeine Gleichheitssatz und die Aufgabe des Richters – Ein Beitrag zur Frage der Justiziabilität von Art. 3 Abs. 1 des Bonner Grundgesetzes, Berlin 1957.

—, Die sogenannte Nichtigkeit verfassungswidriger Gesetze – Eine Untersuchung über Inhalt und Folgen der Rechtssatzkontrollentscheidungen des Bundesverfassungsgerichts, Berlin 1966.

Bourdieu, Pierre, Sozialer Sinn – Kritik der theoretischen Vernunft, Frankfurt am Main 1987.

Bucher, Eugen, Das subjektive Recht als Normsetzungsbefugnis, Tübingen 1965.

Bühler, Ottmar, Die subjektiven öffentlichen Rechte und ihr Schutz in der deutschen Verwaltungsrechtsprechung, Berlin 1914.

Bull, Hans Peter, Kommunale Selbstverwaltung heute – Idee, Ideologie und Wirklichkeit – Zugleich eine Anmerkung zur juristischen Methodenlehre, Deutsches Verwaltungsblatt 2008, S. 1 ff.

Burgi, Martin, Das Grundrecht der freien Persönlichkeitsentfaltung, Zeitschrift für Gesetzgebung 1994, S. 341 ff.

—, Kommunalrecht, 5. Aufl., München 2015.

Busse, Dietrich, Was ist die Bedeutung eines Gesetzestextes? – Sprachwissenschaftliche Argumente im Methodenstreit der juristischen Auslegungslehre – linguistisch gesehen, in: Müller, Friedrich (Hrsg.), Untersuchungen zur Rechtslinguistik – Interdisziplinäre Studien zu Praktischer Semantik und Strukturierender Rechtslehre in Grundfragen der juristischen Methodik, Berlin 1989, S. 93 ff.

—, Juristische Semantik – Grundfragen der juristischen Interpretationstheorie in sprachwissenschaftlicher Sicht, Berlin 1993.

Bydlinski, Franz, Juristische Methodenlehre und Rechtsbegriff, 2. Aufl., Wien 1991.

Carroll, Lewis/Gardner, Martin, The Annotated Alice. The Definitive Edition – Alice's Adventures in Wonderland & Through the Looking-Glass, New York 2000.

Degenhart, Christoph, Die Haftung der Gemeinde für verfahrensfehlerhafte Bauleitplanung, Neue Juristische Wochenschrift 1981, S. 2666 ff.

—, Die allgemeine Handlungsfreiheit des Art. 2 I GG, Juristische Schulung 1990, S. 161 ff.

Deiser, Oliver, Einführung in die Mengenlehre, Heidelberg 2009.

Deutscher Bundestag/Bundesarchiv (Hrsg.), Der Parlamentarische Rat 1948 - 1949 - Akten und Protokolle. Band 2. Der Verfassungskonvent auf Herrenchiemsee, Boppard am Rhein 1981.

—, Der Parlamentarische Rat 1948 - 1949 - Akten und Protokolle. Band 7. Entwürfe zum Grundgesetz, Boppard am Rhein 1981.

—, Der Parlamentarische Rat 1948 - 1949 - Akten und Protokolle. Band 5/I. Ausschuß für Grundsatzfragen, Boppard am Rhein 1993.

—, Der Parlamentarische Rat 1948 - 1949 - Akten und Protokolle. Band 2. Der Verfassungskonvent auf Herrenchiemsee, Boppard am Rhein 1995.

Dieterich, Thomas/Hanau, Peter/Schaub, Günter (Begr.), Erfurter Kommentar zum Arbeitsrecht, 17. Aufl., München 2017.

Doehring, Karl, Staatsrecht der Bundesrepublik Deutschland - unter besonderer Berücksichtigung der Rechtsvergleichung und des Völkerrechts, 3. Aufl., Frankfurt am Main 1984.

Dreier, Horst (Hrsg.), Grundgesetz - Kommentar, 3. Aufl., Tübingen 2013.

Drosdowski, Günther, Stilwörterbuch der deutschen Sprache - Die Verwendung der Wörter im Satz, 7. Aufl., Mannheim 1988.

Dürig, Günter, Anmerkung zu BVerfG, Urteil vom 16.1.1957, JuristenZeitung 1957, S. 169 ff.

Dworkin, Ronald, Law as Interpretation, Critical Inquiry 1982, S. 179 ff.

—, Bürgerrechte ernstgenommen, Frankfurt am Main 1984.

Ehmke, Horst, Prinzipien der Verfassungsinterpretation, Veröffentlichungen der Vereinigung der Deutschen Staatsrechtslehrer 1963, S. 53 ff.

Eisenhower, Dwight D., Personal and confidential To Edgar Newton Eisenhower, 8 November 1954 - Doc. 1147, in: Galambos, Louis/van Ee, Daun (Hrsg.), The Papers of Dwight David Eisenhower - World Wide Web facsimile by The Dwight D. Eisenhower Memorial Commission of the print edition, Baltimore 1996.

Elsner, Bernd Roland, Die Bedeutung des Volkes im Völkerrecht - Unter besonderer Berücksichtigung der historischen Entwicklung und der Praxis des Selbstbestimmungsrechts der Völker, Berlin 2000.

Epping, Volker/Hillgruber, Christian (Hrsg.), Beck'scher Online-Kommentar GG, München 2016 (zit. BeckOK GG/*Bearbeiter*).

Erichsen, Hans-Uwe, Das Grundrecht aus Art. 2 Abs. 1 GG, Jura 1987, S. 367 ff.

Esser, Josef, Bemerkungen zur Unentbehrlichkeit des juristischen Handwerkszeugs, in: Häberle, Peter/Leser, Hans G. (Hrsg.), Josef Esser. Wege der Rechtsgewinnung - Ausgewählte Aufsätze, Tübingen 1990, S. 420 ff.

Eurostat, Gini coefficient of equivalised disposable income – EU-SILC survey, 2016, http://ec.europa.eu/eurostat/tgm/table.do?tab=table&init=1&language=en&pcode=tessi190&plugin=1.

Eyermann, Erich/Fröhler, Ludwig (Begr.), Verwaltungsgerichtsordnung – Kommentar, 14. Aufl., München 2014.

Fish, Stanley, Working on the Chain Gang – Interpretation in the Law and in Literary Criticism, Critical Inquiry 1982, S. 201 ff.

Frotz, Jeanette, Die Reichweite des grundrechtlichen Abwehranspruchs – Ein Beitrag zur allgemeinen Grundrechtsdogmatik unter besonderer Berücksichtigung der verfassungsprozessualen Konsequenzen, Berlin 2006.

Gadamer, Hans-Georg, Gesammelte Werke. Band 1. Hermeneutik I. Wahrheit und Methode. Grundzüge einer philosophischen Hermeneutik, Tübingen 2010.

Geiger, Theodor, Vorstudien zu einer Soziologie des Rechts, Aarhus 1947.

Grabka, Markus/Westermaier, Christian, Anhaltend hohe Vermögensungleichheit in Deutschland, DIW Wochenbericht 2014, S. 151 ff.

Grimm, Jacob/Grimm, Wilhelm, Deutsches Wörterbuch – Onlineversion, 1854–1961, http://woerterbuchnetz.de/DWB/.

Halfmeier, Axel, Popularklagen im Privatrecht – Zugleich ein Beitrag zur Theorie der Verbandsklage, Tübingen 2006.

Halmos, Paul R., Naive Mengenlehre, Göttingen 1976.

Hammer, Stefan, Braucht die Rechtstheorie einen Begriff vom subjektiven Recht? – Zur objektivistischen Auflösung des subjektiven Rechts bei Kelsen, in: Paulson, Stanley L./Stolleis, Michael (Hrsg.), Hans Kelsen – Staatsrechtslehrer und Rechtstheoretiker des 20. Jahrhunderts, Tübingen 2005, S. 176 ff.

Hart, Herbert Lionel Adolphus, Der Positivismus und die Trennung von Recht und Moral, in: Hoerster, Norbert (Hrsg.), H. L. A. Hart: Recht und Moral. – Drei Aufsätze, Göttingen 1971, S. 14 ff.

—, Essays on Bentham – Studies in Jurisprudence and Political Theory, Oxford 1982.

Harweg, Roland, Modus und Modalität, in: Jachnow, Helmut H. et al (Hrsg.), Modalität und Modus: allgemeine Fragen und Realisierung im Slavischen, Wiesbaden 1994, S. 1 ff.

Hegenbarth, Rainer, Juristische Hermeneutik und linguistische Pragmatik – Dargestellt am Beispiel der Lehre vom Wortlaut als Grenze der Auslegung, Königstein/Taunus 1982.

Hesse, Ernst, Die Bindung des Gesetzgebers an das Grundrecht des Art. 2 I GG bei der Verwirklichung einer „verfassungsmäßigen Ordnung" – Eine Untersuchung über die Rechtsprechung des Bundesverfassungsgerichts zu Art. 2 I GG, Berlin 1968 (zit. *Hesse,* Die Bindung des Gesetzgebers).

Hesse, Konrad, Grundzüge des Verfassungsrechts der Bundesrepublik Deutschland, 20. Aufl., Heidelberg 1995.

Hilpinen, Risto, An Analysis of Relativised Modalities, in: Davis, J. W./Hockney, D.J/Wilson, K. (Hrsg.), Philosophical Logic, Dordrecht 1969, S. 180 ff.

Hochhuth, Martin, Lückenloser Freiheitsschutz und die Widersprüche des Art. 2 Abs. 1 GG, JuristenZeitung 2002, S. 743 ff.

Hohfeld, Wesley Newcomb, Fundamental Legal Conceptions as applied in Judicial Reasoning – And other Legal Essays, New Haven 1919 (zit. *Hohfeld,* Fundamental Legal Conceptions).

Horn, Norbert, Einführung in die Rechtswissenschaft und Rechtsphilosophie, 5. Aufl., Heidelberg 2011.

Huber, Ernst Rudolf, Wirtschaftsverwaltungsrecht, 2. Aufl., Tübingen 1953.

Hufen, Friedhelm, Heilung und Unbeachtlichkeit grundrechtsrelevanter Verfahrensfehler? – Zur verfassungskonformen Auslegung der §§ 45 und 46 VwVfG, Neue Juristische Wochenschrift 1982, S. 2160 ff.

—, Verwaltungsprozessrecht, 9. Aufl., München 2013.

Huster, Stefan, Rechte und Ziele – Zur Dogmatik des allgemeinen Gleichheitssatzes, Berlin 1993.

Hutzelmann, Helmut, Die prozessuale Bedeutung des Elfes-Urteils des Bundesverfassungsgerichts (BVerfGE 6,32), Erlangen 1970 (zit. *Hutzelmann,* Die prozessuale Bedeutung).

Ipsen, Jörn, Rechtsfolgen der Verfassungswidrigkeit von Norm und Einzelakt, Baden-Baden 1980.

—, Staatsrecht II: Grundrechte, 10. Aufl., Neuwied 2007.

Isensee, Josef/Kirchhof, Paul (Hrsg.), Handbuch des Staatsrechts der Bundesrepublik Deutschland – Band VII. Normativität und Schutz der Verfassung – Internationale Beziehungen, 1. Aufl. des Gesamtwerks, Heidelberg 1992 (zit. HdStR (1. Aufl.) VII/*Bearbeiter).*

—, Handbuch des Staatsrechts der Bundesrepublik Deutschland – Band VI. Freiheitsrechte, 2. Aufl. des Gesamtwerks, Heidelberg 2001 (zit. HdStR (2. Aufl.) VI/*Bearbeiter).*

—, Handbuch des Staatsrechts der Bundesrepublik Deutschland – Band III. Demokratie – Bundesorgane, 3. Aufl. des Gesamtwerks, Heidelberg 2005 (zit. HdStR (3. Aufl.) III/*Bearbeiter).*

—, Handbuch des Staatsrechts der Bundesrepublik Deutschland – Band VII. Freiheitsrechte, 3. Aufl. des Gesamtwerks, Heidelberg 2009 (zit. HdStR (3. Aufl.) VII/*Bearbeiter*).

Jellinek, Georg, System der subjektiven öffentlichen Rechte, 2. Aufl., Aalen 1919 (Neudruck Tübingen 1979).

Jestaedt, Matthias, Hans Kelsens Reine Rechtslehre – Eine Einführung, in: ders. (Hrsg.), Hans Kelsen: Reine Rechtslehre. Einleitung in die rechtswissenschaftliche Problematik – Studienausgabe der 1. Auflage 1934, Tübingen 2008.

Kant, Immanuel, Die Metaphysik der Sitten – Metaphysische Anfangsgründe der Rechtslehre, 2. Aufl., Königsberg 1798.

Kasper, Franz, Das subjektive Recht – Begriffsbildung und Bedeutungsmehrheit, Karlsruhe 1967.

Keene, G. B., Can Commands Have Logical Consequences?, American Philosophical Quarterly 1966, S. 57 ff.

Kelsen, Hans, Hauptprobleme der Staatsrechtslehre – Entwickelt aus der Lehre vom Rechtssatze, Tübingen 1923.

—, Allgemeine Staatslehre, Berlin 1925.

—, Wesen und Entwicklung der Staatsgerichtsbarkeit, Veröffentlichungen der Vereinigung der Deutschen Staatsrechtslehrer 1929, S. 30 ff.

—, Reine Rechtslehre – Einleitung in die rechtswissenschaftliche Problematik, Wien 1934 (zit. *Kelsen*, Reine Rechtslehre (1. Aufl.)).

—, Reine Rechtslehre, 2. Aufl., Wien 1960 (zit. *Kelsen*, Reine Rechtslehre (2. Aufl.)).

—, Allgemeine Theorie der Normen – Im Auftrag des Hans-Kelsen-Instituts aus dem Nachlaß herausgegeben von Kurt Ringhofer und Robert Walter, Wien 1979.

—, Wer soll der Hüter der Verfassung sein? – Abhandlungen zur Theorie der Verfassungsgerichtsbarkeit in der pluralistischen, parlamentarischen Demokratie, Tübingen 2008.

Kennedy, Duncan, A Left Phenomenological Alternative to the Hart/Kelsen Theory of Legal Interpretation, in: ders. (Hrsg.), Legal Reasoning: Collected Essays, Aurora 2008, S. 154 ff.

Klaner, Andreas, Basiswissen Logik für Jurastudenten, Berlin 2005.

Knies, Wolfgang, Schranken der Kunstfreiheit als verfassungsrechtliches Problem, München 1967.

Kopp, Ferdinand/Schenke, Wolf-Rüdiger (Hrsg.), Verwaltungsgerichtsordnung – Kommentar, 21. Aufl., München 2015.

Krebs, Walter, Subjektiver Rechtsschutz und objektive Rechtskontrolle, in: Erichsen, Hans Uwe/Hoppe, Werner/von Mutius, Albert (Hrsg.), System des verwaltungsgerichtlichen Rechtsschutzes – Festschrift für Christian-Friedrich Menger zum 70. Geburtstag, Köln 1985, S. 191 ff.

Kube, Hanno, Die Elfes-Konstruktion, Juristische Schulung 2003, S. 111 ff.

—, Einzelfragen zur Rechtmäßigkeitsprüfung von Grundrechtsschranken, Juristische Schulung 2003, S. 461 ff.

—, Der subjektive Abwehrgehalt der Grundrechte – Zur grundrechtlichen Rüge der Verletzung von Rechten Dritter, Deutsches Verwaltungsblatt 2005, S. 721 ff.

Kunig, Philip, Der Reiter im Walde - BVerfG - Beschl. v. 6.6.89 - 1 BvR 921/85, Jura 1990, S. 523 ff.

von Kutschera, Franz, Elementare Logik, Wien 1967.

Limbach, Jutta, Vorrang der Verfassung oder Souveränität des Parlaments? – Theodor-Heuss-Gedächtnis-Vorlesung 2000, Stuttgart 2001.

Lindner, Josef Franz, Theorie der Grundrechtsdogmatik, Tübingen 2005.

Makinson, David, On the formal representation of rights relations, Journal of Philosophical Logic 1986, S. 403 ff.

Mampel, Dieter, Nachbarschutz im öffentlichen Baurecht – Materielles Recht, Herne 1994.

von Mangoldt, Hermann/Klein, Friedrich (Begr.)/*Starck, Christian* (Hrsg.), Kommentar zum Grundgesetz, 6. Aufl., München 2010.

Maunz, Theodor/Dürig, Günter (Begr.), Grundgesetz – Kommentar, München Loseblatt.

Maunz, Theodor/Schmidt-Bleibtreu, Bruno (Begr.), Bundesverfassungsgerichtsgesetz – Kommentar, München Loseblatt.

Maurer, Hartmut, Allgemeines Verwaltungsrecht, 18. Aufl., München 2011.

Michael, Lothar/Morlok, Martin, Grundrechte, 2. Aufl., Baden-Baden 2010.

Ministère de la Justice (République Française), Déclaration des droits de l'Homme et du citoyen de 1789, 2001, http://www.textes.justice.gouv.fr/textes-fondamentaux-10086/droits-de-lhomme-et-libertes-fondamentales-10087/declaration-des-droits-de-lhomme-et-du-citoyen-de-1789-10116.html.

Moench, Christoph, Verfassungswidriges Gesetz und Normenkontrolle – Die Problematik der verfassungsgerichtlichen Sanktion, dargestellt anhand der Rechtsprechung des Bundesverfassungsgerichtes, Baden-Baden 1977.

Müller, Friedrich/Christensen, Ralph, Juristische Methodik – Grundlegung für die Arbeitsmethoden der Rechtspraxis, 11. Aufl., Berlin 2013.

Müller, Friedrich/Christensen, Ralph/Sokolowski, Michael, Rechtstext und Textarbeit, Berlin 1997.

von Münch, Ingo (Hrsg.), Grundgesetz-Kommentar, 3. Aufl., München 1985.

Murswiek, Dieter, Der Vertrag von Lissabon und das Grundgesetz – Rechtsgutachten über die Zulässigkeit und Begründetheit verfassungsgerichtlicher Rechtsbehelfe gegen das Zustimmungsgesetz zum Vertrag von Lissabon und die deutsche Begleitgesetzgebung, 2. Aufl., Freiburg 2008.

Nipperdey, Hans Carl, Freie Entfaltung der Persönlichkeit, in: Bettermann, Karl August/Nipperdey, Hans Carl/Scheuner, Ulrich (Hrsg.), Die Grundrechte – Handbuch der Theorie und Praxis der Grundrechte, Berlin 1972, S. 741 ff.

Parlamentarischer Rat (Hrsg.), Schriftlicher Bericht zum Entwurf des Grundgesetzes für die Bundesrepublik Deutschland (Drucksachen Nr. 850, 854) erstattet von den Berichterstattern des Hauptausschusses für das Plenum – Anlage zum stenographischen Bericht der 9. Sitzung des Parlamentarischen Rates am 6. Mai 1949, Bonn 1949.

Patzig, Günther, Zur Begründung sozialer Verhaltensnormen, in: ders. (Hrsg.), Tatsachen, Normen, Sätze – Aufsätze und Vorträge, Stuttgart 1980, S. 98 ff.

Peters, Hans, Das Recht auf freie Entfaltung der Persönlichkeit in der höchstrichterlichen Rechtsprechung, Köln 1963.

Pieroth, Bodo, Der Wert der Auffangfunktion des Art. 2 Abs. 1 GG, Archiv des öffentlichen Rechts 1990, S. 33 ff.

Pieroth, Bodo/Schlink, Bernhard/Kingreen, Thorsten/Poscher, Ralf, Grundrechte. Staatsrecht II, 31. Aufl., Heidelberg 2015.

Podlech, Adalbert, Gehalt und Funktionen des allgemeinen verfassungsrechtlichen Gleichheitssatzes, Berlin 1971.

Posser, Herbert/Wolff, Heinrich Amadeus (Hrsg.), VwGO – Kommentar, 2. Aufl., München 2014.

Quaas, Michael/Zuck, Rüdiger (Hrsg.), Prozesse in Verwaltungssachen, Baden-Baden 2008 (zit. Quaas/Zuck/*Bearbeiter)*.

Ridder, Helmut, Preisrecht ohne Boden – Nachträgliche und vorsorgliche Bemerkungen zum Beschluß des Bundesverfassungsgerichts vom 12. November 1958: BVerfGE 8, 274 ff., Archiv des öffentlichen Rechts 1962, S. 311 ff.

Röhl, Klaus F./Röhl, Hans Christian, Allgemeine Rechtslehre – Ein Lehrbuch, 3. Aufl., Köln 2008.

Rohloff, Winfried, Zusammenwirken von allgemeinem Gleichheitssatz und Freiheitsgewährleistungen – Eine Untersuchung der Rechtsprechung des Bundesverfassungsgerichts, Augsburg 1992.

Römer, Peter, Die Kelsensche Lehre vom Zwangscharakter des Rechts, in: ders. (Hrsg.), Hans Kelsen, Köln 2009, S. 66 ff.

—, Hans Kelsen und das Problem der Verfassungsinterpretation, in: ders. (Hrsg.), Hans Kelsen, Köln 2009, S. 87 ff.

Ross, Alf, Directives and Norms, London 1968.

Roth, Wolfgang, Faktische Eingriffe in Freiheit und Eigentum – Struktur und Dogmatik des Grundrechtstatbestandes und der Eingriffsrechtfertigung, Berlin 1994.

Rottleuthner, Hubert, Richterliches Handeln – Zur Kritik der juristischen Dogmatik, Frankfurt am Main 1973.

Rupp, Michael, Die auf Art. 2 Abs. 1 gestützte Klagebefugnis gegen verfahrensfehlerhafte Verwaltungsakte, Saarbrücken 1990 (zit. *Rupp*, Die auf Art. 2 Abs. 1 gestützte Klagebefugnis).

Rüthers, Bernd, Rechtsdogmatik und Rechtspolitik unter dem Einfluß des Richterrechts, Trier 2003.

Rüthers, Bernd/Fischer, Christian, Rechtstheorie – Begriff, Geltung und Anwendung des Rechts, 5. Aufl., München 2010.

Sachs, Michael, Verfassungsrecht II. Grundrechte, Berlin 2003.

de Saussure, Ferdinand, Grundfragen der allgemeinen Sprachwissenschaft, 3. Aufl., Berlin 2001.

von Savigny, Friedrich Carl, Vorlesungen über juristische Methodologie, Frankfurt am Main 2004.

Schenke, Wolf-Rüdiger, Der verfahrensfehlerhafte Verwaltungsakt gemäß § 46 VwVfG, Die öffentliche Verwaltung 1986, S. 305 ff.

Scherzberg, Arno, „Objektiver" Grundrechtsschutz und subjektives Grundrecht – Überlegungen zur Neukonzeption des grundrechtlichen Abwehrrechts, Deutsches Verwaltungsblatt 1989, S. 1128 ff.

Schlobinski, Peter, Intuition und Empirie in der Lexikologie, in: Cruse, Alan/Hundsnurscher, Franz u.a. (Hrsg.), Lexikologie. Lexikology – Ein internationales Handbuch zur Natur und Struktur von Wörtern und Wortschätzen, Berlin 2005, S. 943 ff.

Schmidt, Thorsten Ingo, Kommunalrecht, 2. Aufl., Tübingen 2014.

Schmidt, Walter, Die Freiheit vor dem Gesetz – Zur Auslegung des Art. 2 Abs. 1 des Grundgesetzes, Archiv des öffentlichen Rechts 1966, S. 42 ff.

Schmidt-Aßmann, Eberhard, Die Garantie der kommunalen Selbstverwaltung, in: Badura, Peter/Dreier, Horst (Hrsg.), Festschrift 50 Jahre Bundesverfassungsgericht – Zweiter Band. Klärung und Fortbildung des Verfassungsrechts, Tübingen 2001, S. 803 ff.

Schmitt, Carl, Der Hüter der Verfassung, Berlin 1996.

Schneider, Bernd Jürgen, Die Funktion der Normenkontrolle und des richterlichen Prüfungsrechts im Rahmen der Rechtsfolgenbestimmung verfassungswidriger Gesetze – Eine verfassungsgeschichtliche und -theoretische Untersuchung, Frankfurt am Main 1988.

Schoch, Friedrich/Schmidt-Aßmann, Eberhard/Pietzner, Rainer (Hrsg.), Verwaltungsgerichtsordnung – Kommentar, München Loseblatt.

Scholz, Rupert, Das Grundrecht der freien Entfaltung der Persönlichkeit in der Rechtsprechung des Bundesverfassungsgerichts, Archiv des öffentlichen Rechts 1975, S. 80 ff.

Schulev-Steindl, Eva, Subjektive Rechte: eine rechtstheoretische und dogmatische Analyse am Beispiel des Verwaltungsrechts, Wien 2008.

—, Zur Struktur subjektiver Rechte – oder: Was wir von Hohfeld lernen können, in: Bammer, Armin/Holzinger, Gerhardt et al (Hrsg.), Rechtsschutz gestern – heute – morgen – Festgabe zum 80. Geburtstag von Rudolf Machacek und Franz Matscher, Wien 2008, S. 421 ff.

Schulz-Schaeffer, Helmut, Der Freiheitssatz des Art. 2 Abs. 1 Grundgesetz – Libertätsrechte und Vermutung für den Kernbereich der Freiheitsrechte, Berlin 1971.

Schumann, Ekkehard, Verfassungs- und Menschenrechtsbeschwerde gegen richterliche Entscheidungen, Berlin 1963.

Schwabe, Jürgen, Mißdeutungen um das „Elfes-Urteil" des BVerfG und ihre Folgen – Zugleich eine Anmerkung zum subjektiven öffentlichen Recht, Die öffentliche Verwaltung 1973, S. 623 ff.

—, Grundkurs Staatsrecht – Eine Einführung für Studienanfänger, 5. Aufl., Berlin 1995.

Schwarz, Monika/Chur, Jeanette, Semantik – Ein Arbeitsbuch, 4. Aufl., Tübingen 2004.

Seiler, Christian, Der einheitliche Parlamentsvorbehalt, Berlin 2000.

Sodan, Helge/Ziekow, Jan (Hrsg.), Verwaltungsgerichtsordnung – Großkommentar, 4. Aufl., Baden-Baden 2014.

Somek, Alexander, Ermächtigung und Verpflichtung – Ein Versuch über Normativität bei Hans Kelsen, in: Paulson, Stanley L./Stolleis, Michael (Hrsg.), Hans Kelsen – Staatsrechtslehrer und Rechtstheoretiker des 20. Jahrhunderts, Tübingen 2005, S. 58 ff.

Stern, Klaus, Das Staatsrecht der Bundesrepublik Deutschland – Band I. Grundbegriffe und Grundlagen des Staatsrechts, Strukturprinzipien der Verfassung, 2. Aufl., München 1984.

Talmy, Leonard, Foreword, in: Gonzalez-Marquez, Monica/Mittelberg, Irene u.a. (Hrsg.), Methods in Cognitive Linguistics, Amsterdam 2007, S. XI ff.

Tammelo, Ilmar, Outlines of modern legal logic, Wiesbaden 1969.

Vesting, Thomas, Rechtstheorie – Ein Studienbuch, München 2007.

Viehweg, Theodor, Topik und Jurisprudenz – Ein Beitrag zur rechtswissenschaftlichen Gurndlagenforschung, 3. Aufl., München 1965.

Volkmann, Uwe, Veränderungen der Grundrechtsdogmatik, JuristenZeitung 2005, S. 261 ff.

Weinberger, Ota, Die Struktur der rechtlichen Normenordnung, in: Winkler, Günther (Hrsg.), Rechtstheorie und Rechtsinformatik – Voraussetzungen und Möglichkeiten formaler Erkenntnis des Rechts, Wien 1975, S. 110 ff.

—, Normentheorie als Grundlage der Jurisprudenz und Ethik – Eine Auseinandersetzung mit Hans Kelsens Theorie der Normen, Berlin 1981.

—, Rechtslogik, 2. Aufl., Berlin 1989.

Weißauer, Walther/Hesselberger, Dieter, Nichtigkeit oder Vernichtbarkeit verfassungswidriger Normen, Die öffentliche Verwaltung 1970, S. 325 ff.

Windscheid, Bernhard, Die Actio des römischen Civilrechts vom Standpunkte des heutigen Rechts, Düsseldorf 1856.

Wittgenstein, Ludwig, Philosophische Untersuchungen, Frankfurt am Main 2001.

Wolf, Nicole, Drittschutz im Bauplanungsrecht, Baden-Baden 2012.

Wolff, Heinrich Amadeus, Die Personalhoheit als Bestandteil der kommunalen Selbstverwaltungsgarantie, Verwaltungsarchiv 2009, S. 280 ff.

von Wright, Georg Henrik, Norm und Handlung – Eine logische Untersuchung, Königstein/Taunus 1979.

Wülfing, Thomas, Grundrechtliche Gesetzesvorbehalte und Grundrechtsschranken, Berlin 1981.

Yoshino, Hajime, About the applicability of the principles of logic to legal norm, Keio Law Journal 1992, S. 472 ff.

Zuleeg, Manfred, Hat das subjektive öffentliche Recht noch eine Daseinsberechtigung?, Deutsches Verwaltungsblatt 1976, S. 509 ff.

Index

F

G

W

Z

www.ingramcontent.com/pod-product-compliance
Ingram Content Group UK Ltd.
Pitfield, Milton Keynes, MK11 3LW, UK
UKHW021928290926
8980IPUK00016B/1518

9 783631 769225